트랜스크리틱

TORANSUKURITIKU
TRANSCRITIQUE

by Kojin Karatani

© 2010 by Kojin Karatani

Originally published in 2010 by Iwanami Shoten, Publishers, Tokyo.
This Korean edition published 2024 by Vigo
by arrangement with Iwanami Shoten, Publishers, Tokyo,
through Tony International.

이 책은 토니 인터내셔널을 통한 Iwanami Shoten과의 독점계약으로,
한국어판 저작권은 Vigo에 있습니다.
저작권법에 의해 한국 내에서 보호를 받는 저작물이므로
무단전재나 무단복제를 금합니다

트랜스크리틱

칸트와 마르크스

가라타니 고진

윤인로 옮김

비고

일러두기

1. 이 책은 **柄谷行人,『トランスクリティーク カントとマルクス』**(岩波書店, 2010)를 옮긴 것이다. 번역과정에서는 초판본(비평공간사, 2001)을 참고했고, 번역 완료 이후의 교정과정에서는 기존의 국역본 두 종(송태욱 역과 이신철 역)도 참고했다.
2. 원문에서 인용문의 출처는 약식 처리되어 있지만, 여기서는 국역본의 출처를 찾아 미주로 제시했다. 칸트와 마르크스의 문장들을 포함해 저자 가라타니가 인용하고 있는 일본어 번역본의 문장은 때때로 명확하지 못했는데, 그럴 경우 기계적으로 중역하지 않고 국역본(드물게는 독일어 원문)과 비교하여 옮겼다.
3. 본서에는 총 290개의 미주가 있다. 이 중 저자의 '원주'는 총 86개고 나머지는 보충설명 및 한국어본과의 비교가 담긴 역자의 주다. 본서에 등장하는 인물들 정보와 일본어 인용서적은 부록의 형태로 별도로 첨부했다.
4. 미주로 처리된 저자의 주와 역주를 구분하기 위해 원주의 경우 숫자 뒤에 *를 붙이고 원주의 번호를 별도로 표시했다.
5. 원문의 강조 방점은 본문과 글자체를 달리하여 표시했다.
6. 인용문 속에 저자가 삽입한 내용은 '[ ]'로 표시했다. 그 외의 경우(예컨대 엥겔스가 삽입한 내용이 있다)는 따로 언급했다. 역자가 삽입한 내용도 '[ ]' 속에 넣었지만 글자체와 크기를 다르게 하여 구분했다. 단 미주의 경우 따로 구분하지 않았다.
7. 원문에 제시된 인명 표기, 알파벳 철자, 연도, 서지사항 등에서 보이는 오류는 별다른 언급 없이 바로잡았다. 예컨대 마르크스가 말하는 자본의 일반공식이 "G—M—G'"로 표기된 것을 "G—W—G'"로 바로잡는 식이다.
8. 일본인 성명은 현지 발음으로 표기했다. 단 이미 한국어로 통용되고 있는 인물들은 그대로 따랐다.
9. 비고의 번역방침에 따라 저자의 핵심어인 '어소시에이션(association)', '호수(성)互酬(性)'(reciprocity), '소행遡行'(retrospection), '내성內省'(introspection) 같은 개념은 그대로 살렸다.

목차

서문 9

감사의 말 21

서론 — 트랜스크리틱이란 무엇인가 23

제1부 칸트

제1장 칸트적 전회

　1 코페르니쿠스적 전회　　　　　　57

　2 문예비평과 초월론적 비판　　　　66

　3 시차와 물자체　　　　　　　　　79

제2장 종합적 판단의 문제

　1 수학의 기초　　　　　　　　　　91

　2 언어론적 전회　　　　　　　　　105

　3 초월론적 통각　　　　　　　　　119

제3장 Transcritique

　1 주체와 장소　　　　　　　　　　127

　2 초월론적과 횡단적　　　　　　　146

　3 단독성과 사회성　　　　　　　　157

　4 자연과 자유　　　　　　　　　　175

제2부 마르크스

제1장 이동과 비평

1 이동   207

2 대표기구   220

3 공황으로서의 시차   235

4 미세한 차이   248

5 마르크스와 아나키스트들   254

제2장 종합의 위기

1 사전과 사후   291

2 가치형태   304

3 자본의 욕동   316

4 화폐의 신학 · 형이상학   333

5 신용과 위기   343

제3장 가치형태와 잉여가치

1 가치와 잉여가치   355

2 언어학적 접근방식   363

3 상인자본과 산업자본   372

4 잉여가치와 이윤   383

5 자본주의의 세계성   396

제4장 트랜스크리티컬한 대항운동

    1 국가와 자본과 네이션   415

    2 가능한 코뮤니즘   441

미주   473

정본판 후기   535

이와나미 현대문고판 후기   537

옮긴이 후기   543

(부록1) 본서에 등장하는 주요인물과 저작   555

(부록2) 본서에 인용된 일본어 저작물   563

(해제) 풋워크의 사상   567

서문

 이 책은 두 부분, 칸트와 마르크스에 대한 고찰로 이루어져 있다. 이 두 부분은 분리되어 있는 것처럼 보이지만 실제로는 분리될 수 없으며 상호작용적으로 존재한다. 내가 트랜스크리틱이라고 부르는 것은 윤리성과 정치경제학이라는 영역의 사이, 칸트적 비판과 마르크스적 비판 사이의 transcoding[1], 즉 칸트로부터 마르크스를 읽고 마르크스로부터 칸트를 읽는 기획이다. 내가 시도한 것은 칸트와 마르크스에 공통되는 '비판(비평)'의 의미를 되찾는 일이다. '비판'이란 물론 상대방에 대한 비난이 아니라 음미, 아니 오히려 자기음미다. 칸트와 마르크스를 결부시키는 사상가는 19세기부터 적지 않았다. 그런 결부는 일반적으로 마르크스주의로 불리던 유물론에 결여되어 있는 주체적·윤리적 계기를 찾으려는 것이었다. 실제로 칸트는 결코 부르주아적인 철학자가 아니었다. 그에게 도덕적=실천적이라는 것은 선악의 문제가 아니라 '자유'임(자기원인적임)을 뜻하며, 타자를 그런 '자유'로 다루는 것을 의미한다. 도덕법칙이란

"너의 인격 및 모든 타자의 인격에 있어서의 인간성을 단지 수단으로 대할 뿐만 아니라[그런 수단으로서의 사용/필요(brauchen) 속에서도] 언제나 동시에 목적으로 대할 수 있도록 행위하라"[2]는 것이다. 하지만 그것은 그저 추상적인 것이 아니다. 칸트는 그것을 역사적인 사회 속에서 점진적으로 실현해가야 할 과제로 사고하고 있었다. 구체적으로 그것은 상인자본주의적 시민사회와 대비되는 독립 소생산자들의 어소시에이션[연합]을 지향하고 있었다고 해도 좋다. 물론 이것은 아직 산업자본주의가 발흥하지 않던 시기의 독일에서 사고된 이념이므로, 당연히 산업자본의 발달과 더불어 독립 소생산자들이 가차 없이 분해되었다. 하지만 추상적이었을지라도 칸트의 생각은 이후의 유토피아 사회주의자나 프루동 같은 아나키스트의 생각을 선취했다. 따라서 헤르만 코헨은 칸트를 두고 '독일 사회주의의 진정한 창시자'라고 불렀던 것이다. 타자를 단지 '수단'으로서만 다루는 자본제 경제에서 칸트가 말하는 '자유의 왕국'이나 '목적의 나라'가 코뮤니즘을 뜻한다는 점은 명확하며, 거꾸로 코뮤니즘은 그런 도덕적 계기 없이는 불가능한 것이다. 역사적으로 보면 칸트파 마르크스주의자들은 잊혀지고 말았는데, 그것은 부당한 취급이 아닐 수 없다.

그러나 내가 칸트와 마르크스를 엮은 것은 그런 신칸트파와는 아무 관계도 없다. 나는 오히려 칸트파 마르크스주의자들이 지닌 자본주의에 관한 인식이 허술하다는 점을 드러내고자 했다. 똑같은 사안을 아나키스트(어소시에이셔니스트)에 대해서도 말할 수 있다. 그들이 지닌 자유의 감각이나 윤리성은 상찬을 받을 만하다. 하지만 인간을 강제하는 사회적 관계의 힘에 대한 이론적인 파악이 그곳에 결여되어 있었음은 부정할 수 없다. 그렇기에 그들의 시도는 언제나 무력했고 비극적으로 끝났다. 나는 정치적으로는 오히려 아나키스트로, 마르크스주의적인 정당이나 국가에 공감한 적이 한 번도 없다. 그럼에도 나는 마르크스에게 깊은 경의를 품고 있었다. 내가 젊었을 때 읽은 '국민경제학 비판'이라는 부제가 붙은 저작『자본론』에 품었던 경탄은 해를 거듭해도 사라지기는커녕 점점 더 깊어져만 갔다. 나는 경제학부 학생으로서『자본론』을 정밀하게 읽었기 때문에, 루카치에서 알튀세르에 이르는 마르크스주의 철학자가 사실상『자본론』을 읽지 않고 그저 자신의 철학적 관심으로 그것을 환원하고 있을 뿐이라는 사실에 불만을 가졌다. 이와 동시에 경제학자가『자본론』을 단지 경제학 전공서로만 보고 있다는 점에 대해서도 불만이었다. 나는 '비판'이라는 것이 자본주의나 고전경제학의 비판 같은 것이라기보다는 자본의 욕동drive과 한계를 명확히 밝히는 것이며, 나아가 그 근저에서 인간의 교환(=커뮤니케이션)이라는 행위에 불가피한 곤란함을 찾아내는 것이라는 사실을 서서히 인식하기 시작했다.『자본론』은 손쉽게 자본주의로부터의 출구를 제시하지 않는다. 오히려 손쉬운 출구가 왜 있을 수 없는지를 제시함으로써만 이에 대한 실천적 개입의 가능성을 시사하고 있다. 이와 더불어 나는 형이상학 비판과 같은 것보다는 인간적 이성의 한계를 가차 없이 드러냄으로써 실천적인 가능성을 시사하고자 한 명의 사상가를 의식하게 되었다. 『자본론』은 헤겔과의 관계 속에서 읽는 것이 상식이지만, 나는 『자본론』에 비견될 수 있는 책은 딱 하나, 칸트의 『순수이성비판』밖에 없다고 생각하게 되었다. 이것이 내가 마르크스와 칸트를 엮기로 마음을 먹게 된 이유 중 하나다.

마르크스는 코뮤니즘에 대한 타인의 담론을 비판하는 약간의 예외를 제외하고 코뮤니즘에 관해 거의 이야기하지 않았다. 어딘가에서 그는 미래에 관하여 이야기하는 것은 반동적이라고까지 말하고 있다. 1989년이 될 때까지 나는 미래의 이념을 경멸하고 있었다. 자본과 국가에 대한 투쟁은 미래의 이념 없이도 가능하며, 현실에서 생겨나는 모순에 즉하여 끝없이 투쟁을 계속할 수밖에 없다고 생각했다. 그러나 1989년 이후에 나는 변했다. 그때까지 나는 기존의 마르크스주의적 정당이나 국가에 비판적이었지만, 그 비판이란 그것들이 견고하게 계속 존재할 것이라는 점을 전제로 한 것이었다. 그들이 존속하는 한, 그저 그들을 부정하는 것만으로 무언가를 했다는 느낌이 들었던 것이다. 그들이 붕괴했을 때, 나는 자신이 역설적으로 그들에게 의존하고 있었음을 알아차렸다. 나는 무언가 적극적인 것을 말하지 않으면 안 된다고 느끼기 시작했다. 내가 칸트에 관하여 생각하기 시작한 것은 사실 이때부터였다.

칸트는 흔히 형이상학의 비판자로 알려져 있다. 그런 통념은 특별히 틀린 것이 아니다. 그는 형이상학 비판이 흄의 회의론에 의해 환기되었음을 강조하고 있다. 그러나 일반적으로 간과되는 것은 칸트가 『순수이성비판』을 쓴 시점에 형이상학은 인기가 없었으며 조롱의 표적이 되어 있었다는 사실이다. "예전엔 형이상학이 **여왕**으로 불렸던 시대가 있었다. 우리가 의지라는 것을 고스란히 행위로서 이해한다면 형이상학은 그것이 다루는 대상이 현저히 중요하기에 그런 존칭을 얻기에 적합했을 것이다. 그런데 오늘날에는 형이상학에 대해 온갖 경멸을 공개적으로 드러내는 것이 시대의 유행이 되었다."(『순수이성비판』 上)[3] 따라서 칸트에게 '비판'이라는 작업은 오히려 형이상학을 그에 적합한 형태로 다시 복구하는 일을 의미했다. 구체적으로 말하자면, 그것은 흄에 대한 비판이었다.

칸트로의 회귀는 1980년대의 두드러진 현상이었다. 한나 아렌트의 선구적인 작업(『칸트 정치철학 강의』)이나 리오타르의 작업(『열광』)에서 보이는 것처럼, 그것들은 칸트를 『판단력비판』을 통해 읽었다.[4] 취미판단에는 보편적인 것이 요구됨에도 불구하고 다수의 여러 주관들 사이에는 보편성이 없으며 기껏해야 공통감각에 의해 규제될 따름이다. 그것은 초월론적 주체를 상정한 『순수이성비판』과는 이질적인 것처럼 보인다. 그러나 칸트의 이성을 '공공적 이성'으로 다시 파악하고자 한 하버마스까지를 포함하여 그런 칸트 재평가가 지닌 정치적인 함의는 명백하다. 그것은 '형이상학'으로서의 코뮤니즘에 대한 비판으로, 사회민주주의로 귀결된다.

마르크스주의는 합리론적인·목적론적인 사고(거대서사)로서 비판되어 왔다. 실제로 스탈린주의는 그런 사고의 귀결이었다. 역사의 법칙을 파악한 이성으로 사람들을 지도

하는 지식인의 당. 그에 맞서 이성의 권력을 비판하고 지식인의 우위를 부정하며 역사의 목적론을 부정하는 일이 행해졌다. 그것은 중심적인 이성의 관리에 맞서 다수의 언어게임들 사이의 '조정'이나 '공공적 합의'를 내세우고, 합리론(형이상학)적인 역사에 맞서 경험의 다양성과 복잡한 인과성을 내세우며, 다른 한편으로 목적을 위하여 항상 희생되었던 '현재'를 질적인 다양성(지속)의 차원에서 긍정하는 것이다. 그러나 내가 깨닫게 된 것은 디컨스트럭션[탈구축]이나 지식知의 고고학과 같은 다양한 이름으로 불린 사고—나 자신이 그것에 가담하고 있었다고 해도 좋다—가 기본적으로 마르크스주의가 사람들과 국가를 지배하던 동안에만 의미를 가질 수 있던 생각이라는 점이었다. 1990년대에 그것은 임팩트를 잃고 그저 자본주의의 자체적인 디컨스트럭티브한 운동을 대변하는 것이 될 수밖에 없었다. 회의론적 상대주의, 다수의 언어게임(공공적 합의), 미학적인 '현재긍정', 경험론적 역사주의, 서브컬쳐에 대한 중시(문화연구 등)가 원래 지닌 파괴성을 잃게 됨으로써 '지배적 사상=지배계급의 사상'이 되었다. 오늘날 경제적 선진국에서 그것들은 가장 보수적인 제도에서 공인을 받고 있다. 그것들은 합리론에 대한 경험론적 사고의 우위—그 안에는 미학적인 것도 포함된다—다. 1980년대에 있었던 칸트로의 회귀란 실제로는 '흄으로의 회귀'였다.

한편, 내가 칸트를 읽기 시작한 것은 그런 '흄에 대한 비판'이라는 맥락에서였다. 그것은 대놓고 말하자면 코뮤니즘이라는 형이상학을 어떻게 재건할 수 있겠는가라는 문제다. 칸트는 말한다. "따라서 나는 신앙을 용인하는 장소를 얻기 위해 지식을 제거해야 했다. 형이상학의 독단론—바꿔 말해 순수이성에 비판을 가하지 않고 학문에서 한 단계 진보를 이룩하겠다는 편견은 도덕성에 반발하는 모든 불신의 원천이며, 이 불신은 실제로도 언제나 심각하게 독단론적이다."(『순수이성비판』 上, 「서문」)5 칸트가 처음부터 종교를 회복하고자 한 것은 아니다. 그가 승인하는 것은 도덕적인 한도 안에서의 종교, 또 도덕적이고자 하는 일에 용기를 주는 한도 안에서의 종교다.

마르크스는 코뮤니즘을 '구성적 이념'(이성의 구성적 사용)으로서 사고하는 것을 일관되게 거부했다. 따라서 미래에 관하여 이야기하지 않았다. 『독일 이데올로기』에서 그는 다음과 같은 문장을 엥겔스의 문장에 추가하고 있다. "공산주의란 우리에게 성취되어야 할 어떤 상태, 현실이 그것을 지향하여 형성되어야 할 어떤 이상이 아니다. 우리는 현상을 지양하는 현실의 운동을 공산주의라는 이름으로 부르고 있다. 이 운동의 여러 조건들은 지금 실제로 있는 전제에서 생겨난다."6 그렇다는 것은 마르크스가 코뮤니즘을 '규제적 이념'(이성의 규제적 사용)으로서 보존·지속하고자 한 것과 전혀 모순되지 않는다.7 그것을 '과학적 사회주의'와 같은 것으로 이론화하여 이야기하는 것이 형이상학이며, 마르크스는 이런 형이상학을 배척한 것이다. 그는 젊었을 때 다음과 같이 썼다. "종교비판의 마지막에 있는 것은 '인간은 인간에게 최고의 존재다'라는 교의이다. 즉 인간이 천대받고 노예의 신분으로 버려지고 경멸받는 존재가 되는 관계 전부를 전복시키라는 무조건의 명령이다."(『헤겔 법철학 비판 서설』,〈마르크스·엥겔스 전집〉제1권)8 마르크스에게 코뮤니즘은 칸트적인 '지상명령', 즉 실천적(도덕적)인 문제이다. 이 점에서 마르크스는 죽을 때까지 변함이 없었는데, 시간이 지나 그것이 실현되어야 할 역사적·물질적인 조건을 중요하게 보았을지라도 그러했다. 하지만 다수의 마르크스주의자들은 그와 같은 도덕성을 어리석은 것으로 보고 역사적 필연이나 '과학적 사회주의'를 표방한 끝에 노예적 사회를 '구성'하고 말았다. 이는 '이성의 월권행위'라 할 수 있다. 코뮤니즘에 대한 불신이 만연하게 되었다면, '모든 불신의 원천'은 이런 종류의 독단론적인 마르크스주의자들에게 있다고 해야 한다. 우리는 20세기에 코뮤니즘이 가져온 비참한 귀결을 잊어서는 안 되며, 오류를 그저 우연적인 것으로 간주해서도 안 된다. 나이브하게 적극적으로 이념에 대해 이야기하는 일이 우리에게 허용되어 있지 않다. 이는 스탈린주의를 부정해온 신좌파에 대해서도 마찬가지로 적용된다. 그 결과 코뮤니즘을 조롱하는 것이 '시대의 유행'이 된 오늘날, 또 다른, 마찬가지로 '심하게 독단론적인' 사고가 번창하고 있다. 그리고 지식인이 '도덕성에 대한 불신'을 표명하고 있는 사이에 문자 그대로 다양한 '종교'가 세계적으로 융성하기 시작했다. 우리는 그것을 우습게 여길 수 없다.

따라서 나는 1990년대에 특별히 생각이 변한 것은 아니지만 스탠스가 근본적으로 변했다. 이론이 그저 현상의 비판적 해명에 머무는 것이 아니라 현실을 바꾸는 어떤 적

서문

극적인 것을 제출해야 한다고 생각하게 되었다. 동시에 그런 일이 얼마나 곤란한 것인지도 다시금 절실히 깨닫게 되었다. 내게 사회민주주의란 당연히 어떤 적극적 전망일 수 없었다. 내 안에서 돌연 밝고 환한 빛이 보이기 시작한 것은 20세기 말에 이르렀을 때부터다. 그리고 이 책의 맨 끝에 기록한 것처럼 그런 전망이 보인 뒤부터 일본에서 새로운 어소시에이셔니스트 운동(NAM)을 시작했다. 물론 글로벌한 세계자본주의의 진행 안에서 '현상을 지양하는 현실의 운동'은 세계 각지에서 피할 수 없는 것으로서 생겨나고 있다. 그러나 이론을 가볍게 여겨서는 안 된다. 이론, 아니 이론이라기보다는 트랜스크리티컬한 인식 없이는 과거의 과오를 다른 형태로 반복하게 될 뿐이기 때문에 그렇다.

새로운 실천은 이제까지의 이론을 총체로서 검증하지 않고서는 불가능하다. 그리고 그 이론은 꼭 정치적인 것에 한정되지 않는다. 내 생각에 칸트나 마르크스가 행한 '비판'의 권역 바깥에 존재하는 것은 불가능하다. 그러므로 나는 이 책에서 멀리 에둘러 돌아가는 것처럼 보일지라도 수학기초론부터 언어학, 예술, 실존주의에 이르기까지 모든 영역에 뛰어들기를 사양하지 않았다. 그 때문에 해당 부분에서 대부분 각 영역에 관계된 전문가만이 아는 여러 문제를 논하고 있다. 또 제1부의 칸트론과 제2부의 마르크스론은 각기 독립된 것으로 작성되어 있어서 어떻게 연결되는지 알기 어려울지도 모른다. 그래서 이에 대한 설명으로서 「서론introduction」을 붙이기로 했다. 물론 이것은 책 전체를 요약한 것이 아니다.

나는 일반독자들이 이 책을 이해할 것이라고 믿고 있다. 실제로 이 책은 1992년부터 일본의 월간 문예지 『군조群像』에 쓰기 시작한 연재에세이에 기초한 것으로 소설과 나란히 실린 것이다. 즉 나는 이것을 아카데미즘이라는 폐쇄된 영역에서 쓴 것이 아니다. 오히려 전문가적 지식이 없는 일반인을 향해 썼다. 그런 의미에서 이 책은 아카데믹한 저작이 아니다. 학문적인 서술방식으로서는, 예컨대 마르크스나 칸트에 대해서라면, 역사적 의의를 인정하면서 그 한계를 지적한 후 자신의 의견을 서술하는 방식이 있다. 하지만 나는 그런 것을 하기 위해 일부러 책까지 쓸 생각이 들지 않았다. 나는 칭찬하기 위해서만 또는 칭찬할 수 있는 것을 위해서만 쓰고 싶다. 이 책에서 나는 칸트나 마르크스에 대해 사소한 흠집 찾기 따위는 전혀 하지 않았다. 가능한 한 그들을 '가능성의 중심'에서 읽고자 했다. 그런데 사실 어떤 의미에서 이 책만큼 그들을 비판한 책도 없다고 생각한다.

이 책에서 나는 자본=네이션=스테이트의 삼위일체적인 구조에 대해 서술했다. 하지만 국가만이 아니라 네이션에 관한 고찰이 불충분하다는 점을 인정한다. 농업이나 개발도상국의 경제 및 혁명 문제에 관한 고찰이 불충분하다는 점도 말이다. 이에 더해 나는 이 책에서 지금까지 자라고 사고해온 일본의 역사적 문맥을 거의 언급하지 않았다. 사실 나는 이런 고찰의 대부분을 일본 마르크스주의의 '전통'과 그것에 대한 비판적 검토에서 얻고 있다. 그것들 없이는 내가 말하는 '트랜스크리틱'이 성립하지 않는다. 즉 일본과 서양의 여러 나라들 또는 아시아의 여러 나라들 사이의 '차이'와 '횡단적' 이동이라는 체험 없이는 말이다. 이와 관련된 논고들을 이 책에서 생략한 것은 다른 책으로 준비하고 있기 때문이다. 이 책에서는 그 내용에 대해 거의 건드리지 않은 채로 칸트와 마르크스의 텍스트에 의거해서만 이야기하고자 했다.

감사의 말

이 책을 쓰면서 많은 사람들의 원조와 어드바이스를 얻었는데, 우선 번역자 고소 이와사부로와 쥬디 가이브에게 감사의 말을 전하고 싶다. 이에 더해 영어판을 검토하고 많은 조언을 주었던 제프 웨이트, 일관되게 이론적 시사와 모럴 서포트를 주었던 프레드릭 제임슨과 마사오 미요시에게 감사드린다. 그리고 실제적으로 갖가지 원조를 해주었던 아사다 아키라, 세키이 미쓰오, 폴 안드라, 인드라 레비, 나이토 유지, 가라타니 린에게 깊이 감사드린다.

2001년 5월 뉴욕에서
가라타니 고진

서론 — 트랜스크리틱이란 무엇인가

 칸트의 철학은 흔히 초월론적[transzendental]—이는 초월적[transzendent]과는 구별된다—이라고 한다. 알기 쉽게 말해 초월론적 태도란 우리가 의식하지 않는, 즉 경험에 선행하는 형식을 분명히 드러내는 것이다. 하지만 철학이란 처음부터 그러한 반성적 태도이지 않았던가. 그리고 철학이란 그런 반성에 의해 오류나 가상을 거부하는 것이 아니었을까. 그렇다면 칸트는 어떤 부분에서 다를까? 칸트 이전에는 가상이란 감각에 근거해 있는 것이고 그것을 바로잡는 것이 이성이라고 여겼다. 그런데 칸트가 문제 삼은 것은 이성 자신의 욕동에 의해 생겨나는 가상, 그러므로 단순한 반성으로는 제거될 수 없는 가상, 즉 초월론적 가상이었다. 따라서 칸트의 반성이란 프로이트가 철학적 반성에 관해 지적한 것처럼 표층적인 것일 수 없다. 프로이트가 생각하기에 '무의식'이란 분석자와 피분석자의 관계, 특히 피분석자의 저항에만 존재한다. 타자 없이 이루어지는 한 사람만의 내성內省에서는 그런 무의식이 드러날 수 없다. 칸트는 곧잘 주관성의 철학자로 비판을 받았지만, 그의 반성에는 오히려 '타자'가 개재되어 있었다.

칸트의 독특한 반성 방식은 초기 작품 『형이상학의 꿈에 의해 해명된 시령자視靈者의 꿈』에 드러나 있다. "이전에 나는 일반적 인간 지성을 단지 내가 가진 지성의 입장에서 고찰했지만, 지금의 나는 자신을 나 자신의 것이 아닌 외적인 이성의 위치에서 고찰하며, 스스로의 판단을 가장 은밀한 동기와 함께 타인의 시점에서 고찰한다. 이런 두 방향의 고찰을 비교하는 것은 분명 강한 시차[starke Parallaxen]를 생겨나게 하는데, 이는 여러 개념들이 광학적 기만을 피할 수 있게 하며, 개념들을 인간성의 인식능력과 관계하는 올바른 위치에 놓는 유일한 수단이기도 하다."(『형이상학의 꿈에 의해 해명된 시령자의 꿈』)[9] 여기서 칸트가 말하고 있는 것은 자신의 시점에서 볼 뿐만 아니라 '타인의 시점'에서도 봐야한다는 식의 매우 흔한 주장이 아니다. 칸트가 말하는 것은 오히려 그 반대다. 혹시 우리의 주관적인 시점이 광학적 기만이라면, 타인의 시점이나 객관적인 시점 역시 그런 기만을 피할 수 없다. 그렇다면 반성으로서의 철학의 역사란 '광학적 기만'의 역사일 수밖에 없다. 반성이 광학적 기만이라는 것을 폭로하는 종류의 반성, 이것이 칸트가 가져온 반성이다. 반성에 관한 비판으로서 칸트의 반성은 나의 시점과 타인의 시점 사이의 '강한 시차視差'에서만 생기는 것이다. 이것을 설명하기 위해 나는 하나의 사례로 칸트 시대에는 아직 없었던 어떤 테크놀로지를 들고자 한다.

반성이란 거울에 스스로를 비추는 메타포로 자주 이야기된다. 거울은 '타인의 시점'으로 자신의 얼굴을 보게 한다. 그런데 우리는 그것과 사진을 비교해야 한다. 거울에 의

서론 — 트랜스크리틱이란 무엇인가

한 반성에는 아무리 '타인의 시점'에 선다고 할지라도 공범성이라는 것이 있다. 우리는 자신의 얼굴을 자기 편한 대로만 볼 뿐이다. 그런데 사진에는 가차 없는 '객관성'이 존재한다. 누가 그것을 찍었던지 간에 초상화의 경우와는 달리 그 주관성을 말할 수 없기 때문이다. 물론 사진도 상(광학적 기만)에 불과하다. 거울의 상과 사진의 상, 그 사이의 차이가 초래하는 '강한 시차'가 중요한 것이다. 사진이 발명되었을 당시, 자신의 얼굴을 본 사람은 녹음테이프로 자신의 목소리를 처음 들은 사람과 마찬가지로 불쾌함을 금할 수 없었다고 한다. 이것은 내 얼굴(목소리)이 아니라고 생각했다. 이는 프로이트가 말한 저항과 같은 것이다. 그러나 얼마 지나지 않아 사람들은 사진에 익숙해졌다. 즉 이번에는 사진에 찍힌 것을 자신의 얼굴로 간주하게 된다. 중요한 점은 사람들이 처음으로 사진을 보고 느낀 '강한 시차'다.

철학은 내성=거울에 의해 시작되며 그 안에 머문다. 아무리 '타인의 시점'이라는 것을 집어넣어도 마찬가지다. 애초에 철학은 소크라테스의 '대화'에서 시작되었다. 대화 자체가 거울 속에 있는 것이다. 사람들은 칸트가 주관적인 자기음미에 머물렀다고 비판하고, 그로부터 벗어날 수 있는 가능성을 다수의 주관을 도입한 『판단력비판』에서 찾으려고 한다. 그러나 철학사에서 결정적인 사건은 내성에 머물러 있으면서도 내성이 가진 공범성을 파쇄하고자 한 칸트의 『순수이성비판』에 있다. 우리는 이 저작에서 기존의 내성=거울과는 다른 어떤 객관성=타자성의 도입을 발견할 수 있다. 흔히 칸트의 방법은 주관적이며 독아론적이라는 비난을 받는다. 하지만 그것은 항상 '타인의 시점'에 사로잡혀 있다. 『순수이성비판』은 『시령자의 꿈』처럼 자기비평적으로 쓰여 있지 않다. 그러나 '강한 시차'가 사라진 것은 아니다. 그것은 안티노미(이율배반)라는 형태로 나타난다. 이는 테제와 안티테제 모두가 '광학적 기만'에 불과하다는 점을 노출시킨다.

제1부에서 나는 이런 관점에서 칸트를 다시 읽었다. 제2부의 마르크스론도 마찬가지다. 예컨대 『독일 이데올로기』 시기의 마르크스는 직전까지 자신이 속했던 헤겔 좌파를 비판했다. 엥겔스에게 이는 관념론을 대신하여 경제적인 관점을 도입함으로써 역사를 보는 시점을 다시 제시하는 것이었다. 독일의 이데올로기란 선진국 영국에서 실현되고 있는 것을 관념적으로 실현하려고 하는 후진국의 담론이었다. 그러나 마르크스에게 이런 인식은 자신이 독일의 담론 바깥으로 나간 후에야 비로소 획득할 수 있었던, 어떤 충격을 동반한 각성의 체험이었다. 그것은 자신의 시점에서 본 것도 아니며 타인의 시점에서 본 것도 아닌, 그것들 간의 차이(시차)에서 드러나는 '현실'과 직면하는 일이었다. 영국으로 건너간 마르크스는 고전경제학 비판에 몰두했다. 독일에 있을 때 그는 이미 자본주의에 대한 비판과 고전경제학에 대한 비판을 행했다. 이런 마르크스에게 『자본론』으로 결실 맺게 되는 새로운 비판의 시점을 부여한 것은 대체 무엇이었을까. 그것은 영국의 고전경제학적 담론으로는 단순한 사고나 잘못으로만 파악된 사건, 즉 경제공황이 부여한 '강한 시차'였다고 해도 과언이 아니다.

서론 ― 트랜스크리틱이란 무엇인가

중요한 것은 마르크스의 비판이 항상 '이동'과 그 결과인 '강한 시차'에서 생겨나고 있다는 점이다. 칸트가 발견한 '강한 시차'는 그의 주관주의를 비판하고 객관성을 강조한 헤겔에 의해 지워지고 말았다. 마찬가지로 마르크스가 발견한 '강한 시차'는 엥겔스나 마르크스주의자에 의해 지워지고 말았다. 그 결과 견고한 체계를 쌓아올린 칸트나 마르크스라는 이미지가 확립되었다. 그러나 주의 깊게 읽으면 그와 같은 이미지가 완전히 잘못된 것임을 알 수 있다.

칸트나 마르크스는 끊임없이 '이동'을 반복하고 있다. 그리고 다른 담론체계로의 이동이야말로 '강한 시차'를 가져온다. 망명자였던 마르크스는 굳이 말할 필요도 없을 것이다. 그런데 칸트와 대해서도 똑같이 말할 수 있다. 그는 공간적으로는 전혀 이동하지 않았지만 이동을 향한 유혹을 거부함으로써, 그리고 코즈모폴리턴이기를 멈추지 않음으로써 일종의 망명자일 수 있었다. 일반적으로 칸트는 합리론과 경험론의 '사이'에서 초월론적인 비판을 수행한 사람으로 간주된다. 하지만 『시령자의 꿈』과 같은 기묘하게 자학적인 에세이를 보면, 칸트가 단순히 '사이'에서 사고했다는 식으로 말할 수는 없다. 칸트도 독단적인 합리론에 맞서서는 경험론으로 대항하고 독단적인 경험론에 맞서서는 합리론적으로 대항하는 일을 반복하고 있다. 이러한 이동에 칸트의 '비판'이 있다. '초월론적인 비판'이란 어떤 안정된 제3자의 입장이 아니다. 그것은 트랜스버셜한(횡단적인), 또는 트랜스포지셔널한(전위적轉位的인) 이동 없이는 불가능하다. 이 점에서 칸트와 마르크스의 트랜스센덴탈[transcendental]하거나

27

트랜스포지셔널[transpositional]한 비판을 '트랜스크리틱'이라고 명명하기로 한 것이다.

알튀세르는 마르크스가 『독일 이데올로기』에서 '인식론적 단절'을 이루었다고 말한다. 하지만 그런 단절은 단 한 번으로 끝나는 것도 최대치를 보여주는 것도 아니다. 일반적으로 『독일 이데올로기』에 나타난 마르크스의 전회를 역사적 유물론의 확립으로 간주한다. 그런데 실제로 그런 확립은 엥겔스가 선도한 것이며 『독일 이데올로기』의 해당 부분도 실질적으로는 엥겔스가 썼다. 그러므로 우리는 오히려 마르크스가 그와 같은 견해에 뒤늦게 도달한 점에 주목해야 한다. 그가 그렇게 늦은 이유는 엥겔스가 빨리 벗어난 '종교 비판' 문제에 아직 깊숙이 관여하고 있었기 때문이다. 마르크스는 말한다. "독일에서 종교 비판은 끝났다. 종교에 대한 비판은 모든 비판의 기초다."(마르크스, 『헤겔 법철학 비판 서설』)[10] 그가 국가나 자본을 '종교 비판'의 변형으로 사고한 것은, 단순히 머지않아 방기되어야 할 포이어바흐의 자기소외론의 응용에 불과한 것이 아니다. 오히려 마르크스는 자본과 국가라는 외형을 가진 '종교'에 대한 비판을 집요하게 이어가고 있었던 것이다.

산업자본주의의 발전은 이전까지의 역사를 생산의 관점에서 볼 수 있게 한다. 하지만 애덤 스미스는 이미 18세기 중반에 역사적 유물론의 시점을 제기하고 있다. 그러나 거꾸로 역사적 유물론이 자본제 경제를 명확히 밝히는 것은 불가능하다. 자본주의는 경제적 하부구조 같은 것이 아니다. 그것은 인간의 의지를 넘어 인간을 통제하는, 또는 사

서론 — 트랜스크리틱이란 무엇인가

람들을 서로 분리시키고 결합하는 어떤 '힘'으로 오히려 종교적인 것이다. 물론 이것은 마르크스가 전 생애에 걸쳐 해명하고자 한 것이다. "상품은 언뜻 봐서는 뻔하고도 평범한 물건으로 보인다. 하지만 그것을 분석하면, 지극히 성가신 사물, 형이상학적으로 그럴싸한 논리나 신학적인 편향과 굴절로 가득한 물건이라는 사실을 알게 된다."(『자본론』 제1권 1편 1장 4절, 〈세계의 명저〉 제54권)[11] 마르크스는 더 이상 좁은 의미의 '형이상학'이나 '신학'을 문제로 삼지 않는다. 그것들을 '뻔하고도 평범한 사물'에서 발견한다. 이는 진정한 사상가만이 가질 수 있는 인식이다. 어쩌면 역사적 유물론은—만약 그것이 마르크스주의라면 마르크스주의는—마르크스 없이도 가능했을 것이라는 말도 지나친 말이 아니다. 그러나 『자본론』 같은 책은 마르크스 없이는 결코 존재할 수 없을 것이다.

마르크스와 관련하여 놓쳐서는 안 될 커다란 '전회'는 중기작업 『정치경제학비판 요강』['그룬트리세Grundrisse', 이하 '요강'으로 표기]에서 후기 작업 『자본론』으로의 이행에 있다. 구체적으로 그것은 '가치형태론'의 도입이다. 계기는 『요강』 이후 어떤 회의론과의 만남이다. 그것은 리카도의 노동가치설에 대한 세뮤얼 베일리의 비판이다. 리카도의 생각에 따르면, 상품에는 교환가치가 내재해 있으며 화폐는 그것을 표시한다. 즉 화폐는 가상에 불과하다. 이런 생각에 기초하여 리카도 좌파나 프루동 같은 이들은 화폐를 폐기하고 노동증표나 교환은행을 구상했다. 마르크스는 이것들을 비판하면서도 기본적으로는 노동가치설에 근거하고 있었다. 하지만 베일리는 상품의 가치는 다른 상품들과의 관계에 불과하기에 상품에 내재한 노동가치란 환상이라고 비판했다.

베일리의 이와 같은 회의론은 예컨대 데카르트가 말하는 자기 따위는 존재하지 않으며 다수의 자기가 있을 뿐이라는 흄의 비판과 비슷하다. 이런 흄에 대해 칸트는 자기란 가상이지만 초월론적 통각統覺 X가 있다고 말했다. 이 X를 모종의 실체로 간주하는 것이 형이상학이다. 그런데 우리는 이와 같은 X를 경험적인 실체로 파악하려는 욕동에서 벗어날 수가 없다. 그렇기에 자기란 단순한 가상이 아니라 초월론적인 가상이다. 물론 칸트가 이렇게 생각하게 된 것은 훗날의 일이며, 일단 흄의 회의를 통해 '독단론의 꿈에서 깨어날' 수 있었다. 마찬가지로 마르크스가 베일리의 회의를 심각하게 받아들인 것은 분명하다. 그러나 칸트와 마찬가지로 마르크스도 리카도만이 아니라 베일리까지 비판했다. 리카도는 노동가치설에 근거하여 화폐를 가볍게 여겼다. 그러나 베일리도 화폐를 가볍게 여겼다. 그것은 베일리가 상품의 가치가 다른 상품들과의 관계를 통해 결정된다고 말하면서도, 상품은 서로 직접 관계를 맺지 못한다는 사실을, 하나의 상품(화폐)과의 관계를 통해서만 비로소 관계 맺을 수 있다는 사실을 가볍게 보았다는 의미다.

마르크스가 말한 것처럼 공황에서 사람들은 갑자기 화폐를 찾고 중금주의자로 돌아선다. 『자본론』의 마르크스는 리카도나 베일리보다 오히려 중상주의로 소행遡行하여 사고한다. 물론 그의 '비판'은 이들 모두를 비판하는 것이고,

서론 — 트랜스크리틱이란 무엇인가

그렇게 함으로써 그들이 간과한 '형식'—상품경제를 성립시키고 있는 초월론적인 형식—을 명확히 드러내는 것이다. 다른 관점에서 말하자면, 그것은 사물이 아니라 사물이 놓여 있는 관계의 장場을 우위에 놓는 일이다. 마르크스는 리카도처럼 노동가치설의 도입하지 않고 화폐의 근거를 발견하고 있다. 상품은 자신의 가치를 다른 상품(사용가치)을 통해 드러낸다. 이 경우 전자는 상대적 가치형태에 있고 후자는 등가형태에 있다. 그리고 모든 상품이 배타적으로 하나의 상품을 통해 자신의 가치를 제시할 때, 이 하나의 상품이 일반적 등가물 즉 화폐가 된다.

마르크스가 생각하기에 금이 화폐가 되는 것은 그것이 금이 아니라 일반적 등가형태이기 때문이다. 그가 보려고 한 것은 여기에 위치한 생산물을 상품이게 하고 화폐이게 하는 '가치형식'—상대적 가치형태와 등가형태—이다. 그것의 소재가 무엇이 됐든 배타적으로 일반적 등가형태에 놓인 것은 화폐이다. 일반적 등가형태에 놓인 사물(그리고 그것의 소유자)은 다른 무엇과도 교환될 수 있는 '권리'를 갖는다. 사람들이 어떤 것을, 예컨대 금을 숭고하게 여기는 이유는 그것이 금이기 때문이 아니라 그것이 일반적 등가형태에 놓여 있기 때문이다. 마르크스가 자본에 대한 고찰을 수전노에서 시작한 점에 주의해야 한다. 수전노가 가진 것은 사물(사용가치)을 향한 욕망이 아니라 등가형태에 있는 사물을 향한 욕동—나는 그것을 욕망과 구별하기 위해 프로이트를 따라 욕동이라 부르고 싶다—이다. 다른 방식으로 말하자면, 수전노의 욕동은 사물을 향한 욕망이 아니라 그 욕망을 희생시킬지라도 등가형태라는 '장'(포지션)에 서려는 욕동이다. 이 욕동은 마르크스가 말한 것처럼 신학적·형이상학적인 것을 내포하고 있다. 왜냐하면 수전노는 이른바 "천국에 재물을 쌓는 것"[12]이기 때문이다.

그런 수전노를 비웃을지라도 자본의 축적욕동은 기본적으로 그것과 같다. 자본가란 마르크스가 말한 것처럼 '합리적인 수전노'다. 자본가는 일단 상품을 사고 그것을 팔아 직접적인 교환가능성의 권리를 증대시키려고 한다. 상품을 사용하는 것이 목적이 아니다. 따라서 자본주의의 원동력을 사람들의 욕망에서 찾는 것은 불가능하다. 오히려 그 반대다. 자본의 욕동은 '권리'(포지션)를 획득하는 데에 있으며, 그렇기 때문에 사람들의 욕망을 환기시키고 창출할 뿐이다. 그리고 이런 교환가능성의 권리를 축적하려는 욕동은 본래적으로 교환에 내재하는 곤란함과 위태로움에서 온다.

역사적 유물론자는 자연과 인간의 관계, 인간과 인간의 관계가 역사적으로 어떻게 변천했는지를 사고한다. 하지만 이런 사고에 누락된 것은 그것들을 조직하는 자본제 경제에 대한 고찰이다. 이를 위해서 우리는 '교환'의 차원, 그리고 그것이 불가피하게 가치형태를 취하는 것을 살펴야 한다. 중농주의자나 고전경제학자는 '생산'에서 출발해 모든 사회적 관계를 투명하게 보는 시점을 취한다. 그러나 사회적 교환은 우리에게 항상 불투명하기 때문에 폐기하기 어려운 자립적인 힘으로 나타난다. 자본주의적 생산은 아나키적인 것이므로 의식적으로 컨트롤하면 된다는 엥겔스의

서론 — 트랜스크리틱이란 무엇인가

생각—이것이 집권적인 코뮤니즘을 낳았다—은 사실 고전경제학을 연장한 것에 불과하다.

가치형태론에서 마르크스의 중요한 이동 중 하나는 사용가치나 유통과정을 중시한 데에 있다. 타인에게 사용가치가 없는 사물은 가치가 아니다. 즉 생산에 노동시간이 얼마나 들었든 팔리지 않으면 가치가 아니다. 마르크스는 교환가치와 사용가치라는 기존의 구별을 폐기한다. 상품에 교환가치 따위는 포함되어 있지 않다. 타자와 관계하지 않으면 상품이란 '죽음에 이르는 병'(키르케고르)에 있는 것이다. 고전경제학은 상품을 사용가치와 교환가치의 종합이라고 생각했다. 하지만 그것은 사후적인 사고방식에 불과하다. 이런 종합에는 '목숨을 건 비약'이 잠재해 있다. 키르케고르는 인간을 유한과 무한의 '종합'이라고 말했는데 '신앙'과 관계된 것이었다. 상품에서 그것은 이른바 '신용'의 문제다. 일단 사고파는 일이 이루어졌다고 간주하는 것이 신용이고, 이는 사고파는 일의 관계를 채권과 채무의 관계로 바꾼다. 즉 교환의 위태로움이란 결제라는 형태로 드러난다. 이렇게 하지 않으면 성립하기 힘든 교환을 가능하게 하고 확대시키는 것이 신용이다. 마르크스가 생각하기에 은행권은 국가의 지폐와는 달리 약속어음의 일종이다. 하지만 상품경제는 신용 위에 구축되어 있기에 위기를 다른 형태로 가지고 있을 수밖에 없다.

고전경제학자는 생산과정을 중시하는 입장을 취하면서 나머지 것들 모두를 이차적이며 환상적인 것으로서 비非신비화하였다. 하지만 실제로는 그렇게 비신비화되었을 유통과 신용의 기구에 그들 자신이 휘둘리고 있다. 바꿔 말해 그들은 공황이 왜 일어나는지를 해명할 수 없다. 공황=위기는 상품경제가 본래적으로 가진 위기성의 출현이다. 그것은 그 자체로 경제학의 '비판=위기'라 할 수 있다. 마르크스에게 『자본론: 국민경제학 비판』을 가져다준 것은 공황이 부여한 '강한 시차'였다고 해도 과언이 아니다.

『자본론』 서문에서 마르크스는 '헤겔의 제자'임을 공언하고 있다. 실제로 자본제 경제를 마치 자본(=정신)의 자기실현인 것처럼 기술하려고 했다. 그러나 『자본론』은 헤겔적인 서술체재를 취하면서도 헤겔과 근본적으로 다른 동기를 갖는다. 그것은 '절대정신'으로 결코 끝나지 않는다. 『자본론』은 자본이 세계를 조직하면서도 자신의 한계를 결코 넘어서지 못한다는 점을 명확히 밝힌다. 그것은 자기의 한계를 넘어서까지 실현하려는 자본=이성의 멈추기 힘든 '욕동'에 대한 칸트적 비판인 것이다. 그리고 그 모든 비밀이 가치형태에 있다. 가치형태론은 물물교환에서 화폐의 형성에 이르는 역사적 과정에 대한 고찰이 아니다. 그것은 사람들이 화폐경제 안에 있을 때는 아예 의식하지 않는 형태이자 초월론적으로 발견되는 '형식'이다. 가치형태에서 화폐형태, 수전노, 상인자본, 산업자본으로 진행하는 식의 서술순서와는 반대로, 마르크스는 뒤에서 앞으로 거슬러 올라갔다. 고전경제학자는 이전 시기의 중금주의자·중상주의자나 상인자본을 부정했다. 그것들이 부등가교환의 차액으로 이윤을 획득하는 것과는 달리, 산업자본주의는 공정한 등가교환에 의거하며, 이윤은 생산에서의 분업과 협업에

서론 ─ 트랜스크리틱이란 무엇인가

따른 성과라는 것이다. 그런데 마르크스는 이에 맞서 오히려 상인자본으로 거슬러 올라가 자본을 생각했다. 그는 자본을 화폐─상품─화폐라는 '일반공식'의 관점에서 본다. 이는 근본적으로 자본을 상인자본으로 보는 것이다.

자본이란 자기증식하는 화폐이며, $G-W-G'$ [13]라는 운동의 과정으로서 존재한다. 산업자본에서는 이 W의 부분이 원료·생산수단 및 노동력상품이 된다. 그리고 노동력상품이야말로 산업자본에 고유한 것이다. 산업자본의 잉여가치는 단순히 노동자를 일하게 함으로써가 아니라 (총체로서의) 노동자가 자신이 만든 것을 다시 구매할 때 생기는 차액이다. 그렇지만 이는 상인자본과 원리적으로 동일한 것이다. 고전파 경제학은 상인자본주의(중상주의)를 공격하면서 그것을 사기(부등가교환)로 간주했다. 하지만 상인자본은 다른 가치체계 사이에서 행해지는 교환에서 잉여가치를 획득해도 각각의 가치체계 내부의 등가교환에 근거하고 있다. 상인자본이 공간적인 차이에서 잉여가치를 획득하는 것이라면, 산업자본은 기술혁신을 통해 끊임없이 다른 가치체계를 시간적으로 만들어냄으로써 잉여가치를 획득하는 것이다. 물론 그것은 산업자본이 상인자본적 활동에서 잉여가치를 얻는 것을 방해하지 않는다. 자본에게 잉여가치란 어디서 획득해도 상관이 없는 것이다. 요컨대 자본은 가치체계의 차이에서, 그 자체로서는 등가교환을 통해 잉여가치를 획득한다. 따라서 잉여가치는 이윤과 달리 비가시적이며 그것이 획득되는 프로세스는 블랙박스 안에 있다.

여기서 주의해야만 하는 것은 마르크스주의자 가운데

잉여가치를 가치체계들 간의 차이에서 발견하는 것이 아니라 그것을 생산과정의 '착취'에서만 발견하려는 사고가 지배적이라는 점이다. 그들은 자본가와 임금노동자의 관계를 봉건영주와 농노의 관계가 위장된 형태로 연장된 것으로 보았다. 그리고 그것을 마르크스의 생각이라고 여겼다. 하지만 그것은 리카도의 이윤이론에 포함되어 있던 가능성, 즉 이윤이란 잉여노동의 착취라는 생각을 도출한 리카도파 사회주의자의 생각이다. 그것은 1848년까지 영국의 노동운동을 떠받친 이론이었다. 마르크스 자신이 그와 같은 관점을 두세 번 제시한 것은 사실이지만, 이런 관점은 세상 사람들에게 쉽게 이해시키는 것일 수는 있지만, 자본제의 잉여가치가 가지는 비밀을 밝히는 것은 아니다. 이런 관점으로 설명할 수 있는 것은 기껏해야 절대적 잉여가치이지 산업자본주의의 특징인 상대적 잉여가치가 아니다. 그리고 뒤에 서술하겠지만 자본가와 임금노동자의 관계를 봉건영주와 농노의 관계와 비교하는 것은 많은 오류를 낳는다. 그것은 자본제 경제의 지양을 첫째로 '주인과 노예의 변증법'으로 보는 것이고, 둘째로 생산과정에서의 투쟁 중심으로 고정해버리는 것이다.

한편 마르크스는 『자본론』에서 고전경제학에 반대하여 유통과정을 중요하게 생각했다. 그는 칸트적인 말투로 다음과 같은 안티노미[이율배반]를 지적했다. 잉여가치는 생산과정 자체에서는 나오지 않으며 유통과정 자체에서도 나오지 않는다. 그리고 그는 말한다, "여기가 로도스섬이다, 여기서 뛰어라." 그러나 이런 안티노미는 다음과 같이 생각함으로써만 해결될 수 있다. 산업자본의 잉여가치는 유통과정 가치체계의 차이에서 오는 것이며, 이런 잉여가치를 초래하는 것은 생산과정에서의 기술혁신이다. 자본은 끊임없이 차이를 발견해내야 하고 차이의 창출을 계속하지 않으면 안 된다. 이것이 산업자본에서 끊임없는 기술혁신의 원동력이다. 이런 혁신은 사람들이 '문명'의 진보를 바라고 있기 때문이 아니다. 많은 사람들은 자본주의 경제의 발전이 물욕이나 진보를 향한 신앙에 의거해 있다고 생각한다. 따라서 그들은 그런 생각을 비꾸어 합리적으로 컨트롤할 수 있을 것처럼, 혹은 자본주의를 언제든지 폐기할 수 있을 것처럼 생각하고 있다. 하지만 그런 생각은 자본의 '욕동'이 얼마나 뿌리 깊은지를 이해하지 못하는 것이다. 그것은 결코 자동적으로 멈추는 게 아니다. 이성적인 억제, 국가적인 강제에 의해 멈추는 것도 아니다. 『자본론』에 혁명의 필연성은 어디에도 쓰여 있지 않다. 우노 고조가 올바로 지적한 것처럼 『자본론』은 공황의 필연성을 제시했을 뿐이다.[14] 그리고 공황은 자본제 경제의 고유한 질병이지만 자본제 경제가 영속적으로 발전해가는 메커니즘의 일환이기도 하다. 자본제 경제는 공황을 제거할 순 없지만 그로 인해 소멸할 리도 없다. 자본제 경제는 환경론자가 말하듯이 장래에 비참한 결과를 초래할 것이다. 하지만 그로 인해 자본제 경제가 끝날 리는 없다. 나아가 향후 상품화가 한층 철저하게 진행되었을 때, 그 극한에서 그런 진행이 반전되어 자본제 경제가 끝날 가능성도 없다.

이럴 경우 많은 이들이 생각하는 일은 국가의 규제다.

그러나 자본과 마찬가지로 국가도 어떤 자율적인 힘을 가지고 있다는 사실에 주의해야 한다. 이는 역사적 유물론의 공식 즉 경제적 하부구조와 달리 국가나 네이션은 상부구조며, 경제적 하부구조에 의해 규정되더라도 상대적인 자율성을 갖는다는 의미에서 주의해야 한다는 말이 아니다. 애당초 자본주의적 경제를 하부구조라고 말할 수 있을까. 앞서 지적한 것처럼 화폐나 신용의 세계는 경제적이라기보다는 종교적이고 환상적인 세계가 아닐까. 반대로 말해, 국가나 네이션은 공동적 환상일지라도 불가피하게 존재하는 이유는 자본과 마찬가지로 현실적으로 불가피한 기반이 있기 때문이다. 국가나 네이션은 상품교환과 다르지만 역시 '교환'에 뿌리를 두고 있다. 따라서 그것들이 '상상의 공동체'라는 점을 강조하더라도 그와 같은 계몽으로는 결코 해소될 수 없다. 단순한 가상이 아니라 초월론적 가상이기에 그렇다.

마르크스는 '가치형태'를 고찰한 뒤 '교환과정'이라는 절에서 상품교환의 발생을 역사적으로 고찰한다. 그가 여기서 말하는 것은 상품교환이 공동체와 공동체 사이에서 시작된다는 점이다. "상품교환은 공동체가 끝나는 곳에서, 공동체가 다른 공동체나 그 구성원과 접촉하는 지점에서 시작한다. 그런데 어떤 물적인 존재는 일단 한번 공동체 바깥생활에서 상품이 되자마자 그에 대한 반작용으로 공동체 내부생활에서도 상품이 된다."(『자본론』 제1권 1편 2장)[15] 그러나 이것은 역사학적 소행에 의해서가 아니라 화폐경제의 고유한 성격을 초월론적으로 명확히 할 때 발견되는 '기원'이라고 할 수 있다. 이렇게 서술할 때의 마르크스는 다른 교환형태가 존재한다는 점을 전제하고 있다. 상품경제의 교환은 '교환' 일반에서는 오히려 특수한 형태다. 첫째로, 공동체에도 '교환'이 있다. 그것은 증여-답례라는 호수제互酬制다. 이는 상호부조적이지만 답례에 응하지 않으면 무라하치부村八分[16]가 되는 식으로 공동체의 구속이 강하게 작동하며 배타적다. 둘째로, 공동체와 공동체 사이에는 강탈이 존재한다. 오히려 이것이 기본인데, 상품교환은 서로가 강탈을 할 때 시작된다. 그렇지만 강탈도 교환의 일종으로 간주해도 좋다. 왜냐하면 지속적으로 강탈하기 위해서는 강탈당하는 자들을 다른 강탈자로부터 보호하거나 산업을 육성할 필요가 있기 때문이다. 이것이 국가의 원형이다. 국가는 좀 더 많이 수탈하기 위하여 토지와 노동력의 재생산을 재분배를 통해 보증하고, 관개공사 등의 공공사업을 통해 농업 생산력을 높이려고 한다. 그 결과 국가는 수탈기관으로 보이지 않을 뿐만 아니라, 오히려 농민은 영주의 보호에 대한 답례(의무)로서 매해 공납을 바친다는 식으로 생각하게 되고, 상인도 보호에 대한 답례로 세금을 지불한다는 식으로 생각하게 된다. 그러므로 국가는 초계급적이며 '이성적'이라는 식으로 표상된다. 따라서 수탈과 재분배도 '교환'의 일종이라고 말할 수 있다. 인간의 사회적 관계에 폭력의 가능성이 있는 한, 이런 형태는 불가피하다. 이에 더해 교환의 세 번째 유형이 있는데, 마르크스가 말하는 공동체와 공동체 사이의 상품교환이 그것이다. 교역은 상호합의에 의한 것이지만, 앞서 서술한 것처럼 이런 상품교환에서 잉여가치 즉 자본이 발생한다. 하지만 그것은 강탈-재분배라는 교환관계와는 결정적으로 다르다. 여기에 덧붙이고 싶은 것은 제4의 교환 유형, 즉 어소시에이션이다. 그것은 상호부조적이지만 공동체 같은 구속은 없으며 배타적이지도 않다. 어소시에이션은 일단 자본주의적 시장경제를 통과한 이후에만 나타날 수 있는 윤리적-경제적 교환관계의 형태다. 어소시에이션의 원리를 이론으로 만든 이는 프루동인데, 그것은 이미 칸트의 윤리학에 포함되어 있었다.

베네딕트 앤더슨은 네이션=스테이트가 원래 이질적인 네이션과 스테이트의 '결혼'이었다고 말한다.[17] 이는 중요한 지적이지만, 이미 그 전에 근본적으로 이질적인 둘 사이의 '결혼'이 있었음을 잊어서는 안 된다. 국가와 자본의 '결혼'이 바로 그것이다. 국가, 자본, 네이션은 봉건시대에는 명료하게 구별되었다. 즉 봉건국가(영주, 왕, 황제), 도시, 그리고 농업공동체로 말이다. 그러므로 그것들은 각기 다른 '교환'의 원리에 기초하고 있었다. 앞서 서술한 것처럼, 국가는 수탈과 재분배의 원리에 기초한다. 둘째로 그런 국가기구에 의해 지배되면서 서로 고립되어 있는 농업공동체는 내부에서는 자율적이며 상호부조적이고 호수적인 교환을 원리로 삼고 있다. 셋째로 그런 공동체와 공동체 '사이'에 시장, 즉 도시가 성립한다. 그것은 상호합의에 의한 화폐적 교환이다. 봉건체제를 붕괴시킨 것은 그와 같은 자본주의적 시장경제의 전반적인 침투다. 하지만 그런 경제과정은 정치적으로 절대주의적 왕권국가라는 형태를 취함으로써만

서론 — 트랜스크리틱이란 무엇인가

실현된다. 절대주의적 왕권은 상인계급과 결탁하여 다수의 봉건국가(귀족)를 타도함으로써 폭력을 독점하고 봉건적 지배(경제 외적인 지배)를 폐기한다. 그것이야말로 국가와 자본의 '결혼'인 것이다. 상인자본(부르주아지)은 그런 절대주의적 왕권국가 속에서 성장했었고, 또 통일적인 시장의 형성을 위해 국민의 동일성을 형성했었다고 할 수 있다. 그러나 이것만으로 네이션은 성립되지 않는다. 네이션의 기반에는 시장경제의 침투 및 도시적인 계몽주의로 인하여 해체되던 농업공동체가 있다. 이전까지 자율적이고 자급자족적이던 각각의 농업공동체는 화폐경제의 침투로 인해 해체됨과 동시에 자신이 가졌던 공동성(상호부조나 호수제)을 네이션(민족) 속에서 상상적으로 회복한다. 네이션은 지성적인(홉스적인) 국가와 달리 농업공동체에 근거한 상호부조적 '감정'에 기반하고 있다. 이 감정은 증여에 대해 가지는 부채와 같은 것으로 근본적으로 교환관계를 내포하고 있다.

그러나 이것들이 진짜 '결혼'하는 것은 부르주아 혁명에서다. 프랑스혁명에서 자유, 평등, 우애라는 트리니티(삼위일체)가 제창된 것처럼 자본, 국가, 네이션은 나누어질 수 없는 것으로서 통합된다. 따라서 근대국가는 자본=네이션=스테이트(capitalist-nation-state)로 불러야 한다. 이 셋은 상호 보완하고 보강하게 되어 있다. 예컨대 경제적으로 자유로이 움직일 수 있지만 그것이 계급적 대립으로 귀결된다면, 그 문제를 국민의 상호부조적인 감정을 통해 해소하거나 국가를 통해 규제함으로써 부를 재분배하는 방식이다. 이 경우 자본주의만을 타도하면 국가주의적 형태가 되거나 네이션의 감정에 발목을 잡히고 만다. 앞의 것이 스탈린주의고 뒤의 것이 파시즘이다. 이렇게 자본만이 아니라 네이션이나 국가까지도 교환의 형태들로 간주하는 것은 말하자면 '경제적인' 시점이라고 할 수 있다. 그리고 만약 경제적 하부구조라는 개념이 중요한 의의를 갖는다면 이런 의미에서 그러하다.

위의 세 가지 '교환' 원리 중 근대의 상품교환이 널리 확대되어 다른 것들을 압도했다고 할 수 있다. 그러나 상품교환이 전면화되는 일은 없다. 자본은 인간과 자연의 생산과 관련해서는 가족이나 농업공동체에 의거할 수밖에 없으며, 근본적으로 비非자본제 생산을 전제로 하고 있다. 이 지점에 네이션의 기반이 있다. 한편 절대주의적인 왕(주권자)은 부르주아 혁명에 의해 제거될지라도 국가 자체는 남는다. 국가는 국민주권에 의한 대표자=정부로 해소되는 것이 아니다. 국가는 언제나 다른 국가에 대해 주권자로서 존재하는 것이며, 따라서 자신의 위기(전쟁)에서는 강력한 지도자(결단하는 주체)가 요청된다. 보나파르티즘[18]이나 파시즘에서 볼 수 있는 것처럼 말이다. 오늘날 자본주의의 글로벌화로 인한 국민국가의 해체가 전망된다. 그런데 스테이트나 네이션이 그렇게 소멸되는 일은 없다. 예컨대 자본주의의 글로벌화(신자유주의)로 각국의 경제가 압박을 받으면, 국가에 의한 보호(재분배)를 요청하거나 내셔널한 문화적 동일성이나 지역경제의 보호 같은 것으로 향하게 된다. 자본에 맞서는 대항이 동시에 국가와 네이션(공동체)에 맞서는 대

서론 — 트랜스크리틱이란 무엇인가

항이어야 하는 이유가 여기에 있다. 자본=네이션=스테이트는 삼위일체이기에 강력하다. 이 중 어느 하나를 부정할지라도, 결국 이 셋의 고리에 회수될 수밖에는 없다. 자본의 운동을 제어하고자 하는 코퍼러티즘[corporatism; 정책결정을 둘러싼 일종의 노사정 협의체주의], 복지국가, 사회민주주의 같은 것은 오히려 이와 같은 고리의 완성태이지 지양이 결코 아니다.

마르크스는 최대 선진국인 영국에서 코뮤니즘이 가능할 것으로 생각했다. 왜냐하면 코뮤니즘은 부르주아 사회가 발전한 '단계'에서만 가능한 것이기 때문이다. 하지만 그럼에도 그런 일은 일어날 것 같지 않았다. 보통선거제가 확립되고 노동조합이 강화되어도 오히려 혁명은 멀어지는 것처럼 보였다. 이때 정치적 혁명(부르주아 혁명)과는 이질적인 '사회혁명'의 개념이 필요하게 되었다. 이와 같은 상황에서 마르크스가 『자본론』과 씨름했다는 사실을 잊어서는 안 된다. 마르크스가 죽은 뒤, 독일의 사회민주당이 약진하자 엥겔스는 고전적인 혁명 개념을 포기하고 의회를 통한 혁명이 가능하다고 생각하게 되었다. 그리고 엥겔스의 제자였던 베른슈타인은 엥겔스에게 아직 남아있던 '혁명'에 대한 환상의 잔재를 완전히 없앴다. 당연히 레닌이나 마르크스주의자는 이것을 비판했지만, 베른슈타인의 생각에는 나름의 근거가 있다. 왜냐하면 실제로 그때로부터 1세기가 지난 뒤 좌파는 결국 그의 관점으로 되돌아갔다고 할 수 있기 때문이다. 그러나 1848년 이후 고전적 혁명이 머나먼 과거가 되어버린 정세에서 『자본론』을 쓰던 마르크스가 그런 사태를 인정하면서도 그와 같은 방향을 모색하지 않았다는 점은 확실하다. 그렇다면 그는 무엇에서 가능성을 발견한 것일까. 이미 시사한 것처럼 자본=네이션=스테이트는 인간의 '교환'이 취하는 필연적인 형태에 근거하고 있다. 따라서 쉽게 이 셋의 고리를 벗어날 수는 없다. 마르크스가 출구를 발견한 것은 제4의 교환 유형, 곧 어소시에이션이다.

흔히 유포되어 있는 생각과는 반대로, 후기의 마르크스는 '어소시에이션의 어소시에이션'이 자본·국가·공동체를 대신할 것이라는 점에서 코뮤니즘을 발견하고 있었다. 그는 이렇게 쓴다. "만약 연합한 협동조합조직 단체들(united cooperative societies)이 공동의 계획에 기초하여 전국적인 생산을 조정하고, 그렇게 그것을 여러 단체의 컨트롤 아래에 둠으로써 자본제 생산의 숙명인 끊임없는 무정부 상태와 주기적 변동을 끝낼 수 있게 된다면, 여러분, 바로 그것이야말로 공산주의[코뮤니즘], '가능한' 공산주의가 아니고 무엇이겠습니까."(『프랑스 내전』)[19] 이런 협동조합의 어소시에이션은 로버트 오언 이래의 유토피안들이나 아나키스트들에 의해 주장되었던 것이다. 『자본론』에서 마르크스도 그것을 주식회사와 나란히 고찰하면서 높이 평가하고 있다. 주식회사가 자본제 내부에서의 '소극적인 지양'이라고 한다면 어소시에이션은 '적극적인 지양'이라고 말이다. 이런 의미에서 마르크스의 코뮤니즘이란 근본적으로 어소시에셔니즘이라고 말해도 좋을 것이다. 그러나 마르크스는 그것의 '한계'를 보고 있었다. 자본과의 경쟁에 노출되어 패배하거나 스스로 주식회사로 바뀌게 될 운명이었다. 자

서론 — 트랜스크리틱이란 무엇인가

본제 경제에서 이에 대항하는 비자본제적인 생산과 소비형태를 만들어내는 것은 쉬운 일이 아니다. 엥겔스나 레닌은 이 일을 가볍게 보았고 기껏해야 노동운동의 부차적인 것으로만 간주했다. 하지만 마르크스는 오직 이 지점에서 코뮤니즘의 가능성을 보았다.

한편 바쿠닌은 마르크스를 국가사회주의자 라살과 동일시하면서 집권주의자라고 비판했다. 그러나 바쿠닌은 마르크스가 라살이 생각한 국가에 의한 생산협동조합의 보호·육성을 비판한 사실을 모르고 있었거나 모르는 척했을 뿐이다. "노동자들이 협동조합적 생산을 사회적인 규모로, 처음에는 자국에서 국민적인 규모로 만들고자 하는 것은 오늘날의 생산조건들을 변혁하기 위한 노력인데, 이는 국가의 보조에 의한 협동조합 설립과는 아무런 관련이 없다. 현행 협동조합들에 대해 말하자면, 그것은 정부나 부르주아의 보호 없이 노동자가 자주적으로 만들었을 때 비로소 가치를 가진다."(『고타강령 비판』, 1875년)[20] 요컨대 마르크스는 국가를 통해 협동조합을 육성하는 것이 아니라 협동조합의 어소시에이션이 국가를 대체해야 한다고 말하는 것이다. 이때 자본과 국가는 지양될 것이다. 그리고 마르크스는 미래에 대해 이러한 원리적 고찰을 제외하고 어떤 이야기도 하지 않는다.

요컨대 마르크스에게 코뮤니즘은 바로 어소시에이셔니즘이다. 그런데 그 때문에 그는 그것을 '비판'한 것이다. 바꿔 말하자면, 마르크스는 라살과 바쿠닌의 '사이'에서 생각하고 있었다. 이런 '비판적' 자세가 이후 마르크스의 텍스트에서 라살과 바쿠닌 그 어느 쪽의 입장도 도출할 수 있게 했다. 하지만 여기서 보아야 하는 것은 마르크스의 모순이나 양의성이 아니라 트랜스크리틱이다. 마르크스는 자본이나 국가를 부정하는 것만으로는 불충분하다는 것을 알았다. 자본이나 국가는 어떤 필연성에 근거하고 있기에 자율적인 힘을 가진다. 바꿔 말해 그것들은 초월론적인 가상인 까닭에 단순한 부정으로는 사라질 수 없을 뿐만 아니라 거꾸로 더 강하게 부활하게 된다. 자본=네이션=스테이트를 지양하기 위해서는 이것들에 대한 깊은 통찰(비판)이 필요하다.

그렇다면 자본과 국가에 대한 대항운동의 열쇠는 어디서 발견할 수 있을까. 그것은 『자본론』의 가치형태론 이외에는 없다. 마르크스는 다음과 같이 말하고 있다.

> 혹시 오해할지도 모르니 한마디 해두기로 한다. 나는 자본가나 토지소유자의 겉모습을 결코 장밋빛으로 묘사하고 있지 않다. 그리고 여기서 문제가 되는 것은 경제적 범주의 인격화일 때의 인간, 일정한 계급관계와 이해관계의 담당자일 때의 인간에 불과하다. 경제적 사회구성의 발전을 자연사적인 과정으로 파악하는 나의 입장은 다른 어느 입장들보다 개인을 관계들의 책임자로 더 간주하지 않는다. 개인은 주관적으로는 제아무리 관계들을 초월해 있으려고 해도 사회적으로는 역시 여러 관계들의 소산이다. (『자본론』 제1권 「제1판 머리말」)[21]

서론 — 트랜스크리틱이란 무엇인가

여기서 마르크스가 말하는 '경제적 카테고리'란 상품이나 화폐와 같은 것이 아니라 무언가를 상품이나 화폐이게 하는 가치형태를 의미한다. 『요강』에서도 마르크스는 상품이나 화폐라는 카테고리를 다루었다. 『자본론』에서 그는 상품이나 화폐 이전에 무언가를 상품이나 화폐일 수 있게 하는 형식으로 소행하고 있는 것이다. 상품이란 상대적 가치형태에 놓여 있는 것(사물, 서비스, 노동력 등)이고, 화폐란 등가형태에 놓여 있는 것이다. 마찬가지로 이런 카테고리의 담당자인 '자본가'나 '노동자'는 개인들이 어디에 놓여 있는지에 의해(상대적 가치형태인가 등가형태인가에 의해) 규정된다. 이는 그들이 주관적으로 무엇을 생각하고 있는지와 무관하게 그렇다.

여기서 언급되는 계급이란 경험적인 의미나 사회적인 의미의 계급이 아니다. 그러므로 현재의 사회에는 『자본론』이 말하는 계급관계란 존재하지 않는다는 식의 비판은 잘못이다. 현재만이 아니라 과거 그 어디에도 그렇게 간단한 계급관계는 존재하지 않았다. 그리고 마르크스가 구체적인 계급관계를 고찰할 때 여러 계급의 다양성이나 담론 및 문화의 다양성과 관련하여 매우 민감했다는 사실은 『루이 보나파르트의 브뤼메르 18일』 같은 작업을 보면 명확하다. 한편 『자본론』에서 마르크스는 자본제 경제에 고유한 계급관계를 가치형태라는 장에서 보고 있다. 이런 의미에서 『자본론』의 인식은 오히려 오늘날의 상황에 보다 타당한 것이라고 해도 좋다. 예컨대 오늘날 노동자의 연금은 기

47

관투자가에 의해 운용되고 있다. 즉 노동자의 연금 자체가 자본으로서 활동하고 있다. 그 결과 그것이 기업을 통폐합하고 구조조정을 압박함으로써 노동자를 고통스럽게 한다. 이렇게 자본가와 노동자의 계급관계는 매우 착종되고 있다. 그리고 이런 사정은 더 이상 실체적 계급관계라는 생각으로는 포착이 불가능한 것처럼 보인다. 그렇지만 상품과 화폐, 아니 상대적 가치형태와 등가형태라는 비대칭적 관계는 아직 전혀 사라지지 않고 있다.『자본론』이 고찰하는 것은 이런 관계의 구조이며, 이것은 그 장에 놓인 사람들의 의식에 어떻게 비추어지는지와 무관하게 존재하는 것이다.

이와 같은 구조주의적 견해는 불가결하다. 마르크스는 안이하게 자본주의를 도덕적으로 비난하지 않았다. 오히려 바로 이 지점에서 마르크스의 윤리학을 보아야 한다. 자본가도 노동자도 여기서는 주체가 아닌데, 그들은 이를테면 그들이 놓인 장에 의해 규정되고 있다. 하지만 이런 견해는 독자를 당황스럽게 만든다. 그러므로『자본론』을 자본주의에서 공산주의로의 이행을 '자연사적' 역사법칙으로 제시한 책으로 읽거나,『자본론』이전의 텍스트에서 '주체적인' 계기를 발견하려고 했다. 전자는 물론 잘못된 것이다. 후자에 대해 말하자면, 대충 헤겔의 '주인과 노예'의 변증법으로 정리될 수 있을 것이다. 즉 노예로서의 프롤레타리아트가 소외와 궁핍의 극한에서 주인에게 반항한다는 식이다. 그리고 이는 생산과정에서 노동자가 행하는 총파업(general strike)과 국가권력의 장악이라는 생각으로 나아간다. 하지만 영국에서『자본론』을 쓰던 시기의 마르크스가

서론 — 트랜스크리틱이란 무엇인가

그런 일이 가능할 것이라고 생각했을 리 없다. 『자본론』이 마르크스주의자에게 존경을 받으면서도 사실상 마르크스주의자에게 경원시 되었던 것은 『자본론』에서 혁명의 전망을 발견할 수 없었기 때문이다. 그렇다면 주체가 출현할 계기가 전혀 보이지 않는 세계에서 '혁명'이란 어떻게 가능할까?

가치형태에서 장場이 주체를 규정한다는 것은 자본가가 주체적이라는 사실을 배척하는 것이 아니다. '자본' 자체가 자기증식을 하는 운동의 주체이기에 자본가는 능동적이다. 그것은 화폐, 즉 '구매하는 입장'(등가형태)이 갖는 능동성이다. 노동력상품을 판매하는 인간은 수동적일 수밖에 없다. 따라서 이런 관계에서 노동자가 자신의 상품가치를 둘러싸고 거래하는 '경제주의'적 투쟁밖에 하지 못하는 것도 당연하다. 이 지점에서 노동자가 봉기하기를 기대할 수는 없다. 하지만 그렇다고 자본에 대한 노동자의 대항이 불가능하다는 것을 의미하지 않는다. 자본의 운동 G—W—G′, 즉 잉여가치의 실현과정은 최종적으로 생산물이 팔리느냐 마느냐에 의존한다. 잉여가치는 노동자가 자신이 만든 것을 되샀을 때 총체로서 존재한다. 생산과정에서 자본가와 노동자의 관계는 분명 '주인과 노예'다. 그러나 자본의 '변형[變態]' 과정은 그렇게 일면적일 수 없다. 자본은 이 과정에서 한번은 판매하는 입장(상대적 가치형태)에 서지 않으면 안 된다. 그리고 바로 여기에 노동자가 유일하게 주체로서 나타나는 장場이 있다. 자본제 생산에 의한 생산물이 팔리는 장, 즉 '소비'의 장이다. 이는 노동자가 화폐를 가지고 '구매하는 입장'에 설 수 있는 유일한 장이다. "자본이 지배

(예속) 관계와 구별되는 점은 노동자가 소비자로서, 또는 교환가치의 정립자로서 자본을 상대하는 일을 통해서고, 화폐의 소지자나 화폐의 형태로 유통의 단순한 기점이 되는 일—유통의 무한하게 많은 기점들 중 하나가 되는 일—을 통해서인데, 이런 일들 속에서 노동자의 노동자로서의 규정성은 사라지게 된다."(『마르크스 자본론 초고집』 제2권) 자본의 입장에서 소비는 잉여가치가 최종적으로 실현되는 장이며, 그러므로 소비자(노동자)의 의지에 종속되는 유일한 장이다.

판매와 구입 또는 생산과 소비는 화폐경제에서는 분리되어 있다. 이 분리가 노동자와 소비자를 서로 분절시키고는 마치 기업과 소비자가 경제의 주체인 것처럼 보이도록 한다. 또 그것은 노동운동과 소비자운동을 분리시키고 있다. 노동운동이 잔해만 남게 되자 소비자운동은 다양한 형태로 확산되었다. 이것은 환경보호, 페미니즘, 마이너리티 등의 운동을 포함한다. 일반적으로 그것들은 '시민운동'이라는 형태를 취하며 노동운동과 연결되어 있지 않거나 그에 대해 부정적이다. 하지만 소비자운동이란 실은 입장을 바꾼 노동자 운동이며, 또 그럴 때에만 중요하다. 거꾸로 노동운동은 소비자의 운동일 때만 국지적 한계를 넘어서 보편적일 수 있다. 노동력 재생산으로서의 소비과정은 육아·교육·오락·지역활동을 포함해 광범위하게 걸쳐있기 때문이다. 그러나 내가 이런 소비과정을 중요하게 보는 맥락은, 예컨대 그람시가 노동력의 재생산과정에 주목하면서 가정, 학교, 교회 같은 문화적 이데올로기 형성의 장치를 중

서론 — 트랜스크리틱이란 무엇인가

시한 것과는 비슷하면서도 다르다. 그람시는 생산과정에서 노동자의 계급적 봉기를 기대했고, 그것을 방해하는 것으로서 다양한 문화적 헤게모니를 발견했다. 내가 말하고 싶은 것은 노동력의 재생산과정을 자본이 스스로를 실현하기 위해 반드시 통과하지 않으면 안 되는 유통과정으로서 파악하는 일, 그리고 그 유통과정을 노동자가 주체적일 수 있는 '장(position)'으로서 다시 파악하는 일이다.

이런 맥락의 한편에서 우리는 생산과정에서의 '주인과 노예'의 변증법에 의거한 마르크스주의자의 사고방식—실은 그것과 대립한 아나르코 생디칼리스트[22]도 동일한 사고방식을 가지고 있었다—을 비판해야 한다. 그들은 자본제 경제에서의 계급투쟁(자본가와 임금노동자)을 영주와 농노의 관계가 변형된 것으로 본다. 이런 변형에는 봉건제에서 명료했던 것들이 은폐되어 있는데, 머지않아 프롤레타리아가 '주인과 노예의 변증법'에 의거하여 자본제를 타도할 것이었다. 그럼에도 노동자가 일거에 들고 일어나지 않는 것은 그들의 의식이 상품경제의 의해 '물상화物象化'되어 있기 때문으로, 이런 상태에서 그들을 각성시키는 것이 마르스주의자의 임무가 된다. 이 물상화는 문화적 헤게모니에 의한 조작이나 소비사회의 유혹에 의해 생겨나는 것으로 설정된다. 그러므로 이것을 비판적으로 해명하는 일이 필요해진다. 아니 그렇다기보다 이런 일 말고는 가능한 것이 아무것도 없다. 하지만 근본적인 전제에 오류가 있는 이상, 그것은 결실이 없는 불모만 약속할 뿐이다.

우리는 여기서 『자본론』이 우리에게 주는 통찰로 되돌

아가야 한다. 즉 중요한 것은 자본제 경제가 근본적으로 유통과정에서 발생했다는 사실이다. 마르크스가 생산과정을 중요하게 보았다고 하지만, 자본의 입장에서 잉여가치가 최종적으로 실현되는 것은 유통과정이라는 점을 한시도 잊지 않고 있다. 잉여가치는 노동자가 생산한 것을 되사는 형태로 비로소 실현된다. 이런 관점에서 보면 자본의 운동 G―W―G′에서 자본이 마주치는 두 가지 위기의 순간이 '유통과정'에 존재한다는 점을 알 수 있다. 그것은 자본이 노동력상품을 구매할 때(노동시장)와 노동자에게 생산물을 판매할 때(시장)다. 이 둘 중 어느 한쪽에서라도 실패하면 자본은 잉여가치를 획득할 수 없는데, 바꿔 말해 이때 자본은 자본일 수 없게 된다.

그렇게 노동자가 자본에 대항할 수 있는 지점이 두 가지 있다. 하나는 안토니오 네그리가 말한 것처럼 "일하지 말라"는 것이다. 물론 그것은 "노동력을 팔지 말라(자본제 아래에서 임금노동을 하지 말라)"는 것과 연동되지 않으면 의미를 이루지 못한다. 다른 하나는 마하트마 간디가 말한 것처럼 "자본제의 생산물을 사지 말라"라는 것이다. 이 두 지점은 노동자가 '주체'가 될 수 있는 장에서 이루어진다. 그렇지만 노동자=소비자에게 '일하지 않는 것'과 '구매하지 않는 것'을 가능하게 만들기 위해서는 일하고 구매하는 것이 동시에 가능한 장소가 있어야 한다. 당연히 그것은 비자본제적인 생산-소비협동조합과 같은 어소시에이션이다. 하지만 그런 어소시에이션이 자본제 경제 안에서 성립하고 확대되기 위해서는 대안alternative 통화, 그리고 그것에

서론 — 트랜스크리틱이란 무엇인가

근거한 금융시스템의 발달이 불가결하다.

마르크스는 프루동의 인민은행이나 노동증표(통화)를 비판했다. 그 이래로 마르크스주의자는 그런 생각에 부정적이었다. 『자본론』은 고전파 경제학에 대한 비판이지만, 실천적으로는 오히려 프루동의 통화론에 대한 비판을 의미하고 있었다. 프루동에 대한 그런 비판에는 근본적인 무지가 있었다. 노동가치는 화폐에 의한 교환을 통해 사후적事後的으로 또 사회적으로 규제된다. 즉 가치실체로서의 사회적 노동시간은 화폐를 통해 형성되므로, 프루동의 노동증표는 그가 폐지하고자 했던 화폐에 암묵적으로 의거하고 있었다. 하지만 마르크스의 그런 비판은 얼터너티브 통화의 가능성을 부정하는 것이 아니다. 실제로 마르크스 자신이 『고타강령 비판』에서 노동증표라는 생각을 제시하고 있다. 하지만 그것이 프루동의 노동증표와 결정적으로 다르지 않아 보인다. 그러므로 우리는 오히려 『자본론』의 비판에 기초하여 얼터너티브 통화의 가능성을 탐구해야만 한다.

자본제 경제가 근본적으로 유통과정에 근거한 것이라면, 그것에 대항하는 운동도 근본적으로 유통과정에서 이루어지지 않으면 안 된다. 화폐의 자기증식 운동으로 시작하고 또 그런 운동을 계속할 운명의 자본제 경제를 지양하기 위해서는 내부에 자본제 경제와 이질적인 시장경제를 만들어낼 필요가 있다. 칼 폴라니는 자본주의(시장경제)를 암에 비유했다. 그것은 농업적 공동체들이나 봉건적 국가들 '사이'에서 시작하여 이윽고 내부로 침투한 후 그것들을 암 자신에게 적합하도록 다시 변형시키지만, 그럼에도 불구하고 암은 여전히 기생적인 존재이다. 그것을 수술로 제거하고자 하면 국가를 강화하게 된다. 사정이 그렇다면 사회민주주의적 화학요법에 희망을 걸 수밖에 없을까. 그런데 전혀 그렇지 않으며, 다른 방법이 있다. 자본주의 경제가 암이라면, 암 자체에 대한 '대항암counter cancer'과도 같은 운동을 만들어내면 된다. 자본이 암을 제거하기 위해서는 자신을 가능하게 한 조건을 제거할 수밖에 없다. 유통과정을 중심에 둔 대항운동은 완전히 합법적이고 비폭력적이며, 그렇기에 그 어떤 자본=네이션=스테이트도 건드릴 수가 없다. 『자본론』은 이런 사정에 논리적 근거를 부여하고 있다. 분명 가치형태에서의 비대칭적 관계(상품과 화폐)는 자본을 낳지만, 그런 비대칭적 관계에는 자본관계를 종식시키는 '트랜스포지셔널'한 모멘트가 있음을 『자본론』은 동시에 보여준다. 그리고 이 지점을 활용하는 일이 바로 자본주의에 대한 트랜스크리틱인 것이다.

제1부 칸트

제1장 칸트적 전회

1 코페르니쿠스적 전회

칸트는 『순수이성비판』에서의 새로운 기획을 '코페르니쿠스적 전회'라고 불렀다. 이 비유는 그때까지의 형이상학이 지닌 생각, 그러니까 주관이 외적인 대상을 '모사'한다는 생각에 맞서 주관이 외부세계에 '던져 넣은' 형식을 통해 '대상'이라는 것을 '구성'한다는 식으로 역전시켰음을 의미한다. 이는 어떤 의미에서는 주관(인간)중심주의로의 전회다. 그런데 코페르니쿠스에 관해 누구나가 알고 있는 '전회'란 무엇보다 천동설에서 지동설로의 전회이다. 즉 그것은 지구(주관)를 중심으로 삼는 사고의 부정이라고 할 수 있다. 그렇다면 칸트는 그런 의미의 '전회'를 무시한 것일까. 아니다. 내 생각에 바로 칸트의 '물자체物自体'라는 사고에 그런 의미의 '코페르니쿠스적 전회'가 나타나 있다. 예컨대 그는 이렇게 말한다.

감성적 직관능력은 본래 수용성受容性, 바꿔 말해

표상에 의해 특정한 방식으로 촉발되는 능력이다. 그리고 이 표상들 사이의 상호관계가 곧 공간 및 시간이라는 순수직관(우리 감성의 순수형식)이다. 또 이 표상들은 그것이 관여하는 관계(공간 및 시간과의 관계)에서 경험통일의 법칙에 따라 결합되고 규정될 때 **대상**이라고 명명된다. 이런 표상을 생기게 하는 비감성적 원인은 우리에게 전혀 알려지이지 않기에 우리는 그런 비감성적 원인을 대상으로서 직관할 수 없다. 이러한 대상 자체는 (감성적 표상의 단순한 조건으로서의) 공간이나 시간에서 표상될 수 없다. 그러나 그와 같은 감성적 조건 없이는 직관이라는 것을 전혀 생각할 수가 없다. 그럼에도 우리는 현상 일반의 가능한 원인을 선험적[초월론적] 대상으로 명명해도 큰 지장이 없다. 하지만 그것은 이런 대상에 의해 수용성으로서의 감성에 대응하는 어떤 무언가를 가지기 위한 것에 지나지 않다. 우리는 우리의 가능한 지각의 범위와 연관을 모두 그런 선험적 대상으로 돌리고, 이런 선험적 대상은 모든 경험에 앞서 그 자체로 주어져 있다고 말할 수 있다. 그런데 이 선험적 대상에 대응하는 현상이란 그 자체로 주어지는 것이 아니라 경험에서만 주어지는 것이다.(『순수이성비판』中)[23]

여기서는 인간이 능동적으로 대상을 구성하기 이전에 감성을 통해 주관을 촉발하고 그 내용을 부여하는 물자체가 중심적인 것으로서 발견되고 있다. 바꿔 말하자면, 칸트

제1장 칸트적 전회

는 주관의 수동성·피투성被投性을 강조하고 있는 것이다. 하이데거를 예외로 하여 칸트 이후의 철학자들은 모두―쇼펜하우어 같은 칸트주의자조차도―물자체라는 개념을 거부했다. 그 결과 칸트는 세계를 능동적으로 구성하는 주관성 철학의 시조로 간주되게 된다. 그것은 그가 말하는 '코페르니쿠스적 전회'라는 방향을 따르는 것처럼 보인다. 그러나 칸트 자신이 즉각적으로 그러한 관념론을 부정하고 있다. 그렇다면 칸트는 무엇을 하고자 했던 것일까. 그는 그저 합리론과 경험론을 비판적으로 절충하려고 한 것일까.

칸트의 '코페르니쿠스적 전회'를 정확하게 이해하기 위해서는 오히려 코페르니쿠스 자신의 전회를 검토하지 않으면 안 된다. 지동설은 고대부터 있었던 생각이니 그의 독창성에서 나온 것이 아니다. 지동설은 당시에 금지되어 있었다. 따라서 코페르니쿠스는 지동설을 생각하고 있었지만 살아있을 때는 그와 관련된 주장을 하지 않았다. 토머스 쿤에 따르면 코페르니쿠스는 그가 죽은 1543년에 출판된 『천체의 회전에 관하여』에서도 프톨레마이오스의 우주론을 따르고 있는데, 다만 그 책 뒤에 붙은 천문학자만 읽을 수 있는 부분이 후세에 영향을 끼쳤다. 코페르니쿠스가 가져온 것은 그때까지 프톨레마이오스 이래의 천동설에 수반되는 천체 회전운동의 어긋남이 지구가 태양 주위를 회전한다고 볼 경우 해소된다는 관점이었다. 이는 지동설을 증명하는 것이 아니었고, 사실상 그것이 받아들여지기까지는 100년의 시간이 필요했다. 그러나 천동설을 지지하는 이들도 코페르니쿠스의 계산체계를 사용하지 않을 수 없었다.

그들은 태양이 지구 주위를 돌고 있는 것이 진짜이지만 계산상으로는 그 반대인 것'처럼' 생각할 수가 있었던 것이다. 하지만 오히려 바로 그 지점에 '코페르니쿠스 혁명'이 존재했다고 해야 한다. 중요한 것은 지동설인가 천동설인가의 여부가 아니라 코페르니쿠스가 지구나 태양을 경험적으로 관찰된 사물과는 구별하고 그것을 어떤 관계구조의 항으로서 파악한 점이다. 그런데 오직 그 점만이 지동설로의 '전회'를 가져온 것이다. 즉 코페르니쿠스의 전회 그 자체가 이중의 의미를 가지고 있었다.

마찬가지로 칸트는 경험론처럼 감각에서 출발하는가 합리론처럼 사유에서 출발하는가라는 대립을 벗어나고 있다. 그가 가져온 것은 감성의 형식이나 지성의 카테고리 같은, 의식되지 않는, 그의 말로 표현하자면 초월론적인 구조이다. 감성이나 지성이라는 말은 옛날부터 있었다. 그것은 '느낀다'거나 '생각한다'는 활동을 개념으로 삼은 것이다. 그러나 칸트는 그것들의 의미를 완전히 바꾸고 있다. 그것은 코페르니쿠스에게서 지구나 태양이라고 불리는 것이 어떤 구조의 항으로서 발견된 것과 동일하다. 우리는 칸트가 말하는 감성이나 지성 같은 말을 특별히 그대로 사용할 필요는 없다. 중요한 것은 칸트가 제시한 초월론적인 구조이다. 그리고 그 구조는 칸트의 언어를 포기할지라도 다른 형태로 발견될 것이다. 그 한 가지 사례를 우리는 정신분석에서 찾을 수 있다. 토머스 쿤은 '코페르니쿠스 혁명'에 관해 말하면서 정신분석을 언급하고 있다.

제1장 칸트적 전회

코페르니쿠스의 이론은 많은 점에서 전형적인 과학이론이기 때문에, 그 역사는 과학상에서의 개념이 발전하는 과정과 옛 개념을 대신하는 몇몇 과정을 제시할 수 있다. 그러나 코페르니쿠스의 이론은 과학 외적인 결과라는 차원에서는 결코 전형적인 게 아니다. 비-과학적인 사상과 관련하여 코페르니쿠스의 그것만큼 크고 많은 역할을 한 과학이론은 극소수일 뿐이다. 하지만 그런 사례가 유일한 것일 리 없다. 19세기에는 다윈의 진화론이 똑같이 과학 바깥의 문제를 제기했다. 금세기에는 아인슈타인의 상대론과 프로이트의 정신분석이론이 서양사상의 한층 더 근본적인 재구성을 가져올 논쟁의 핵심 내용을 공급하고 있다. 프로이트 자신이 지구가 단순한 행성에 불과하다는 코페르니쿠스의 발견과 인간의 많은 행동들을 제어하는 무의식에 대한 자신의 발견 사이의 병행적 효과를 강조했다. (『코페르니쿠스 혁명』)[24]

그러나 프로이트의 정신분석이 획기적인 점은 '무의식이 인간의 많은 행동들을 제어하고 있다'는 생각 자체—이는 낭만주의 이래로 상식이었다—에 있었던 게 아니다. 그 획기성은 초기의 『꿈의 해석』—이 역시 옛날부터 있었다—이 보여주듯이 의식과 무의식의 어긋남을 초래하는 것을 언어적인 형식 속에서 살피고자 했던 데에 있었다. 그리고 그 지점에서 무의식의 '초월론적인' 구조가 발견된 것이다.

쿤이 '코페르니쿠스 혁명'이 과학 바깥에 끼쳤던 영향에 관해 말하면서 칸트의 유명한 비유를 완전히 무시하는 이유는, 쿤도 칸트에 관한 통념의 지배를 받고 있었기 때문이다. 이 통념이란 칸트가 말하는 형식이나 카테고리가 유클리드 기하학과 뉴턴 물리학에 기초하고 있다는 오해다. 뒤에서 서술하겠지만, 칸트가 감성의 '형식'을 생각한 것은 오히려 비유클리드 기하학의 가능성을 상정하고 있었기 때문이다. 애초에 칸트가 말한 것은 과학적 인식이 열린 시스템이었으며, 그렇기에 과학적 진리란 가설(현상)에 머문다는 점이었다. 그러나 통념을 따르면 칸트의 생각은 인간(이성)중심주의로 보이며, 프로이트는 이에 맞서 그런 자기=지구를 중심으로 삼은 생각을 역전시켜 '무의식'을 태양으로 삼은 것이 된다. 데카르트나 칸트에게서 그런 주관성의 우위를 발견하고 비판하는 사람들은 칸트에게서 말하자면 천동설을 발견해낸다. 그렇게 될 때 진짜 '코페르니쿠스적 전회'란 프로이트적 전회 같은 것으로 규정될 것이다. 그러나 쿤의 관점이나 방식으로는 프로이트와 융을 구별할 수도 없다. 사실 쿤에게 그 둘은 동일하다. 예컨대 융은 프로이트와 협력하던 초기에 오이디푸스 콤플렉스의 개념을 코페르니쿠스적 전회와 비견하면서 다음과 같이 쓰고 있다.

> 이러한 통찰은 인간의 근본적인 갈등이 시공간을 넘어서 동일한 것임을 가르쳐준다. 그리스인을 습격하고 전율시킨 것은 지금도 변함없이 실재하는데, 우리는 고대인과는 다르다는, 예컨대 좀 더 도덕적이라

제1장 칸트적 전회

는 공허한 환상을 버릴 때에 비로소 우리는 그 실재를 알아차리게 된다. 그것을 알아차리기 전까지는 사라지지 않는 공통성에 의해 고대인과 우리가 결부되어 있음을 자기 마음대로 망각하고 있는 것에 불과하다. 이것을 깨닫게 되면, 그때까지 존재하지 않았던 고대정신을 이해하는 길이 열린다. 그것은 내적인 공감의 길과 지적인 이해의 길이다. 자신의 마음속에 파묻혀있는 기초적인 부분을 통해 빠져나갈 수 있는 우회로를 거쳐 고대문화의 살아있는 의미가 파악된다. 또 그런 우회로를 통할 때만이 자신이 사는 천체 바깥의 확정된 지점을 손에 넣을 수 있게 되고, 그 지점에서 자신이 사는 천체의 움직임을 객관적으로 이해할 수 있게 된다. 적어도 그것이 오이디푸스 문제의 불멸성에 대한 재발견에서 우리가 길어 올릴 수 있는 희망이다. (『변용의 상징』)

그러나 '무의식'에 대한 이런 강조는 낭만파 이래로 흔한 것으로, 프로이트만의 고유한 것이라고 할 수 없다. 실제로 융은 낭만파적 시인·사상가의 문헌들을 이것저것 인용하고 있다. 당연히 프로이트는 그런 일반적 '집단무의식'에 반대했다. 그는 무의식을 분석적 대화 속 환자의 '저항'에서 발견하고 있다. 저항과 부인이 없다면 '무의식'도 없다고까지 말해도 좋다. 프로이트는 또한 자아, 초자아, 이드 같은 심적인 구조를 생각하고 있지만, 그런 구조는 어디에도 실재하지 않는 것이다. 그것은 그러한 저항(부인)으로 상정된 어떤 구조적 기구를 가리키는 것이다. 그것은 초자아의 검열이라는 비유가 가리키듯 재판의 법정과 비슷한 구조로 이루어져 있다(덧붙여 말하자면, 칸트는 언제나 법정의 비유로 이야기했다).

융이 프로이트에 반대하여 이탈한 것은 헤르더, 피히테, 나아가 셸링이 칸트로부터 이반되어 간 것과 같다. 아니 그렇다기보다 융 자신이 그들과 같은 낭만파의 계보에 명료하게 속하고 있다. 융처럼 이성중심주의를 부정하는 것은 분명 전회이며 눈부신 역전이다. 그에 반해 프로이트는 어디까지나 계몽주의적이며 이성주의를 간직하고 있다고 말할 수 있다. 하지만 프로이트야말로 매우 흔한 낭만파와는 완전히 다른 결정적인 전회를 이루었다. 프로이트의 정신분석은 경험적인 심리학이 아니다. 그것은 그 자신이 말하듯 '메타 심리학'이며, 바꿔 말하자면 초월론적인 심리학이다. 그런 관점에서 보면, 칸트가 초월론적으로 발견한 감성이나 지성의 움직임이 프로이트가 말하는 심적인 구조와 동형적이며, 어느 쪽도 '비유'를 통해서만 말할 수 있는 것이고, 나아가 존재한다고밖에는 말할 수 없는 움직임이라는 점이 명백하다. 프로이트의 초월론적 심리학이 지닌 의미를 회복하고자 한 라캉이 상정한 구조는 더욱 칸트적이다. 가상(환상적인 것), 형식(상징적인 것), 물자체(리얼한 것). 물론 내가 말하고 싶은 것은 칸트를 프로이트 쪽에서 해석하는 것이 아니다. 그 반대다.

칸트는 언제나 주관성의 철학을 시작한 인물로 비판의 표적이 되고 있다. 그러나 칸트가 시도한 것은 인간의 주관적 능력의 한계를 제시하고 형이상학을 자신의 범위를 넘어선 '월권' 행위로서 검토하는 일이었다. 그것은 개개인이 어떻게 생각하는지 또 어느 입장에 서는지가 아니라 그들을 규정하고 있는 능력들의 구조에서 보는 일이다. 칸트에게 감성, 지성, 이성 같은 것들은 프로이트의 이드, 자아, 초자아와 마찬가지로 경험적으로 존재하는 것이 아니다. 그런 의미에서 그것들은 무無다. 그러나 그것들은 어떤 움직임으로서 있다. 초월론적 통각(주관)도 마찬가지여서, 그것들을 하나의 체계이게끔 하는 움직임으로서 있다. 초월론적이란 무로서의 움직임(존재)을 발견해낸다는 의미에서 존재론적(하이데거)이다. 동시에 그것은 '의식되지 않는' 구조를 본다는 의미에서는 정신분석적 또는 구조주의적이다. 하지만 그렇게 말을 바꾼다고 어떤 새로운 인식이 획득되는 것은 아니다. 오히려 그렇게 함으로써 잃어버리는 것이 있다. 따라서 우리는 칸트가 말하는 '초월론적'이라는 말을 굳이 버리지 않는다. 다만 의미를 명확히 하기 위하여 트랜스크리틱이라는 말을 사용하는 것이다.

반복해서 말하자면, 칸트가 말하는 '코페르니쿠스적 전회'란 주관성의 철학으로 전회하는 것이 아니라, 오히려 코페르니쿠스적 전회를 통해 이루어진 '물자체'를 중심에 놓는 사고로의 전회다. 바로 이것을 위해서 칸트는 주관성으로 간주되는 초월론적인 구조를 해명하고자 했다. 그러면 '물자체'란 대체 무엇일까. 그것은 『실천이성비판』에서 직접적으로 설명되기 이전에 기본적으로 윤리적인 문제와 관계되어 있다. 바꿔 말해 '물자체'란 '타자'의 문제다. 물론 칸트는 이 지점에서 시작하지 않았고 나도 여기서 시작하지 않는다. 그러나 내가 이 책에서 말하고자 하는 것은 칸트의 '전회'가 '타자'를 중심에 놓은 사고로의 전회에 있다는 점, 이런 전회가 칸트 이후 호언장담되었던 그 어떤 사상적 전회보다도 근원적이라는 점이다.

2 문예비평과 초월론적 비판

칸트의 세 비판은 각각 과학인식, 도덕, 예술(및 생물학)을 대상으로 삼고 있다. 그리고 칸트는 각 영역의 특이성과 그것들 간의 관계구조를 밝히고 있다. 그런데 칸트 이후 사람들이 잊은 것은 영역들 간의 구분이라는 것이 원래부터 있었던 것이 아니라 칸트의 '비판'을 통해 발견된 것이라는 사실이다. 예컨대 코페르니쿠스 이전에도 이후에도 태양은 있다. 그것은 동쪽에서 떠서 서쪽으로 진다. 그러나 코페르니쿠스 이후의 태양은 계산체계로 상정된 것이다. 즉 같은 태양이면서도 우리는 다른 '대상'을 가지고 있는 것이다. 칸트 이전과 이후를 비교할 때 과학인식, 도덕, 예술 같은 구분은 근본적으로 바뀌었다. 따라서 우리는 그것들 간의 구분에 근거하여 칸트의 저작을 읽는 게 아니라, 그런 구분 자체를 가져온 칸트의 '비판'을 읽지 않으면 안 된다.

칸트의 『판단력비판』은 세 개의 '비판' 중 마지막에 오는 것으로, 앞의 두 비판 속에 있던 문제를 해결하는 것, 즉 인식과 도덕을 매개하고 자연과 자유를 매개하는 것으로

제1장 칸트적 전회

예술의 위치를 설정한 저작으로 간주된다. 이 판단력은 인식에서 감성과 지성을 매개하는 구상력과 상동적이다. 칸트가 생각하기에 예술은 개념에서 출발하지 않지만 잠재적으로 개념을 실현하고 있다. 바꿔 말해 예술이란 인식이나 도덕이 달성해야 하는 것을 직관적(감성적)으로 실현한다. 이런 예술의 위치부여는 낭만주의 이후의 철학자들에게 중요한 힌트를 주었다. 그들은 예술이야말로 본래의 '지知'며 과학도 도덕도 예술에서 파생된 것이라고 생각한다. 예술에서 이미 '종합'이 이루어지고 있다는 것이다. 헤겔은 철학을 예술 위에다 놓았는데, 그것은 철학이 이미 미학화되어 있기 때문이었다. 하이데거도 '존재와 시간'으로부터 '시간과 존재'로의 전회에 있어 예술(시詩)을 그 근원에 위치시킨다.

칸트가 과학, 도덕, 예술의 관계를 명시한 것은 분명하다. 그러나 칸트가 제1비판, 제2비판에서 제시했던 '한계'를 제3비판에서 해결했다는 생각은 잘못이다. 그가 제시한 것은 그런 세 비판이 구조적인 고리를 이루고 있다는 점이다. 그것은 현상, 물자체, 초월론적 가상이 셋 중 어느 하나만 제외되어도 성립되지 못하는, 라캉의 메타포로 다시 말하자면 '보로메오 고리[매듭]'를 이루고 있다는 것과 대응한다. 하지만 그런 구조를 발견하는 칸트의 '비판'은 제3비판에서 예술이나 취미판단을 논하는 일로 완성된 것이 아니다. 칸트의 '비판'은 애초에 예술 문제에서 왔다고 해도 좋다. 칸트의 비판이 어디에서 왔는지에 관해서는 그리스로 거슬러 올라간 다양한 어원적 탐색이 있다. 그러나 어원적 소행은 종종 가까운 기원을 은폐한다. 나는 칸트의 비판이 문자 그대로 비평에서, 즉 아리스토텔레스에 근거한 고전적 미학이 통용되지 않는 상업적인 저널리즘에서 성립한 비평에서, 즉 누구도 결착을 지을 수 없는 평가를 둘러싼 아레나(격투장)에서 왔다고 본다.

칸트는 라이프니츠나 볼프의 형이상학하에 있던 자신을 '독단론의 선잠으로부터 각성시킨' 것이 『인성론』의 흄이라고 쓰고 있다(『프롤레고메나』)[25]. 이는 사실일 것이다. 하지만 그것이 반드시 칸트에게 '비판'이라는 태도를 가져다준 것은 아니다. 하마다 요시후미에 따르면, 한스 바이힝거는 칸트 자신이 직접 언급하지는 않지만 칸트를 '각성'시킨 것이 스코틀랜드 사상가 헨리 홈의 『비평의 원리Element of Critcism』라고 말한다(하마다 요시후미, 『칸트 윤리학의 성립』, 1981년). 바이힝거가 보기에 칸트가 헨리 홈의 저작을 흥미롭게 읽은 것은 1782년 무렵의 강의노트를 기초로 출판된 『논리학』의 「서론」 속 다음과 같은 말에서 알 수 있다. "홈이 미학을 비판이라고 명명한 것은 옳다. 미학은 판단을 충분히 규정하는 선천적 규칙을 부여하지 않기 때문이다." 이 대목은 칸트의 '비판'이라는 용어가 홈의 저작에서 유래하고 있음을 가리키고 있다. '이성비판'이라는 어휘가 칸트의 저작에 처음 등장하는 것은 『1765년·1766년 겨울학기 강의 안내』에서다. 거기서 이 어휘는 넓은 의미의 논리학을 가리키는 것으로, 미학을 의미하는 '취미판단'과 '소재 차원에서 지극히 가까운 유사성'을 가지는 것으로 서로 병렬되고 있다. 이 지점에서도 칸트의 '비판'이라는 용어가 홈의

제1장 칸트적 전회

저작과 연결되어 있음을 추정할 수 있다.

칸트가 홈에게서 배운 것은 '취미판단' 즉 미학적 취미판단의 가능성에 관한 반성과 그 근거에 관한 연구였다. 홈은 취미판단의 보편성, 즉 아름다움美과 추함醜의 기준을 찾기 위해, 그것을 인간 본성에 내재하는 원리에서 도출하고자 애썼고, 아름다움과 추함에 관한 인간적 감수성의 선천성을 주장하는 입장에 있었지만, 동시에 그는 고금의 모든 문예영역에서 다양한 종류와 광범위한 소재를 수집하고 정리함으로써 경험적이고 귀납적으로 취미의 일반규칙을 발견하는 방식도 함께 사용했다. 홈은 비평에 종사함에 있어 어떤 특정한 원리도 무반성적으로 전제하지 않았고 비평의 근본원리 및 확실한 기준 자체를 묻는 것을 자신의 작업으로 삼았다. 하마다 요시후미에 따르면, 칸트는 홈의 '비평'이라는 어휘를 인간의 이성능력 자체에 대한 근본적 음미를 뜻하는 독자적 '비판' 개념으로 다시 파악한 후 자신만의 용어로 사용한 것이다(하마다 요시후미, 『칸트 윤리학의 성립』).

영국에서 홈이 '비평의 원리'에 대해 생각할 수밖에 없었던 이유는 두 개의 원리가 충돌하고 있었기 때문이다. 하나는 고전주의적인 생각으로 문학예술에 일정한 경험적 규범을 부여하는 것이다. 다른 하나는 말하자면 낭만주의적인 생각으로 각자의 자유로운 감정표출을 우선시하는 것이다. 홈은 기본적으로는 후자의 태도를 취하면서도 그것이 '보편적'일 수 있는 이유를 찾고자 했다. 칸트가 이 점에 감명을 받은 것이 분명하다. 『판단력비판』에서 칸트는 암묵적으로 흄의 그런 테제와 안티노미에 대처하고 있다. 칸트도 기본적으로 취미판단이란 한편으론 주관적(개인적)이지 않으면 안 된다는 점을 인정하면서도, 이에 더해 그것이 보편적이지 않으면 안 된다고 생각했다. 이 경우 칸트는 보편성과 일반성을 구별한다.

> 어떤 사람이 온갖 감각기관적 향락을 주는 쾌적한 사물로 손님에게 향응을 베풀고 자리를 가득 메운 이들을 기분좋게 대접하는 방법을 알고 있다면, 우리는 그를 평하여 "저 사람은 취미가 있다"고 말할 것이다. 하지만 이 경우 각자의 [마음에 드는] 보편성이란 비교적인 의미만을 가질 뿐이다. 즉 이때의 보편성이란 **일반적**(general) 규칙(모든 경험적 규칙이 그렇다)에 불과하지 **보편적**(universal)[즉 아프리오리한] 규칙이 아니다. 그러나 아름다움美에 관한 취미판단이 확립하고자 하거나 요구하는 것은 바로 이런 보편적 규칙이다.(『판단력비판』 上)[26]

경험에서 귀납된 일반적 규칙은 보편적일 수 없다. 아리스토텔레스 이래의 미학은 자연학(physics)과 마찬가지로 '일반적'인 것이지 '보편적'인 게 아니다. 예컨대 고전주의는 이제까지 걸작이라고 여겨져 온 것에서 규칙을 발견하고 그것을 규범으로 삼는다. 칸트는 말한다. "무언가를 아름다움으로 인정하라고 강요하는 규칙은 있을 수 없다."(같은 책) 그러나 단순한 쾌적함과 구별되는 취미판단이란 보

제1장 칸트적 전회

편적이지 않으면 안 되는 것이다. 즉 "모든 사람들의 동의를 요구하는(ansinnen)" 것이다.

> 취미판단 자체는 모든 사람들의 동의를 요청하는[postulieren] 것이 아니다(그렇게 요청할 수 있는 것은 이유를 제시할 수 있는 논리적-전칭적全稱的 판단뿐이기 때문이다). 그저 그런 동의를 취미판단의 규칙에 따른 사례로 모든 사람들에게 요구할[ansinnen] 따름이다. 그리고 그런 사례와 관련해서는 판단의 확증을 개념에서 찾는 게 아니라 다른 사람들의 찬동에서 기대한다. 그러므로 보편적 찬성이란 하나의 이념이다. (같은 책)[27]

만약을 위해 이야기하자면, postulieren이란 자명한 것으로 가정한다는 뜻이고 ansinnen이란 오히려 부당하게 요구한다는 의미다. 취미판단에서 사람들을 강요하는 규칙은 없다. 이 지점에서 칸트는 '공통감각'을 들고 나온다. 그것은 역사적·사회적으로 형성된 관습이다. 예컨대 비코는 공통감각(senso commune)을 어떤 계급, 어떤 민족, 어떤 국가, 인류 전원이 함께 공유하는, 약간의 반성도 동반하지 않는 판단력으로 간주한다(『새로운 학문』, 〈세계의 명저〉 제33권). 공통감각은 규범적(normal)이며, 그것에 근거하여 범용한 작품들이 많이 만들어진다. 공통감각은 역사적으로 변하지만 단순히 연속적으로 변하는 것이 아니다. 공통감각을 변하게 하는 것은 공통감각과 대립하고 그로부터 일탈하는 여러 개인들―천재―이다. 그러나 칸트는 그런 공통감각을 취미판단-예술에만 한정하고 있다. "학문의 차원에서 가장 위대한 발견자와 그저 고심참담苦心慘憺할 따름인 모방자·학습자 사이의 상이함은 결국 정도의 차이에 불과하다. 이에 반해 그런 위대한 발견자와 자연에 의해 예술적 천분을 부여받은 자 사이의 차이는 종별적種別的으로 다르다."(『판단력비판』上)[28]

하지만 아직 문제가 남아있다. 공통감각이 역사적으로 변해가는 사회적 관습이라면, 그것은 취미판단의 보편성을 보증하는 것이 아니다. 공통감각은 역사적으로도 현재적으로도 복수적이다. 혹시 보편성이라는 것이 있다면, 그런 다수의 공통감각을 넘어서는 것이지 않으면 안 된다. 그렇다면 칸트는 보편성의 요구를 단념한 것일까. 보편성은 다른 영역에서 발견되기 때문에 예술에서는 공통감각으로 만족해야 한다고 말하는 것일까. 그렇게 보는 견해는 물론 잘못이다. 분명 칸트는 자연과학·도덕성·예술을 구별한다. 하지만 그는 그 모든 것에서 보편성을 '요구'한다. 예컨대 『순수이성비판』이나 『실천이성비판』에서 그는 경험적인 것에 기초한 '일반적인' 규칙에 맞서 보편적인 법칙을 추구한다. 그렇다면 이런 보편적인 법칙은 과학인식이나 도덕에는 있지만 예술에는 없는 것일까. 아니다, 미적인 판단에서 보편성이 의심스러운 것이라고 한다면 다른 영역에서도 마찬가지다. 적어도 칸트는 그 지점에서 출발했다. 그의 '비판'이 래디컬한 이유는 일단 모든 것을 취미판단에서 만날 수 있는 문제로부터 다시 생각했다는 점에 있다.

제1장 칸트적 전회

『순수이성비판』의 칸트는 주관성을 지성의 자발적 능동성에서 발견한다. 그런데 『판단력비판』의 그는 지극히 일상적인 의미에서 주관적·객관적이라는 말을 사용한다. 오히려 감성적인 것이 주관적인 것으로 간주된다. 그렇기에 다수의 개별적인 주관은 쾌·불쾌라는 감정의 레벨에서 드러난다. 지성으로서의 주관성은 개인적인 것이 아니라 아프리오리한 능력—사실상 언어적인 능력—으로 생각되기에 개개의 주관은 여기서 나오지 않기 때문이다. 하지만 칸트가 쾌·불쾌의 감정에서 출발하여 다수의 개별적 주관을 논하고 있을지라도 그것이 반드시 취미판단에 한정되는 문제는 아니다. 예컨대 취미판단의 장에서는 모두가 자신의 판단이 가진 보편성을 주장하지만 그것을 증명할 수는 없다. 거꾸로 말해, 사람들은 인식에 있어 그 진리성을 증명할 수 없을 때에 그것을 종종 취미판단에 견주어본다. 이를 두고 사람들은 결국 좋고 나쁨의 기호 문제라고 말할 것이다. 분석적 판단을 제외한 모든 판단은 궁극적으로 그 지점으로 귀결된다.

그러나 칸트는 취미판단을 쾌·불쾌나 쾌적함과 구별하고 있다. 쾌적함은 개별적이지만 취미판단은 보편적이기를 '요구'받는다. 즉 타인이 그 판단을 받아들일만한 것이지 않으면 안 된다. 비트겐슈타인의 용어로 말하자면, 쾌적함은 '사적인 언어'이지만 취미판단은 공동의 언어게임에 속해 있다. 칸트가 말하는 공통감각이란 바로 그런 것이다. 따라서 취미판단의 보편성은 다른 규칙체계를 소유한 자들 사이에서 행해지는 커뮤니케이션의 문제다. 취미판단과 관련된 보편성에 대한 '요구'는 모든 종합적 판단의 근저에 공통으로 놓여있는 문제다. 따라서 칸트가 예술만이 고유하게 가지는 특수한 문제를 발견했다고 말할 수는 없다. 오히려 그는 취미판단의 '비평'을 통해 모든 문제를 보고자 한 것이다.

나아가 칸트는 아름다움이 대상에 대한 몰관심성沒關心性에서 발견된다고 말한다. 그것은 말하자면 관심을 괄호에 넣은 것이다. 어떤 관심인가? 지적인·도덕적인 관심이다. 우리는 어떤 대상을 참인가 거짓인가, 선인가 악인가, 쾌인가 불쾌인가라는, 적어도 세 개의 영역으로 동시에 받아들인다. 통상 그것들은 서로 구별되지 않으며 착종되어 있다. 무언가가 예술작품이 되는 것은 다른 관심을 괄호에 넣고 그것을 향유할 때다. 그러나 칸트가 취미판단의 특성으로 규정한 것은 인식에 관해서도 도덕에 관해서도 잘 들어맞는다. 근대과학에서 대상인식은 도덕적·미적 판단을 괄호에 넣어야만 가능하다. 마찬가지로 칸트는 도덕에 관해서도 '순수화'를 시도했다. 도덕적 영역은 쾌나 행복을 괄호에 넣음으로써 존재할 수 있다. 물론 그런 것들을 괄호에 넣는다는 것이 그것들을 부정하는 것은 아니다.

그렇다면 칸트가 제시하는 제3안티노미의 양립가능성이라는 해결책은 전혀 놀랄 일이 아니다.[29] 모든 것의 형편이 자연원인에 의해 결정된다는 생각은 자유를 괄호에 넣는 태도에 의해 초래된다. 거꾸로 자연원인에 의한 결정을 괄호에 넣을 때 자유라는 것이 생겨난다. 어느 쪽이 올바른지는 문제가 아니다. 문제는 우리가 도덕적·미적 차원을

제1장 칸트적 전회

괄호에 넣음으로써 인식영역을 얻게 되지만, 이 괄호는 언제든지 벗길 수 있어야 한다는 데에 있다. 동일한 것을 도덕적 영역이나 미적 영역과 관련해서도 말할 수 있다. 하나의 입장에서 모든 것을 설명하고자 할 때 안티노미와 만난다. 나는 맨 마지막에 칸트의 윤리학에 관하여 이야기할 것이다. 그러나 여기서 한 가지 미리 말하고 싶은 것은, 인식적·도덕적·미적 영역이란 어떤 태도변경(초월론적 환원)에 의해 확정되는 것이지 미리부터 존재하는 것은 아니라는 점이다. 따라서 세 영역 모두에서 다시금 문제가 나타난다. 예컨대 『실천이성비판』에서는 '타자'의 문제가 나타난다. 하지만 사실 이것은 『순수이성비판』에서도 나타나고 있던 문제다. 나중에 서술되는 것처럼 '물자체'란 '타자'다. 그러나 이 점을 명확히 하기 위해서는 바로 미적 판단에서 시작하지 않으면 안 된다.

다시 말하자면 『판단력비판』이 『순수이성비판』이나 『실천이성비판』과 다른 것은 『판단력비판』에 복수의 주관들이 나타나고 있다는 점이다. 여기서 칸트는 의식 일반이나 일반적 주관 같은 것을 상정하지 않는다. 복수의 주관들 사이에서, 게다가 '무언가를 아름다움으로 인정하라고 강요하는 규칙'이 없는 지점에서 어떤 합의가 성립되는지를 논하고 있다고 해도 좋다. 이 점에 주목한 아렌트는 『판단력비판』을 정치학의 원리로 독해하고자 했고(『칸트 정치철학 강의』), 리오타르는 『판단력비판』에서 '메타언어의 설정이 없는 여러 언어게임들 간의 조정'을 보고자 했다(『열광』). 이는 사실상 흄으로의 회귀며 보편성을 기껏해야 '공통감각'

에 불과한 것으로 간주하는 것이다. 하지만 『순수이성비판』에서 『판단력비판』으로의 이행을 발견하려는 것은 올바른 것이 아니다. 『순수이성비판』은 이미 문예비평이 부여한 곤란함을 토대로 쓴 것이기 때문이다. 이런 관점에서 『순수이성비판』을 다시 읽는 것이 우리가 해야 할 일이다.

칸트가 보편성을 일반성과 구별한 것은 코페르니쿠스 이후의 근대과학이 초래한 문제에서 촉발되었다. 그것은 베이컨으로 대표되는 실증·귀납의 중시와는 다르다. 애초에 코페르니쿠스의 지동설은 손쉽게 실증될 수 있는 문제가 아니었다. 데카르트는 코페르니쿠스주의자로서 우주론을 출판하고자 했지만, 갈릴레이 재판과 직면한 후 그것을 피하고 『방법서설』을 썼다. 그것은 가설을 세우는 일의 우위성을 강조한다. 그는 결코 사변적이지 않았다. 가설을 세우고 그 뒤에 자신 또는 타인에 의한 실험으로 그것을 증명하는 방법을 제시했다. 그러나 실험에 의해 가설의 진리성을 증명하는 것이 가능할까. 경험적인 것의 귀납을 통해 법칙을, 그러니까 단칭單稱명제를 통해 전칭(보편적)명제를 도출하는 것은 불가능하다. 하지만 가설을 선행시킬지라도 마찬가지이다. 전칭(보편적)명제는 연언連言명제의 무제한적 확장이지만 무한한 요소명제들을 검증할 수는 없는 것이다. 흄의 회의론은 전칭명제가 성립될 수 없으며 결국 법칙이란 관습적일 수밖에 없다고 본다. 그러나 전칭명제는 적극적으로 검증되지는 않지만 적극적으로 반증될 수 있는 가능성을 가진다. 그리고 반증되지 않을 때 전칭명제는 참으로 가정된다. 예컨대 칼 포퍼는 명제의 보편성이란 명제

제1장 칸트적 전회

가 반증가능한 형태로 제기되어 있고 그런 반증이 제기되지 않는 한에서 가능하다고 생각했다. 그리고 그는 칸트에 그런 사상이 잠재되어 있음을 평가했지만, 칸트가 주관적 고찰로 시종일관했다고 비판했다. 어떤 명제가 보편적인 것은 그 명제를 반증할지도 모르는 '타자'를 현재 및 장래에 상정함으로써만 가능하다. 그런데 포퍼는 칸트가 그런 사정을 생각하지 않고 마치 보편성이 아프리오리한 규칙에 의해 보증되기라는 하는 것처럼 생각했다고 말한다. 그러나 칸트는 『순수이성비판』에서 '타자'를 도입하고 있다. 물자체로서 이야기되고 있는 것이 바로 그것이다. 포퍼가 그 점을 간과한 것은 물자체가 어디까지나 '사물'이라고 생각했기 때문이다. 이와 관련해서는 뒤에서 자세히 논하겠지만, 일단 알아둘 점은 칸트가 『순수이성비판』을 쓴 것이 취미판단 즉 복수의 언어게임 속에서 보편성이라는 문제와 직면한 뒤의 일이라는 점이다.

『순수이성비판』에서 칸트는 분명 하나의 주관에서 시작한다. 그러나 그것은 다른 주관을 무시했기 때문이 아니라 다른 주관과의 합의나 공동주관성이 보편성을 가져오지 못한다고 생각했기 때문이다. 스스로도 과학자였던 칸트에게 '아프리오리한 종합판단'이 손쉬운 일이 아니라는 점, 동시대에 다양한 가설들이 서로 다투고 있다는 점은 자명했다. 타자의 합의는 아무리 다수의 행위일지라도 보편성을 보증하지 않는다. 합의는 그저 '공통감각'에서 이루어지고, 또 공통감각을 강화할 따름이다. 만약 보편성이라는 것이 있다면, 그것은 그런 '공통감각'을 넘어선 것이지 않으면 안 된다.

당연히 포퍼의 주장은 과학철학의 문맥에서 비판되었다. 토머스 쿤은 반증가능한 명제도 반증되지 않는 때가 있는데, 왜냐하면 증명 자체가 패러다임에 의해 규정되고 있기 때문이라고 주장했다. 나아가 파이어아벤트에 이르면 과학인식의 진리성은 담론의 헤게모니에 의존하는 것으로 간주된다. 포퍼 자신도 과학의 발전을 진화론적으로 생각하게 되었다. 즉 '강한' 이론이 살아남는다는 것이다. 하지만 그런 전개에 의해 칸트의 '비판'이 매장되는 것일까. 여기서 명확한 것은 쿤이 말하는 패러다임이 칸트가 말하는 '공통감각'과 거의 대응한다는 점이다. 더 나아가 말하자면, 쿤이 패러다임 쉬프트를 달성한 자로서 논한 이들은 코페르니쿠스, 뉴턴, 아인슈타인과 같은 '천재'뿐이다. 칸트가 공통감각이나 천재를 예술의 영역에 한정했기 때문에, 또 신칸트파(리케르트)가 자연과학과 문화과학을 구별했기 때문에 쿤은 그런 대응과 부합을 꿈에도 생각지 못했을 것이다. 그러나 쿤의 본의와는 반대로 패러다임 개념이 광범위하게 받아들여진 것은 그 개념이 좁은 의미의 자연과학에 한정되지 않는 문제였기 때문이다. 바꿔 말해 그것이 '문예비평'적이었기 때문이다.

이런 관점에서 보면, 현대의 과학철학자는 칸트가 『판단력비판』에서 열어젖힌 경지에 가까워지고 있는 것이 된다. 하지만 칸트는 『순수이성비판』을 쓰기 시작한 시기에 이미 그런 사정을 고려하고 있었다고 해야 한다. 칸트를 비판하는 자들은 『순수이성비판』에 타자(다른 주관)가 나오지 않는다고, 그것은 내성으로 시종하고 있다고, 단순한 내성(모놀로그)을 통해 과학의 기초를 물을 수 있을까, 하고 입을 모은다. 분명 칸트는 타자의 동의를 전제하지 않는다. 아무리 많은 타자의 합의가 있어도 그것이 보편적인 명제(전칭명제)를 보증하지 않기 때문이다. 그러나 실제로 칸트는 물자체에 의해, 즉 반증하면서 오는 미래의 타자를 함의하고 있다. 이는 미래의 타자가 있기 때문에 우리의 인식이 보편적일 수 없다는 말이 아니다. 반대로, 미래의 타자를 상정하지 않으면 보편성이란 성립하지 않는다는 말이다. 요컨대 칸트는 타자를 무시한 것이 아니라 모종의 형태로 '타자'를 도입한 것이다. 이는 철학사에서 처음 있었던 일이다.

3 시차와 물자체

철학은 내성內省에서 시작한다. 그러나 칸트가 『순수이성비판』에서 제시한 내성은 독특한 것이다. 왜냐하면 그것이 내성 자체에 대한 비판이었기 때문이다. 이 지점에서 주목할 만한 것은 흄의 『비평의 원리』가 독일어로 출판되었을 무렵 칸트가 쓴 『형이상학의 꿈에 의해 해명된 시령자의 꿈』(1766년)이라는 글이다. 저널리즘의 요청으로 쓴 이 기묘한 에세이의 배경에는 1755년 11월 11일 리스본에서 일어난 대지진이 있다. 유럽에서 모든 성인聖人을 기리는 그 날, 신자들이 교회에서 예배를 보고 있었을 때에 일어났기 때문에, 이 지진은 신의 은총에 대한 의심을 불러일으켰다. 그것은 대중적인 차원에 머물지 않고 전 유럽의 지적 세계를 문자 그대로 뒤흔들었다. 말하자면 이 지진은 라이프니츠가 그저 연속적인 단계에 있다고 여긴 감성과 지성 사이에 결정적인 '균열'을 낳았다. 칸트의 '비판'은 이런 '위기'와 분리될 수 없다.

예컨대 볼테르는 몇 년 뒤 『캉디드』를 써서 라이프니츠적 예정조화의 관념을 비웃고, 루소도 지진을 두고 인간이 자연을 망각한 것에 대한 심판이라고 썼다. 그러나 칸트는 1756년에 리스본 지진에 관한 세 개의 연구보고서를 쓰고 지진과 관련하여 종교적인 의미는 전혀 없으며 완전히 자연적 원인에 의해 일어난 일임을 강조했고, 나아가 지진 발생에 관한 가설과 내진 대책을 설명했다. 경험론적인 입장에 서있던 사람조차도 지진이라는 사건에서 어떤 '의미'를 발견한 것에 반해, 칸트는 그런 의미를 완전히 거부했음에 주의해야 한다. 하지만 칸트의 그런 경험론적 극단성은 다른 한편으로 다른 어떤 극단적인 형태를 취한 합리론(형이상학)을 긍정한 점과 양립한다. 즉 칸트는 지진을 예언한 시령자 스베덴보리의 '지知'에 매혹되고 있었다. 그는 스베덴보리의 기적 능력에 관하여 조사를 했을 뿐만 아니라 본인에게 직접 편지를 쓰고 만나기를 원했다.(「샬롯테 폰 크노블로흐에게 보낸 편지」, 1763년 8월 10일자, 〈전집〉 제17권).

칸트는 시령이라는 것에 관해서도 기본적으로는 '자연적 원인'이라는 사고방식을 고수한다. 즉 영靈을 보다는 현상을 '몽상' 혹은 '뇌질환'의 일종으로 간주한다. 시령은 그저 사념에 불과한 것이며 외부로부터 감각기관을 통해 온

제1장 칸트적 전회

것처럼 받아들여지고 있을 뿐이라는 것이다. 그런데 칸트는 스베덴보리의 '지知'를 부정하는 일이 불가능했다. 영이라는 초감성적인 것을 감각기관에서 받아들이는 일은 많은 경우 그저 상상(망상)일 수밖에 없지만, 그 가운데는 망상으로 정리해버릴 수 없는 것이 있다. 특히 스베덴보리는 '정신착란'과는 너무도 먼 일급 과학자였으며, 그의 '예지' 능력에는 분명한 증거가 있었다. 칸트는 그 점을 인정하지 않을 수 없었다. 하지만 동시에 그 점을 부정하지 않을 수 없었다.

그는 어느 쪽으로도 태도를 결정하지 못했다. 시령을 정신착란이라고 불렀음에도 '시령자의 꿈'을 진지하게 다루지 않을 수 없었다. 그런 진지함과 동시에 시령을 비웃지 않을 수도 없었다. "독자들이 시령자를 다른 한 세계에 반쯤 거주하는 시민으로 간주하는 대신에, 시령자인 그를 간단하고 능숙하게 병원에 입원해야 할 후보자로 정리함으로써 더 이상의 모든 탐색에서 벗어난다 할지라도, 나는 그런 독자들을 결코 원망하지 않는다."(『시령자의 꿈』)[30] 칸트는 이는 '시령자의 꿈'에 한정된 것이 아니며 형이상학도 마찬가지가 아니겠는가 하고 말한다. 왜냐하면 형이상학은 아무런 경험에 의거하지 않는 사념을 마치 실재하는 것처럼 취급하기 때문이다. 그런 의미에서 칸트의 이 에세이는 '시령자의 꿈에 의해 해명된 형이상학의 꿈'이라고 해도 좋겠다. "끝을 알 수 없는 철학과의 일치점을 찾고자 하는 그런 종류의 어리석은 일이 또 어디 있겠는가?"(같은 책)[31] 즉 그러한 의미에서는 '형이상학의 꿈'도 더 없이 '어리석은 일'이며 '정신착란'적인 것이다. 사람들이 형이상학의 꿈을 고집하는 것은 시령자의 꿈을 고집하는 것과 큰 차이가 없는 일이다. 칸트는 형이상학적 문제를 고집한다면 그것 자체가 광기의 사태라고, 그러나 여전히 그것을 추구하지 않을 수도 없다는 점을 인정한다. 즉 칸트는 이 에세이에서 시령자에 관해 이야기하면서도 실은 형이상학자에 관해 이야기하고 있는 것이다. 그리고 이 형이상학자란 흄과 조우하기 이전의 칸트 자신이다.

그는 『순수이성비판』에서 이렇게 쓰고 있다. "오늘날에는 형이상학에 대해 온갖 경멸을 공개적으로 드러내는 것이 시대의 유행이 되었다."(『순수이성비판』上)[32] 이는 다음과 같이 이어진다. "실제로 인간의 자연적 본성에서 무관심할 수 없는 대상을 연구하는 일에 아무리 무관심을 가장할지라도 이로울 게 없다. 자신은 형이상학에 대해 무관심하다고 말하는 사람들이 학문적 용어를 통속적인 상태로 바꾸어 아무리 자신의 정체를 감추고자 할지라도, 어쨌든 무언가를 생각하고 있는 이상, 그들은 자신들이 몹시 경멸하고 있는 그 형이상학적 견해로 다시금 빠져들지 않을 수 없다."(같은 책)[33] 이는 『시령자의 꿈』에 칸트 자신의 분열로서 존재한 문제다. 그는 스베덴보리나 형이상학을 긍정하는 동시에 그렇게 긍정하는 자신을 비웃는 듯한 글쓰기 방식을 취하고 있다. 이는 『순수이성비판』에서 이성이 자신의 한계를 넘어 지知를 확장하는 것을 부정하는 동시에 이성이 그렇게 하지 않을 수 없도록 하는 '욕동'을 인정하지 않을 수 없다는 식으로 제시되어 있다. 『시령자의 꿈』에서 풍자(satire)적인 자기비평은 『순수이성비판』에서 '이성에 의한 이성 비판'이 되어 있다. 즉 칸트는 그것을 자기의 문제로서 다루는 것이 아니라 '이성의 자연적 본성이 이성에다 부과한 문제'로서 다루고 있다. 이것이 '초월론적 비판'이다.

그렇게 『시령자의 꿈』에서 『순수이성비판』으로의 이행은 명백하다. 그럼에도 『순수이성비판』을 읽기 위해서는 『시령자의 꿈』을 참조하지 않을 수 없다. 칸트가 행하는 독특한 '반성'의 방식이 『시령자의 꿈』에서 드러나고 있기 때문이다.34* 다시 한 번 인용한다. "이전에 나는 일반적 인간 지성을 단지 내가 가진 지성의 입장에서 고찰했지만, 지금의 나는 자신을 나 자신의 것이 아닌 외적인 이성의 위치에서 고찰하며, 스스로의 판단을 가장 은밀한 동기와 함께 타인의 시점에서 고찰한다. 이런 두 방향의 고찰을 비교하는 것은 분명 강한 시차를 생겨나게 하는데, 이는 여러 개념들이 광학적 기만을 피할 수 있게 하며, 개념들을 인간성의 인식 능력과 관계하는 올바른 위치에 놓는 유일한 수단이기도 하다."(『시령자의 꿈』)35 여기서 칸트가 말하고 있는 것은 자신의 시점에서 볼 뿐만 아니라 '타인의 시점'에서도 보라는 것이 아니다. 그런 것은 매우 흔하다. 왜냐하면 '반성'이란 타인의 시점에서 자신을 보는 것이고 철학의 역사는 그와 같은 반성의 역사이기 때문이다. 그러나 여기서 칸트가 말하는 '타인의 시점'이란 그런 것이 아니다. 그것은 '강한 시차parallax'에서만 드러날 수 있다. 그것을 생각하기 위해선, 칸트 당대에는 없었던 어떤 테크놀로지를 사례로 제시할 필요가 있다.

반성은 언제나 거울에 자신을 비춘다는 메타포로 이야기된다. 거울은 '타인의 시점'에서 자기의 얼굴을 보는 일이다. 그렇기에 거울과 사진을 비교해 볼 수 있다. 사진이 발명된 시기에 자신의 얼굴을 사진으로 본 사람은 테이프 레코드로 자신의 목소리를 처음 들었던 사람과 마찬가지로 불쾌함을 금할 수 없었다고 한다. 거울에 의한 반성에는 아무리 '타인의 시점'에 서려고 해도 공범성이라는 것이 있다. 우리는 제 좋을 대로만 자기 얼굴을 본다. 게다가 거울은 좌우가 반대다. 한편 초상화는 분명 타인이 묘사하고 있는데, 만약 그것이 불쾌감을 준다면 그 이유를 화가의 주관(악의) 때문으로 간주할 수 있다. 따라서 타인이 어떻게 묘사하든 내게는 아무런 영향도 끼치지 않는다. 그런데 사진에는 그것들과는 이질적인 '객관성'이라는 게 있다. 누가 찍었든지 초상화의 경우와는 달리 그 주관성을 말할 수 없기 때문이다. 기묘한 일이지만, 우리는 자신의 얼굴(물자체)을 볼 수 없다. 거울에 비친 상(현상)을 통하지 않고서는 말이다. 하지만 그런 사정을 알게 되는 것은 사진을 통해서다. 물론 사진도 상에 불과하다. 그리고 사람들은 얼마 지나지 않아 사진에 익숙해진다. 즉 사진에 찍힌 것을 자신의 얼굴로 여기게 된다. 그러나 중요한 것은 사람들이 처음 사진을 봤을 때 느낀 '강한 시차'다.

또 하나의 예를 들면, 데리다는 '자신이-이야기하는 것을-듣는' 일을 두고 의식이라고 말한다(『목소리와 현상』). 이 경우 헤겔이라면 실제로 발화해 봄으로써 자기가 객관화(외화外化)된다고 말할 것이다. 하지만 그렇게 객관화된

제1장 칸트적 전회

목소리(외언外言)란 실은 객관적인 것이 아니다. 그것은 바로 '나의 시점'이다. 우리가 테이프로 처음 자신의 목소리를 들었을 때 어떤 싫은 느낌을 받는 것이 그 증거이다. 이는 바로 거기서 '타인의 시점'이 드러나고 있기 때문이다. '타인의 시점'으로 처음 자신의 얼굴을 보고 자신의 목소리를 들을 때, 그는 "이건 나의 얼굴이 아니며 나의 목소리가 아니다"라고 생각한다. 프로이트식으로 말하자면 그것은 환자의 '저항'이다. 물론 사진이나 테이프라면 나는 사실로 받아들여야만 하며 또 받아들일 수가 있다. 그리고 얼마 지나지 않아 그것에 익숙해진다. 그러나 철학적 반성에서는 결코 그런 일이 일어나지 않는다. 철학은 내성內省=거울로 시작하며 거기에 머문다. 아무리 '타인의 시점'을 도입해도 사정은 마찬가지다. 애초에 철학은 소크라테스의 '대화'에서 시작한다. 대화 그 자체가 거울 속에 있는 것이다. 사람들은 칸트가 주관적인 자기음미에 머물렀다고 비판하고, 그로부터 벗어날 수 있는 가능성을 다수 주관을 도입한 『판단력비판』에서 찾고자 한다. 그러나 철학사에서 결정적인 사건은 내성에 머물면서 내성이 가진 공범성을 파쇄하고자 한 칸트의 『순수이성비판』에 있다. 우리는 거기서 기존의 내성=거울과는 다른 어떤 객관성=타자성의 도입을 발견할 수 있다.

『시령자의 꿈』에 기록되어 있는 것은, 단적으로 말하자면, 그때까지 라이프니츠와 볼프의 합리주의적 철학에 입각해 있던 칸트가 스스로 말하듯 흄의 경험론적인 회의를 받아들이지 않을 수 없었지만 그것에 만족할 수 없었던 상태였다. 그렇기에 『순수이성비판』에 이르기까지 그는 십년 정도 사교계나 저널리즘으로부터 벗어나 침묵했다. 칸트가 '초월론적'이라고 부른 태도는 이 십년 동안에 생겨났다.『순수이성비판』은 주관적인 내성과는 이질일 뿐만 아니라 '객관적인' 고찰과도 이질적이다. 초월론적인 반성은 어디까지나 자기음미이지만 여기에는 '타인의 시점'이 들어가 있다. 거꾸로 말하자면 그것은 비인칭적인(impersonal) 고찰임에도 철두철미하게 자기음미라고 할 수 있다.

사람들은 이런 초월론적 태도를 단순한 방법으로 받아들인다. 그리고 칸트가 발견한 무의식의 구조를 마치 주어진 것처럼 논한다. 하지만 초월론적인 태도는 '강한 시차' 없이는 있을 수 없는 것이었다. 칸트의 방법은 주관적이고 독아론적이라는 비난을 받는다. 하지만 그것에는 항상 '타인의 시점'이 따라다닌다.『순수이성비판』은『시령자의 꿈』처럼 자기비평적으로 쓰여 있지 않다. 그러나 '강한 시차'가 사라진 것은 아니다. 그것은 안티노미(이율배반)라는 형태로 나타난다. 이는 테제와 안티테제 모두가 '광학적 기만'에 불과하다는 점을 노출시킨다. 하지만 그것은 그저 논리적인 서술로 받아들여졌다.

『순수이성비판』을 출판한 뒤 칸트는 이 책의 서술 순서에 대해 말하면서, 현상과 물자체의 구분에 대해 논하는 것은 변증론에서의 안티노미에 관해 쓰고 난 다음에 했어야 했다고 말한다.[36*] 실제로 현상과 물자체의 구별에서 시작한 것은 그가 말하고자 한 것을 현상과 본질, 표층과 심층 같은 전통적인 사고의 틀로 되돌리는 결과를 초래하고 말았다. 칸트 이후에 물자체를 부정한 사람은 그런 레벨에서

제1장 칸트적 전회

생각하고 있었던 것이다. 하이데거처럼 물자체를 옹호한 사람은 그것을 존재론적 '심층'으로서 발견하고 있지만, 칸트의 물자체는 안티노미에서 발견되는 것으로 그 안에는 어떤 신비한 의미도 없다.[37*] 물자체란 자신의 얼굴 같은 것이다. 그것은 의심할 여지없이 존재하지만 어떻게 하더라도 상(현상)으로만 볼 수 있는 것이다. 그렇기에 중요한 점은 '강한 시차'로서의 안티노미다. 그것만이 상(현상) 아닌 무언가가 있음을 개시한다. 칸트가 꼭 그렇게 명시된 지점에서만 안티노미를 제시한 것은 아니다. 예컨대 그는 데카르트처럼 '동일적인 자기가 있다'고 생각하는 것을 '순수이성의 오류추리'라고 말한다. 그러나 실제로는 데카르트의 '동일적인 자기가 있다'는 테제와 흄의 '동일적인 자기는 없다'는 안티테제가 안티노미를 이루는데, 칸트는 그것의 해결을 위해 '초월론적 주관 X'를 도입한 것이다.[38*]

일반적인 통념으로 『순수이성비판』의 칸트는 감성을 촉발하고 그것에 내용을 부여하는 것을 물자체로 보고 『실천이성비판』의 칸트는 초월론적 주관을 물자체로 보았다고 여겨진다. 즉 앞의 것은 이론적 문제로, 뒤의 것은 실천적(도덕적) 문제로 여겨진다. 그러나 그런 구별은 이상하다. 예컨대 한나 아렌트는 '이론적'인 것의 반대개념이 '실천적'인 것이 아니라 '사변적'인 것이라고 말한다. 사실 과학에서의 이론도 '실천적'일 수밖에 없다. 자연이 해명될 것이라는 '규제적 이념' 없이는 불가능하기 때문이다. 칸트는 '이론적 믿음'에 관해 다음과 같이 이야기한다.

실천적 판단의 의견에 대해서는 믿음이라는 단어가 적합하므로, 이를 모방해 이론적 판단의 믿음을 **이론적 믿음**이라고 명명해도 좋겠다. 우리들 눈에 보이는 유성들 가운데 적어도 하나에는 사람이 살고 있다는 점을 어떤 경험으로 확인할 수 있다면, 나는 그 명제가 참이라는 데에 모든 재산을 걸고 싶다고까지 생각한다. 즉 내가 말하고 싶은 것은 지구 이외의 세계에도 거주자가 있다는 것이 단순한 의견이 아니라 강고한 믿음이라는 점이다(나는 이런 확신이 옳다는 점과 관련하여 내 생애의 수많은 이익을 걸어도 좋다고 생각할 정도다). (『순수이성비판』下)[39]*

이는 과학인식(종합적 판단)이 사변(speculation)은 아니지만 어떤 투기投機(speculation)를 품고 있음을 가리킨다. 그렇기에 그것은 '확장적'일 수 있다.

그러나 이론적/실천적을 간단히 나눌 수 없듯이, 물자체를 사물物과 타아他我(주관)로 나누어 생각할 수는 없다. 과학적 가설(현상)을 부정(반증)하는 것은 사물이 아니다. 사물은 말하지 않는다. 미래의 타자가 말하는 것이다. 그러나 그 타자는 반증하기 위해 반드시 감성적인 데이터(사물)를 수반하지 않으면 안 된다. 따라서 물자체가 타자라고 하는 것은 물자체가 사물이라는 점과 서로 배반되는 게 아니다. 긴요한 것은 사물이든 타자든 그것이 가지는 '타자성'이다. 그러함에도 그 타자성이란 무언가 신비적인 것이 아니다. 칸트는 '물자체'로 우리가 선취할 수 없는, 그리고 마음

제1장 칸트적 전회

대로 내면화할 수 없는 타자의 타자성을 의미하고 있다. 그러므로 칸트는 우리가 현상 이외에는 알지 못한다는 점을 한탄하는 것이 아니다. '현상'인식(종합판단)의 보편성은 오히려 그런 타자성을 전제할 때만 성립할 수 있는 것이다.

칸트는 그러한 타자를 선취하는 것을 '사변적'이라고 이해한다. 하지만 칸트는 그것을 다른 한편에서 가상이라고 할지라도 불가결한 가상(초월론적 가상)이라고 생각했다. 예컨대 우리가 자연을 인식할 수 있을 것이라는 '규제적 이념'이란 실은 발견적으로 작용한다. 맨해튼 프로젝트에 관여한 노버트 위너(사이버네틱스의 창시자)는 원폭 제조에 성공한 이후, 방첩 차원에서 최대의 기밀은 원폭의 제조법이 아니라 원폭이 제조되었다는 정보였다고 말한다. 같은 시기 독일·일본에서도 제각기 원폭 개발을 추진하고 있었기에 원폭이 제조되었다는 사실이 알려지면 즉시 개발에 성공하기 때문이다. 외통수를 연구하는 장기將棋의 문제는 실전에서 훨씬 더 쉽다. 반드시 외통수에 몰아넣을 수 있다는 믿음이 최대의 정보다. 자연계가 수학적 기초구조를 갖는다는 것도 그와 같은 '이론적 믿음'이다. 그런 의미에서 만약 근대서양에서만 자연과학이 탄생했다고 한다면 바로 그곳에만 그와 같은 '이론적 믿음'이 있었기 때문이라고 해도 좋다.

사람들은 칸트가 『순수이성비판』에서 형이상학·신학을 배척하고 『실천이성비판』에서 그것들을 원래대로 되돌렸다는 식으로 말한다. 하지만 그는 『실천이성비판』에서도 형이상학·신학을 거부하고 있다. 그는 종교를 어디까지나 가상으로 간주하지만, 그것을 초월론적 가상이나 '규제적 이념'으로서만 인정한다. 예컨대 보편적인 도덕법칙에 따라 사는 사람은 현실에서는 비참한 꼴을 당하게 될 것이다. 인간의 불사不死와 신의 심판이 없다면, 그런 삶은 부조리로 끝날 수밖에 없다. 따라서 칸트는 그런 불사와 심판을 향한 '믿음'을 규제적 이념(초월론적 가상)으로서만 인식한다. 그것을 이론적으로 증명하려는 시도(형이상학)를 거절하는 것이다. 이는 『순수이성비판』에서 그가 취한 태도와 조금도 다르지 않다. 칸트는 이론(종합적=확정적 판단)도 가상일지라도 일정한 신앙 없이는 있을 수 없다고 말하고 있는 것이다.

요컨대 이론적·실천적·미적이라는 식의 구별로 칸트가 추구하던 문제가 간과되어서는 안 된다. 중요한 것은 칸트가 '보편성'을 찾고자 했을 때, 불가피하게 '타자'를 도입하지 않을 수 없었다는 점, 그 타자가 공동주관성이나 공통감각에서 나와 동일화될 수 있는 상대가 아니라는 점이다. 이 타자란 초월적인 타자(신)가 아니라 초월론적인 타자다. 이런 타자는 '상대주의'를 초래하는 것이 아니며 오직 그 타자만이 보편성을 가능하게 한다. 그리고 칸트의 '비판'이 지닌 철저함은 그가 취미판단의 보편성 문제, 즉 '비평'의 문제에서 시작했기 때문이다.

제2장 종합적 판단의 문제

1 수학의 기초

일반적으로 칸트는 주관성의 철학자로 간주된다. 따라서 칸트에 대한 비판은 과학철학에서 일어나고 있다. 하지만 그것은 앞서 서술한 것처럼 칸트가 과학적 인식에서 '타자'의 문제를 근본적인 것으로 생각했다는 점이 이해되지 못한 데에서 기인하는 것에 불과하다. 그런 몰이해를 넘어서 항시 비웃음의 과녁이 되어온 것이 그 중에서도 칸트의 수학론이다. 그렇기에 그의 수학론을 논하는 일은 칸트의 '비판'이 지닌 투철함을 명확하게 해 줄 것이다.

칸트는 동어반복적인(tautological) 논리학 이외의 다른 모든 곳에서 종합적 판단을 발견했다. 수학도 예외가 아니다. 분석적이기에 확실하다고 여겨진 수학이 칸트에 의해 아프리오리한 종합적 판단으로 간주된 지점에 결정적인 중요성이 있다. 칸트의 생각 가운데 동시대 사람들에게 가장 평판이 나빴던 것, 이후에도 일관되게 부정되어 온 것은 수학이 종합적 판단이라는 생각이었다. 칸트가 그렇게 주장한 것은 그때까지의 철학이 분석적 판단만을 확실한 것으로 간주했고, 그렇기에 언제나 분석적 판단으로 보이는 수학이 모범으로 여겨져 왔기 때문이다.

라이프니츠는 진리의 근거를 '자기동일적인 것이거나 아니면 자기동일적 진리로 환원될 수 있는 것'에 있다고 생각했다. 그는 우연적 진리(사실진리)와 필연적 진리(논증적 진리)를 나눈다. 우연적 진리는 술어가 주어 속에 포함되어 있지만, 그럼에도 주어와 술어의 상등성 혹은 동일성으로 환원될 수 없는, 따라서 '논증'될 수 없을 뿐만 아니라 무한히 분석을 진행해야 하는 것을 말한다. 그의 생각에는 분석적 판단만이 진리이다. 그런데 라이프니츠는 '충족이유율'에 기대어 사실진리조차도 주어로부터 연역될 수 있는 분석적 판단이라고 생각했다. 예컨대 "시저는 루비콘강을 건넜다"라는 사실명제에서 '시저'라는 주어에 '루비콘강을 건너다'라는 것이 포함되어 있다. 요컨대 라이프니츠는 모든 종합판단이 분석적 판단으로 귀결된다고 생각한 것이다. 칸트도 초기에는 그렇게 생각했다. 다른 한편, 칸트로 하여금 그런 '독단론의 선잠'에서 깨어나게 했다는 흄은 어떨까. 그도 수학만은 분석적이라고 생각했다.

> 하지만 그[흄]가 말하고자 한 것은 순수수학이란 분석적 명제만을 포함하는 것이지만, 형이상학은 아 프리오리한 종합적 명제를 포함하는 것으로 귀결된다는 것이었다. 이런 관점에서 그는 심대한 오류를 범했고, 이 오류는 [원인과 결과의 필연적 연결에 관한]

제2장 종합적 판단의 문제

그의 개념 전체에 결정적으로 불리한 결과를 초래했다. 실제로 흄이 그런 오류를 범하지 않았더라면 그는 우리가 당면한 종합적 판단의 기원에 관한 그의 문제 설정을 원인성이라는 형이상학적 개념을 너머로 확장하고 종합적 판단을 수학의 아프리오리한 가능성이라는 사상에까지 도달되도록 했을 것이다. 그렇게 했다면 흄은 수학을 형이상학과 마찬가지로 완전한 종합적 인식으로 간주하지 않을 수 없었을 것이다. 하지만 그렇게 했다면 흄은 그의 형이상학적 명제의 기초를 단순한 경험에서 찾을 수 없게 되었을 것이다. 그럼에도 만약 흄이 그렇게 했다면 그는 순수수학의 공리까지도 경험에 종속시켰을 것이지만, 훌륭한 통찰력을 구비하고 있던 그는 굳이 그렇게 하지 않았다. (『프롤레고메나』)[40]

이런 점에서 흄의 회의론은 철저하지 못했다고 말할 수 있다. 그것은 분석적인 것만이 확실하며 종합적인 것은 의심스럽다고 하는 기존의 사고방식을 벗어나 있지 않다. 칸트의 획기성은 플라톤 이래 형이상학을 지탱하고 있던 수학의 분석적 성격을 의심한 데에 있다. 형이상학 비판과 관련하여 칸트에 동의한 이들도 수학을 '종합적 판단'으로 간주하는 칸트의 생각에는 동의하지 않았다. 그런 면에서 결국 형이상학적 사고에 근거하고 있었다고 말할 수 있다. 칸트는 서로 대립하는 합리론과 경험론이 함께 인정하고 있는 성역으로 들어갔다. 그러나 칸트가 그렇게 철저할 수 있었던 것은 그 자신이 새로운 수학을 생각하고 있었기 때문이다.

'수학의 위기'라고 불리는 사태는 19세기 후반 비유클리드 기하학과 집합론에서 시작한다. 그러나 예컨대 가우스는 이미 그 두 가지 모두를 생각하고 있었고, 나아가 그것들이 어떤 '위기'를 초래할지 알고서도 말하지 않았고 말하는 자들을 억압했다. 따라서 그런 사태는 19세기에 갑자기 나타난 것이 아니다. 비유클리드 기하학에 관련된 것은 18세기 중반에 이미 알려져 있었다. 예컨대 "삼각형의 내각의 합은 180도보다 작다"라는 공리에 의해서도 모순 없이 정리定理의 체계를 세울 수 있다는 점이 제시되어 있었다. 또 비유클리드 기하학을 구면球面에서 생각하는 것도 이미 행해지고 있었다. 특히 주의해야 하는 것은, 고트프리트 마르틴이 지적하듯이, 최초의 주장자들 가운데 한 사람인 람베르트가 칸트의 친구였다는 점이다(『칸트: 존재론 및 과학론』). 또 칸트 자신의 물리학 논문을 볼 때도 그것을 염두에 두고 있었음이 분명하다.

칸트가 기초를 놓고자 한 것은 18세기에 확고히 성립되어 있던 수학이나 물리학이 아니다. 애초에 '기초론'은 기초적인 '위기' 의식 없이는 문제가 되지 않는다. 예컨대 마르크스의 '경제학 비판'이 '위기(공황)' 발생 없이는 있을 수 없는 것처럼 말이다. 마찬가지로 칸트를 수학의 정초定礎로 향하도록 한 것도 어떤 '위기'다. 그것은 아직 동시대인들에게는 공유되지 않았고 너무 시대를 앞질러간 것이었다. 이후의 가우스와 마찬가지로 칸트도 그런 위기에 관해 명확

제2장 종합적 판단의 문제

히 말하는 일은 피했다고 해도 좋다. 하지만 우리가 오늘날 칸트의 텍스트를 읽을 수 있는 것은 그가 이 '위기'를 재빠르게 감지하고 있었기 때문이다. 예컨대 칸트는 22세 때의 대학졸업논문에서 이렇게 쓰고 있다. "법칙이 변하면 넓이(공간)도 다른 성질과 차원수를 갖게 될 것이다. 만약 모든 가능한 종류의 공간이 가능해진다면, 그것이야말로 우리 인간의 사고작용에 의해 기획되는 최고의 기하학일 것이다. 우리들에게는 삼차원 이상의 공간을 표시하는 일이 불가능하다는 것을 인정하지 않을 수 없을지라도 말이다."(『활동측량에 관한 고찰』 제1장 10절, 〈전집〉 제1권)[41]

유클리드의 『원리』가 수학에 주었던 영향은 정리가 특정 공리로부터 모순 없이 도출된다는 점에 있다. 실제로 그것은 역사적으로 발전해 온 수학의 전부가 아니다. 수학의 발전은 오히려 응용수학이나 놀이에 의한 것이다. 수학이란 사물의 관계에 대한 파악이다. 수학이 현실에서 타당한 것은 그런 까닭에서이지 공리로부터 연역된 확실한 체계이기 때문이 아니다. 플라톤이나 유클리드는 수학을 공리로부터 형식적(분석적)으로 연역되는 '증명'의 형태를 취한 것이라고 보았다. 그 결과 바빌로니아에서 발전해 있던 해석학이 그리스에서 배척되고 말았던 것이다. 수학을 분석적 판단으로 간주하는 견해는 수학 자체로부터 유래한 것이 아니라 플라톤에게서 유래한 것이다. 따라서 칸트가 수학을 종합판단으로 간주하는 것은 플라톤 이래의 형이상학을 그 핵심에서 비판하는 일이다.

실제로는 유클리드의 『원리』 자체가 진정으로 분석적

인지 처음부터 의심받았다. 『원리』는 정의, 공리, 공준으로 되어 있다. 그 중에서 가장 의심받았던 것은 제5공준이다. "한 직선이 다른 두 직선과 교차할 때, 같은 쪽의 내각의 합이 180도보다 작으면, 그 두 직선을 무한히 연장했을 때 그 두 직선은 180도보다 작은 각도 쪽에서 서로 만난다." 이는 18세기에 "일직선상에 없는 점을 지나면서도 그 직선과 평행할 수 있는 직선은 하나만 그어질 수 있다"는 간단한 명제로 다시 말해진다. 즉 '평행선 공리'라는 것이 된다. 유클리드의 『원리』와 관련해 그런 공준이 의심받은 것은 그 공준이 다른 공준이나 공리로부터 연역적으로 도출될 수 있는 정리일 수도 있었기 때문이다. 비유클리드 기하학이 제시한 것은 그 공리가 다른 것들로부터 '독립'되어 있다는 점, 나아가 그것이 직관적으로 자명한 것이 아니라 다른 공리를 취하더라도 모순이 생기지 않는다는 점이었다. 예컨대 "삼각형의 내각의 합은 180도보다 작다"로부터는 로바체프스키 기하학이, "삼각의 총합은 180도보다 크다"로부터는 리만 기하학이 성립할 것이다. 다른 방식으로 말하자면, "일직선상에 없는 점을 지나면서도 그 직선과 평행할 수 있는 직선은 둘 이상(혹은 무한하게) 그어질 수 있다"라는 공리(공준)를 취한 것이 로바체프스키이고, 그런 직선은 '단 한 줄도 그어질 수 없다'고 말하는 것이 리만이다.

그러나 마르틴이 강조하듯 칸트는 비유클리드 기하학의 가능성을 이미 알고 있었다. 주의해야 하는 것은 칸트가 수학을 '아프리오리한 종합적 판단'으로 간주할 때, 바로 그런 '공리'의 성격을 염두에 두고 있다는 점이다. 칸트는

제2장 종합적 판단의 문제

공리를 경험적 실재로부터 독립한 것이라고 생각했으며, 또 개념(지성)에만 의거해 있는 것이 아니라고 생각했다. 예컨대 경험적으로 보면 평행선은 교차하지 않기에 '평행선이 교차한다'라는 공리는 경험적 실재로부터 독립해 있다. 또 라이프니츠적으로 보자면, 삼각형이라는 개념(주어)에는 '내각의 합은 180도이다'라는 술어가 포함되어 있기 때문에 비유클리드 기하학은 단순한 배리背理일 따름이다. 라이프니츠와 같은 사고방식에서 '공리'는 오히려 방해가 되는 것이다. 그는 '공리' 없이 해결하고자 애썼으나 결국 헛수고로 끝났다.

칸트는 분석적 판단과 종합적 판단의 상이함을 두 갈래의 표현방식으로 설명하고 있다. 분석적 판단이란 술어 개념이 주어 개념에 포함되어 있는 판단이자 단지 모순율에 의해서만 증명할 수 있는 판단이다. 이와 달리 종합적 판단은 모순율 이외의 것을 필요로 한다. 바꿔 말해 칸트가 수학을 아프리오리한 종합적 판단으로 간주하는 것은 그와 같은 '공리'의 지위(Status)에 관한 고찰에서 유래한다. 그는 수학을 논리학으로 환원하는 것에 반대한다. 그러나 수학을 분석적인 것으로 간주하는 사고는 손쉽게 흔들리지 않는다. 그 전형이 19세기 말에 나타났던 프레게, 러셀 등의 '논리주의'—수학이 논리학으로 환원될 수 있다는 주장—다. 특히 러셀의 경우는 앞서 서술한 흄의 연장선에, 즉 한쪽으로는 경험론에 입각하고 다른 한쪽으로는 수학이 분석적이라고 보는 사고에 입각해 있다.

기하학을 포함한 모든 순수수학이 형식논리학에 불과하다는 증명은 칸트 철학에 치명적인 타격이다. 칸트는 유클리드의 여러 명제가 도형의 도움 없이는 유클리드의 여러 공리로부터 연역될 수 없음을 올바로 인지하면서 그 사실을 설명할 수 있는 인식론을 발명했다. 그 설명은 용케 성공을 거두고 있는데, 그 사실이 단지 유클리드의 결함에 불과할 뿐 기하학적 추론의 본성에 따른 결과가 아니라는 점이 제시될 경우에는 칸트의 이론도 배격되어야 할 것이다. 아프리오리한 직관에 관한 모든 교설은 칸트가 그것으로 순수수학의 가능성을 설명했던 것으로 현대적 형식의 수학에 전혀 적용될 수 없다. (Russell, *Mysticism and Logic, and Other Essays*, 1976)

러셀의 이런 견해는 칸트가 수학을 비유클리드 기하학 이전의 것으로서 사고하고 있었다는 확신에 근거하고 있다. 그러나 칸트의 생각은 '현대적 형식의 수학에 전혀 적용될 수 없는' 것이 아니다. 실제로는 "모든 순수수학이 형식논리학에 불과하다"는 러셀의 '논리주의' 쪽이 파탄이 난다.

20세기에 수학기초론은 논리주의, 형식주의, 직관주의라는 세 파로 나누어져 있었다. 이 속에서 직관주의(브라우어르)는 무한을 실체로서 취급하는 수학에 맞서 유한적 입장을 주장했다. "고전논리학의 법칙은 유한한 집합을 전제로 삼은 것이다. 사람들은 그 기원을 잊고 아무런 정통성도 검증하지 않은 채로 그것을 무한집합으로까지 적용한 것은

제2장 종합적 판단의 문제

아닐까."(브라우어르, 『논리학의 원리에 대한 불신』) 그는 배중률이란 무한집합에 관해 적용될 수 없다고 말한다. 배중률이란 "A이거나 A가 아니거나 이 중에 어느 쪽인가는 성립한다"는 것이다.[42] 그것은 "A가 아니다"라고 가정하여 배리에 빠지게 될 때 "A이다"가 이루어지는 증명으로 사용되고 있다. 그런데 유한한 경우에는 그렇게 될 수 있지만 무한집합의 경우는 그렇게 될 수 없다. 브라우어르는 무한집합을 다룰 때 생겨나는 패러독스란 그런 배중률을 남용하기 때문이라고 생각했다.

『순수이성비판』에서 칸트의 변증론은 배중률이 남용됨으로써 안티노미가 생긴다는 점을 명확히 밝히고 있다. 칸트는 예컨대 "그는 죽지 않는다"라는 부정판단과 "그는 불사不死다"라는 무한판단을 구별한다. 무한판단은 긍정판단이지만 마치 부정인 것처럼 착각한다. 예컨대 "세계는 한계가 없다"는 명제는 "세계는 무한이다"이라는 명제와 등치된다. "세계는 한계가 있거나 한계가 없다"라고 말하면 배중률이 성립한다. 그러나 "세계는 한계가 있거나 무한하다"라고 말할 경우 배중률은 성립하지 않는다. 어느 쪽의 명제도 허위일 수 있다. 즉 칸트는 '무한'에 관해 배중률을 적용하는 논리가 배리에 빠진다는 점을 보여준 것이다.

예컨대 전칭명제(보편적 명제)가 성립하려면, 우리는 한계 없이(무제한적으로) 사례들을 모으지 않으면 안 된다. 하지만 그렇게 해도 그것이 '무한'에 이르는 일은 없다. 예컨대 그리스 이래 초보적 논리학에서는 "모든 인간은 죽는다, 소크라테스는 인간이다, 따라서 소크라테스는 죽는다"

는 것이 삼단논법의 사례로 거론된다. 그러나 "모든 인간은 죽는다"는 명제는 경험에 근거한 일반성(무제한)이지 보편성(무한)이 아니다. 죽지 않는 인간이 있을지도 모를 일이다. 하지만 우리는 누군가 죽지 않는 인간이 있다는 반증을 제출하지 않는 한, 그 명제를 과학적인 진리라고 간주해도 좋다. 물론 그런 반증은 불가능하겠지만, 우선은 그런 반증이 있을 수 있다고 생각해야 한다. 여기서 전칭명제의 성립 근거는 '타자'에서 구해지는 것이다. 보편적이라는 것이 '타자'를 도입하게 만드는 것이다. 이는 수학에서도 마찬가지이다. 그러나 수학을 분석적 판단으로 간주하는 이들은 타자 없이 그것을 해결하고자 했다. 칸토르 자신은 그렇게 생각하지 않았을지 모르지만, 현대수학의 패러독스는 무한을 하나의 수로서 취급하고자 한 칸토르의 무한집합론에서 나왔는데, 이는 칸트의 안티노미론과 연결되어 있다. 마르틴은 현대의 수학기초론에서 칸트와 가장 가까운 입장을 취한 것이 직관주의라고 말한다. 직관주의는 유한한, 즉 구성될 수 있는 것만 승인하는 입장이다.

왜냐하면 직관주의를 취한 사람들 자신이 칸트의 사고방식과의 연관을 긍정하고 있기 때문이다. 그렇게 보면 수학의 직관적 성격에 관한 칸트의 명제는 수학을 구성가능한 대상으로 제한함을 의미한다. 그 지점에서 유클리드 기하학에 대한 칸트의 태도도 명확해진다. 많은 칸트 학자가 비유클리드 기하학의 가능성에 이의를 제기했음을 앞에서 서술했다. 분명 그

제2장 종합적 판단의 문제

런 항의는 칸트의 주장과 관련하여 어느 정도의 근거가 있지만, 사태는 사람들이 처음 생각하고 있던 것보다 훨씬 더 어렵다. 그런 사태는 칸트가 이후의 가우스와 마찬가지로 비유클리드 기하학에 관해 이야기하는 것을 회피했다는 점에 의해 더욱 난해해지며, 비유클리드 기하학의 도입으로 점화된 논쟁을 볼 때 우리는 칸트의 신중함이 타당한 것이었다고 말할 수 있다.

그렇지만 다음과 같은 점은 의심의 여지가 전혀 없는데, 칸트가 기하학에서도 논리적으로 가능한 것은 유클리드 기하학의 영역을 훨씬 넘어서 있다는 것을 명확히 알고 있었다는 점이다. 그러나 설령 잘못을 포함하고 있을지라도 칸트는 하나의 명제를 견지하고 있다. 유클리드 기하학의 영역을 넘어서는 것은 논리적으로는 가능할지라도 구성될 수는 없다. 즉 그것은 직관적으로 구성될 수 없는 것이며, 이 점은 다시 칸트에게 유클리드 기하학의 영역을 넘어서는 것은 수학적으로 존재하지 않을 뿐 아니라 그저 사유의 산물에 불과하다는 점을 환기시켰다. (마르틴, 『칸트: 존재론 및 과학론』)

여기서 마르틴은 칸트가 수학을 '구성적'으로 간주한 것의 의미를 재해석하고 있다. '직관적'이란 '구성이 가능함'이라는 뜻이다. 그 어떤 기하학도 모순 없이 사유할 수 있지만, 인식 가능한 것은 한정되어 있다. 이 제한은 유한한 '구성 가능성'에 놓인다. 칸트가 물자체와 현상, 사유와 인식을 구별한 것은 그런 이유 때문이었다고 해도 좋다. 우리는 그것이 현대 수학기초론의 한 가지 입장이라는 점, 결코 시대에 뒤처진 것이 아니라는 사실을 알아야 한다.

칸트는 임의의 공리를 취함으로써 별도의 기하학이 모순 없이 가능함을 알고 있었지만, 동시에 감성적 직관형식으로서의 공간과 시간은 유클리드적인 것이라고 생각했다. 때문에 칸트는 유클리드 기하학과 뉴턴 물리학을 정초한 것으로 간주된다. 동일한 이유에서 칸트는 이후의 비유클리드 기하학에 반대하는 논거로 사용되기도 했다. 그러나 이미 서술한 것처럼 실상은 반대다. 칸트가 말하는 것은 비유클리드 기하학이 성립하기 위해서는 유클리드 기하학이 필요하다는 점이었다. 어떤 공리체계의 무모순성을 증명하는 방법의 하나는 직관적인 모델에 호소하는 것이다. 예컨대 리만 기하학의 경우, 그 공리계에서 '**평면**'은 유클리드 기하학의 **구면**球面을 가리키고, '점'은 그 구면 위의 점을, '직선'은 그 구의 큰 원을 가리키는 것으로 간주하여 유클리드 기하학의 구면을 모델로 삼을 수 있게 된다. 그리하면 리만 기하학의 각 공리는 유클리드 기하학의 정리로 바뀐다. 즉 유클리드 기하학이 모순적이지 않다면 비유클리드 기하학도 모순이 없게 된다. 그런데 유클리드 기하학의 무모순성은 그 자체로는 증명할 수 없으며, 결국엔 직관에 호소하게 된다. 즉 비유클리드 기하학의 문제는 유클리드 기하학의 문제로 귀결된다.

그런데 그러한 방법을 단념하는 지점에 힐베르트의 형식주의가 있다. 그는 『기하학 원리』에서 제5공준만이 아니

제2장 종합적 판단의 문제

라 다른 정의·공준도 자명한 진리가 아니라는 것, 예컨대 '점'이나 '직선'에 그 자체로 의미가 있는 것은 아니라고 생각했다. 즉 수학을 형식화한 것이다. 그런데 그런 형식화가 모든 기하학에서 성립하는가 하면, 그렇지 않다. 그는 이것을 공리계에서 세 가지 판정기준을 발견할 수 있는가의 여부로 구별한다. 완전성(모든 정리가 그 공리계로부터 획득되는 것), 독립성(그 공리로부터 임의로 한 개의 명제를 제외한 경우, 더 이상 증명이 불가능해지는 정리가 존재하는 것), 무모순성(그 공리계로부터 서로 모순되는 여러 정리를 증명하는 일이 불가능한 것). 힐베르트는 수학을 직관적 자명성이 아니라 이론의 무모순성을 통해서만 정초하고자 했다. 이에 대해선 직관주의자의 비판이 있었다. 그러나 직관주의에 따르면 수학의 범위는 한정되어버릴 수밖에 없다. 힐베르트는 직관주의자가 말하는 '유한적 입장'을 취하면서도 여전히 직관을 필요로 하지 않는 수학의 정초를 기획한다. 그것이 힐베르트의 프로그램이었다.

그러나 그의 프로그램을 문자 그대로 실행한 괴델에 의해 그것이 자기언급적인 패러독스에 빠진다는 점을 보여주었다. 이는 잘 알려져 있으며, 예전에 나도 논한 일이 있다.[43*] 괴델의 증명은 두말할 나위 없이 '형식주의' 속에서 행해지고 있는 것으로, 형식주의를 전제로 하는 한에서 패러독스에 빠진다는 증명이다. 물론 그것은 러셀 논리주의의 파탄까지도 포함하고 있다. 괴델이 제시한 것은 수학적 참이 반드시 형식적인 공리체계에 의해 결정되는 것은 아니라는 것으로, 이는 바꿔 말해 형식적으로 정초되지 않은 참이 있을 수 있다는 말이다. 다른 하나는 수학이 무모순이라면 수학은 자신의 무모순성을 증명할 수 없다는 말이다. 그러나 괴델의 증명이 수학적 기초의 부재를 제시했다고 해서 슬퍼하거나 기뻐할 필요는 없다.

내가 생각하기에 형식적 공리계로 수학을 정초한다는 몽상은 수학만의 고유한 것이 아니다. 그런 몽상은 분석적 판단을 유일하고 확실한 것으로 간주하는 형이상학에 의해 초래된 것이다. 칸트가 부정하고자 한 것이 그런 사고이다. 그러나 그 부정은 형이상학이 스스로 밀어붙였던 수학에 의거하고 있는 이상, 바로 그 수학에서 행해지지 않으면 안 된다. 그리고 거꾸로 수학에서 행해진 부정은 수학을 모범으로 삼아 왔던 철학 쪽으로 되던져질 것이다. 괴델의 '초超수학'적 비판은 그러한 의미를 갖는다. 따라서 그것은 칸트의 초월론적 비판과 연결되어 있다. 지금 그 당시를 되돌아볼 때, 칸트가 수학을 '종합적 판단'으로 간주한 것은 정당했다고 해야 한다. 종합적 판단이란 칸트가 말하듯 '확장적 판단'이다. 실제로 수학은 역사적으로 발전해 왔고, 이후로도 그럴 것이다. 후기 비트겐슈타인은 수학을 '발명'의 다양한 묶음으로 보았다. 그도 수학이 말하자면 '종합적 판단'이라고 주장한 것이다. 문제는 칸트가 말하는 '종합적 판단'이 비유클리드 기하학의 가능성에서 유래한 것이지만 언제나 케케묵은 것으로 취급되어 왔다는 점이다. 그것은 칸트 독해를 오늘날까지도 일그러뜨리고 있다.

2 언어론적 전회

'언어론적 전회' 이후의 철학자는 칸트가 주관성의 철학에 머물렀다고 비난한다. 그러나 칸트가 주관의 능동성으로 생각하고 있던 것은 실제로는 언어의 문제였다. 그가 감성의 형식이나 지성의 카테고리에 의해 현상이 구성된다고 말한 것은 언어에 의해 현상이 구성된다고 말하는 것과 같다. 실제로 그것들은 신칸트파의 카시러에 의해 '상징형식'으로 이야기되고 있다. 따라서 '언어론적 전회'로 칸트를 넘어설 수 있다는 생각은 오해에 불과하다. 우리는 바로 이 지점을 저들이 숭상한 비트겐슈타인과의 비교 속에서 고찰해 보고자 한다.

괴델의 증명은 특별히 수학을 불가능하게 만든 것이 아니다. 그것은 공리로부터 확실하게 연역된 체계를 불가능하게 만들었을 뿐, 오히려 수학을 외부에서 부과된 '확실성'이라는 구속에서 해방시켰다고 말할 수 있다. 비트겐슈타인에게 그것은 전혀 충격적이지 않았다. 그는 말한다. "나의 문제는 러셀의 논리학을 안쪽에서 공격하는 것이 아니라 바깥쪽에서 공격하는 것이다." "나의 문제는 예컨대 괴델의 증명에 관해 이야기하는 것이 아니라 그 옆을 통과하여 이야기하는 것이다."(『수학의 기초』, 〈전집〉 제7권) '바깥쪽'이나 '옆'은 무엇을 의미하는 말일까. 괴델이 러셀을 '안쪽에서 공격하는 것'이란 결정불능성을 내부에서 도출함으로써 형식체계를 와해시킨다는 것을 의미한다. 비트겐슈타인은 동일한 일을 '바깥쪽'에서 행하겠다고 말하고 있는 듯하다. 그러나 괴델의 증명이 수학계에 큰 충격을 준 시기에 비트겐슈타인이 '러셀'에 대해서만 이야기하고 괴델을 조금만 언급한 것은 괴델에 대한 비트겐슈타인의 반발을 역으로 증거하고 있다.

괴델은 암묵적 플라톤주의자다. 예컨대 칸토르의 연속체 가설에 관해 그것이 결정불능하다는 것을 제시했는데, 가설의 잘못됨을 두고 형식적으로는 증명할 수 없을지라도 명상을 통해 직관할 수 있다고 말했다 한다. 즉 괴델이 형식적인 증명을 통해 기초의 부재를 노출시킨 것은 그와 같은 기초를 필요로 하지 않는 수학적 '실재'를 믿고 있었기 때문이다. 이런 사정에 대해 쓰지는 않았지만 부정적으로 암시하고 있다. 그렇다면 비트겐슈타인의 반발은 형식적 '정초'를 믿고 있는 '러셀'보다는 그런 정초를 전혀 믿지 않음에도 마치 믿는 척하면서 그것을 디컨스트럭트하는 괴델의 '부정신학'을 향하고 있는 것은 아닐까.[44*]

후기 비트겐슈타인이 하고자 한 일은 괴델이 말하는 결정불가능성의 전제가 되는 '증명'이라는 절차를 근본적으로 의심하는 것이다. 수학적인 지知가 '확실'하다고 여겨지는 이유는 그것이 공리에서 모순 없이(consistently) 도출되기 때문이다. 비트겐슈타인은 이에 대하여 두 가지 우연성을 도입한다. 그 중 하나는 수학의 실천적·역사적 성격인데, 이는 근본적인 공리계로 환원될 수 없는 다양성·과잉성을 의미한다. 괴델의 증명은 비유클리드 기하학의 정초를 유클리드 기하학의 정초로, 그리고 그것을 자연수의 정초로 '번역'한 후에 행해지고 있다. 비트겐슈타인은 말한다.

제2장 종합적 판단의 문제

어떤 증명체계를 다른 증명체계와 나열하면 어떨까. 그럴 경우에 한쪽 체계에서 증명된 명제를 다른 쪽 체계에서 증명된 명제로 번역할 수 있는 번역규칙이 존재한다. 그런데 오늘날 수학의 몇몇—혹은 모든—증명체계는 그런 방식으로 어떤 체계, 예컨대 러셀의 체계와 대응되는 것으로 상정할 수 있다. 따라서 모든 증명은 설령 멀리 에두를지라도 러셀의 체계에서 수행될 수 있다고 생각된다. 그렇게 되면 그때는 단 하나의 체계가 있을 뿐인데—과연 그 이상의 더 많은 체계는 존재하지 않는 것일까—그렇게 되면 마찬가지로 단 하나의 체계에 대하여 그것이 많은 체계들로 분해될 수 있다는 점이 제시되어야 한다. 예컨대 그 체계의 일부분은 삼각법의 특성을 지니고 있을 것이며, 다른 부분은 대수의 여러 특성을 지니고 있을 것이며, 등등. 따라서 그런 여러 부분들에는 갖가지 기술이 사용된다고 말할 수 있다. (『수학의 기초』)

물론 비트겐슈타인은 집합론으로 수학 전체를 정초하려는 러셀(들)의 기획에 반대한다. 예컨대 러셀에 따르면 1, 2, 3······은 1, 1+1, (1+1)+1······과 같은 식으로 기초적으로 바꿔 말할 수 있다. 하지만 84×23을 러셀 식으로 고쳐 쓰면 엄청 장황해진다. '증명은 조망할 수 있어야 한다'는 비트겐슈타인의 표현방식으로 말하자면, 그것은 '조망하는' 것이 불가능하다. 그러나 십진법 계산이라면 '조망하는' 것이

가능하다. 러셀은 1, 1+1, (1+1)+1……으로 계산하는 것이 정초에 해당되며 본래적인 것이라고 생각했다. 그러나 비트겐슈타인에 따르면 십진법에 의한 계산도 '수학적 발명'이며 증명의 체계이다. "조망할 수 없는 증명도圖가 표기법의 변경으로 조망할 수 있게 된다면, 바로 그때 비로소 예전에는 존재하지 않던 증명이 만들졌다고 말하고 싶다."(같은 책) 따라서 그것을 '일반적 기초'로 증명할 필요는 없다. "증명의 배후에 있는 무언가가 증명하는 것이 아니라 증명이 증명하는 것이다."(같은 책) 즉 새로운 표현형식이나 새로운 수학적 증명이 그 자체로 새로운 개념을 만들어내는 것이다.

> 이제야 다음과 같이 말할 수 있다. 어떤 사람이 십진법에 의한 계산을 발명했다면, 그는 분명 수학적 발명을 한 것이다. 설령 그가 이미 러셀의 『수학 원리』를 읽었다고 할지라도 말이다.
> 수학은 언제나 새로운 규칙을 계속 만들고 언제나 새로운 교통로를 만들고 있다. 낡은 도로망을 넓히는 작업을 통해서 말이다.
> 수학자는 발명가이지 발견가가 아니다.
> 그렇게 수학자는 언제나 새로운 표현형식을 만들어낸다고 말할 수 있을 것이다. (『수학의 기초』)

예컨대 다른 영역이나 문맥에서 동일한 정리가 나오는 일이 있다. 그런 경우 비트겐슈타인은 그것들을 동일하다고

제2장 종합적 판단의 문제

간주하지 않고 별도의 규칙체계에 속한다고 생각한다. 즉 그가 생각하기에 수학은 다수의 체계로 성립하는 것이다. "나는 수학이란 여러 증명 기술의 잡다한 색깔들이 뒤섞여 있는 것이라고 말하고 싶다. 수학의 다양한 적용가능성과 중요성은 바로 이 지점에 근거하고 있다."(같은 책) 비트겐슈타인이 반대하는 것은 복수적인 규칙체계를 하나의 규칙체계로 정초하려는 것이다. 그러나 수학의 다수체계가 완전히 별개의 것은 아니다. 그것들은 상호 간에 번역 가능하지만 공통된 하나를 가지지 않을 뿐이다. 비트겐슈타인은 그렇게 '겹치거나 교차하는 복잡한 유사성의 그물코'를 '가족적 유사성'이라고 부른다. "나는 우리가 언어라고 부르는 모든 것에 공통된 무언가를 말하는 것이 아니라, 그런 모든 언어 현상에 동일한 언어를 적용하더라도 공통된 것 따위는 전혀 없으며, 그런 현상들은 매우 다른 방식으로 서로 유사하다는 것이다. 그리고 그런 유사성 때문에 우리는 언어 현상들 전부를 '언어'라고 부른다."(『철학적 탐구』, 〈전집〉 제8권)[45] 똑같이 '수학'이라고 불리는 것도 결코 중심화될 수 없는 다수체계이다. 물론 비트겐슈타인은 수학이 여러 과학들과 마찬가지로 다양한 '자연'과 실천적으로 관계되어 있다는 점 때문에 그와 같은 다수성을 말하는 것이 아니다. 더 중요한 것은 형식주의에 대한 그의 비판이 형식주의가 이른바 타자와의 관계의 우연성이나 타자의 타자성을 배제하는 것에 초점을 맞추고 있다는 점이다. 흔히 증명은 규칙의 유무에 관계없이 자동적으로 이루어지는 것처럼 보인다. 하지만 비트겐슈타인은 증명은 자동적인 것이 아니라 사람들이 규칙에 따라 이루어진다는 것을 강조한다. 실제로 플라톤은 기하학의 증명을 '대화' 안에서 생각했다. 아니 그보다 플라톤에게 수학이 '확실'한 것이라고 여겨진 것은 그가 수학에 대화=공동탐구로서의 증명을 들고 왔기 때문이다.

플라톤의 『메논』에서 소크라테스는 기하학을 모르는 소년에게 어떤 정리 하나를 증명시킨다. 여기서 소크라테스는 '가르치는 것'이나 '배우는 것'은 존재하지 않으며 그저 '상기하는 것'에 불과하다는 점을 보여준다. 이는 '메논의 패러독스' 또는 교육의 패러독스로 알려져 있다. 그런 증명은 '대화'에 의해 이루어지는데, 이 경우 소크라테스는 그저 질문을 할 뿐이다. "메논, 괜찮겠나. 나는 무엇 하나 가르치지 않았네. 내가 하는 일은 그저 질문을 하는 것이라네."(『메논』)[46] 확실히 소크라테스는 가르치지 않는다. 하지만 이런 대화의 전제는 어떤 기본적인 전제(공리)를 받아들이면 이후 이 공리과 모순되는 일은 하지 않는다는 룰이다. 앞서 말한 것처럼 만약 그 소년이 그런 모순을 아무렇지도 않게 말한다면 증명은 불가능할 것이다. 요컨대 소년은 룰을 지키는 것을 먼저 '배우고' 있다. 즉 소년은 '대화'에 앞서 규칙을 공유하고 있는 셈이다. 그렇다면 플라톤 말고 누가 그런 규칙을 가르친 것일까.

소크라테스의 방법은 특별한 것이 아니다. 그것은 당시 아테네의 법적인 제도에 근거하고 있다. 예컨대 니콜라스 레셔는 변증법을 논쟁형식이나 법정형식에서 재고했다. 그것은 제안자(검사)의 의견 제시로부터 시작한 후 반대답변

제2장 종합적 판단의 문제

자(변호사)가 논박하고, 뒤이어 제안자가 다시 답하는 형태로 이루어진다. 이 경우 제안자의 주장은 반박불가능한 절대적이고 자명한 테제(진리)일 필요는 없다. 당장 그 주장에 맞선 유효한 반박이 나오지 않는 한, 그것은 참으로 추정된다. 이런 논쟁에서는 제안자에게만 '입증책임'이 있고 반대자는 적극적인 증거를 제시할 필요가 전혀 없다. 따라서 소크라테스의 방식은 법정형식이라 할 수 있다. 이런 의미에서 플라톤이 소크라테스 재판을 통하여 글쓰기를 시작했다는 점, 소크라테스가 판결을 따르고자 한 점은 상징적이다. 소크라테스는 법정의 판결이 허위일지라도 그런 법정의 프로세스를 통하지 않는 진리를 인정하지 않았다.

그런 법정에서 서로 대립하는 자들은 동일한 규칙을 소유하고 있다. 예컨대 검사도 변호사도 언제든지 하나의 역할로서 서로 교대할 수 있는 것이다. 그런 법적 언어게임을 받아들이지 않는 자는 법정에서 퇴장을 당하거나 병자로 취급되어 재판을 면제받는다. 이 게임에서는 아무리 적대적이라고 해도 상대방은 타자가 아니다. 그렇기 때문에 대화는 레셔가 말하는 것처럼 자기대화로 변형될 수 있다. 아리스토텔레스나 헤겔에게 변증법은 자기대화가 된다. 그런 의미에서 서양의 '철학'은 대화로서의 내성에서 시작한다고 말할 수 있다. 앞에서 말한 것처럼 플라톤의 '대화'는 대화로 작성되어 있을지라도 바흐친이 지적하듯 기본적으로 자기대화(모놀로그)다(『도스토옙스키론』). 수학이 특권화되는 것은 그 지知가 주관(나)을 넘어선 강제력을 가지기 때문이지 수학 자체의 성질 때문이 아니다. 그것은 이를테면 법정의 대화를 통과한 것만 수학으로 인정한다는 플라톤과 유클리드의 사고방식에 따른 것이다. 따라서 수학적 '증명'은 사적인 개인을 넘어서는 인식이 된다. 왜냐하면 그것은 공동적인 주관에 의한 것이기 때문이다. 소크라테스(플라톤)가 제출한 것은 곧잘 이야기되듯 세계나 자기에 이성이 내재한다는 사고가 아니라 '대화'를 통과한 것만이 이성적이라는 사고다. 대화를 거부하는 자는 아무리 심원한 진리를 파악하고 있을지라도 비이성적이다. 세계나 자기에게 이성이 있는지 없는지는 중요하지 않다. 대화를 통과한 것만이 합리적이다. 그렇게 소크라테스 이전의 사상가들은 '음미'된다. 이성적이라는 것은 타자와의 대화를 전제하는 것 자체다. '증명'은 그것이 어떤 방식으로 작성되더라도 타자와의 '공동의 음미'를 내부에 포함하고 있기에 강제력을 갖는다. 수학이 규범으로 간주되어 온 이유가 여기에 있다.

나는 이런 생각에 입각한 것이 포퍼가 말하는 반증가능성임을 앞에서 지적하였다. 그런데 수학이 종합적 판단이라는 칸트의 생각은 오히려 그런 사고방식을 비판하는 것이었다. 종합적 판단이 보편적인 것은 동일한 규칙을 공유하는 타자가 아니라 다른 규칙을 가진 타자의 반증을 예상할 때다. 이것을 바로 수학에서 생각한 점이 칸트의 철저함이다. 그것은 결코 내면화될 수 없는 초월론적 타자의 도입으로 보인다. 그런데 그것은 초월론적 타자(신)가 아니라 어디에나 있는 흔한 타자인데, 이 점을 명확히 밝힌 것이 후기 비트겐슈타인의 작업이었다.

비트겐슈타인의 회의懷疑는 '증명'을 뒷받침하는 그와

제2장 종합적 판단의 문제

같은 '대화' 자체를 향하고 있다. 그것은 수학이 다양한 규칙체계의 묶음이고 그것들 사이의 '번역'은 가능하지만 동일한 규칙체계로 환원할 수는 없다는 그의 인식과 연결되어 있다. 그리고 이것은 당연히 수학에 한정되지 않고 언어게임 일반에까지 미치는 것이다. 그런데 그의 표적이 항상 예외로 취급되어 온 수학과 그 증명으로 설정되어 있음을 잊어서는 안 된다. 그렇지 않으면 통속적인 언어게임론으로 귀결될 것이다. 비트겐슈타인이 플라톤적 '대화'를 의심하는 이유는 그 대화가 타자와의 대화가 아니기 때문이다(그러므로 자기대화로 전환될 수 있다). 타자가 내면화될 수 있다면, 그것은 공통의 규칙을 가지고 있기 때문이다. 그런데 '대화'란 공통의 규칙을 가지지 않은 타자와의 대화이지 않으면 안 된다. 비트겐슈타인은 자기 쪽으로 결코 내면화될 수 없는 타자를 들고 나온다.

> 우리의 언어를 이해하지 못하는 자, 예컨대 외국인은 "석판을 가져와!"라는 누군가의 명령을 여러 번 들어도 그런 음성계열 전체가 한 단어로 생각되고 자신의 언어로는 그 명령이 '건재建材'와 같은 낱말에 대응하는 것처럼 여길지도 모른다. (『철학적 탐구』)[47]

외국인이나 아이들과 의사소통을 한다는 것은, 바꿔 말해 공통의 규칙(코드)을 가지지 않은 자에게 가르친다는 것이다. 그러나 상대방에게도 사정은 동일하다. 즉 공통의 규칙을 가지지 않은 타자와의 커뮤니케이션은 반드시 '가르치다-배우다'의 관계가 될 것이다. 통상적인 커뮤니케이션론에서는 공통의 규칙이 전제되어 있다. 하지만 외국인이나 아이들, 혹은 정신병자와의 대화에서는 그런 규칙이 성립하지 않거나 성립 자체가 곤란하다. 이는 특이한 케이스가 아니다.

우리는 누구나 아이로 태어나 부모에게서 언어를 습득한다. 그 결과로서 규칙을 공유하는 것이다. 또 타자와의 대화에서 우리는 언제나 어디서나 서로 통하지 않는 영역을 가질 것이다. 그 경우 커뮤니케이션은 상호 간에 가르치는 형태를 취할 것이다. 만약 공통의 규칙이 있다면, 그것은 '가르치다-배우다'의 관계 이후에 있는 것일 수밖에 없다. 따라서 '가르치다-배우다'라는 비대칭적인 관계가 커뮤니케이션의 기초적 상황이다. 이는 결코 비정상적인(abnormal) 것이 아니다. 규범적인(normal) 케이스, 즉 동일한 규칙을 갖는 대화 쪽이 예외적이다. 비트겐슈타인이 '타자'를 도입했다는 것은 비대칭적인 관계를 도입했다는 말이다.

'가르치다'의 입장에서 권력적 관계를 떠올려서는 안 된다. 그렇기는커녕 타자의 이해에 종속되어야 하는 약한 입장이다. 다른 사례를 들자면 그와 같은 입장은 '판매하는' 입장에 견줄 수 있을 것이다. 마르크스가 말한 것처럼 각 상품에는 고전경제학자가 말하는 가치라는 것이 내재되어 있지 않다. 그것은 팔리지 않으면(교환되지 않으면) 가치가 아니며 사용가치조차 아니다. 그저 폐기되어야 하는 물건이다. 뒤에 서술하겠지만, '판매하는' 입장은 구매자(화폐소유자)의 선택에 종속되어 있기에 비대칭적 관계라 할 수 있다.

제2장 종합적 판단의 문제

따라서 '우리의 언어를 이해하지 못하는 자, 예컨대 외국인'은 비트겐슈타인이 그저 설명을 위해 선택한 여러 사례들 중 하나가 아니다. 그것은 그의 '방법적 회의'에 불가결한 타자다. 비트겐슈타인이 꼽았던 사례를 따라 말하자면, 내가 "석판을 가져와"라고 했을 때 나는 내 자신 속에 그 말의 내적인 의미가 확실히 있다고 생각한다. 그러나 타자에게 그것이 '건재'를 의미하는 것이라면 그런 내적인 과정은 존재하지 않는 것이 된다. 비트겐슈타인의 '타자'란 그 같은 내적 과정을 부정해 버리는 자로서, 크립키의 표현을 빌리자면 '가공할 회의론자'로서 나타난다.[48*]

전기 비트겐슈타인은 "말할 수 없는 것에 대해서는 침묵해야 한다"고 쓴다(『논리-철학 논고』). 이 경우 '말할 수 없는 것'이란 종교와 예술이다. 이 점에서 비트겐슈타인이 칸트적이라는 것을 쉽게 지적할 수 있다. 툴민은 영국의 러셀 밑에서 작업을 했지만 본질적으로 변하지 않은 비트겐슈타인의 특징으로 빈의 칸트=키르케고르적인 분위기에서 자기형성을 한 점을 지적한다(『비트겐슈타인의 빈』). 그런데 후기 비트겐슈타인은 어떨까. 『철학적 탐구』의 언어게임론에서는 과학 · 도덕 · 예술 같은 영역적 구분이 폐기되고 있다. 이는 그가 칸트적인 것에서 멀어진 것처럼 보이게 한다. 그러나 이미 서술한 것처럼 칸트 '비판'의 핵심이 그와 같은 구분과 무관하게 타자를 도입하는 것에 있다고 한다면, 오히려 후기 비트겐슈타인 쪽이 훨씬 더 칸트적이라고 할 수 있다. 이 '타자'란 경험적으로는 어디나 흔하게 있음에도 불구하고 초월론적으로 발견된 것이다.

흔히 비트겐슈타인이 사적인 언어나 독아론에 맞서 사회적인 언어의 선행성을 주장했다고 말한다. 하지만 그것은 그의 '회의'를 사실상 무효로 만들어 버린다. 그가 부정한 것은 '증명'이라는 형식을 취한 공동주관성이나 대화 자체의 독아론적 성격이었다. 여기서 독아론은 자기 한 사람밖에 없다는 사고가 아니라 자기에게 적합한 것이 만인에게도 적합할 것이라는 사고를 말한다. 이런 사고에서 타자는 자기 안으로 내면화되고 만다. 동시에 나는 대화란 규칙을 공유하지 않는 타자와의 대화, 또는 비대칭적인 관계에 그치는 대화라고 정의하고 싶다. 타자를 그렇게 정의하고 싶은 것이다. 그렇다고 타자를 인류학자가 말하는 낯선 자異者(섬뜩한 것)로 보는 것은 아니다. 프로이트가 말한 것처럼 '섬뜩한 것(unheimlich)'이란 본래 '친밀한 것(heimlich)'이다. 즉 자기가 투사된 것이다. 우리가 생각하는 것은 오히려 어디에나 흔히 있는 상대적 타자의 타자성이다.

이러한 구별이 없기 때문에 비트겐슈타인의 논의는 종종 통속적인 사회적 논의와 혼동되고 있다. 그가 말한 '언어게임'이라는 개념이 그런 사례 중 하나다. 종종 그것은 뒤르켐의 사회적 사실, 혹은 소쉬르의 언어체계(랑그) 등과 동일시되고 있다. 사실 비트겐슈타인은 소쉬르와 마찬가지로 체스라는 비유를 사용한다. 이 비유에 의해 일단 언어의 본질이 소재(음성이나 문자 등)와는 무관한 형식에 있다는 점이 제시된다. 체스의 말[馬]이 지닌 '의미'란 말의 운동방식의 규칙이며, 그것은 다른 말들과의 관계(차이) 속에 있다. 예컨대 말의 기능이나 배치를 바꾸면 동일한 말을 사용할

제2장 종합적 판단의 문제

지라도 다른 게임이 되고 만다. 이 비유는 언어가 '지시대상'이나 '의미'로부터 자립한 하나의 시차적 형식체계며 '지시대상'이나 '의미'야말로 그런 형식체계에 의해 구성된다는 점을 보여준다. 요컨대 그것은 형식주의다. 그러나 비트겐슈타인의 언어게임론은 그와 같은 전제 자체를 부정하기 위해 제기되고 있다. 주목할 것은 다음과 같은 점이다. 체스의 비유에 한정되지 않는, 게임의 비유는 규칙을 명시할 수 있다는 관점에 유혹당하기 쉽다. 예컨대 문법을 언어의 규칙으로 간주한다. 하지만 일본어를 말하는 사람이 일본어 문법을 알고 있을까. 애당초 문법이란 외국어나 고전언어를 배우기 위한 방법으로 발견된 것이다. 문법은 규칙이 아니라 규칙성이다. 그것이 없으면 외국인의 언어습득은 비능률적인 것이 된다. 그러나 자신이 말하는 언어의 '문법'은 불필요하며 또 불가능하다. 따라서 근대의 내셔널리즘 이전에 사람들은 자신이 하는 버내큘러한 언어(지방어)에 문법이 있다는 생각 따위는 꿈에도 할 수 없었다.

어떤 언어의 규칙은 그것을 말하는 자가 아니라 그것을 배우는 '외국인' 쪽에서 생각한 것이다. 그것은 내 자신이 말하는 일본어의 문법을 알 필요가 없으며 또 알 수도 없다는 것을 의미한다. 그러나 나는 외국인이 일본어를 말할 때 문법적 잘못을 지적할 수 있다. 그것은 내가 문법을 '알고 있다'는 말이 된다. 하지만 나는 외국인의 잘못에 문법적 '근거'를 제시하지는 못한다. 단지 "그런 식으로는 말하지 않아"라고 말할 뿐이다. 그런 의미에서 나는 일본어의 문법을 '모르는' 것이다. 그저 '용법'을 알 뿐이다.

예컨대 어머니는 아이에게 언어의 규칙을 가르치는 것이 아니다. 단지 말을 걸고 아이가 말을 하게 되면 잘못 말한 것을 수정하거나 그저 '웃는다'. 그러나 어머니는 규칙을 규칙으로서 알지는 못하지만 그것을 '실천하고 있다'. 그리고 그것을 통해 '가르치고 있는' 것이다. 우리가 아이에게 문법을 가르치는 것이 가능하다면, 그것은 아이가 이미 말을 '알고 있기' 때문이다. 플라톤이 보여준 '메논의 패러독스'는 그런 사정을 가리킨다고 해도 좋다. "메논, 자네는 어찌해 볼 도리가 없는 사람이군. 가르치는 것 따위는 불가능하며 그저 회상만 가능할 뿐이라고 말하는 내게 '가르침'을 주십시오, 라고 졸라대고 있으니 말이야."(『메논』)⁴⁹ 이는 규칙은 있지만 그것을 명시할 수는 없음을 보여준다.

그러나 '가르치는' 일은 존재한다. 앞에서 말한 것처럼 소크라테스의 대화를 통해 기하학의 정리를 끝내 증명하는 소년은 '이미' 규칙을 배우고 있었던 것이다. 다른 한편으로 플라톤이 말하고 있는 것처럼 '가르치는' 일이란 존재하지 않는다. 왜냐하면 가르치는 자는 규칙을 명시하지 못하기 때문이다. 규칙을 가르치고-배우는 일에는 '합리적으로' 해명이 불가능한 그 이상의 무언가가 있다. 플라톤은 그런 패러독스를 '상기想起'설로 해결하고자 했다. 그것이 신화라는 점은 플라톤 자신이 잘 알고 있었다. '상기설'이란 사람들 각각에 근본적으로 동일한 것이 있다는 생각이다. 칸트가 아프리오리한 형식이나 카테고리를 말할 때, 그것은 '상기'의 다른 말처럼 보인다. 하지만 그가 수학을 아프리오리한 종합적 판단으로 간주한 것은 수학을 분석적 판단, 즉 규칙의 유무와 관계없는 '증명'으로 보는 관점 자체를 비판하기 위해서였다. 종합적 판단이란 균열이 생겨나는 감성과 지성을 종합하는 것이다. 하지만 그 균열을 초래하고 있는 것은 오히려 '타자'의 존재, 바꿔 말하자면 복수의 시스템이라는 존재이다. 칸트가 '물자체'로서 이야기하고자 한 것이 바로 그것이다.

3 초월론적 통각

『순수이성비판』에서 칸트는 초월론적 주관(통각) 아래서 인식(종합적 판단)이 성립하고 있는 것처럼 논한다. 그러나 이는 인식(자연과학)이 예술과 다르게 주관의 개입 없이 성립한다는 것을 의미하지 않는다. 또 종합적 판단이 손쉽게 성립한다는 것을 뜻하지도 않는다. 그가 『순수이성비판』에서 사고한 것은 인식이란 종합적 판단이어야 하는데, 만약 그것이 성립한다면 어떠한 형태일 것인가였다. 초월론적 주체(통각)를 상정하는 일은 '언어론적 전회' 이후의 철학자에 의해 비판을 받아왔다. 그러나 사고나 주체를 언어 쪽에서 봄으로써 데카르트나 칸트의 문제를 부정할 수 있다는 관점은 성립이 불가능하다.

예컨대 소쉬르는 언어를 사회적인 시스템이라고 말한다. 그런데 그는 랑그=공시적 체계를 어떻게 발견하는 것일까. 그것을 경험적으로 아는 일은 불가능하다. 지금 이때 어떤 말이 어떻게 사용되지를 조사하는 일 같은 것은 불가능하다. 그렇다면 그가 말하는 랑그―예컨대 프랑스어―는 그저 자신이 지금 알고 있는 프랑스어다. 즉 소쉬르의 언어학은 초월론적인 내성에서 시작하고 있는 것이다. 소쉬르 자신이 "랑그란 실재체實在體가 아니라 단지 이야기하는 주체에만 존재한다"고 말한다. 소쉬르는 기호가 어떤 의미를 드러낸다는 전통적 사고방식을 거부했다. '말하는 주체'에 의미가 있을 때는 그런 의미를 변별하는 형식이 반드시 있지만 그 반대는 성립하지 않기 때문이다. 랑그는 객관물로 있는 것이 아니라 서로 의미가 통할 때에 존재한다. 소쉬르는 공시적 체계로서 랑그를 상정했지만, 그것은 자신에게 의미가 있을 때의 언어체계이다. 여기서 언어는 시니피앙(감성적인 것)과 시니피에(초감성적인 것)의 종합이라고 할 수 있다. 그러나 그와 같은 종합이 성립하는 것은 내게 이미(사후적으로) 의미를 있을 때뿐이다. 또 소쉬르가 형식(시니피에)이 하나의 시차적 관계체계를 이루고 있다고 말하는 경우, 그것을 체계답게 만드는 체계성이란 칸트가 초월론적 통각이라고 부른 것을 암묵적으로 전제하고 있다.

그 점을 명확히 한 것은 로만 야콥슨이다. 그는 언어에는 차이, 그것도 적극적인 항項이 없는 차이밖에 없다는 소쉬르의 견해에 이의를 제기했다. 야콥슨은 소쉬르가 무질서한 관계로서 방치한 음운조직을 이항二項대립의 묶음으로 파악함으로써 질서화할 수 있다고 생각했다. 예컨대 야콥슨은 이렇게 말한다. "음향학의 영역에서 현대의 전문가들은 인간의 귀가 어떻게 수많은 언어음성들을 구별할 수 있는지, 지각이 불가능할 정도로 다양한 언어음성들을 어

제2장 종합적 판단의 문제

떻게 무난히 구별할 수 있는지를 의심스럽게 생각하고 당혹감을 느낀다. 하지만 그 경우 진짜 문제는 순수하게 청각적 능력에 있는 것일까? 아니, 전혀 그렇지 않다! 우리가 담화 속에서 인지할 수 있는 것은 소리 자체의 차이가 아니라 언어가 이용하는 관용상의 차이다. 즉 고유한 표의表意작용을 가지지는 못하지만 상위 레벨의 실재체(형태소, 단어)를 서로 판별하는 데에 사용되는 차이다."(『소리와 의미에 관한 여섯 강의』) 음운은 음성이 아니다. 그것은 상위 레벨을 전제로 할 때 차이성으로서 비로소 존재할 수 있는 '형식'이다. 그것은 형태소나 단어에 대해서도, 나아가 문장에 대해서도 해당한다고 말할 수 있다. 그것들은 각기 상위 레벨을 전제로 할 때에만 차이성(형식)으로서 도출될 수 있는 것이다.

그렇다면 '구조'란 그것을 통합하는 초월론적 주관을 암묵적으로 전제하고 있는 것이다. 하지만 구조주의자가 그러한 '주관' 없이 해결할 수 있을 뿐만 아니라 그런 주관을 부정할 수 있다고 생각한 것은, 존재하지 않지만 체계를 체계답게 만드는 것을 상정하고 있었기 때문이다. 그것이 제로기호다. 예컨대 야콥슨은 음운의 체계를 완성시키기 위해 제로음소를 도입했다. "제로음소는 (…) 그것이 어떤 시차적 성격까지도, 그리고 항상적인 음운가치까지도 내포하지 않는다는 점에서 프랑스어의 다른 모든 음소와 대립한다. 대신에 제로음소는 음소의 부재를 방지하는 것을 고유한 기능으로 갖는다."(R. Jakobson and J. Lotz, "Notes on the French Phonemic Pettern," Roman Jakobson, *Selected*

Writings, vol. 1, Mouton, 1971) 이러한 제로기호는 물론 수학에서 오고 있다. 부르바키에 의해 정식화된 수학적 '구조'란 변환의 규칙이다. 그것은 형태처럼 보이는 것이 아니라 보이지 않는 움직임이다. 변환의 규칙은 변환되지 않는 움직임을 포함해야만 한다. 야콥슨에 의해 설정된 제로음소는 수학적 변환가능군에서 단위원單位元에 대응하는 것이라고 해도 좋다. 이것에 의해 음소의 대립관계의 묶음은 구조가 될 수 있다. 레비스트로스가 야콥슨의 음운론에 충격을 받은 이유는 그것을 통해 다양하고 혼돈된 것에 질서가 있음을 제시할 수 있었기 때문이다. "음운론은 다종다양한 사회과학에 대해, 다른 예를 들자면 핵물리학이 정밀과학 전체에 대해 맡은 것과 같은 혁신적인 역할을 맡지 않을 수 없다."(『구조인류학』) 레비스트로스는 클라인군[50](대수적 구조)을 미개사회의 다양한 친족구조 분석에 적용했다. 여기서 좁은 의미의 구조주의가 성립했다.

그런데 제로기호란 그 자신은 무無이면서 체계성을 성립시키는 '초월론적 주관'의 다른 말이지 이런 초월론적 주관을 제거하는 것이 아니다. 제로는 기원전 인도에서 움직일 수 없는 주판알에 대한 명명으로서 실천적·기술적으로 도입된 것이다. 제로가 없으면, 예컨대 205와 25는 구별될 수 없다. 즉 제로는 숫자의 '부재를 방지하는 것을 고유한 기능으로 갖는'(레비스트로스) 것이다. 제로의 도입에 의해 자릿값 기수법記數法(place-value system)이 성립한다. 하지만 제로는 단지 기술적인 문제일 수는 없다. 그것은 산스크리트어에서 불교의 '공空'(emptiness)과 동일한 낱말인데,

제2장 종합적 판단의 문제

이를 근거로 불교적인 사고가 전개됐다고 해도 과언은 아니다. 들뢰즈는 "구조주의는 장소를 점유한 것보다 장소 자체가 더 우월하다고 생각하는 새로운 초월론적 철학과 구분하기 어렵다"(「구조주의는 왜 그런 이름으로 불리는가」)고 말하는데, 자릿값 기수법에서는 이미 그러한 '철학'이 문자 그대로 선취되어 있다고 해도 좋다. 그런 의미에서 구조주의는 제로기호의 도입과 더불어 시작된 것이지만 구조주의자 자신은 그와 같은 철학적 함의에 대해 생각하지 않았다. 그들은 그저 제로기호의 도입으로 주관에서 시작하는 근대적 사고를 불식시킬 수 있다고 믿었을 뿐이다. 하지만 주관 없이 해결할 수 있다고 확신할 때, 그들은 암묵적으로 주관을 전제하고 있다는 사실을 잊었다.

그러나 소쉬르로 돌아가 말하자면, 야콥슨이 불만을 품었던 소쉬르의 애매함이 다른 의미를 띠고 있다는 사실을 살펴보아야 한다. 예컨대 소쉬르는 "언어에는 차이밖에 없다, 언어는 가치다"라고 말한다. 야콥슨에게 그런 말은 그저 '혼돈'을 의미할 뿐이다. 하지만 소쉬르가 언어를 '가치'로 볼 때 언제나 별도의 다른 랑그를 상정하고 있다는 점에 주의해야 한다. "언어에는 차이밖에 없다"는 소쉬르의 말은 단지 하나의 관계체계를 의미하는 것이 아니라 애초에 복수의 관계체계가 존재한다는 점을 전제로 삼고 있다. 소쉬르는 랑그를 내성에서 발견함과 동시에 랑그에서 그런 성찰을 넘어선 외부성이나 결코 내면화될 수 없는 타자를 발견하고 있다. 아니 그렇다기보다는 언어학과 관련하여 소쉬르가 가진 '의심'은 바로 그런 차이에서 시작한다고 말해야 한다. 소쉬르의 언어학은 언어를 각 민족의 정신이 표현된 것으로 보는 훔볼트적인 언어학과 언어의 변화를 의식에서 독립된 사물로 간주하고 자연과학적 법칙성의 관점에서 보는 역사학파, 그 쌍방에 대한 칸트적 '비판'으로서 존립했다고 해야 한다. 그것은 한쪽에 대해서는 언어가 내적인 것임을 부정하고 다른 한쪽에 대해서는 언어가 내적인 것임을 주장한다. 또 그것은 한쪽에서 랑그라는 것을 닫혀 있는 공시적 시스템으로 봄과 동시에 다른 쪽에서는 그런 관점을 부정한다.

이렇게 본다면, 소쉬르가 언어를 두고 '사회적'이라고 말한 것의 진정한 의미가 명확해진다. 그 말은 단지 언어가 개개인의 의식을 넘어선 사회적 사실(뒤르켐)이라는 의미도, 개개의 항들이 관계체계 속에서 존재한다는 의미도 아니다. 그런 식의 이해는 언어를 하나의 랑그(체계·커뮤니티)에서만 생각하고 있다. 바꿔 말하자면 그것들은 결국 초월론적 주관의 다른 말이다. 언어가 '사회적'이라는 것은 언어가 타자, 즉 다른 랑그(규칙체계·공동체)에 속하는 사람과의 커뮤니케이션에서 드러난다. 앞에서 나는 비트겐슈타인이 언어적 커뮤니케이션을, 규칙을 알지 못하는 자 예컨대 외국인에게 '가르치는' 장소에서 보고자 했다고 썼다. 그가 '사적인 언어'를 부정한 것은 언어를 공동체의 규칙으로 간주하는 매우 흔한 관점에서가 아니라, 바로 그 규칙을 공유하지 않는 다른 공동체의 타자와의 '사회적' 커뮤니케이션에서 언어를 보았기 때문이다. 따라서 진정으로 '언어론적 전회'라고 해야 하는 것이 있다면, 그것은 언어로 주관

제2장 종합적 판단의 문제

을 부정하는 지점이 아니라, 거꾸로 주관을 언어의 시차에서 발견하는 데에 있다. 이것이야말로 비판의 '장소'다.

제3장 Transcritique

1 주체와 장소

칸트의 초월론적 비판은 데카르트적인 방법, 즉 자아의 세계구성이라는 방법을 계승했다는 비판을 받는다. 이에 맞서 칸트는 데카르트와 다르다고 옹호할 수 있을 것이다. 그러나 여기서 나는 모두가 하나같이 비난하는 데카르트에 대해 다시 생각하고 싶다. 『방법서설』에서 데카르트는 모든 것을 의심하게 된 '동기'를 자전적으로 이야기하고 있다. 그 동기는 과거의 책들을 읽음으로써 이제까지 진리로 간주해온 담론들이 역사적으로 상이하다는 사실을 알게 된 것에, 그리고 곳곳의 여행을 통해 그런 진리들이 지역에 따라 상이하다는 점을 알게 된 것에, 그러니까 진리란 그저 공동체의 문법이나 관습에 근거하는 것에 불과하다고 인식한 것에 있다.

이후 나는 여행을 떠났고 우리들의 생각과는 완전히 반대되는 생각을 지닌 사람 중 많은 이들이 야만적이거나 조야한 게 아니라 우리들과 동일한 정도로 혹은 우리들 이상으로 이성을 사용하고 있다는 점을 인지할 수 있었다. 그리고 같은 정신을 가진 같은 인간이 어릴 때부터 프랑스인이나 독일인 사이에서 양육될 때와 가령 중국인이나 식인종(아메리카 토인) 사이에서 생활했을 때가 얼마나 다를지를 생각하게 되었고, 예컨대 십년 전에 유행한 우리들의 옷이 향후 10년 안에 다시금 유행할지도 모른다는 점이 기묘하고도 우스꽝스럽게 생각되었다. 그렇기에 결국 우리들에게 확신을 주고 있는 것은 확실한 인식이라기보다 오히려 훨씬 더 강한 관습이자 선례라는 점을 알게 되었다. 나아가 발견하기 쉽지 않은 진리와 관련해서는 그것의 발견자가 한 국민 전체라기보다는 한 사람이라고 보는 쪽이 훨씬 더 진실에 가깝다는 점을, 진리에서 찬성자의 숫자가 많다는 사실이 유효한 증명일 수 없다는 점을 알게 되었다. 나는 점차 다른 이들이 아니라 정확히 이 사람의 의견만을 따라야 된다고 생각되는 이들을 선택할 수가 없었고, 그렇게 스스로의 힘으로 나 자신을 이끌어가지 않으면 안 된다는 사실을 일종의 강요로 받아들이게 되었다. (『방법서설』)[51]

제3장 Transcritique

흔히 데카르트는 '대화'를 닫고 자기를 통해 진리를 확보하고자 한 독아론자라고 말해진다. 그러나 데카르트의 의심은 사람들이 확실하다고 여기는 진리란 그들 공동체의 '선례와 관습', 즉 공통의 규칙이나 패러다임을 따르는 것과 관련이 있다는 점에서 시작하고 있다. 그는 이미 인류학자처럼 사물을 보고 있다. '언어론적 전회' 이후의 철학자는 데카르트처럼 내성內省에서 시작하는 방법을 부정한다. 그러나 데카르트가 내성으로 향한 것은 스콜라철학이 유명론이든 리얼리즘이든 모든 것을 인도=유럽적 언어의 '문법'으로 생각하고 있었기 때문이다. 이미 데카르트의 코기토는 사유가 언어에 구속되어 있다는 것에 대한 자각이었다고 말할 수 있다. 거기에는 칸트를 빌려 말하자면 언어에 대한 '초월론적인' 태도가 있었다. 초월론적 태도란 경험적 의식의 자명성을 괄호에 넣고 그것을 성립시키고 있는(무의식적인) 조건들에 대해 질문하는 것이다. 중요한 것은 그런 초월론적 태도가 어떤 '주체성'을 수반하지 않을 수 없다는 사실이다.

비트겐슈타인은 의심이란 언어게임에 의해 가능하며 언어게임의 일부라고 말한다. 분명 오늘날 데카르트의 회의에서 시작하는 것은 그저 언어게임에 불과할 것이다. 그러나 데카르트가 의심한 지점은 오히려 옛날부터 있던 회의론의 게임이다. "나는 저 회의론자들, 그저 의심을 위한 의심만 하면서 언제나 비결정적인 태도를 가장하는 사람들을 모방한 것이 아니다. 왜냐하면 나의 계획은 전적으로 그 반대, 즉 스스로 확신을 가질 수 있는 것만을 겨냥했기 때문이며, 쉽게 흩어지는 흙이나 모래를 걷어내고 바위나 점토를 찾아내는 일만을 겨냥했기 때문이다."(『방법서설』)[52] 현재 이런 의심은 근대철학에 편입되어 주관성의 철학을 뒷받침하고 있다. 그런데 비트겐슈타인이 말하는 것은 그런 철학에 대한 '의심'이 아니라고 말할 수 있을까. 실제로 그는 『논리-철학 논고』에서 철학의 문제를 언어의 관점에서 살피는 일을 '초월론적'이라고 부른다.[53*] 그 자신은 그것에 대해 결코 이야기하지 않지만, 거기에 하나의 '태도전환'이 숨겨져 있다. 하지만 철학의 '언어론적 전회'를 주장한 이들 중 다수는 비트겐슈타인을 채택하면서도 그런 태도전환에 있는 일종의 코기토 문제를 망각하고 있다.

또 한 사람의 데카르트 비판자로 레비스트로스를 꼽을 수 있다. 그는 다음과 같이 서술하고 있다.

> 루소는 자신의 동시대인들을 향해 "따라서 그들은"이라면서 이야기를 꺼냅니다. "내게 그들은 이방인, 미지의 인간, 요컨대 아무 것도 아닌 인간이 되었다. 그것이 그들이 바라는 바였기 때문에! 그래도 나 자신, 그러니까 그들로부터 그리고 모든 것들로부터 이탈한 바로 이 나 자신이란 무엇인가? 지금부터 그것을 연구하지 않으면 안 된다."(『고독한 산책자의 몽상』 중 「제1산책」) 스스로 택한 미개인을 처음으로 고찰할 때 민속지 학자는 루소의 이런 대목을 부연하여 다음과 같이 외칠 수도 있을 것입니다. "따라서 그들은 내게 이방인, 미개의 인간, 요컨대 아무 것도 아

제3장 Transcritique

넌 인간이다. 그렇게 되기를 원한 것이 바로 '나' 자신이기 때문에! 나 자신, 그러니까 그들로부터 또 모든 것들로부터 이탈한 바로 이 나 자신이란 무엇인가? 이것이야말로 내가 '우선 첫째로' 탐구'하지 않으면 안 되는' 것이다."

왜냐하면 민족학이 인간의 인식에 부과한 목적, 즉 타자에게서 자기를 인지한다는 목적에 도달하기 위해서는 먼저 자기 안에서 자기를 거부하지 않으면 안 되기 때문입니다. 우리는 이 지점에서만 루소에 힘입어 인문과학의 기초를 파악할 수 있는 원칙을 발견하게 됩니다. 그런데 코기토를 출발점으로 삼으면서 자기 자아의 이른바 명증성에 갇혀 있는 철학, 그러니까 사회학이나 생물학조차도 정초 작업을 단념한 지점에서 처음으로 물리학을 정초하고자 한 철학이 지배하는 한, 그와 같은 원칙은 접근하기 어렵고 이해하기 어려운 것으로 머물 수밖에 없습니다. 데카르트는 인간의 내부에서 세계라는 외부로 직접 이행할 수 있다고 생각했지만, 그 양극단 사이에 여러 사회가 여러 문명이, 그러니까 인간의 여러 세계들이 존재하고 있음을 살피지 못했습니다. (「인문과학의 시조, 장-자크 루소」)

그러나 레비스트로스는 여기서 매우 전략적으로 데카르트에게 악역을 맡기고 있음이 분명하다. 즉 레비스트로스는 프랑스의 데카르트주의, 그것의 후예를 의식하고 있는 것이다. 앞서 인용한 것처럼 『방법서설』은 오히려 인류학의 눈으로 작성되어 있다. 제임스 클리포드의 말을 빌리자면, 데카르트의 코키토는 애초부터 '인류학적 코기토'인 것이다. 데카르트는 말한다.

> 내가 다른 사람들의 행동을 단지 관찰하기만 했을 때, 사실 나는 내게 확신을 주는 것을 발견할 수 없었고, 예전 철학자들의 의견으로 인지한 것과 거의 동일한 정도의 다양성만을 인지할 수 있었다. 내가 사람들의 행동에 대한 관찰에서 얻은 최대의 이익이란, 대체로 우리들에게는 지극히 기이하고 우스꽝스럽게 여겨지는 것이라도 다른 나라 사람들에게는 일반적으로 수용되거나 시인되는 것임을 알아차리게 된 점, 내가 선례와 관습에 기대어 당연하게 여겼을 뿐인 여러 사정들을 지나치게 믿어서는 안 된다는 점을 알게 되었다는 것이다. 그렇게 나는 우리들이 지닌 자연의 빛(이성)을 흐리게 하고 이성에 귀 기울일 수 있는 능력을 감소시킬 우려가 있는 많은 잘못들로부터 조금씩 해방되고 있었다. 그런 식으로 세상이라는 책을 연구하고 몇몇 경험을 획득하고자 몇 년을 보낸 뒤인 어느 날, 나는 나 자신까지도 연구해 보자는, 그리고 내가 취해야 할 방도를 선택하기 위해 내 정신의 모든 힘을 사용해 보자는 결심을 하게 되었다. 나는 그런 결심을 나의 조국을 떠나고 나의 책을 떠난 덕분에 조국과 책을 떠나지 않았을 때보다도 훨씬 더 잘 수

제3장 Transcritique

행할 수 있었다고 생각한다. (『방법서설』)[54]

실제로 『슬픈 열대』의 회상하는 스타일 자체가 『방법서설』과 유사하다. 레비스트로스는 철학으로 학위를 받은 뒤, 철학을 계속하는 대신에 외국행을 택했다. 처음에 그는 일본을 희망했으나 실현되지 못했는데, 아마 비서구 쪽이라면 어디든 좋았던 듯하다. 즉 그는 인류학자로서 외국에 나간 것이 아니다. 그의 인류학은 말하자면 '나의 조국을 떠나고 나의 책을 떠나는 일'에서 시작되었다. 그것은 다음과 같이 명명되지는 않았지만, 인류학이라기보다는 어떤 '철학적 탐구'의 개시이다. 데카르트의 관심은 여행에서 얻은 '다양성' 자체에 있지 않다. 그런데 레비스트로스도 다음과 같이 쓰고 있지를 않은가. "나는 여행과 탐험가가 싫다"고 말이다. 왜냐하면 여행이나 탐험은 단지 차이를 소비(해소)할 뿐으로, 차이나 결코 내면화될 수 없는 타자와 조우하지 않는 것이기 때문이다. 데카르트가 미개인에게서 발견한 것은 흥미로운 낯선 자가 아니라 타자—루소와 같은 감정이입을 거부하는 타자—였다.

나아가 레비스트로스는 이렇게 쓰고 있다. "연구의 목적에 도달하기 위해 이렇게나 많은 노력과 쓸데없는 소모가 뒤따라야 한다는 것은 오히려 우리 작업의 단점으로 보아야 하지 특별히 상찬할 것이 아니다. 우리가 그렇게나 먼 곳까지 찾으러 갔던 진리란 이런 협잡물을 제거한 뒤에야 비로소 가치를 갖게 되는 것이다."(『슬픈 열대』)[55] 레비스트로스가 '그렇게나 먼 곳까지 찾으러 갔던 진리'는 데카르트와 마찬가지로 여행이나 탐험이 발견해낸 다양성을 제거한 지점에 있다. 그리고 레비스트로스가 발견해낸 무기는 데카르트와 마찬가지로 수학(구조주의)이었다. 그는 다종다양한 결혼형태나 신화에 말하자면 보편적인 '이성'이 있음을 인지했다. 사정이 그렇다면 루소에게서 인류학의 선구자를 보면서 '루소에 힘입어 인문과학의 기초를 파악할 수 있는 원칙을 발견'했다고 말하는 레비스트로스는 오히려 데카르트를 인용하는 쪽이 더 적절했다고 할 수 있다.

그런데 레비스트로스는 데카르트처럼 '어려움'에 처하게 된다. 그가 발견한 '의식되지 않는 구조'란 연역적인 것이어서 이후 수많은 실증주의적 인류학자의 비판에 노출되었다. 하지만 그에게 가설 모델의 타당성을 검증하는 마지막 기준은 '자기 안에 모순을 포함하지 않는' '좀 더 높은 설명가치'를 가지는가의 여부였다. 그리고 그 지점을 보는 것이 '실험'이었다. 이는 경험적인 데이터의 수집에서 귀납적 이론화로 향하는 사람들과는 결정적으로 다른 '방법'이었다. 즉 그것은 데카르트적 방법으로서, 이는 좁은 의미의 '자연과학'에 한정되는 것이 아니다.

레비스트로스의 '방법'이 구조주의로서 획기적인 지知의 혁명이 될 수 있었던 것은 당사자와 관찰자의 경험적 의식을 초월론적으로 환원함으로써 공리적(형식적)인 것에서 출발할 수 있었기 때문이다. 미셸 세르는 구조를 형식적인 현대수학에서 '수입'된 개념으로서만 생각해야 한다고 주장했다. 즉 구조적일 수 있는 것은 내용(의미)을 배제하고 단지 '요소와 관계의 형식적인 집합을 도출할 수 있는 경우'

제3장 Transcritique

뿐이라는 말이다. "그렇기에 의미론적 분석은 새로운 방법적 정신을 낳고 있으며, 그 점은 의미라는 문제와 관련하여 중요한 혁명이다."(『구조와 수입: 수학으로부터의 신화』) 이런 의미에서 구조주의의 선조는 소쉬르나 마르크스는 물론이거니와 루소는 더욱 아니며, 바로 데카르트라고 해야 한다. 데카르트는 수학으로부터 개념을 '수입'한 것이 아니라 그 자신이 수학을 바꾸고 있다. 현대수학의 공리주의는 유클리드 자체가 아니라 지각에 의존하는 기하학의 도형을 수數의 좌표(coordinate)로 바꾼 데카르트의 해석기하학에서 시작한다. 그것은 필연적으로 자연수와는 다른 '실수實數'의 문제를 가져오며 칸토르 이후의 집합론으로 이어졌다.

이제까지 나는 데카르트를 가상의 적으로 비판하는 자들에 맞서 그를 의도적으로 옹호했다. 그러나 데카르트를 단죄하게 만드는 혼란이 그의 내부에 있었음을 부정할 수는 없다. 한마디로 말해, 그것은 '의심하는 것'과 '생각하는 것'의 차이와 관계가 있다. 널리 알려져 있는 것처럼 데카르트는 『방법서설』에서 모든 것을 의심하고 난 후, 의심하는 나 자신이 최종적으로 있다는 것은 의심할 수 없다고 생각했다. 하지만 그 지점에서 "나는 생각한다, 고로 나는 존재한다"라고 결론짓는다. 그런데 '의심하는' 것과 '생각하는' 것, 의심하는 주체와 사고 주체(res cogitans)는 서로 다를 것이다. 데카르트는 '생각함'을 모든 행위의 기저에서 발견한다. "그렇다면 나란 무엇인가. 사유하는 것이다. 사유한다는 것은 무엇인가. 의심하고 이해하며 긍정하고 부정하며

135

원하고 원하지 않는, 또한 상상하는, 그리고 감각하는 것이다."(『성찰』)[56] 이러한 사고의 주체란 칸트에 따르면 '사고작용의 초월론적 주관, 즉 통각 X'이다. 나는 이런 식의 표현을 좋아하지 않지만, 칸트가 말하는 '초월론적 주관 X'란 말하자면 '초월론적 주관['주관' 위에 X자를 그어놓은 것]'이다. 그것은 결코 표상될 수 없는 통각이기에 그것이 '존재한다'고 여기는 데카르트의 생각은 오류다. 하지만 데카르트의 코기토에는 '나는 의심한다'와 '나는 생각한다'라는 양의성이 따라다니는데, 초월론적 자아에 대해 말하는 한 그것을 피하기 어렵다. 이 점은 다음과 같은 대목에서 드러난다.

실생활에서는 지극히 불확실해 보이는 의견도 때로는 의심할 수 없는 것처럼 따르는 일이 필요하다는 점은 예전부터 알아차리고 있었다. 그렇지만 이제는 오직 진리 탐구에만 매달릴 수 있기를 바라고 있기에 정반대의 일을 해야만 한다고 생각한다. 다시 말해 정말 작은 의심일지라도 마음에 걸리는 모든 것들을 절대적인 거짓으로 간주하여 내던진 후 결코 의심할 수 없는 무엇이 나의 신념에 남는지 살펴봐야 한다고 생각한 것이다. (…) 나는 이제까지 내 정신에 들어온 모든 것이 꿈 속의 환상과 마찬가지로 참된 것이 아니라고 가상하기로 결심했다. 그런데 그렇게 하자마자 나는 알아차리게 되었는데, 이렇게 모든 것을 거짓이라고 생각하는 동안에도 그렇게 생각하고 있는 나

제3장 Transcritique

는 필연적으로 무언가이지 않으면 안 된다는 점이 바로 그것이다. 그리고 "나는 생각한다, 고로 나는 있다"(Je pense, donc je suis)라고 하는 이 진리는 회의론자의 어떤 불합리한 상정에도 흔들리지 않을 정도로 견고하고 확실한 것임을 인지하게 되었고, 그렇기 때문에 그 진리를 내가 추구하던 철학의 제1원리로서 안심하고 받아들일 수 있다고 판단하게 되었다. (『방법서설』)[57]

'나는 의심한다'가 돌연 '나는 생각한다'로 전환되고 있다. 데카르트의 '나는 의심한다'는 사적인 '결의'다. '나'란 단독적인 실존, 곧 데카르트다. 이는 어떤 의미에서 경험적인 자기다. 그런데 그것은 동시에 경험적인 자기를 의심하는 자기이고, 그럴 때 초월론적 자기가 발견된다. 이런 세 개의 자아가 맺는 관계가 데카르트의 경우엔 애매하게 되어 있는 것이다.

여기서 데카르트가 '나는 있다'(sum)고 말할 때 그것이 '초월론적 자기가 있다'는 의미라고 한다면, 칸트가 말한 것처럼 그것은 허위일 것이다. 그런 '나'란 사고될 수는 있지만 존재하는(직관되는) 것이 아니다. 그러나 스피노자는 "나는 생각한다, 고로 나는 있다"라는 것이 삼단논법이나 추론이 아니라 "나는 사유하면서 존재한다"(ego sum cogitans)와 똑같은 것이라고 썼다(『데카르트 철학의 원리』). 좀 더 정확히 말하면, 그 말은 '나는 의심하면서 있다'가 될 것이다. 심리적 자아의 자명성을 의심한다는 '결의'는 단순한 심리적 자아로는 불가능한 일이다. 그런데 그런 의심으로 발견되는 초월론적 자아로도 불가능한 일이다. 그렇다면, 그것은 대체 무엇인가(엄밀히는 '무엇인가'라고 하기보다는 '누구인가'라고 질문해야 할 것이다).

이 질문은 칸트와도 관계가 없는 것이 아니다. 왜냐하면 칸트의 초월론적 '비판'에는 경험적 자명성을 괄호에 넣으려는 '결의', 또는 '나는 비판한다'가 두루 들어있기 때문이다. 하지만 칸트는 그 점에 관해 이야기하지 않았다. 데카르트의 『방법서설』이 중요한 이유는 여기에 또 하나의 '숨sum' 문제—모든 것의 자명성을 괄호에 넣는 나는 어떻게 존재하는가—를 개시하고 있기 때문이다. 이 책 이후 두 번 다시 그와 관련된 이야기를 하지 않았을지라도 말이다. 하지만 칸트에게 '숨'의 문제는 중요하다. 뒤에서 서술하겠지만 칸트의 초월론적 비판은 그저 이론적인 것일 수 없으며 자신의 실존과 분리할 수 없다.

한편 후설은 칸트를 비판하고 데카르트로 소행하여 초월론적 현상학에 대해 사고했다. "초월론적 현상학이란 설령 데카르트적 성찰의 동기를 철저히 전개시키기 위해 도리어 데카르트 철학으로 알려진 학설의 내용을 거의 모두 방기해야 할지라도, 우리는 초월론적 현상학을 일종의 새로운 데카르트주의로 불러도 좋을 것이다."(『데카르트적 성찰』, 〈세계의 명저〉 제62권)[58] 후설은 초월론적 자아를 칸트처럼 단순한 통각으로 간주하지 않고 데카르트처럼 절대적인 기초를 가진 학문을 연역할 수 있는 지반으로 보았고, 그것을 데카르트 이상으로 철저하게 다시 수행해야 한

제3장 Transcritique

다고 생각했다. 그런데 이 지점에서 그는 주목할 만한 내용을 서술한다.

> 이제까지 논한 것을 다음과 같이 서술할 수도 있다. 세계에 들어가 있고 자연적인 방식으로 경험하거나 기타 어떤 방식으로 살아가고 있는 자아를 두고 세계에 **관심을 가진** 자아라고 부른다면, 현상학적으로 변경된 관점을 취하고 더 나아가 그런 관점을 끊임없이 견지하는 태도의 특질이란 다음과 같을 것이다. 즉 그런 태도에서 자아분열이 일어나고 있다는 점, 세계에 대한 소박한 관심을 가진 자아의 상위에 현상학적 자아가 세계에 **무관심한** 방관자로서 위치한다는 점이 그것이다. 하지만 그런 자아분열이 일어나고 있는 일 자체는 어떤 새로운 반성으로 포착될 수 있는 것이며, 그런 반성이란 바로 초월론적 반성으로, 그와 같은 자아분열에 관해서도 세계에 **무관심한** 방관자의 태도를 취할 것을 요구한다. 무엇보다 그러한 방관자인 자아에도 자아분열을 관찰하고 그것을 완전하게 서술한다는 유일한 관심만은 남아있는 셈이다. (『데카르트적 성찰』)[59]

여기서 후설은 심리적 자아와 현상학적(초월론적) 자아를 구분하고 있을 뿐만 아니라, 더 나아가 그런 '자아분열' 자체를 '방관자로서' 보고 있는 자아를 지적한다. 이 자아는 현상학적(초월론적)인 환원을 행하는 의지로서 존재한다. 후설에 따르자면 그것은 철학을 절대적 기초를 가진 학문이게 하는 '결의'다. 따라서 심리적 자아와 초월론적 자아, 그렇게 두 가지가 있다는 말은 틀린 것이다. 후설은 더 나아가 말한다. "분명 우리는 다음과 같이 말할 수 있다. 자연적 관점을 취하는 자아로서의 나는 언제나 동시에 초월론적 나이기도 하지만, 그런 사정은 현상학적 환원을 행함으로써만 비로소 알 수 있다."(같은 책)[60] 즉 정확히 말하자면 경험적 자아와 그것을 초월론적으로 환원하고자 하는 자아, 그런 환원에 의해 초월론적으로 발견된 자아가 있다고 해야 한다. 여기서 후설은 데카르트가 혼동한 '나는 의심한다'와 '나는 생각한다'의 구별, 바꿔 말하자면 초월론적 환원을 행하는 나(의심하는 나)와 그런 환원에 의해 발견되는 초월론적 주관의 구별을 회복하고 있다.

후설은 초월론적 자아로부터 타아他我를 포함한 세계를 구성하고자 하지만, 그런 자아를 데카르트처럼 실체로서 간주하지는 않는다. 그것은 지향대상(노에마)과 관계하는 의식의 지향작용(노에시스)이다. 그런 까닭에 후설은 의식으로 존재자를 구성할 권리가 있다고 생각한다. 이는 칸트 이후 피히테가 초월론적 자아로 세계를 구성하고자 한 것과는 다르다. 왜냐하면 후설에게 초월론적 자아는 그것을 초월론적인 태도변경을 통해 발견한 '결의'—이 자체는 경험적인 의식이다—에 의하여 뒷받침되고 있기 때문이다. 그런데 이런 구별은 후설에게 어떤 심각한 패러독스를 안긴다. 세계는 초월론적 자아에 의해 구성되지만 모든 것을 의심하려는 바로 이 나는 세계에 속해 있다.

제3장 Transcritique

> 바로 이 점에 곤란함이 있다. 모든 객관성, 즉 무릇 존재하는 모든 것이 해소되는 보편적 상호주관성이 인간성일 수밖에 없다는 점은 분명하며, 그 인간성은 의심의 여지없이 세계의 부분적 요소다. 이와 같은 부분적 요소로서의 인간적 주관성이 어떻게 세계 전체를 구성하는 것일까. 즉 어떻게 스스로의 지향적 형성체로서 세계 전체를 구성하는 것일까. 세계는 지향적으로 작용하고 있는 어떤 주관성의 보편적인 결합, 이미 생성을 마쳤음에도 끊임없이 생성 중에 있는 형성체라 할 수 있는데, 이 같은 경우 상호 작용하고 있는 어떤 주관 자체가 그저 전체적 작용의 부분적인 형성체여도 되는 것일까.
>
> 그렇게 되면 세계의 구성부분인 주관은 말하자면 세계 전체를 집어삼키는 것이 되며, 동시에 자기 자신까지도 집어삼키는 것이 된다. 이 무슨 배리背理란 말인가. (『유럽 학문들의 위기와 초월론적 현상학』, 53절)[61]

후설은 그런 "인간적 주관성의 패러독스―세계에 대한 주관이면서도 동시에 세계 속에 있는 객관이라는 점"을 해결할 수 있다고 생각한다. 그는 이 패러독스를, 어떻게 하면 나의 개체적 의식을 넘어 보편적 자기의식 즉 초월론적-상호주관적 자기의식을 가질 수 있는가라는 질문으로 바꾸어 후자를 구성하고자 한 것이다. 하지만 그런 생각은 다른 아포리아로 바뀌게 된다. 그것은 자아로부터 어떻게 타아를 구성할 수 있는가라는 문제다. 예컨대 후설은 타아의 구성에 대하여 우선 물체(신체)로서 나타난 것을 향한 '자기이입'으로 설명한다. "타아는 나 자신과 유사한 사람으로밖에 생각되지 않는다. 타아는 그 의미가 구성되기 때문에 필연적으로 나의 객관화된 첫 자아의 변양태나 나의 제1차 세계의 지향적 변양태로서 나타난다. 즉 타아란 현상적으로는 내 자아의 변양태로서 나타난다."(『데카르트적 성찰』)[62]

결국 타자는 '자아의 변양태' 이상의 것이 아닌 것으로 설정된다. 후설은 '다른 것'을 초월론적 자아 내부의 자기차이화(자아와 비자아의 구분)에서 발견하고 있지만, 이 지점에서는 타자의 타자성이 결코 나올 수 없다는 것은 분명하다. 후설에게는 모든 것이 초월론적 자기의 내부에서 생겨난다. "초월론적 자기는 이에 고유한 것의 내부에서, 또 그런 자기를 사용함으로써 자아의 관점에 볼 때 다른 존재 전체를 이루는 객관적 세계를 구성하며, 그런 객관적 세계의 최초 단계에서 타아라는 양태를 가진 다른 것을 구성한다."(같은 책)[63] 후설은 그의 독아론이 일단 방법적인 것이며 모나드와 모나드의 공동화, 즉 공동주관성에 의해 극복된다고 생각한다. 하지만 그가 구성한 타자는 진정으로 타자적인 것이 아니다.

나는 앞에서 칸트가 학문^學의 보편성을 확보하기 위해 타자를 도입한 일에 관해 썼다. 그것은 '물자체'라는 말로 이야기되거나 '감성'의 수동성으로서 이야기된 타자성을 가리킨다. 후설은 칸트에게서 초월론적이라는 말을 빌렸으면서도 실제로는 칸트를 배척하고 데카르트로 소행한 것이

제3장 Transcritique

다. 후설은 칸트가 발견한 감성·지성·이성 혹은 물자체, 현상, 이념(초월론적 가상) 같은 '구조'를 인정하지 않았다. 그에게 칸트의 초월론적 비판은 '불순'하게 보였던 것이다. 이미 그 안에 '타자성'이 포함되어 있었기 때문이다.

칸트는 우리가 물자체를 사유하는 것은 가능하지만 직관하는 것은 불가능하고, 그런 구별이 없다면 안티노미에 빠질 수밖에 없다고 썼다. 앞서 후설이 지적한 패러독스는 칸트가 안티노미로서 서술한 것에 불과하다. 우리는 세계 전체를 파악하지만, 그때 우리는 그 세계 안에 있다. 그것은 다음과 같이 거꾸로 말해도 된다. 우리가 세계 안에 있을 때만 세계의 메타레벨에 서 있는 것이라고 말이다. 하지만 그와 같은 논의는 전혀 새롭지 않다. 후설은 그 문제와 맨 마지막에 조우했지만 제일 처음에 만났어야 했다. 즉 '다른 것'은 맨 마지막에 만나는 것이 아니라 초월론적 비판 자체에 처음부터 동기를 부여하고 있었던 것이었다. 후설의 현상학은 궁극에서 독아론적이며 그로부터의 출구는 없다. 데리다는 『목소리와 현상』에서 후설의 현상학이 음성중심주의적이고 서양중심주의적이라고 썼다. 이런 비판은 칸트에게 타당하지 않다. 이미 서술한 것처럼 칸트의 초월론적 태도는 '강한 시차'에서 시작하고 그것에는 항상 '다른 것'이 따라다니고 있기 때문이며, 나아가 후설이 그리스 이래의 '서양'이라는 장소에서 근거를 발견한 데 반해 칸트는 철저히 코즈모폴리턴이었기 때문이다. 칸트는 데카르트처럼 여행도 망명도 하지 않았다. 하지만 대학에서 변함없이 지리학과 인간학을 강의하고 있었고 베를린대학의 초빙을 거절했으며 쾨니히스베르크라는 변경에 머물렀다.

그런데 데카르트는 후설이 생각한 그런 사상가가 아니다. 후설의 표현에 따르면, 데카르트는 초월론적 자아에 의한 세계구성의 타당성을 공동주관성 안에서가 아니라 신을 통해 확보하고자 한, 그런 신의 존재를 증명하고자 한 사람이다. 데카르트의 신 증명은 세 종류 정도가 있는데, 그 가운데 둘은 안셀무스나 스콜라철학 이래의 증명에 지나지 않으며, 데카르트의 독자성은 다음과 같은 부분에 있다.

> 그것에 이어 나는 내가 의심하고 있다는 것, 따라서 나의 존재는 모든 점에서 완전하지 않다는 것[왜냐하면 의심하는 것보다도 인식하는 것 쪽이 더 커다란 완전성이라는 점을 나는 명확하게 보고 있기 때문이다]을 반성하고, 나는 나 자신보다 완전한 무언가에 대해 생각하는 일을 대체 어디서 배웠는지를 탐구하는 쪽으로 향했다. 그리고 나는 그것이 현실적으로 나 자신보다도 더 완전한 어떤 존재자에게 배운 것이 아니면 안 된다는 점을 명확히 알게 되었다. (『방법서설』, 같은 책)[64]

이는 『성찰』의 제3장에서 상세히 논해지며 '결과에 의한 증명'으로 명명되고 있다. 그것은 이전까지의 '증명'과 같은 레벨이 아니다. 앞에서 아무리 의심할지라도 의심하고 있는 나 자신만은 존재한다고 봄으로써 '사고하는 것'의 존재가 갖는 확실성을 증명한 데카르트는 신의 존재증명이

제3장 Transcritique

라는 맥락에서 다시금 '나는 의심한다'를 들고 나온다. 즉 초월론적 코기토가 아니라 의심하는 단독자가 나오는 것이다. 그렇다면 그 '증명'은 무엇을 이야기하는 것일까. 스피노자를 비틀어 말하자면, 여기서 데카르트가 말하고 있는 것은 "나는 의심하면서 존재한다"는 것이며, 이는 나를 의심하게 만드는 것이 있다는 뜻이다.

요컨대 데카르트에게 의심을 강제하는 것은 시간적·공간적 담론의 차이성이며, 자신이 속한 공동체 안의 다른 것이다. 이런 차이는 우리가 만들어낸 것이 아니다. 이 차이는 동일성의 관점에서 드러난 것도 아니다. 예컨대 다수의 문화체계를 두고 제각기 다르다고 말할 경우, 우리는 암묵적으로 공통되는 세계, 말하자면 객관적인 세계를 전제하고 있다. 그러나 데카르트가 '신'이라고 부른 것은 '의심하는' 것을 강제하는 차이이며 결코 내면화될 수 없는 타자성이다. 바꿔 말하자면 '의심하는' 것에는 처음부터 다른 것, 즉 타자의 타자성이 숨겨져 있다. 파스칼은 데카르트가 할 수 있는 한 신神 없이 일을 해결하고 싶어 했다고 비난했다. 그러나 정말 '신 없이 그렇게 하고자' 했다면, 우리는 데카르트가 말하는 신은 초월론적이지 않은 상대적 '타자'를 가리키는 것이라고 바꿔 말할 수 있을 것이다. 중요한 것은 '타자'가 데카르트의 회의=코기토를 처음부터 끝까지 따라다녔다는 점이다. 물론 그것은 『성찰』이후의 데카르트에서는 상실된다. 그것은 '의심하면서 존재한다'는 존재방식, 그 외부적 실존이 상실되었다는 것과 상응한다. 말이 나온 김에 덧붙이자면, 레비스트로스 역시 노년에 자신의 '인류학적 코기토'를 완전히 잃어버리고 만다. 예전에 그는 인류학자를 두고 자국의 문화에 대해서는 혁명적이지만 연구하는 대상의 문화에 대해서는 보수적이라고 쓴 적이 있는데, 결국 자국의 문화에 대해서도 보수적인 인간으로 전락한 것이다.

2 초월론적과 횡단적

블랑켄부르크는 정신분열병을 두고 '살아있는 현상학적 환원'이라고 말했다(『자명성의 상실』). 현상학자는 자명성—내가 있으며 대상세계가 있다는 식의 자명성—을 괄호에 넣고 있지만 언제든 그 괄호를 벗길 수가 있다. 그러나 정신분열병자에게 자명성은 상실된 그대로다. 분열병자는 내가 있다거나 사물이 있다는 것을 알고 있지만 그것을 실감할 수는 없다. 그들에게 현실이라는 것이 있다거나 내가 있다는 자명성의 세계를 가지는 일, 즉 괄호를 벗기는 일은 매우 곤란한 것이다. 그런데 현상학자가 임의로 괄호에 넣거나 괄호를 벗길 수 있다면 그것은 어떻게 가능한 것일까.

예컨대 흄은 데카르트적인 사고주체를 의심했다. 그는 다수의 내가 있고 동일적인 주관은 정부와 같은 것으로서 습관상 존재하는 것이라고 주장한다. 그는 그런 회의에 관하여 다음과 같이 서술하고 있다. "내게 가능한 것은 평범하게 행해지고 있는 것들을 그저 지켜보는 일뿐이다. 이 말은 어려운 질문이란 드물게만 사고된다는 것, 아니 결코 사

제3장 Transcritique

고되지 않는다는 것, 일찍이 마음에 나타났다고 할지라도 금방 망각되어 매우 작은 흔적만 남는다는 것을 말한다. 지극히 정교한 추론은 우리에게 거의, 아니 결코 아무런 영향을 끼치지 못한다."(『인성론』, 〈세계의 명저〉 제32권)[65] 하지만 그렇게 쓴 흄은 뒤에서 바로 고쳐 말한다.

그렇지만 지극히 정교한 형이상학적 반성이 우리에게 거의, 혹은 조금도 영향을 끼치지 못한다는 것, 아니 지금 나는 대체 무엇을 말한 것인가. 지금의 내 느낌과 경험을 통해 나는 그런 생각을 다시 검토하고 이견을 주장해야 될 정도다. 인간의 이성에서 보이는 다양한 모순과 불완전함이 **강렬하게** 여봐란듯이 제시되고, 그렇게 요동치고, 머리는 뜨거워져서 지금도 모든 신념과 추론을 뒷전으로 제쳐버릴 것만 같고, 그 어떤 의견을 접할지라도 그것이 다른 의견에 비해 더 그럴듯하다거나 더 좋으리라고 생각할 수 없다. 나는 어디에 있는가, 나는 무엇인가. 나는 어떤 원인에 의해 나의 존재를 얻고 있으며 어떤 상태로 돌아갈 것인가. 나는 누구의 호의를 얻고자 하며 누구의 분노를 두려워하지 않으면 안 되는가. 어떤 존재가 나를 에워싸고 있는가. 내가 누군가에게 어떤 영향을 끼치고 있는가, 아니면 누군가가 내게 어떤 영향을 끼치고 있는 것인가. 나는 이 모든 문제에서 갈피를 잡지 못하고, 상상할 수 있는 가장 한심한 상태에 나 자신이 있고, 더없이 깊은 암흑에 포위되어 팔다리도 기능도 사용이

가능한 힘을 모조리 박탈당하는 중이라고 생각하기 시작했다.

  매우 다행스럽게도 이성이 그런 구름들을 날려버릴 수 있는 힘을 가지고 있지 않은 이상, 자신의 목적을 완전히 이루는 자연이 내 마음의 기울어짐을 완화해 주거나 감각기관이 무언가 기분전환을 요구하여 생생히 살아 있는 인상을 획득함으로써 이 모든 망상을 불식시키고 철학의 근심과 착란으로부터 나를 치유해주는 것이다. 나는 친구들과 함께 식사하고, 주사위놀이를 하고, 대화를 나누면서 즐거워한다. 그렇게 서너 시간 정도 기분을 달랜 뒤, 조금 전의 사색으로 되돌아가려고 하자 그 사색은 지극히 차가운 것, 강요되고 있던 것, 어리석은 것으로 보였고, 더 이상 그런 사색 속으로는 들어갈 기분이 들지 않게 되었다. (『인성론』)[66]

흄은 이 대목 뒤에도 자신의 회의가 공허하고 사소한 것에 불과할 뿐만 아니라 자기파괴적으로 작용하는 것이라고 말하면서 모순된 사항을 연달아 길게 서술한다. 이와 같은 서술은 데카르트에게 그러한 것처럼 흄에게도 회의가 그저 지적인 퍼즐 같은 것이 아니었음을 보여준다. 그것은 거의 병적인 상태를 초래하는 것이었다. 그런데 그는 친구들과 더불어 식사를 함으로써 자명성의 세계를 회복한다. 이는 칸트의 관점으로 말하면 초월론적 자아(통각)가 '있다'는 것을 의미한다. 칸트가 말하는 통각은 결여에서 비로소

제3장 Transcritique

드러난다. 하이데거 식으로 말하자면 그것은 존재자로서는 무無이지만 존재론적인 움직임으로서는 '있는' 것이다.

흄에게 초월론적 환원을 하거나 그런 환원을 벗어나 일상적인 자명성의 세계로 돌아오는 일은 자유자재한 작업이 아니다. 그런데 그와 같은 환원이 자유자재로 가능한 이가 철학자고 가능하지 않은 이가 병자라는 구분이 설령 옳다면, 흄은 오히려 병자일 것이다. 그러나 철학자―철학연구자가 아니라―란 오히려 그런 의미에서 병자라고 해야 한다. 철학자는 자명성을 단지 의심하는 것이 아니라 오히려 자명성을 박탈당하고 있는 것이다. 물론 나는 철학자가 분열병자에 가깝다고 말하고 싶은 것이 아니다. 철학에서 '초월론적 환원'이란 단순한 방법이 아니라는 점을 말하고 싶은 것이다.

소크라테스는 그와 같은 회의의 시작을 아폴론의 신탁에서 찾았고 데카르트는 꿈에서 찾고 있다. 이것은 그들의 회의가 그저 자발적인 의지에 따른 것이 아님을 의미한다. 바꿔 말해, 의심하는 일은 임의로 선택하는 게임이 아니라 어떤 작위作爲체험인 것이다. 의심하는 일, 그리고 의심하는 주체성은 현실적으로 존재하는 차이나 타자성에서 오는 것이다. 그러한 주체는 초월론적 주체와는 다르다. 데카르트와 달리 칸트는 더 이상 그런 주체에 관해 이야기하지 않았다. 하지만 간혹 '의심하는 나'에 관해 언급하고 있다. "여기서 나는 이제까지 착수하지 않았던 비판이라는 유일한 길을 택했고, 기존의 이성이 그것의 초경험적 사용을 위해 자신과 불화를 빚는 원인이 된 모든 잘못된 견해를 제거하는 방법이 바로 이런 비판이라는 길을 통해 발견된 것을 마음속으로 기뻐하고 있었다."(『순수이성비판』 上)[67] 여기서 이야기되는 '나'는 '바로 이 나', 즉 칸트 자신이다. 그것은 초월론적 자아도 아니지만 경험적인 자아도 아니다. 왜냐하면 '이 나'란 경험적인 나를 의심하는 나이기 때문이다. 그러나 이 지점에서 칸트는 데카르트처럼 '의심하는 나'를 '생각하는 나'와 혼동하지 않는다.

세 가지 인식능력의 비판은 그 능력들이 제각기 아프리오리하게 성취할 수 있는 것에 대해 행해지는데, 그럴 경우 비판 자체는 대상에 관하여 본래영역이라는 것을 가지고 있지 않다. 왜냐하면 비판이란 적극적인 주장을 하는 이론이 아니라 오히려 우리 인식능력의 존재방식에 비추어 그 이론이 세 가지 능력으로 가능한지 어떤지, 가능하다면 어떻게 가능한지를 연구할 뿐이기 때문이다. 비판이 차지하는 분야는 우리의 인식능력이 자칫 범할 수 있는 모든 월권행위에 해당된다. 비판의 취지는 세 가지 인식능력을 각기 합법적인 한계 안으로 제한하는 것에 있기 때문이다. (『판단력비판』 上)[68]

초월론적 비판은 그것으로 발견되는 여러 능력들=움직임과는 다른 것으로, 그 중 어디에도 위치해 있지 않다. 그렇다면 비판은 어디에서 올까. 그것은 말하자면 칸트가 서 있던 '장소', 즉 경험론과 합리론 '사이'에서 온다. 그에게

제3장 Transcritique

경험론과 합리론은 단순히 두 개의 학설이 아니다. 그가 마주친 것은 세계 안에 있는 것과 세계를 구성하는 주체라는 것, 즉 후설이 마주친 패러독스다. 그런데 그것은 '강한 시차'로 칸트를 직격했다. 칸트의 '비판'은 여기서 시작한다. 그에게 '비판'은 '비판하면서 존재한다'는 것, 그러한 외부적 실존과 분절될 수 없다. 그는 데카르트와 달리 '나는 의심한다'에 관하여 이야기하지 않았다. 그러나 오히려 칸트 이후 코기토는 코기토에 관해 침묵하거나 코기토를 부정한 사상가의 작업에 존재하고 있다고 해야 한다.

그런 사례로 칸트 이전에 데카르트를 처음으로 비판한 스피노자를 꼽아도 좋을 것이다. 후기 데카르트는 사유와 연장延長을 두 개의 실체로 간주했다. 그런데 『방법서설』에서 말한 것처럼 사유가 그저 문법이나 관습에 근거한 것이라고 한다면 사유도 넓은 의미에서 '기계'에 불과하다. 생각하고 있지만 그것은 단지 생각하게끔 강제되고 있는 것에 불과하지 않을까 하는, 혹은 언어가 부여하는 의사疑似 문제에 빠져있는 것이 아닐까 하는 '의심'에만 데카르트의 코기토가 있다. 스피노자는 사유와 연장을 '한 실체'의 여러 양태들에 속하는 두 가지로 간주한다. 그런데 스피노자는 그렇게 함으로써 데카르트적 코기토를 부정한 것이 아니라 오히려 그것을 회복하고자 했다. 스피노자에게 신이란 세계며 데카르트가 말하는 '자유의지'나 '신'은 '세계'를 넘어서기는커녕 '세계' 안에서 만들어진 표상에 불과하다. 그는 하이데거와는 다른 의미에서 초월할 수 없는 '세계=자연 내 존재'가 인간임을 제시했다. 하지만 그것은 '데카르트주의'에 대한 비판이지 '의심하면서 존재한다'는 것을 부정하는 것이 아니다.

실제로 스피노자는 자유의지를 부정하면서도 정념에 지배되고 있는 상태에서 그 원인을 최대한 명확히 함으로써 정념의 지배로부터 상대적으로 자유로워질 수 있다고 생각했다. 즉 그는 인식하고자 하는 '의지'의 자유를 인정하고 있다. 그런데 그것은 적극적으로 이야기되어야 하는 것이 아니다. 그것은 '의심하면서 존재하다'는 숨sum과 분리할 수 없다. 바꿔 말해 그것이 그의 '에티카'다. 스피노자는 어떤 공동체에도 귀속되지 않았던 단독적(singular) 코기토이며 외부적인 실존이었다. 그는 데카르트처럼 일시적인 망명자가 아니었으며 기독교회는 물론이고 유대교회로부터도 파문되어 다른 곳이 아닌 '사이'에서 살았던 사람이기 때문이다. 또는 '사이=차이' 자체를 세계로 삼아 살았다고 해도 좋겠다. 그는 문자 그대로 '의심하면서 존재한다'를 살아냈던 것이다. 스피노자는 데카르트에 관해 서술한 것 말고는 결코 코기토를 이야기하지 않았다. 하지만 그 점은 그가 코기토적으로 실존한 것과 배반되는 것이 아니다. 스피노자가 말하는 유일한 실체로서의 '신=세계'는 말하자면 여러 시스템들 사이의 공=간空=間을 초월화하는 것—그럼으로써 모든 시스템의 자명한 근거까지도 벗겨내는 것을 함의한다.

우리는 데카르트의 '나는 의심한다'를 후설처럼 '초월론적 동기'—모든 것을 투명하게 이해하려는 철학자의 의지—가 아니라 그것이 기원하는 경험적인 세계로 되돌려야

제3장 Transcritique

한다. 하지만 그것은 그저 경험적 세계로 돌아가는 것이 아니다. 여기서 우리는 데카르트의 '나는 존재한다', 의심하면서 존재한다는 존재방식을 초월론적으로 살펴보아야 한다. 그것은 하이데거가 발견한 존재자의 '존재'와 비슷하면서도 다른 것이다. 하이데거는 데카르트에 관해 다음과 같이 말한다.

> '나는 생각한다^{코기토} · 나는 존재한다^숨'가 현존재에 관한 실존론적 분석론의 출발점으로서 도움이 되려면, 그것[어순語順]을 뒤집을 필요가 있을 뿐만 아니라, 그 내용의 새로운 존재론적=현상적 확증이 필요하다. 그럴 경우 제1의 진술은 '나는 있다^숨'인데, 그것 역시도 '나는-하나의-세계-내에-있다^{이히 빈 인 아이너 벨트}'는 의미에서 그러하다. 이렇게 존재하는 것으로서, 즉 세계 내적으로 존재하는 것 하에서의 존재방식으로서, 다양한 태도(사고 · 성찰^{코기타티오네스})에의 존재 가능성 속에서 '나는 있는^{이히 빈}' 것이다. 이와 반대로 **데카르트**는 "온갖 생각들이 눈앞에 존재적으로 있고 그 안에 자아가 무세계적으로 사고하는 것^{레스 코기탄스}으로서 함께 눈앞에 있다"고 말한다. (『존재와 시간』中)[69]

분명 하이데거는 코기토와 숨의 순서를 전도시킨다. 바꿔 말해 그는 코기토가 아니라 세계 내 존재로서의 현존재에서 시작한다. 그럼으로써 자아에서 시작하는 사고를 전도시켰다고 믿는다. 하지만 그것은 후설에 대한 비판일 수는 있어도 데카르트나 칸트에 대한 비판일 수는 없다. 하이데거는 경험적인 레벨과 초월론적인 레벨에 대한 칸트적 구별을 존재적 레벨과 존재론적 레벨의 구별로 바꿔서 말하고는 마치 자신이 처음으로 그런 구별을 발견한 것처럼 강조한다. 또 경험적인 자아(존재자)에 대하여 무=존재인 초월론적 자아를 강조한다. 하지만 그는 '의심하는 나', 공동체와 공동체 '사이'에 있는 외부적 실존에 관해서는 이야기하지 않는다. 하이데거가 말하는 현존재란 본래적으로 공동존재―이는 그에게 민족을 의미한다―이기도 하다. 여기서는 의심하는 존재자=단독적인 실존이 나올 수 있는 여지가 없다.

굳이 존재론적이라는 용어로 말하자면, 우리는 데카르트의 회의에서 다음과 같이 존재론을 발견해야 한다. 코기토(=나는 의심한다)는 시스템들 사이의 '차이'에 관한 의식이고, 숨sum이란 시스템들 사이에 '있는' 것이다. 철학에서 은폐되는 것은 하이데거가 말하는 존재자와 존재의 차이가 아니라 그와 같은 초월론적 '차이'나 '사이'인데, 하이데거 자신이 그것을 은폐했다. 하이데거는 칸트의 초월론적인(transcendental) 비판을 깊이로 향하는 수직적 방향에서 이해했다. 그런데 그것은 말하자면 횡단적인(transversal) 방향에서도 볼 수 있어야 한다. 나는 그것을 〈트랜스크리틱 transcritique〉이라고 부른다.

하이데거는 데카르트를 비판하면서 소크라테스 이전의 그리스 사상가들로 소행한다. 그런데 그 사상가들이 아테

제3장 Transcritique

네의 관점에서는 '외국인'이었다는 사실에 주의해야 한다. 그들은 지중해 교역의 장場에 있었고 그 지점에서 사고했다. 그들은 폴리스를 자명한 전제로 삼고 있지 않았다. 예컨대 파르메니데스는 신들을 부정했었고, 헤라클레이토스는 공동체의 제식祭式을 부정했다. 오르테가 이 가세트는 말한다. "이 새로운 인간 유형이 만들어진 것은 아테네 바깥의 도시에서였다."(『철학의 기원』) 아테네는 정치나 정보의 중심지였음에도 '사상'에 관한 한 "그리스 세계의 주변보다 더 뒤처진 도시였다." 정치적·경제적으로 승리한 아테네 공동체의 사람들은 그때까지 알지 못한 '사상가'나 '파라독사[para-doxa]'가 홍수처럼 일거에 유입되는 체험을 하게 되었다. "그런 체험은 아테네인들처럼 뿌리 깊게 반동적이면서 전통적 신념에 붙들려 있는 '인민'이 헤쳐 나가기에는 실로 불쾌한 일이었다."(같은 책)

여기서 소크라테스의 위치는 지극히 양의적이다. 그는 토박이 아테네 시민이었고 외국인처럼 돈을 받지 않았다. 그는 외래사상을 배제하는 대신에 '대화'를 통해 그것을 '음미'하고 내재화했다. 사실상 그것은 '다른他=많은多 것'을, 혹은 사상가=상인을 억압하는 형식이다. 소크라테스 자신이 외래사상을 가지고 노는 위험한 자로 배제되었다. 그런데 이런 사정은 소크라테스가 '다른 것=많은 것'을 억압한 사실을 도리어 은폐한다. 플라톤에게 소크라테스의 처형은 바울에게 예수의 처형과 같은 의미를 갖는다. 즉 플라톤은 그저 엑시던트[뜻밖의 사고]로 처형된 소크라테스의 죽음을 폴리스(공동체)의 희생으로 극화한 것이다. 우리는 소크라테스 자체에 대해서는 알 수 없다. 플라톤이 소크라테스를 통해 완성한 것은 외부의 사상을 내면화함으로써 외부의 사상을 배제하는 것이었다. 헤겔의 철학과 마찬가지로 플라톤의 철학에는 이전의 모든 사상이 지양(보존=폐기)되어 있다. 플라톤의 변증법(디아로고스[dia-logos])은 타자성을 배제함으로써 성립하는 것이기에 자기대화(모노로고스)일 수밖에 없다.

그러나 예컨대 하이데거가 플라톤을 공격하고 헤라클레이토스나 파르메니데스를 치켜세울 때 어떤 의심을 품지 않을 수 없다. "파르메니데스는 헤라클레이토스와 동일한 입장에 서있다. 그리스의 두 철인이, 그러니까 철인의 길을 최초로 열어젖혔던 두 철인이 존재자의 존재 안이 아니라면 대체 어디에 설 수 있겠는가?"(『형이상학 입문』)[70] 하지만 '존재자의 존재 안'이라는 말투와 억지 어원학은 어떤 중요한 사항을 보지 못하게 만든다. 그것은 그 두 사람이 '서있던' 곳이 공동체와 공동체 '사이'라는 점이다. 하이데거는 헤라클레이토스가 '대항하는 동요動搖의 집약태'로서 '존재'를 보았다고, 파르메니데스는 이 지점에서 '대항·투쟁하는 것들 간의 상관성'으로서 '동일성'을 보았다고 말한다. 하지만 그것은 그들이 동일성의 규칙을 가진 공동체에서가 아니라 다양한 교통공간으로서의 '세계'에서 사고하고 있었다는 것을 의미한다.

'철인의 길을 최초로 열어젖히는' 일이란 애초에 공동체 내부로부터는 불가능한 것이다. 헤라클레이토스는 바로 공동체와 공동체 '사이'에서 '대항하는 동요의 집약태'로서의

제3장 Transcritique

'존재'를 보았고, 그 지점에서 파르메니데스는 '대항·투쟁하는 것들 간의 상관성'으로서 '동일성'을 보았다고 할 수 있다. 그것이 아테네 공동체에 입각한 소크라테스=플라톤에서 사라졌음은 확실하다. 그런데 플라톤 이후의 존재상실에 관해 이야기하는 하이데거는 플라톤을 공격하고 있음에도 불구하고 플라톤과 동형적이다. 그것은 교역의 장에서 연원하는 사상을 들어오지 못하도록 문을 잠그고 공동체의 동일성으로 내면화하는 일이다. 하이데거에게 존재상실이란 농민적이고 게르만적인 공동체의 상실이다. 그런데 만약 '존재상실'이라는 말이 의의가 있다면, 그것은 교통공간이나 차이로서의 장소가 상실되었음을 의미할 때뿐이다.

3 단독성과 사회성

칸트는 일반성과 보편성을 예리하게 구별했다. 그것은 스피노자가 개념과 관념을 구별한 것과 같다. 일반성은 경험들에서 추상된 것임에 비해 보편성은 어떤 비약 없이는 획득될 수 없다. 처음에 서술한 것처럼 인식이 보편적이기 위해 전제로 삼는 것은 아포리오리한 규칙에 근거하는 것이 아니라 우리들의 규칙과는 다른 규칙체계에 있는 타자의 심판에 노출되는 것이다. 나는 이제까지 그런 전제를 공간적으로 생각해 보았는데, 그것은 오히려 시간적으로 생각해야 하는 것이다. 우리가 선취할 수 없는 타자란 미래의 타자다. 아니 미래란 타자적일 때만 미래일 수 있다. 현재에서 상정될 수 있는 미래는 미래가 아니다. 이렇게 보면 보편성을 공공적 합의로 기초하는 일은 불가능하다. 공공적 합의는 고작해야 현재의 한 공동체—그것이 아무리 넓은 것일지라도—에만 타당할 따름이다. 하지만 그렇기에 공공적(public)이라는 개념이 포기되어만 하는 것은 아니다. 퍼블릭이라는 낱말의 의미를 바꾸기만 하면 된다. 그리고 사실 칸트가 그렇게 하였다.

칸트는 「계몽이란 무엇인가」에서 계몽을 유년기를 벗어나는 것으로 정의하고 있다. 이를 구체적으로 말하자면, 국가공동체의 일원에 머물지 않고 세계시민적 사회의 일원으로서 존재하는 것이다. 주목해야 하는 것은 이때 칸트가 공-사公-私의 의미를 완전히 바꾸었다는 점이다.

> 자신의 이성을 **공적으로 사용**하는 것은 언제나 자유롭게 이루어져야만 하며, 반대로 자신의 이성을 **사적으로 사용**하는 것은 때때로 현저하게 제한되어도 좋은데, 그렇다고 해서 계몽의 진보가 유별나게 방해를 받는 것은 아니다. 내가 이성의 공적인 사용이라고 말한 것은 어떤 사람이 **학자**로서 일반 독자 전체를 앞에 두고 자신의 이성을 사용함을 가리킨다. 내가 이성의 사적인 사용이라고 말한 것은 다음과 같은 뜻이다. **공민**으로서 어떤 **지위**나 공직을 맡게 된 사람은 바로 그 입장에서만 자신의 이성을 사용하는 일이 허락되는데, 그런 사용방식이 곧 이성의 사적인 사용이다. (…) 그러나 그렇게 특정 기구의 수동적인 일부분을 이루

제3장 Transcritique

는 사람이라도 자신을 동시에 공동체 전체의 일원으로, 아니 더 나아가 세계시민적 사회의 일원으로 간주하는 경우, 또한 그렇게 본래적인 의미의 공중公衆 일반에게 저서나 논문을 통해 자신의 학설을 주장하는 학자 자격으로 논의하는 것은 전혀 지장이 없다. (『계몽이란 무엇인가』)[71]

흔히 퍼블릭이란 사적인 것과는 반대로 공동체나 국가 레벨과 관련된 것으로 이야기되지만, 칸트는 거꾸로 후자를 사적인 것으로 본다. 이 지점에 '칸트적 전회'의 중요성이 있다. 그 전회란 단순히 공공적인 것의 우위를 말하는 것이 아니라 퍼블릭의 의미를 바꿔버린 것에 있다. 퍼블릭하다는 것=세계시민적이라는 것은 공동체에서는 오히려 개인적인 것으로 간주된다. 그리고 그곳에서 개인적인 것이란 사적인 것으로 간주된다. 왜냐하면 그것은 공공적 합의에 반대되는 것이기 때문이다. 하지만 칸트가 생각하기에는 그런 개인적인 것이 곧 퍼블릭한 것이다.

그런데 공동체나 국가는 실재해도, 또 네이션을 전제로 하는 '인터내셔널'한 기구는 실재해도 '세계시민적 사회'라는 것은 실재하지 않는다. 사람들은 공동체에 속한다는 것과 같은 의미에서 세계시민일 수는 없다. 세계시민적이고자 하는 개인의 의지가 없다면 세계시민적 사회는 존재하지 않는다. 세계시민적 사회를 향해 이성을 사용하는 일이란 말하자면 개개인이 미래의 타자를 향해 현재의 공공적 합의에 반대된다 할지라도 이성을 사용하는 것이다. 당연히 헤겔은 그와 같은 사고방식을 정신의 추상적·주관적 단계라며 부정했다. 개개인이 보편적이 되는 것은 민족(국가)의 일원으로서만 가능한 일이라고 말이다.

여기서 나는 혼란을 피하기 위해 개념을 정의하고자 한다. 우선 일반성과 보편성을 구별한다. 이것들은 항상 혼동되고 있다. 그리고 그것은 그 반대개념에 대해서도 마찬가지다. 예컨대 개별성이나 특수성, 단독성은 서로 혼동된다. 따라서 개별성-일반성이라는 짝과 단독성-보편성이라는 짝을 구별하지 않으면 안 된다. 예컨대 들뢰즈는 키르케고르의 '반복'에 관해 이렇게 쓴다. "우리는 개별적인 것과 관련된 일반성, 그런 관련성의 한도 안에서의 일반성과, 단독적인 것과 관련된 보편성으로서의 반복을 서로 대립되는 것으로 본다."(『차이와 반복』)[72] 들뢰즈는 개별성과 일반성의 결합은 매개나 운동을 필요로 하는 데에 반해, 단독성과 보편성의 결합은 직접(무매개)적이라고 말한다. 다르게 표현하자면, 개별성과 일반성은 특수성에 의해 매개되지만 단독성과 보편성은 그렇지 않다는 것이다. 낭만파의 관점에서 보편성이란 실제로는 일반성이라고 해야 한다. 예컨대 헤겔에게 개별성이 보편성(=일반성)과 연결되는 것은 특수성(민족국가)이라는 매개를 통해서인데, 칸트에게는 그러한 매개성이 존재하지 않는다. 그것은 끊임없는 도덕적 결단(반복)이다. 그런 개인의 존재방식이 단독자를 표시한다. 그리고 단독자만이 보편적일 수 있다. 물론 그것은 칸트가 아니라 키르케고르의 말이지만, 근본적으로 칸트에게 존재하는 사고다.

제3장 Transcritique

칸트는 감성과 지성을 상상적으로 종합하는 것으로서 '도식'을 생각한다. 예컨대 종이 위의 삼각형이 그려져 있다고 하자. 그것은 임의적이며 다종다양한 모양으로 그려졌지만 우리는 그것을 삼각형 일반으로 받아들인다. 그런 받아들임의 도식에서 개별적인 것과 일반적인 것이 종합되고 있다. 이후 카시러는 그 도식을 상징형식으로 다시 파악하지만, 낭만파는 그것을 개별성과 보편성(=일반성)을 종합하는 특수성으로 간주했다. 나아가 헤겔은 그 도식을 다음과 같이 정식화한다. "특수한 것은 개별적인 것에 대해서는 보편적인 것이고, 보편적인 것에 대해서는 규정된 것이다. 특수한 것은 보편성과 개별성이라는 양극을 자신 속에 포함하고 있기에 이 둘을 결합하는 중간항이다."(『대논리학』)[73] 낭만파가 불러온 것, 즉 언어, 유기체, 민족 등에 관한 강조는 논리적으로는 그와 같은 '특수성'의 위상 정립으로 이해될 수 있다. 예컨대 루카치는 칸트가 개별성과 보편성, 감성과 지성의 괴리에 머물렀다고 비판하면서 그런 괴리를 넘어선 헤겔의 생각에 따라 다음과 같이 말한다.

> 이론적 인식에 있어 두 가지 방향을 취하는 이 운동은 현실에서는 한쪽 극에서 다른 쪽 극으로 향하며, 중간항을 이루는 특수성은 어느 경우에도 매개의 역할을 맡지만, 예술적 반영에서 중간항은 문자 그대로 중심이 되고 다양한 운동의 집중점이 된다. 따라서 거기서는 특수성에서 보편성으로의 운동(또는 제자리로 돌아가는 운동)이나 특수성에서 개별성으로의 운

동(마찬가지로 제자리로 돌아가는 운동)이 있는데, 그 어느 경우에도 특수성을 향한 운동이 최종결정적인 운동이 된다. (…) 특수성은 이제 더 이상 지양되지 않고 정착된 장을 획득하며, 그렇기에 예술작품 형식의 세계가 구축된다. 카테고리의 상호전환과 상호이행은 변화한다. 즉 개별성도 보편성도 언제나 특수성 안에서 지양된 것으로 나타난다. (『미美와 변증법』)

그런데 위와 같은 특수성의 인식이 헤겔에 의해 처음 이루어진 것은 아니다. 애초에 낭만파에 의해 강조된 것이기 때문이다. 예컨대 헤르더가 말하는 언어는 감성과 지성, 개별성과 보편성을 종합하는 특수성으로서 파악되고 있다. 보편성-특수성-개별성(유類-종種-개個)이라는 논리는 언어에만 들어맞는 것이 아니다. 예컨대 인류와 개인의 중간항(특수성)으로서 민족이 발견된다. 혹은 자연적인 것과 정신적인 것—칸트를 빌려 말하자면 자연과 자유—의 중간에 특수성으로서 유기체(생명)가 발견된다. 실제로 헤르더에게 '언어'란 민족이나 유기체라는 관념과 분리될 수 없다. "언어는 유기체이다"라는 훔볼트의 생각도 헤르더에게서 유래하는 것이다.[74] 민족이라는 관념은 낭만파에게서 특권적인 것이 되는데, 그 배경에는 개별성과 보편성에 맞서 둘 모두를 종합하거나 파생시키는 원천으로서 특수성의 지위를 정립하는 논리가 존재한다. 여기서 특수성은 유일하며 구체적인 것이다. 이런 사고방식을 전형적으로 보여주는 것은 조제프 드 메스트르의 다음과 같은 유명한 말이다. "이

제3장 Transcritique

세상에 인간 따위는 존재하지 않는다. 나는 프랑스인이나 이탈리아인, 러시아인이라면 본 적이 있다. 이에 더해 몽테스키외 덕분에 나는 페르시아인이 될 수 있다는 것도 알고 있다. 하지만 인간이라면 사정이 다른데, 분명히 말해 나는 그런 것을 일찍이 본 적이 없다. 인간이라는 것이 있다면 그것은 내가 알지 못하는 곳에 있을 것이다."(알랭 핑켈크로트,『사고의 패배 혹은 문화의 패러독스』)[75]

개인이란 예컨대 먼저 일본어(일본민족) 안에서 개인이 된다. 인류(인간 일반)라는 보편성은 그러한 특수성을 결여할 때 공허하고도 추상적인 것이 된다. '세계시민'이 그들에게 모멸을 당하는 것은 물론이다. 그것은 지금도 비웃음의 대상이 되고 있다. 그러나 칸트는 '세계시민사회'를 실체적으로 생각한 것이 아니다. 또 그는 사람들이 어떤 공동체에 속하는 일 자체를 부정한 것도 아니다. 다만 사고와 행동에서 세계시민적이어야 함을 말했을 따름이다. 실제로 세계시민다운 것은 각각의 공동체에서 행해지는 각자의 투쟁(계몽)을 논외로 하고는 불가능하다.

흔히 독일의 낭만파는 칸트 이후에 등장한 것으로 생각한다. 그러나 현실에서는 동시대적인 것이었고 칸트는 헤르더나 피히테를 일찍부터 통렬히 비판하고 있었다.[76]* 칸트가 말하는 '세계시민적 사회'는 그들이 주장한 '민족'을 이미 사정범위에 놓고 있었다. 칸트는『순수이성비판』에서 이전 시대의 형이상학을 비판하고 있는 것처럼 보이지만, 그것은 오히려 동시대에 '민족'이라는 형태로 소생한 이성의 형이상학적 욕동을 비판하고 있다. 그는 감성과 지성이 구상력에 의해 종합된다고 생각했지만, 거꾸로 말하면 그것은 종합이 상상적일 수밖에 없음을 의미한다. 루카치가 칸트를 두고 이원적 균열을 넘어서지 못했다고 말한 것과는 정반대로 칸트는 이미 성립해 있던 그와 같은 상상적 종합에 균열을 냈다. 그것이 칸트의 초월론적 비판이다.

여기서 앞서 서술한 일반성-개별성, 보편성-단독성의 구별을 다시 생각해 보기로 하자. 언어적 차원에서 그것들은 종종 동일시된다. 하지만 칸트의 말을 빌리자면 일반성-개별성은 경험적이며 보편성-단독성은 초월론적이다. 전자에서의 종합이 상상물에 지나지 않다는 점을 명확히 드러내는 것이 후자의 초월론적 비판이다. 예컨대 헤겔 뒤에 키르케고르나 슈티르너가 각자 '단독성'이라는 개념을 도입했다. 헤겔이 생각하기에 신이 그리스도로서 인간이 되는 일은 인간이 신이라는 점을, 포이어바흐의 표현방식으로 말하자면 개개인이 본래부터 '유적類的 본질존재'라는 점을 의미한다. 키르케고르는 그런 종합의 자명성을 부정하기 위해 단독자를 가지고 온 것이다. 바꿔 말해 개별성-일반성이라는 회로에 이의를 제기하고 단독성-보편성이라는 회로에 서고자 한 것이다.

이 단독성은 종종 실존주의와 결부되고 있다. 하지만 그것은 일면적인 사고방식에 불과하다. 예컨대 키르케고르와 같은 시기에 슈티르너 역시 '유일자'를 주장하면서 유물론적 '전회'를 수행했지만 여전히 헤겔적인 사고의 틀 안에 있던 포이어바흐를 비판했다. 슈티르너에게 '바로 이 나'는 단독적이며 그 안에 '유적 본질' 따위는 내재하지 않았다.

제3장 Transcritique

그는 헤겔의 정신이나 포이어바흐의 유적 본질을 유령으로서 물리치며 단독자들의 자유로운 어소시에이션을 생각했다. 예컨대 마르크스와 엥겔스는 『독일 이데올로기』에서 막스 슈티르너를 '성聖 막스'라고 부르면서 야유하고 있지만, 그 이전에 작성된 그들의 편지에서는 슈티르너의 영향이 명료하게 읽힌다.[77*] 즉 마르크스의 '전회'에는 헤겔의 단순한 유물론적 '전도顚倒'가 아니라 개체-류類 혹은 개별성-일반성의 회로를 '절단'하는 '단독성-보편성'이라는 회로의 출현이 불가결했던 것이다.

마르크스는 포이어바흐 비판에서 '사회적(sozial)'이라는 낱말을 키워드로 사용하기 시작했다. 그것이 공동체(Gemeinschaft)와 다르다는 사실은 더 말할 필요도 없지만 시민사회(Gesellschaft)와도 다르다는 사실에 주의해야 한다. 예컨대 마르크스는 『자본론』에서 교역이란 공동체와 공동체 '사이'에서 시작한다고 거듭 쓰면서 그런 '사이'에서 이루어지는 교환관계를 '사회적'이라고 부른다. 공동체 바깥과의 교역이 공동체 안으로 내재화됐을 때 시민사회(Gesellschaft)가 형성된다. 하지만 그것도 일정한 규칙을 공유하는 공동체다. 마르크스가 말하는 '사회적' 관계란 우리가 그렇게 의식하지 않을지라도 맺게 되는 타자와의 관계다. "따라서 인간이 그들의 노동생산물을 가치로서 서로 연관시키는 것은 그 생산물이 그들에게 동일 종류 인간노동의 단순한 물질적 겉모습으로 간주되고 있기 때문이 아니다. 정반대다. 그들은 다른 종류의 생산물을 교환에서 서로 가치로 등치시킴으로써 서로의 다양한 노동을 인간노동으로 등치시키는 것이다. 그들은 그것을 의식하지 못한 채로 그렇게 하고 있는 것이다."(『자본론』 제1권 1편 1장 4절)[78]

고전경제학자는 하나하나의 상품에 교환가치가 내재해 있다고 본다. 그러나 『자본론』의 마르크스에 따르면, 상품은 판매되지 않으면(교환되지 않으면) 어떤 교환가치도, 나아가 어떤 사용가치도 가지지 못하고 그저 폐기될 뿐이다. 그리고 마르크스는 상품에서 화폐로의 비약을 상품의 '목숨을 건 도약(salto mortale)'이라고 부른다. 그가 상품이나 상품을 생산한 노동의 '사회성'을 이야기할 때, 그것은 목숨 건 도약과 이 도약에 수반되는 불가피한 맹목성에 대해 언급하고 있다. 상품이 사용가치이면서 교환가치라는 이 '종합'은 키르케고르가 말하는 '유한과 무한의 종합'과도 유사하다. 예컨대 판매되지 않은 상품이란 타자와의 관계를 잃고 '절망적으로 자기 자신이고자 하는'(『죽음에 이르는 병』) 자인 것이다. 그렇게 마르크스의 변증법은 헤겔의 단순한 역전이 아니라 오히려 키르케고르의 질적 변증법과 닮았다. 어찌됐든 중요한 점은 슈티르너의 '단독성'이라는 단어를 부르주아적 개인주의로 귀결된다고 아무리 거절하더라도 마르크스의 '사회성' 개념에는 그런 단독성의 모멘트가 강하게 존속하고 있다는 것이다.

예컨대 리처드 로티는 『우연성·아이러니·연대』에서 과거의 사상가를 두 가지 타입으로 분류하고 있다. 첫째는 개인성과 관계되는 타입이고 둘째는 사회성과 관계되는 타입이다. 여기서 그는 마르크스를 둘째 타입으로 분류한다.

제3장 Transcritique

그러나 마르크스에게서 사회성은 단독성과 분리시킬 수 없다. 애초에 로티는 공동체와 사회를 구별하지 못하고 있다. 즉 동일한 규칙을 가진 시스템의 교환=커뮤니케이션과 다른 시스템의 교환=커뮤니케이션을 구별하지 못하고 있다. 단독성은 데카르트의 코기토가 그런 것처럼 '사회적인 공간'과 분리할 수 없다. 단독성이란 단지 사적인 것이거나 내적인 것이 아니다.

그런데 우리는 단독성에 대해 이야기할 수가 없다. 왜냐하면 언어는 언제나 그것을 개별성-일반성의 회로로 되돌려버리기 때문이다. 예컨대 우리는 '바로 이 사물'이나 '바로 이 나'를 특이한 것으로 느낀다. 그런데 이 점을 말하면 그저 일반 개념이 한정된 상태가 될 뿐이다. 헤겔은 언어화될 수 없는 단독성을 고집하는 태도를 비판하면서 다음과 같이 말한다.

> 자아는 지금, 여기, 즉 이것 일반과 마찬가지로 일반적인 것에 불과하다. 나는 분명 개개의 자아다, 라고 생각하면서 믿고 있지만, 지금 또는 여기의 경우에 내가 믿고 있는 것을 말로 표현할 수 없듯이 나는 자아의 경우에도 믿고 있는 것을 말로 표현할 수 없다. 나는 이것, 여기, 지금 또는 개별적인 것이라고 말하고 있을 때, 모든 이것, 모든 여기, 모든 지금, 모든 개별적인 것을 말하고 있다. 마찬가지로 자아라고 말할 때도, 그러니까 바로 이 개별적 자아라고 말할 때도 나는 애초에 모든 자아를 말하고 있는 것이다. (『정신

현상학』)[79]

그런 까닭에 이야기될 수 없는 것으로 불리는 것은 참이 될 수 없는 것, 이성적일 수 없는 것, 그저 믿게 되는 것뿐이다. 무언가에 관해 현실적인 사물이라거나 외적인 대상이라고 말하는 것 이상으로 그 어떤 말도 하지 못할 경우, 그것은 가장 일반적인 것으로서 이야기된 것이며 다른 것과의 구별이 아닌 모든 것들과의 등치 속에서 이야기되고 있는 것이다. 나는 개별적인 것이라고 말할 때, 실제로는 오히려 완전히 일반적인 것이라고 말하고 있는 것이다. 왜냐하면 모든 것은 개별적인 것이기 때문이다. 마찬가지로 사람들이 추구하고 있는 모든 것은 바로 '이것'이다. 좀 더 정확한 표현방식을 취하면, 바로 이 종이 한 장이라고 말할 때 그것은 모든 종이가, 그 어떤 종이일지라도 한 장의 종이이다. 나는 변함없이 일반적인 것을 이야기하고 있을 따름이다. 말이라는 것은 생각하면서 믿는 것을 그대로 정반대의 것이나 다른 것으로 바꿀 뿐만 아니라 말로 표현할 수 없는 것으로 만드는 신에게나 어울릴 천성을 가졌다. (같은 책)[80]

그가 여기서 말하고 있는 것은 말로 '표현하는' 한, 지금 여기의 개별성(=단독성)은 이미 일반성에 속하며 그렇지 않은 개별성은 단지 '믿음'에 불과하다는 점, 표현할 수 없는 것조차 언어에 의해 성립된다는 점, 바꿔 말해 단독성이란

제3장 Transcritique

언어의 결과로서만 가능하다는 점이다. 이는 정치적으로는 다음과 같은 사항을 함의한다. 세계시민도 세계시민적 사회도 우선 민족(국가)이 있기에 상상될 수 있을 따름이다. 그런 공공성을 배반하는 개인은 단순한 '믿음'을 고집할 따름이다. 이렇게 헤겔은 칸트가 열었던 단독성-보편성의 회로를 일반성-개별성 안에 집어넣은 것이다.

이언 해킹은 칸트가 아직 주관성의 철학에 머물고 있었던 것과 달리, 처음으로 언어를 공공적인 것으로 사고한 이는 헤겔이었다고 말한다. "'언어란 대타적으로 존재하는 자기의식이다', '언어란 하나의 외재적 실재성이다'라고 헤겔은 주장했다. 이렇게 우리는 언어가 외재적이고 공공적이며 사회적이라는 점을 인식함과 동시에 자아나 자기동일성에 관한 래디컬한 방향전환까지도 경험한 것이다."(『언어는 왜 철학의 문제가 되는가?』) 나아가 해킹은 그런 인식을 최초로 가진 이는 칸트의 친구이자 칸트에 대한 비판자였던 요한 하만이었고, 헤르더는 그 영향을 받았다고 쓴다. 그런데 이 정도로 심각한 오해는 없다. 해킹은 공공적이라는 말을 통속적으로 이해하고 있으며, 공동체와 사회의 구별에 관해서도 통속적이다. 때문에 언어의 공공성을 주장하는 헤르더나 헤겔과 '사적 언어'에 대한 비트겐슈타인의 비판을 구별조차 하지 못한다.[81*] 이미 서술한 것처럼 칸트의 초월론적인 비판은 형식이나 카테고리라는 형태로 실질적으로 언어를 다룬 것이다. 언어론적 전회에 의해 '자아'의 문제가 정리될 수는 없다. 그 '자아'가 '의심하는' 실존으로서 있는 것을 의미한다면 말이다.

그러나 언어에는 개별성-일반성이라는 회로로 정리할 수 없는 문제가 있다. 고유명이 그것이다. 예전부터 실재론자는 실체란 일반적인 개념으로 존재하고 개별성은 그 실체의 우연적인 나타남에 불과하다고 생각했다. 예컨대 개 한 마리는 '개'라는 개념의 우연적인 나타남이다. 이에 대해 유명론자는 개별사물만이 실체로서 있고 일반성은 그곳에서 발견되는 개념에 불과하다고 생각했다. 즉 '개'라는 개념은 많은 개별적 개들로부터 추상된 것이 된다. 실재론자가 고유명을 가볍게 본 것은 당연하지만, 유명론자는 실체로서의 개체가 고유명을 통해 지명된 것이라고 생각했음에도 고유명을 좋아하지 않았다. 고유명은 사회적으로 부여된 것이고 엄밀히는 개별성을 지시하지 않는 것이기 때문이다. 예컨대 그리스에는 '소크라테스'라는 이름을 가진 자가 여럿 있다. 따라서 유명론자는 이론상 고유명이 필요했지만 우연적이고 부차적인 것으로 사실상 무시한 것이다. 실체로서의 개체를 상정하고 고유명을 폐기하고자 한 마지막 유명론자는 버트런드 러셀이다. 그는 고유명이 일련의 서술 묶음으로 환원될 수 있다고 생각했다. 예컨대 후지산은 '일본에서 가장 높은 산'이라는 서술로 치환될 수 있다. 러셀은 '이것'이나 '저것'만이 주어나 실체일 수 있다고 주장하면서 그것을 논리적 고유명이라고 불렀다. 즉 "X가 존재하고, X는 후지산이다"라는 표현방식에서 X를 고유명으로 간주하는 것이다.

그러나 고유명을 서술의 묶음으로 생각한 러셀의 서술이론은 단독성을 개별성과 동일시한 것이다. 예컨대 여기

제3장 Transcritique

개가 있다. 개별성이라는 축에서 보면 '이 개'는 개라는 일반적 유類에 있는 하나며 다양한 특성(희다, 귀가 길다, 말랐다 등)에 의해 한정될 것이다. 하지만 단독성이라는 축에서 보면 '이 개'는 '다름 아닌 바로 이 개'며 그 어떤 개와도 교체될 수 없다. 물론 이는 '바로 이 나'에 관해서도 마찬가지이다. 나는 '바로 이 나'가 단독적인 것이라고 느낀다. 하지만 그것은 내가 특별하다는 것을 조금도 의미하지 않는다. 그때의 '이'라는 것은 무언가를 지시하는 '이'와는 다르다. 우리는 단독성으로서의 '이 개' 혹은 '이 나'를 서술할 수는 없다. 서술한다면 그것은 단지 서술의 묶음, 바꿔 말해 집합의 묶음을 겹치고 포개는 일일 따름이다. 그것에 대해 단독성으로서의 '이 개' 또는 '이 나'는 '다름 아닌 바로 이 것', 그러니까 '다른 것이었을지도 모르지만 현실에서는 이러하다'는 것을 의미한다. 따라서 단독성을 생각하기 위해서는 양상(modality)의 문제를 고려하지 않으면 안 된다.

솔 크립키는 양태라는 개념이나 '가능세계'론을 도입하여 러셀을 비판한다. 가능세계란 어떤 사태가 그렇게 되지 않았을 경우에 있을 수 있었던 세계이다. "'가능세계'란 '있었을 수도 있었을 세계의 존재방식'의 전체, 또는 세계 전체의 여러 상태나 여러 역사다."(『명명과 필연성』)[82] 하지만 주의해야 할 것은, 첫째로 가능세계가 현실세계나 현실에 있던 세계로부터만 생각되고 있다는 점이고, 둘째로 가능세계가 극단적으로 멀리 떨어져 있는 것이 아니라는 점이다. 예컨대 러셀에 따르면 후지산이라는 고유명은 '일본에서 제일 높은 산'이라는 서술로 치환될 수 있다. 그러나 후

171

지산이 일본에서 가장 높은 산이 아닐 가능세계를 생각해 보자(사실 대만을 영유하던 전쟁 이전의 '일본제국'일 때 그러했다). 그 경우 "후지산은 일본에서 제일 높은 산이 아니다"라고는 할 수 있겠지만 "일본에서 제일 높은 산은 일본에서 제일 높지 않다"라고는 할 수 없다. 이렇게 가능세계를 고려하여 현실세계를 보면 고유명과 확정서술의 차이가 확연해진다. 크립키는 고유명이 모든 가능세계에 걸쳐 타당하므로 그것을 고정지시자(rigid designator)라고 부른다. 그는 말한다. "내가 특히 부정하고 싶은 것은, 개체란 그것이 무엇을 의미하든 '여러 성질들의 묶음' 이외에 다른 것이 아니라는 생각이다."(같은 책)[83] 그것은 고유명이라는 것이 개체가 지닌 여러 성질들의 서술과는 아무 관계가 없으며 단적으로 개체를 개체로서 지시한다는 것을 의미한다.

크립키가 비판하는 것을 우리의 관점에서 말하자면, 러셀이 고유명을 가진 세계를 개별성-일반성의 회로로 환원시킨 것이 된다. 크립키가 생각하기에 흔히 일반명사로 여겨지는 종種의 이름도 고유명이다. 바꿔 말해 그는 자연과학을 논리학으로 환원시키고자 하는 러셀에 맞서 자연을 '자연사史'로서 다시 파악하고자 한다. 러셀과는 다른 의미지만 헤겔도 철학사를 고유명 없는 논리학으로 보고자 했다. 고유명은 일반성으로 해소되지 않는 단독성을 품고 있다. 고유명을 결여한 역사는 역사가 아니다. 하지만 그것은 다른 관점에서도 보지 않으면 안 된다. 고유명에 관한 크립키의 논점 가운데 또 다른 하나는 고유명에 의한 지시고정이라는 것이 사적일 수 없으며 공동체에 의한 명명과 역사

제3장 Transcritique

적 전달의 연쇄에 의해 가능하다는 점이다. 이 경우 크립키는 '공동체'라고 말하지만, 엄밀히 말하면 그것은 공동체와 공동체 사이에서의 전달로, 그것은 '사회적'이지 않으면 안 된다. 사실 고유명은 다른 언어로 번역되지 않는다. 언어학자가 언어를 고찰할 때 고유명을 배제하고 싶어하는 것도 그런 맥락에서 설명될 수 있다. 그것은 고유명이 언어를 지시대상과 연결시켜 버리는 오해의 원천이기 때문이 아니다. 즉 언어를 하나의 닫힌 차이적 관계체계(랑그)로 보는 것을 고유명이 방해하기 때문이다. 오히려 고유명이 대상의 고정적 지시를 가져오는 것은 그것이 복수체계와 관계하고 있기 때문이다. 고유명은 랑그에 속하면서 그 바깥에 있다.

헤겔이 말한 것처럼 단독성이란 분명 언어로는 표현할 수 없다. 하지만 표현할 수 없다고 해서 그것이 없는 것이 되지는 않는다. 언어는 개별성-일반성의 회로로 회수되지 않는 잔여를 가진다. 그 잔여는 고유명이 초래하는 패러독스에서 나타난다. 거기서 우리는 역설적으로 단독성이 이를테면 '사회적'인 것과 관계되어 있음을 발견한다. 따라서 언어의 공공성이나 사회성을 말하는 것이 곧바로 데카르트나 칸트를 넘어선 것이 되지는 않는다. 그런 것들로 무엇이 의미화되고 있는지가 문제다. 우리에게 필요한 것은 일반성-개별성과 보편성-단독성 간의 구별이다. 혹은 공동체-사회 간의 구별이다. 물론 단지 말의 정의를 바꾼다고 문제가 해결되는 것은 아니다. 그렇지만 쓸모없는 혼란만은 피할 수 있다. 예컨대 마르크스는 "사람들은 사회 속에서 개인화된다"고 말한다. 그는 이를 통해 개인과 사회의 이항대립을 넘어서고자 했다. 하지만 이 말은 '사회'가 무엇을 의미하는가에 따라 의미가 완전히 달라진다. 그것이 '공동체'라는 뜻이라면, 공동체에 반하여 '보편적'이고자 하는 개인—마르크스 자신—은 공허한 주관적 환상에 불과한 것이 된다. 하지만 그것이 '사회'라는 의미라면, 그것은 '사람들이 보편성 안에서 단독자(singular)가 된다'라는 것을 의미할 것이다.

고유명(proper name)은 종종 사유재산(property)과 결부된다. 따라서 고유명에 대한 공격은 반反부르주아적인 것으로 보인다. 텍스트는 고유명을 가진 '작가'에 의해 소유(appropriate)되고 있다. 혹은 저자(author)의 이름에 의해 권위화(authorize)되고 있다. 롤랑 바르트는 그러한 '작가'를 부정하는 것, 텍스트를 상호텍스트적인 다수성 안으로 되돌릴 것을 주장했다. 하지만 그것은 텍스트를 고유명이 없는 세계나 '일반적'인 구조로 환원하는 것이 아니다. 오히려 어떤 텍스트가 '작가'로 환원되지 않고 소유되지 않는 의미의 과잉성을 가질 때, 우리는 그런 단독성을 고유명이라고 부를 수밖에 없다는 것이다. 예컨대 내가 칸트라고 부르는 것은 '작가'를 말하는 것이 아니다. 또 서양이나 독일에 의해 전유된(appropriate) 철학자를 말하는 것도 아니다. 칸트의 텍스트는 '퍼블릭'하게 열려 있다. 나는 그 가능성을 칸트라고 부르는 것이다.

제3장 Transcritique

4 자연과 자유

나는 칸트의 윤리학에 관한 서술을 마지막까지 삼가해 왔다. 그러나 사실상 항상 그것에 관해 이야기해 왔다고 말할 수 있다. 왜냐하면 '나의 시점'과 '타인의 시점' 사이의 '강한 시차'에서 시작하는 칸트의 초월론적 태도는 철두철미하게 '타자'로 관통되고 있기 때문이다. 오히려 초월론적 태도는 근본적으로 윤리적인 것이다. 이 점은 특정 부분으로서의 윤리학을 이야기할 때 도리어 은폐되어 버린다. 예컨대 예술은 자연과 자유를, 즉 과학인식과 도덕을 매개하는 것으로서 위치지어져 있다. 그러나 과학인식은 자연에 대해 가설을 세우는 지성의 능동성 및 구상력과 그 가설의 보편성을 가능하게 하는 '타자'를 전제로 한다. 어떤 의미에서 과학인식은 예술과 도덕에 공통되는 것을 품고 있는 셈이다. 따라서 칸트가 자유와 자연, 그리고 그 매개라는 관점에서 생각한 것은 도덕·과학인식·예술이라는 대상적 영역에 대응하는 것도 그것들에 한정되는 것도 아니다. 그것은 그가 '비판'으로서는 쓰지 않았던 역사나 경제에 관해서도 해당된다. 들뢰즈는 니체가 하고자 한 것을 두고 칸트가 남겨놓은 '제4비판'이었다고 말한다(『니체와 철학』). 그렇다면 마르크스가 '경제학비판'에서 하고자 한 일도 그런 기획이었다고 말해야 한다.

여기서 다시금 칸트의 예술론에 대해 서술해 보겠다. 칸트 이전의 고전주의자는 예술성이 객관적인 형태로 존재한다고 생각했고, 칸트 이후의 낭만주의자는 예술성이 주관적 감정으로서 존재한다고 생각했다. 종종 칸트는 낭만주의의 선행자로 간주되지만, 실제로 그는 둘 '사이'에서 생각했다. 이 지점은 그가 경험론자와 합리론자의 '사이'에서 생각한 것과 완전히 똑같다. 물론 칸트가 그것들을 절충한 것은 아니다. 그는 인식을 인식이게 하는 근거를 물은 것처럼, 예술을 예술이게 하는 근거를 물었다. 어떤 것이 예술인지 아닌지는 그것에 대한 다른 관심을 괄호에 넣을 때 비로소 정해진다. 자연물이든 기계적 복제품이든 일상적 사용물이든 상관이 없다. 그것들에 대한 통상적인 관심들을 괄호에 넣고 본다는 것, 이런 태도변경이 무언가를 예술이게 한다. 칸트의 미학이 주관적이라는 평가는 어떤 의미에서 옳다. 그런데 그것은 낭만파적인 주관성과는 다르다. 칸트에게서 주관성이란 초월론적인 괄호넣기를 행하는 '의지'다. 고전주의 미학이나 낭만주의 미학이 케케묵은 것이 되어도 칸트의 '비판'은 전혀 낡지 않는다.[84*] 예컨대 뒤샹이 '샘'이라는 제목을 단 변기를 미술전에 전시했을 때, 그는 예술을 예술이게 하는 것이 무엇인지를 새삼 질문한 것이지만, 그것은 칸트가 제기한 포인트 중 하나였다고 말할 수 있다. 즉 사물을 보지만 일상적 관심들을 괄호에 넣고 본다는 것, 다른 포인트는 미적인 판단에는 보편성이 요구되지만 그런 것은 불가능하다는 것, 우리가 보편적이라고 간주하는 것이 실은 역사적으로 형성된 '공통감각'에 근거해 있다는 것이다.

칸트가 미적인 판단에 관해 생각한 이런 사항들은 실제로 제3의 '비판'으로 마지막에 저술되지만 과학인식과 도

제3장 Transcritique

덕에 관한 고찰에 앞서 존재한 것이라고 말해야 한다. 왜냐하면 위의 두 가지 포인트는 미학만의 고유한 문제가 아니라 모든 영역에서 근본적으로 공통되는 것이기 때문이다. 나는 모든 영역이라고 말했는데, 애초에 칸트가 제기한 것은 '영역' 자체가 초월론적 환원(괄호넣기)에 의해 존재한다는 점이었다. 그는 한편으로 예술성이 객관적인 대상에 있다는 관점을 의심하고, 다른 한편으로 예술성이 주관성(감정)에 있다는 관점을 의심한다. 칸트가 가져오는 주관성이란 오히려 그런 의심들 속에 있는데, 그것은 규범화된 예술을 끊임없이 예술을 예술이게 하는 원초적 장으로 되돌린다. 칸트는 객관적이든 주관적이든 미적인 영역이 그 자체로 존재한다는 생각을 인정하지 않았다.

근대과학은 도덕적·미적 판단을 괄호에 넣는 것에서 시작한다. 그때 비로소 '대상'이 나타나는 것이다. 그런데 그것은 자연과학에만 해당되는 것이 아니다. 마키아벨리가 근대정치학의 시조始祖가 된 것은 도덕을 괄호에 넣고 정치를 고찰했기 때문이다. 중요한 것은 도덕에 관해서도 그렇게 말할 수 있다는 점이다. 도덕적 영역은 그것 자체로 존재하는 게 아니다. 우리는 사물을 판단할 때, 적어도 세 가지 판단, 즉 인식적(참인가 거짓인가), 도덕적(선한가 악한가), 그리고 미적(쾌인가 불쾌인가) 판단을 동시에 한다.[85]* 이 셋은 혼합되어 있어 확연히 구별되지 않는다. 이 경우 과학자는 도덕적이거나 미적인 판단을 괄호에 넣고 사물을 볼 것이다. 이때만 인식의 '대상'이 존재한다. 미적 판단에서는 사물이 가진 허구적이거나 악한 측면 등은 괄호에 넣어진다. 그리고 그때 예술적 대상이 출현한다. 하지만 이런 사정은 자연스럽게 이루어지는 것이 아니다. 사람들은 그런 괄호넣기를 '명령받고' 있는 것이다.[86*] 하지만 익숙해지면 괄호넣기 자체를 잊고 마치 과학적 대상이나 미적 대상이 그 자체로 존재하는 것처럼 생각하게 된다. 도덕적 영역도 사정은 마찬가지다.

도덕은 객관적으로 존재하는 것처럼 보인다. 그런데 그런 도덕은 말하자면 공동체의 도덕이다. 여기서 도덕적 규범은 개개인에 대해 초월적이다. 이런 관점과 다른 또 하나의 관점은 도덕을 개인의 행복이나 이익의 관점에서 생각하는 것이다. 앞의 관점은 합리론적이고 뒤의 관점은 경험론적이지만, 둘 모두 '타율적'이다. 칸트는 여기서도 이 둘 '사이'에 서서 도덕을 도덕이게 하는 것을 초월론적으로 묻는다. 바꿔 말해 그는 도덕적 영역을 공동체의 규칙이나 개인의 감정 및 이해관계를 괄호에 넣음으로써 도출하는 것이다.

칸트가 도덕을 쾌·불쾌의 감정이나 행복에 의해 정초될 수 없다고 말하는 것은 애초에 그가 말하는 도덕이 그런 감정이나 행복을 괄호에 넣음으로써 발견된 것이기 때문이다. 혹시나 해서 말하지만, 그것은 도덕에 쾌·불쾌의 감정이 동반된다는 점을 부정하는 것이 아니며, 또 도덕이 그런 감정을 부정하는 것도 아니다. 괄호에 넣는 것은 부정을 하는 것이 아니기 때문이다. 칸트는 오히려 다른 차원을 희생시키는 엄격한 도덕가를 부정한다. 그에게 도덕은 선악의 문제라기보다는 오히려 '자유'의 문제다. 자유 없이 선악은 없다. 자유란 자기원인적, 자발적, 주체적이라는 것과 같은

제3장 Transcritique

의미다. 그런데 이런 자유가 가능할까. 『순수이성비판』에서 칸트는 다음과 같은 안티노미를 제시한다.

> 정명제: 자연법칙에 따른 원인성은 그로부터 세계의 모든 현상이 도출될 수 있는 유일한 원인성이 아니다. 현상을 설명하기 위해서는 그것 말고도 자유에 의한 원인성까지 상정할 필요가 있다.
> 반대명제: 무릇 자유라는 것은 존재하지 않으며 세계의 모든 것은 자연법칙에 의해서만 발현生起된다.
> (『순수이성비판』中)[87]

이 반대명제는 근대과학의 인과성이 아니라 스피노자적 결정론을 의미하고 있다고 봐야 한다. 스피노자는 모든 것은 필연적으로 결정되어 있지만 인과성이 너무 복잡하기에 자유나 우연을 상정한다고 생각한다. 칸트는 이런 명제를 승인한다. 즉 우리가 자유의지라고 생각하는 것은 다양한 인과성에 의해 결정된다는 말이다. "나는 내가 행위하는 시점時點에서 결코 자유롭지 않다. 그렇기는커녕 설사 자신의 현실적 존재 전체가 바깥에서 오는 어떤 (신과도 같은) 원인과 전혀 관련이 없다고 생각해도, 따라서 내 원인성의 규정근거는 물론이고 실재 전체의 규정근거조차 나의 바깥에 있는 것은 아니라고 생각해도, 그것이 자연필연성을 뒤집어 자유로 삼을 리는 없다. 나는 모든 시점에서 여전히 [자연]필연성의 지배를 받고 나의 **자유롭지 않음**으로 행위를 규정받고 있기 때문이다. 게다가 나는 이미 예정되어 있는 [자연필연적인] 질서에 따라 사건의 무한한 계열, 즉 〈*a parte priori*(그 전에 있는 것으로부터)〉 차차 연속되는 계열을 한결같이 뒤쫓을 뿐으로, 나 자신이 어떤 시점에서 스스로 사건을 시작시키는 것이 아니다. 요컨대 모든 사건의 이런 무제한적 계열은 자연의 끊임없는 연쇄이기에 나의 원인성은 결코 자유에 있지 않다."(『실천이성비판』)[88]

그러나 다른 한편에서 칸트는 인간 행위의 자유를 말하는 정명제 역시 승인한다. 그리고 다음과 같이 쓴다.

> 예컨대 어떤 사람이 악의를 가진 거짓말을 하고 허언으로 사회에 어떤 혼란이 야기되었다고 하자. 우리는 여기서 우선 허언의 동기를 질문하고, 다음으로 허언과 결과의 책임이 어떤 형태로 그 사람에게 귀속되는지를 판정해 보자. 동기에 대한 질문과 관련하여 그의 경험적 성격을 근원까지 밝혀보고, 그가 받은 나쁜 교육, 그가 사귄 불량한 친구들, 수치를 모르는 그의 태생적 악한 성질, 그의 경망스러움과 무분별 같은 것에서 근원을 찾아보기로 한다. 이 경우 우리는 행위의 계기가 된 원인을 도외시하는 것이 아니다. 그런 사정들에 관한 절차는 무릇 부여받은 자연적 결과에 대해 일정한 원인을 규명하는 경우와 다르지 않다. 그런데 이 경우에 그의 행위가 다양한 사항에 의해 규정되고 있다고 생각할지라도 바로 그 행위자 자신을 비난한다. 이는 그가 불행을 타고났다거나 그에게 영향을 준 여러 사정이 있다거나, 또는 그의 예전 상태가 어

제3장 Transcritique

떠했다거나 하는 것에 있지 않다. 그것은 우리가 다음과 같은 것을 전제로 삼고 있기 때문이다. 즉 그 행위자의 예전 행동상태가 어떠했는지는 무시해도 좋다는 것, 과거의 조건들은 없었던 것 인양 간주해도 좋다는 것, 이번 행위에 대해 행위보다 이전의 상태가 어떠했는지는 전혀 조건이 될 수 없다고 간주해도 좋다는 것, 요컨대 우리는 행위자가 행위에 따른 결과의 계열을 완전히 새롭게 스스로 시작한 것처럼 보아도 좋다는 것. 행위자에 대한 비난은 이성의 법칙에 근거한 것이며, 이 경우 우리는 이성을 행위의 원인으로 간주하는데, 이 행위의 원인을 위의 모든 경험적 조건들과 무관하다고 봄으로써 그의 나쁜 짓을 실제와 달리 규정할 수 있고 또 그렇게 규정해야만 한다고 여기는 것이다. (『순수이성비판』 中)[89]

여기서 주목해야 할 것은 칸트가 행위의 자유를 사전이 아니라 사후적으로 보고 있다는 점이다. 사전事前에 자유는 없다. 분명 칸트는 "스스로의 격률이 보편적 법칙에 합치될 수 있게 행동하라"고 썼다. 이에 대해 칸트의 윤리학은 주관적인 것에 머문다는 비판과 동기의 순수성만을 중시함으로써 그 결과를 살피지 않는다는 비판이 제기되었다.[90]* 그러나 칸트가 "나는 내가 행동하는 시점에서 결코 자유롭지 않다"는 안티테제를 유지하고 있음을 잊어서는 안 된다. 분명히 칸트는 "스스로의 격률이 보편적 법칙에 합치될 수 있게 행동하라"고 말했지만, 그렇게 생각하는 것과 실제로 그렇게 행동하는 것은 다른 이야기다. 비트겐슈타인은 "규칙을 따르고 있다고 믿는 것은 규칙을 따르고 있는 게 아니다"라고 말했다(『철학적 탐구』). 우리는 생각과 다른 일을 행하게 되고 의도한 바대로 실현되는 일은 거의 없다. 하지만 그 경우에도 우리가 그런 일에 책임을 지는 것은 현실에서 자유롭지 않았다고 해도 마치 자유로웠다는 듯이 여길 때이다. 칸트의 말, 즉 "행위자가 그 행위에 따른 결과의 계열을 완전히 새롭게 스스로 시작한 것처럼 봐도 좋다"는 말은 바로 그런 사정을 의미한다. 예컨대 우리는 그것이 죄라는 것을 모르고 행해버릴 때가 있다. 그렇게 무지했다면 책임은 없는 것일까. 사후적으로 그것을 알 수 있을 능력을 가진 자라고 한다면 분명히 책임이 있다고 해야 한다.

칸트는 앞에서 인용했던 제3안티노미[자유에 따른 인과성과 자연/필연적 인과성 간의 이율배반]로 알려진 상반되는 2개의 명제에 관해 그것들은 동시에 양립한다고 말한다. 세계에 시작점이 있는가 없는가와 같은 물음이 안티노미에 의해 그 어느 쪽도 허위라는 점이 제시되는 것에 비해, 어째서 제3안티노미에서는 양쪽의 주장이 함께 성립한다고 보는 것일까. 이는 '괄호넣기'를 생각하면 그다지 난해하지 않다. 정명제는 자연적 인과성을 괄호에 넣고서 행위를 보는 것이고, 반대명제는 사람들이 자유롭다고 생각하는 것을 괄호에 넣고서 행위의 인과성을 보는 것이다. 따라서 둘은 양립할 수 있다. 앞의 것을 '실천적' 입장, 뒤의 것을 '이론적' 입장이라고 부르기로 하자. 이론적 영역과 실천적 영역이 그 자체로 있는 것은 아니다. 이것들은 이론적이거나 실천

제3장 Transcritique

적 입장에 의거하여 존재한다.

『순수이성비판』은 '이론적'인 입장에서 자기나 주체나 자유를 증명하려는 논의를 형이상학이라고 하면서 논박하는 것을 목표로 삼는다. 다른 한편에서 『실천이성비판』은 자연필연성이 괄호에 넣어진 위상에서 자기·주체·자유가 어떻게 자리하고 있는지를 질문하고 있다. 실제로 우리는 행위 결정에서 다양한 선택을 할 수 있다. 그런 선택이 어디까지 자연필연성에 의해 강제되고 있는지는 알 수가 없다. 그 결과 어느 정도까지는 원인에 의한 결정을 인정하게 되고 어느 정도까지는 자유의지를 인정하게 된다. 예컨대 범죄자 한 사람이 있다고 치자. 그의 범죄에는 다양한 원인— 사회적인 것을 포함하여—이 있다. 그 원인들을 셈하여 나열하면 그는 자유로운 주체가 아니기에 책임이 없는 것이 될 것이다. 사람들은 그와 같은 변호·변명에 분노하고 범죄자에게 선택의 자유가 있었을 것이라고 생각한다. 즉 인간이 다양한 인과성에 의해 규정되고 있음을 인정하면서, 다른 한편으로 자유로운 의지를 인정하는 것이 상식적인 사고인 것이다.

하지만 칸트는 그런 어중간한 사고방식을 배척한다. 오히려 우리는 자유의지 따위는 없다고 생각해야 한다. 자유로운 선택이라고 생각하는 것은 원인에 의해 규정되고 있다는 점을 충분히 알지 못하기 때문이다. 이렇게 생각했을 때 비로소 '자유'가 어떻게 가능한지 질문할 수 있는 것이다. 원인을 묻는다는 '이론적' 관점에서도 자유나 책임이 나오지 않는다. 그렇다면 자유나 책임이 없는 것인가. 칸트의 생각하기에 범죄자의 자유와 책임은 인과성을 괄호에 넣었을 때 생겨난다. 범죄자에게 사실상 자유는 없었다. 그렇지만 자유로웠다고 간주하지 않으면 안 된다. 이는 '실천적인' 관점이다.

칸트는 자유가 의무(명령)에 대한 복종에 있다고 말했다. 이는 사람들로 하여금 오해하도록 만드는 포인트다. 왜냐하면 명령에 따르는 것은 자유에 반대되는 것처럼 보이기 때문이다. 따라서 뒤에 서술하겠지만 많은 비판들이 이 지점에 집중되었다. 하지만 칸트가 그런 의무를 공동체가 부과한 의무로 간주하고 있지 않다는 점은 명백하다. 명령이 공동체의 것이라면 그 명령을 따르는 일은 타율적이지 자유가 아니기 때문이다. 그러면 어떤 명령에 따르는 것이 자유일 수 있을까. "자유로워지라"는 명령을 따를 때다. 이렇게 생각하면 이 말에는 아무런 모순도 없다. 칸트가 '당위이기 때문에 가능하다'고 한 말에도 수수께끼는 없다. 그것은 자유가 "자유로워지라"는 의무 이외의 곳에서는 생겨나지 않는다는(불가능하다는) 의미에 불과하다.

그런데 이 명령은 어디에서 올까. 그것은 공동체에서 오는 것도, 신에게서 오는 것도 아니다. (칸트의) 초월론적 태도 자체로부터 오는 것이다. 초월론적 태도는 "괄호에 넣어라"는 명령을 암묵적으로 포함하고 있다. 예컨대 나는 앞에서 뒤샹이 변기를 미술전시회에 전시한 일에 관해 언급했다. 이 경우 뒤샹은 변기를 예술로 볼 것을, 즉 일상적 관심을 괄호에 넣을 것을 명령하고 있지 않다. 미술전시회에 놓여 있다는 사실이 사람들에게 변기를 미술로 보라고 '명령'

제3장 Transcritique

하고 있는 것인데, 사람들은 이 점을 알아차리지 못한다. 마찬가지로 사람들은 초월론적 시점이 그러한 '명령'을 품고 있음을, 더 나아가 초월론적인 시점 자체가 하나의 명령에 의해 촉구되고 있음을 잊어버리고 있다. 그것은 초월론적 시점 자체가 어디에서 오는지를 질문할 때 명확해진다. 그것은 근본적으로 '타자'와 관계가 있다. 초월론적 시점 자체가 윤리적인 것이다.

이 "자유로워지라"는 의무는 오히려 타자를 자유로운 존재로 대하라는 의무다. 칸트가 말하는 도덕법칙이란 "너의 인격 및 모든 타자의 인격에 있어서의 인간성을 단지 수단으로 대할 뿐만 아니라[그런 수단으로서의 사용/필요(brauchen) 속에서도] 언제나 동시에 목적[=자유로운 주체]으로 대할 수 있도록 행위하라"(『실천이성비판』)는 것이다. 하지만 다음과 같은 점에 주의해야할 것이다. 타자의 인격(주체)이 인격으로서 나타나는 것은 그런 '의무'에 의해서만 가능하다는 점이다. 이론적 태도에서는 나의 인격만이 아니라 타자의 인격도 존재하지 않는다. 나의 인격과 타자의 인격(자유)이 출현하는 것은 실천적 태도에서만 가능하다. 따라서 칸트의 도덕법칙은 실천적이어야 한다는 명령과 같은 의미다.

그런데 여기서 자연필연적인 인과성을 좀 더 넓게 해석해 보기로 하자. 실제로 칸트가 사례로 들었던 범죄자의 행위 원인은 단지 개인적인 정념이 아니라 사회적인 것이다. 마르크스는 다음과 같이 쓰고 있다.

혹시 오해할지도 모르니 한마디 해두기로 한다. 나

는 자본가나 토지소유자의 겉모습을 결코 장밋빛으로 묘사하고 있지 않다. 그리고 여기서 문제가 되는 것은 경제적 범주의 인격화일 때의 인간, 일정한 계급관계와 이해관계의 담당자일 때의 인간에 불과하다. 경제적 사회구성의 발전을 자연사적인 과정으로 파악하는 나의 입장은 다른 어느 입장들보다 개인을 관계들의 책임자로 더 간주하지 않는다. 개인은 주관적으로는 제아무리 관계들을 초월해 있으려고 해도 사회적으로는 역시 여러 관계들의 소산이다. (『자본론』 제1권 「제1판 머리말」)[91]

마르크스의 '입장'은 사회적인 구조를 자연필연성으로 보는 것이다. 여기에서는 '책임'이 등장하지 않는다. 하지만 마르크스는 자연사적 입장에 입각함으로써, 즉 책임을 괄호에 넣음으로써 그와 같은 관점을 획득하고 있다.[92*] 사회적 관계를 '자연사적인' 과정으로 볼 때, 그는 '이론적' 태도를 취했다고 해도 좋다. 이는 주관이나 책임을 괄호에 넣은 것이지 그것들을 부정한 것이 아니다. 마르크스는 "재산은 훔친 것이다"라고 말하는 프루동처럼 도덕적으로 이야기할 수 있었지만 그렇게 하지 않았다. 『자본론』의 마르크스는 그런 '괄호넣기'를 관철시키고 있다. 그런데 이것 자체가 마르크스의 윤리성이다. 따라서 마르크스의 윤리학을 『자본론』 바깥에서 찾을 필요는 없다.

동일한 사정을 도덕에 대해 쓴 칸트를 두고서도 말해야 한다. 칸트의 윤리성은 도덕론으로만 볼 것이 아니다. 이론

제3장 Transcritique

적인 것임과 동시에 실천적인 것, 이런 초월론적인 태도 자체가 윤리적인 것이다. 이 지점에서 우리는 전후 프랑스에서 생겨난 실존주의, 구조주의, 포스트구조주의라는 변천을 다른 관점에서 살펴보기로 하자. 예컨대 실존주의자(사르트르)는 인간이 구조론적으로 규정되어 있음을 인정하면서도 자유 또한 존재함을 주장했다. 그것은 어떤 의미에서는 '실천적' 관점이다. 한편 구조주의자가 주체를 의심하고 그것을 구조의 '효과'(결과)로 간주했을 때란 '이론적' 태도를 취한 것이라고 말할 수 있다. 그들이 스피노자로 소행한 것도 일리가 없지는 않다. 앞서 서술한 것처럼 칸트의 제3안티노미에서 정명제는 스피노자의 생각―모든 것이 원인에 의해 결정되어 있으며, 사람들이 자유롭다고 여기는 것은 그 원인이 너무도 복잡하기 때문이라는 생각―으로 귀결된다. 이러한 자연필연성을 넘어선 자유의지나 인격신人格神은 상상물이며, 이것이야말로 자연적으로 그리고 사회적으로 규정되어 있다. 단 그 원인은 결코 단순하지 않다. 여기서 원인은 종종 결과에 의해 소급적으로 구성되고 있다. 알튀세르가 스피노자와 관련하여 '구조론적 인과성'이라고 불렀던 것도 '중층적 결정'(overdetermination)이라고 불렀던 것도 넓은 의미에서 결정론이다.

하지만 이와 같은 생각에 놀랄 필요는 없다. 이는 하나의 괄호넣기에 의해 생겨난 '이론적' 입장의 고유한 것이다. 실존주의와 구조주의, 혹은 주체와 구조라는 형태로 제기된 문제는 전혀 새롭지 않다. 그것은 칸트가 제3안티노미로서 이야기한 사항의 변주에 불과하다. 구조주의적인 관점에 맞서 주체를 강조하는 일, 혹은 거기에서 주체를 발견하려는 일은 무의미하다. 왜냐하면 주체를 괄호에 넣음으로써만 구조론적 결정론이 발견되기 때문이다. 포스트구조주의자가 도덕성을 다시 도입하고자 한 것은 당연하다.[93*] 그런데 그것이 새로운 사상인 것은 아니다. 실존주의, 구조주의, 포스트구조주의라는 통시적인 과정에 눈길을 빼앗기는 사람은 그것이 이론적인 태도와 실천적인 태도의 교체에 불과함을 간과하고 있다. 칸트가 명확히 한 것은 이 두 가지 자세를 동시에 가져야 한다는 점이었다. 알기 쉽게 말하자면, 괄호에 넣는 일과 괄호를 벗기는 일을 동시에 할 줄 알아야 한다는 것이다.

칸트가 『실천이성비판』에서 무엇보다 비판한 것은 '행복주의'(공리주의)다. 그가 행복주의를 거부한 것은 행복주의가 물질적인(피지컬한) 원인에 의해 좌우되기 때문이다. 즉 타율적이기 때문이다. 이와 달리 자유는 메타피지컬하며 칸트가 지향하는 형이상학의 재건이란 바로 그런 자유를 향한 것이다. 그러나 칸트가 타율적이라고 간주한 것은 행복주의만이 아니다. 예컨대 헤겔은 칸트가 당시 지배적이던 행복주의를 비판한 일을 먼저 평가하면서도 칸트가 개인주의에 머물렀다고 비판한다(『소논리학』). 그러나 당시 지배적이던 것은 오히려 가족, 공동체, 교회 등이 강제한 관습적 도덕이었고, 영국에서 유래한 행복주의(개인주의)는 그런 관습적 도덕을 파괴하는 것으로 공격받고 있었다. 헤겔은 칸트의 행복주의 비판을 인정하면서 더 나아가 객관적 도덕(인륜)의 우위를 설파함으로써 칸트를 비판했다. 그

제3장 Transcritique

것은 가족, 공동체, 국가를 회복하는 일이었다. 오히려 그런 회복의 의미라면 칸트는 경험론적인 '행복주의'를 일부러 더 지지했을 것이다. 하지만 행복주의에서 보편적인 도덕법칙이 도출될 수는 없었다.

> 우리는 확실히 행복의 원리를 준칙으로 삼을 수 있다. 그러나 우리가 **보편적 행복**을 우리의 [의지의] 대상으로 삼는 경우라면 행복의 원리를 우리 의지의 법칙으로 사용할 만한 준칙이 되게 할 수는 없다. 왜냐하면 행복에 대한 인식은 완전히 경험적인 사실에 근거한 것이기 때문이고, 또 행복에 관한 판단이 사람들 각자의 의견에 좌우되는데, 이 의견이라는 것이 매우 쉽게 변하기 때문이다. 그렇기에 행복의 원리는 **일반적 규칙**을 부여할 수는 있어도 **보편적 규칙**을 부여할 수는 없다. (『실천이성비판』)[94]

일반성과 보편성이 다르다는 점에 주목해야 한다. 칸트는 도덕법칙을 실제로 존재하는 다양한 도덕에서 추출한 것이 아니다. 분명 그는 도덕을 형식화했지만, 그것은 일반적인 것을 도출하기 위해서가 아니다. 그의 생각에 도덕적 영역이란 "자유로워지라"고 하는 명령(의무)에 있다. 도덕법칙은 자유로워지라는 것, 동시에 타자를 자유[자유로운 존재]로서 다루라는 것에서 끝난다. 앞서 서술한 것처럼 칸트가 의무를 따르는 일에서 자유를 발견한 것은 많은 오해를 낳았다. 그것이 공동체나 국가가 부과한 의무를 따르는 일과 혼동되고 말았기 때문이다. 그러나 반복해서 말하지만 칸트는 도덕성을 선악이 아니라 '자유'의 관점에서 보고자 했다. 우리가 자연적·사회적 인과성에 의해 움직이는 차원에서 선악은 있을 수 없다. 나아가 실제로는 자유(자기원인) 따위란 없다. 모든 행위는 원인에 의해 규정되고 있다. 그러나 자유는 자신이 행한 일 전부를 자기가 원인'인 것처럼' 생각하는 곳에 있다. 예컨대 칸트가 세계를 현상(자연)과 물자체(자유)로 나눈 것을 비난한 니체는 다음과 같이 말하고 있다.

> '예[그렇다/옳다]'[Ja]를 향한 나의 새로운 길. 내가 이제까지 이해하면서 살아온 철학이란 생존에서 증오하고 혐오해야만 하는 측면들을 스스로 기꺼이 탐구하는 일이었다. (…) "정신이 어떻게 많은 진리를 견뎌낼 수 있을까, 어떻게 많은 진리를 감행할 수 있을까?" 이것이 내게는 본래적 가치척도가 되었다. (…) 이 철학은 오히려 정반대의 지점까지 철저하게 이르고자 한다. 있는 그대로의 세계에 대해 계산을 하여 빼거나 제외하거나 선택하는 일 없이 디오니소스적으로 '예'라고 단언하는 지점까지 말이다. (…) 이것에 부여한 나의 정식이 바로 운명애[amor fati]다. (『권력에의 의지』)[95]

니체는 『도덕의 계보학』이나 『선악의 피안』에서 도덕을 두고 약자의 르상티망이라고 비판했다. 그러나 이 '약자'

라는 말을 오해해서는 안 된다. 실제로는 학자로서 실패하고 매독에 걸려 고생한 니체야말로 단적으로 '약자' 자체이기 때문이다. 그가 말하는 운명애란, 예컨대 니체 자신의 인생을 타인의 탓으로 돌리거나 주어진 조건 탓으로 돌리지 않고 마치 자기가 만들어낸 것처럼 받아들이는 것을 뜻한다. 그것이 강자이며 초인이다. 하지만 그런 강자·초인이란 유달리 특별한 인간이 아니다. 운명애란 칸트가 말하는 여러 원인(자연)에 의해 규정된 운명을 그것이 자유로운(자기원인적인) 것처럼 받아들이는 것이다. 이는 실천적인 태도다. 니체가 말하는 것은 실천적으로 자유로운 주체이고자 하는 것이며, 그것은 현상긍정적인(운명론적인) 태도와는 아무 관계가 없다. 니체가 말하는 '힘에의 의지'란 인과적 결정을 괄호에 넣는 것에 있다. 하지만 그가 잊고 있는 것은 때로는 그 괄호를 벗기고 살펴보아야 한다는 점이다. 그는 약자의 르상티망을 공격했지만 르상티망을 필연적으로 분만하는 현실적인 관계들이 있다는 사실을 보려고 하지 않았다. 즉 '개인은 주관적으로는 제아무리 관계들을 초월해 있으려고 해도 사회적으로는 역시 여러 관계들의 소산'(『자본론』)이라는 관점을 무시한 것이다.

더 나아가 말하자면, 아도르노는 칸트가 말하는 의무를 사회적인 규범으로 이해한 후 프로이트에 근거하여 칸트를 비판하려고 했다. 그는 칸트가 도덕철학에서 발생적 계기를 제거하고 그것을 보충하기 위해 도덕철학에 누메널한(noumenal) 성격을 부여했다고 말한다.

칸트는 형식주의의 도움으로 도덕의 경험적 상대성을 배제했다. 이런 형식주의에 의의가 있음을 외치고 [도덕의] 내용에 의거하여 그 상대성을 증명하고자 한 칸트 해석은 모두 근시안적이다. 법칙은 가장 추상적인 형태에서도 생성된다. 그러한 추상성이 우리에게 부여하는 고통이란 법칙 안에 침전된 내용, 즉 동일성이라는 표준형식에 의해 축소된 지배다. 칸트 시대의 심리학이 아직 몰랐던 것, 그렇기에 칸트가 일부러 신경을 쓸 필요가 없었던 것, 즉 칸트가 분석하지 않고 무시간적이며 영지적인 것으로 상찬한 것의 경험적인 발생을 오늘날의 심리학은 늦게나마 구체적으로 획득할 수 있게 되었다. 프로이트학파는 자신들의 전성기에 자아와는 이질적인 것, 즉 진정으로 타율적인 것으로서의 초자아에 대해 가차 없는 비판을 요구했다(이 점에서는 또 한 명의 칸트, 즉 계몽주의의 칸트와 궤를 같이 한다). 프로이트학파는 초자아가 사회적 강제의 맹목적이고도 무의식적인 내면화라는 사실을 간파한 것이다. (『부정변증법』)[96]

하지만 이는 단적으로 오해다. 프로이트 자신이 「쾌락원칙의 피안」 이후, 초자아에 대한 관점을 수정하고 있다.[97*] 그는 초자아가 사회적 규범에 뿌리박고 있다는 이제까지의 자기 견해를 원칙적으로 부정하지는 않지만, 동시에 초자아란 죽음욕동이나 바깥으로 향해진 공격욕동이 안쪽으로 향해짐으로써 형성된다고 생각하게 되었다. 프로이트는 여

제3장 Transcritique

기서 일종의 '자율성'을 발견하고 있다. 이것은 죽음욕동에서 유래하는 초자아가 죽음욕동을 제어한다는 말이다. 그리고 죽음욕동은 프로이트 자신이 인정할 수밖에 없었던 메타피지컬한 개념이다. 그런데 아도르노가 같은 책에서 다음과 같이 말할 때, 그의 입장이 메타피지컬한 것이 아니라고 과연 말할 수 있을까.

> 영원히 이어지는 고뇌는 고문당하고 있는 자가 울부짖을 권리를 갖고 있는 것과 동일한 정도로 스스로를 표현할 권리를 갖는다. 이 점에서 "아우슈비츠 이후 더 이상 시를 쓸 수는 없다"는 말은 잘못일지도 모른다. 하지만 이 문제와 비교하여 문화적 수준은 낮을지 몰라도 결코 잘못된 문제가 아닌 물음은 아우슈비츠 이후에도 여전히 살아갈 수 있는가라는 것이다. 이는 우연히 마수를 피할 수는 있었지만 당시에 합법적으로 학살당해도 전혀 이상하지 않았던 이들이 그 학살 이후 여전히 살아있어도 좋은가라는 질문이다. 그가 살아가기 위해서는 냉혹함[Kälte]이 필요하다. 이 냉혹함이야말로 시민적 주관성의 근본원리, 그것이 없으면 아우슈비츠 그 자체도 가능할 수 없었던 시민적 주관성의 근본원리다. 그것은 살육을 모면한 자들을 따라다니는 격렬한 죄과다. 그는 이 죄과의 응보로 악몽에 시달린다. 자신은 더 이상 살아있는 것이 아니라 1944년에 가스실에서 이미 살해당한 것이 아닌지, 그러니까 현실에서의 삶이란 20년 전 학살당한 인간

의 미친 희망에서 유출된 환상이 아닌지를 묻게 되는 악몽인 것이다. (『부정변증법』)[98]

야스퍼스라면 아도르노의 위와 같은 채무감을 도덕적 책임과 구별하여 형이상학적 책임이라고 부를 것이다.[99*] 즉 도덕적 책임은 간접적일지라도 어떤 악에 관여한 것에서 생겨나지만, 형이상학적 책임은 특별히 어떤 일을 하지 않았음에도 생겨난다. 그러나 아도르노도 야스퍼스도 각기 다른 의미이지만 그런 사례들을 제출함으로써 칸트의 도덕론을 넘어섰다고 생각한다면 그것은 잘못이다. 칸트에게 도덕성은 언제나 형이상학적(메타피지컬)이다. 그런 의미에서 공동체의 도덕(선악)은 피지컬한(자연적인) 것이다. 아도르노가 위와 같이 말했을 때, 실상 그는 칸트가 도덕성을 생각한 지점에 근접하고 있는 것이다.

앞서 나는 칸트에게 도덕적 영역은 "자유로워지라"는 명령에 의해 생겨난다고 썼다. 이 명령이 공동체나 국가나 종교에서 유래하는 것이 아니라는 점은 물론이다. 하지만 그것들 '안쪽에' 있는 것도 아니다. 역시 그것은 '바깥'에서 온다. 예컨대 데리다는 책임(responsibility)을 응답가능성(respondability)이라는 관점에서 생각했다.[100*] 책임은 타자에 대한 응답으로서 나타난다. 오히려 타자에 대한 응답이라는 것이 사람들을 '자유'의 차원에 몰아넣는 것이다. 아도르노의 경우, 타자란 아우슈비츠에서 죽은 사람들이다. 현실적으로는 그에게는 아무 죄도 없다. 그 자신도 피해자이기 때문이다. 그러나 아도르노가 죽은 자들에게 책임을

제3장 Transcritique

느끼는 것은 죽은 자들을 수단으로 살아남았다고 느끼기 때문이다. 그것은 칸트에 기대어 말하자면, "너의 인격 및 모든 타자의 인격에 있어서의 인간성을 단지 수단으로 대할 뿐만 아니라[그런 수단으로서의 사용/필요(brauchen) 속에서도] 언제나 동시에 목적으로 대할 수 있도록 행위하라"는 명법命法을 따를 때만이 생겨나는 책임이다.

아도르노가 아우슈비츠의 죽은 자들에 대해 느끼는 책임은 '안에서' 오는 것처럼 보인다. 하지만 그것은 역시 '바깥에서', 즉 타자로부터 오는 것이다. 타자라고 말할 때, 그것이 반드시 현존하는 타자일 필요는 없다. 타자―자신과 법칙을 공유하지 않는 자―에는 지금 여기에 존재하지도 않는 사람들, 미래의 인간이나 죽은 자가 포함된다. 아니 그렇다기보다 오히려 그들이야말로 타자의 전형이다. 일반적으로 윤리학은 살아있는 타자, 그것도 동일한 공동체의 타자만을 생각한다. 그러나 타자를 물자체로서 보는 칸트의 윤리학에는 미래와 과거에 걸쳐져 있는 타자가 도입되고 있다.

앵글로색슨계의 철학에서는 칸트를 부정하면서 공리주의적인 입장으로 돌아가 윤리학을 구축하려는 시도를 해왔다. 한편 하버마스는 공공적 합의나 간間주관성으로 칸트적인 윤리학을 넘어설 수 있다고 생각해왔다. 그런데 그들은 타자를 지금 여기에 있는 자들, 그것도 규칙을 공유하고 있는 자들로 한정하고 있다. 죽은 사람이나 미래의 사람을 고려하고 있지 않는 것이다. 예컨대 오늘날 칸트를 부정하고 공리주의의 입장에서 생각해온 윤리학자는 환경문제와 관련하여 어떤 아포리아에 직면하고 있다. 오늘날의 인간은 쾌적한 문명생활을 향유하기 위해 대량의 폐기물을 내놓는데, 그것을 장래의 세대가 인수할 수밖에 없게 된다. 현재 살아있는 어른들의 '공공적 합의'는 성립하겠지만, 이는 어디까지나 서양이나 선진국 사이에서 이루어진 한정된 합의다. 그런데 이 합의에는 미래의 인간과 이루어지는 대화나 합의는 들어설 여지가 없다. 과거의 인간과 이루어지는 대화나 합의도 마찬가지다. 미래와 과거의 인간은 아무 이야기도 하지 않는다. 그렇다면 우리는 왜 책임을 느껴야 하는 것일까. 실제로 아무 책임도 느끼지 않는 사람들이 있다. 국가나 공동체에 관하여 '도덕적'인 사람들이 특히 그러하다.

    이 책임의 '감정'은 원시 단계부터 이어진 공동체에 대한 의무감의 잔재가 아니다. 그것은 "자유로워지라"는 명령, 그리고 "타자를 목적[자유로운 주체]으로 대하라"는 명령과 관련해서만 나타난다. 칸트는 그것을 자기 안의 도덕법칙이라고 불렀다. 하지만 그것은 '안에' 있는 것이 아니다. '안'으로 회수될 수 없는 타자에 대하여 있는 것이다. 칸트의 타자가 언제나 비대칭적인 관계 속에서 생각된다는 점에 주의해야 한다. 칸트의 타자는 헤겔이나 사르트르가 말하는 또 하나의 자기의식, 즉 동일한 규칙이나 욕망을 공유하고 있는 상대방이 아니다. 타자는 나에 대하여 오히려 무관심하다. 타자라고 말할 때 사람들은 지금 살아있는 타자를 떠올리기 십상이지만, 타자의 타자성은 오히려 죽은 자에게서 드러난다. 키르케고르는 다음과 같이 말한다.

제3장 Transcritique

 무엇보다 두려워해야 하는 것은 죽은 자가 시치미를 뗀 얼굴을 하고 있다는 점이다. 그렇기에 죽은 자를 두려워하라, 그의 교활함을 두려워하라, 그의 확고한 태도를 두려워하라, 그의 강함을 두려워하라, 그의 자랑을 두려워하라! 하지만 만약 네가 그를 사랑한다면, 사랑의 추억 속에 내버려 두지 않도록 하라! 그리하면 너는 아무 것도 두려워할 필요가 없게 된다. 죽은 자로부터, 그리고 바로 그 죽은 자로서의 그로부터 너는 사상의 교활함을, 표현의 명확함을, 변함없이 항상 똑같이 있을 수 있는 강고함을, 인생에서의 자랑을—네가 그 어떤 사람들로부터도, 누구보다 풍부한 천분을 타고난 사람에게조차도 배울 수가 없을 정도로—잘 배울 수 있을 것이다.

 죽은 자는 변할 수가 없다. 이 지점에서 너는 너의 부채를 죽은 그의 탓으로 돌리는 변명의 가능성을 생각할 수 없다. 그는 변할 수 없기에 진실한 것이다. 그렇다, 그것은 진실이다. 하지만 그는 그 어떤 현실도 아니다. 그렇기에 그는 너를 붙들기 위해 아무 일도, 전혀 아무런 일도 하지 않는다. 다만 그는 변함이 없을 따름이다. 따라서 혹시라도 산자와 죽은 자의 관계가 변했을 경우에 적어도 명확한 점은 바로 산 자 쪽이 변했음이 분명하다는 것이다. (『사랑의 일』)[101]

죽은 자는 우리가 제멋대로 감정이입할 수 있는 상대가

아니며, 우리가 제멋대로 대변할 수 있는 상대도 아니다. 죽은 자는 말을 하지 않으며 무관심하다. 죽은 자의 이름으로 말하는 자는 어떤 이유에서든 자기 자신을 말하고 있을 따름이다. 죽은 자를 기리는 자는 죽은 자를 잊기 위해 그러는 것이다. 그렇게 기렸다고 해서 죽은 자가 변하는 일은 없다. 단지 우리가 변할 따름이다. 죽은 자는 변하지 않는다. 하지만 그로 인해 우리가 변했다는 점이 현저하게 드러난다. 따라서 죽은 자는 교활하다고 키르케고르는 말한 것이다. 하지만 죽은 자란 그런 의미에서 타자다. 칸트가 타자를 물자체로 본 것은, 쉽게 말해 우리가 합의를 성립시키거나 '표상=대표'하거나 할 수 없는 것으로 타자를 보는 일을 의미한다. 미리 말하자면 그것은 레비나스가 말하는 절대적 타자가 아니라 어디에나 흔히 있는 상대적 타자다. 절대적인 것은 오히려 상대적 타자와의 관계다.

앞에서부터 나는 칸트의 인식론이나 미학의 '보편성'이 미래의 타자를 전제하고 있음을 지적해왔다. 마찬가지로 도덕법칙이 보편적이기 위해서는 형식적인 것을 넘어 미래의 타자를 상정하지 않으면 안 된다. 그리고 동시에 그것은 과거의 타자(죽은 자)를 함의한다. 왜냐하면 미래의 타자가 볼 때 우리는 죽은 자이기 때문이다.

이런 의미에서 칸트의 '비판'에는 근본적으로 역사의 문제가 포함되어 있다. 가장 늦은 만년에 칸트는 역사를 정면에서 생각했다. 그런데 이것은 태도의 변화를 의미하지 않는다. 여기서도 그는 이론적이거나 실천적 입장을 취하고 있다. 이론적으로 역사에는 목적이 없으며 그저 착종된 인과

제3장 Transcritique

관계가 있을 뿐이다. 이를 연구하는 자는 철저히 예외를 허용하지 않아야 한다. 하지만 역사의 의미나 목적은 애당초 그런 차원에 존재하지 않는다. '실천적' 문제이기에 그렇다.

칸트는 『판단력비판』에서 서술한 것, 즉 자연사에는 목적이 없지만 합목적성을 가정해도 좋다는 생각을 역사에도 적용한다. 인류사에는 목적이 없지만 합목적성이 있는 것처럼 간주하는 일이 허용된다. "이 과정은 선善에서 시작해서 악을 향해 가는 것이 아니라 비교적 악한 상태에서 한층 더 선한 상태로 차차 발전해 가는 것이다. 그리고 각자 자신들의 분수에 따라 힘이 닿는 대로 그런 진보에 기여하는 일이야말로 자연 자체가 인간에게 부과한 임무다."(「추측해 본 인류사의 기원」)[102] 이러한 견해를 '이론적'으로 부정하는 일은 쉽다. 왜냐하면 이론적이라는 것은 목적을 괄호에 넣고 보는 일이기 때문이다.[103*] 또한 칸트 자신이 그러한 역사의 이념을 초월론적 가상으로 간주하고 있기 때문이다. 따라서 오히려 역사의 이념을 비웃는 냉소주의자들(cynic)은 자신의 생각이 사회적 원인에 의해 규정되고 있음을 알아야 한다. 그러나 중요한 것은 칸트가 여기서 하나의 '불가피한 수수께끼'를 발견하고 있다는 점이다.

> 어찌됐든 자연은 인간이 안락하게 살아가는 일 따위는 전혀 고려하지 않았던 것 같다. 자연이 깊이 마음을 쓴 것은 인간이 자신의 행동으로 자신의 생활과 심신의 안녕을 향유할 수 있는 존재가 되는 것이었다. 그런데 이 경우 기이하게 생각되는 두 가지가 있다.

첫째로, 앞세대 사람들은 후세대를 위해 쉬지 않고 힘들게 일하여 후세 사람들의 이익을 도모하고, 그렇게 기반을 준비할 수 있게 된 다음 세대들은 그런 기반 위에서 자연이 의도하는 건물을 구축할 수 있다는 점이다. 둘째로, 그 건물에 거주하는 행복을 누리는 것은 아주 먼 후세의 사람들이며 누대의 선조들은(물론 의도하지는 않았을지라도) 건축물을 만들었음에도 불구하고 자신들이 구축한 행복을 얻을 수가 없다는 점이다. 이는 분명 이해할 수 없는 수수께끼다. 그렇지만 다음과 같은 사실을 일단 승인하면 그런 사정이 필연적일 수밖에 없다는 점이 명확해진다. 즉 동물의 한 종류인 인간이 이성을 가지면 개개의 이성적 존재자는 모조리 사멸해도 類로서의 인류는 죽지 않는다는 사실, 여기서 인류의 자연적 소질이 완전한 발전을 이루게 된다는 사실이 그것이다. (「세계시민적 견지에서 구상해 본 일반사」)[104]

자신이 행한 것을 향유할 수 없다는 말에는 다음과 같은 뜻이 담겨있다. 즉 우리가 후대를 위해 활동하면서 죽었다고 여길지라도 후대 사람은 그렇게 생각하지 않으며 감사하지도 않는다는 것이다. 실제로 이전 세대에 대해 우리 자신이 그러하기 때문이다. 물론 공동체나 국가 안에서 어떤 사람들은 감사를 받고 또 상찬된다. 벤야민이 말하듯 역사는 승자의 것이다. 하지만 많은 경우 우리의 행위는 미래의 타자에게 무시당한다. 칸트는 그런 부조리를 견디지 않

제3장 Transcritique

으면 안 된다고 생각했다. 왜냐하면 미래의 타자를 위해 무언가를 행하더라도 그것은 우리 자신의 자유와 관계된 문제며, 자유란 행복과는 관계가 없는 것이기 때문이다. 물론 이 점이 행복을 부정하는 것은 아니다. 그러나 "자유로워지라"는 명령은 때때로 지나치게 가혹하다.

칸트의 도덕론은 근본적으로 경제적이다. 예컨대 "너의 인격 및 모든 타자의 인격에 있어서의 인간성을 단지 수단으로 대할 뿐만 아니라[그런 수단으로서의 사용/필요(brauchen) 속에서도] 언제나 동시에 목적으로 대할 수 있도록 행위하라"는 칸트의 도덕법칙은 대체로 "타인을 수단으로서가 아니라 목적으로 다룰 수 있도록 행위하라"는 식으로 읽혀왔다. 그러나 신新칸트 좌파의 헤르만 코헨은 이 도덕법칙의 문장에서 칸트가 '뿐만 아니라 언제나 동시에'라고 말하는 지점에 주의를 촉구했다.[105*]

칸트는 도덕성에 대해 생각할 때 생산관계를 전제로 삼고 있다. 그것 없이 성립되는 것처럼 보이는 '인격적' 관계란 수도원이나 학생기숙사에서나 성립하는 몽상에 지나지 않는다. 사실상 그들은 신자나 부모를 '수단'으로 삼고 있다. 칸트파 윤리학이 경멸받은 까닭은 '뿐만 아니라'를 '아니라'로 읽어왔기 때문이다. 칸트가 말하는 '목적의 나라'는 물질적·경제적 기반 위에 있다. 그리고 그것이 해결되지 않은 장소에서의 '인격주의'란 그저 승려적인 것이 될 수밖에 없다. 그리하여 코헨은 칸트를 '독일 사회주의의 진정한 창시자'로 부른다. 실제로 코뮤니즘은 타자를 수단으로 삼으면서 동시에 목적으로 다루는 사회이지 않으면 안 된다.

그런 사회는 '타자를 수단으로서만이 아니라 목적으로서 다루는' 것을 불가능하게 하는 사회적 시스템을 바꿀 때만 가능하다. 달리 말해 바로 여기서 '자본주의의 지양'이라는 이념이 나올 수 있다.[106*]

마찬가지로 칸트의 도덕론은 근본적으로 정치적이다. 칸트는 '영원한 평화를 위하여' 세계공화국을 주장했다. 헤겔은 『법권리의 철학』에서 칸트의 국제연방을 두고 위법에 실력적 제재를 가할 수 있는 국가 없이는 불가능하다고 비판했다. 즉 칸트의 생각은 도덕론에 불과하다는 것이다. 하지만 중요한 점은 칸트가 정치적 차원을 부정하기는커녕 정치적 차원 없이 도덕적인 것의 실현이 불가능하다고 생각한 점이다. 칸트가 말하는 '목적의 나라'는 구체적으로 세계공화국으로서 실현되지 않으면 안 된다. 그리고 그것은 네이션=스테이트의 집합인 국제연합 같은 것과는 근본적으로 이질적이라는 점에 주의해야 한다.[107*]

그런 국제연합과 달리 세계공화국은 국가들이 주권을 포기하는 데에서 성립한다. 칸트가 말하는 '영원한 평화'란 그저 국가들 사이에 전쟁이 없는 상태가 아니라 국가들이 지양된 상태이다. 이것을 실현하는 일이 역사의 목적이라고 가정해도 좋다는 것이 칸트의 생각이다. "인류의 역사를 전체로서 고찰하면, 그것은 자연이 숨겨진 계획을 수행하는 과정으로 간주될 수 있다. 그런데 이 경우 자연의 계획은 목적을 위해 여러 국가들로 하여금 국내적으로 완전할 뿐만이 아니라 대외적으로도 완전한 국가조직을 설정하도록 하는 것이다. 이런 조직이야말로 자연이 인류에 내재해 있는

제3장 Transcritique

모든 자연적 소질을 남김없이 전개시킬 수 있는 유일한 상태이기 때문이다."(「세계시민적 견지에서 구상해 본 일반사」 제8명제, 같은 책)[108] "자연의 계획이 취지로 삼고 있는 것은 인류 전체에서 완전한 시민적 연합이 형성되도록 하는 일이다. 자연의 이런 계획에 따라 일반세계사를 드러내려는 시도는 가능한 것일 뿐만 아니라 자연이 가진 의도의 실현을 촉진하는 기획으로 간주되어야 한다."(제9명제, 같은 책)[109]

이와 같은 세계공화국이나 시민적 연합이 성립하기 위해서는 각각의 국가들에서 어떤 결정적인 변화가 있어야 한다. 그것은 그 내부에서 각자가 타인을 수단으로서만이 아니라 동시에 목적으로서 다루는 경제시스템이 실현되고 '그 목적을 위해 대외적으로도 완전한 국가조직'이 되는 것이다. 따라서 국가의 지양과 자본주의의 지양은 별개의 것일 수 없다. 이리하여 칸트의 윤리학은 단지 도덕적 차원에 머물지 않고 정치적·경제적인 것으로 역사적으로 실현되어야 할 이념(코뮤니즘)을 내포하지 않을 수 없다. 거꾸로 말하면, 19세기 이후 코뮤니즘은 한결같이 정치·경제적 사상으로서 나타났지만 도덕성에 뿌리박고 있으며 또 그렇지 않으면 존재이유가 없는 것이었다.

에른스트 블로흐는 마르크스를 칸트적으로 '수정'한 신칸트파(마르부르크파)를 비판했다. 그는 마르크스에게 코뮤니즘이란 단순히 자연사적인 필연으로 나타나는 것이 아니라고 말한다. 청년 마르크스는 다음과 같이 썼다. "종교에 대한 비판은 인간이 인간에게 최고의 존재라는 교설에서 끝난다. 따라서 그것은 인간을 비하되고 예속되고 내버려지고 멸시당하는 존재로 고착시키는 모든 관계들을 (…) 전복시키라는 무조건적 명령으로 끝난다."(『헤겔 법철학 비판 서설』)[100] 이와 관련하여 블로흐는 다음과 같이 말한다. "이런 실질을 갖춘 '무조건적인 명령'이란 마르크스를 초기와 후기로 구분하고 싶어 하는 이들이 주장하듯 청년 마르크스의 저술에 국한된 것이 결코 아니다. 마르크스가 이전에 '현실적 휴머니즘'이라고 부른 것을 유물사관에 이입한다고 해서 그 명령이 조금이라도 보류되는 것은 아니다."(『마르크스론』) 그런데 이 '무조건적인 명령'(지상명령)에는 분명 칸트적인 사고가 숨겨져 있다고 말해야 한다. 코뮤니즘은 단순히 경제적·정치적인 것이 아니며 도덕적인 것도 아니다. 칸트의 말을 비틀어 말하자면, 경제적·정치적 기반을 가지지 않은 코뮤니즘은 공허하고 도덕적 기반을 가지지 않은 코뮤니즘은 맹목이다.

제2부 마르크스

제1장 이동과 비평

1 이동

마르크스는 방대한 저작을 남겼지만 기본적으로 단편적인 것들이기에 마르크스의 철학이나 경제학, 코뮤니즘 같은 것을 그 자체로 도출할 수는 없다. 최초로 그것들을 체계화한 이는 마르크스 사후의 엥겔스였다. 그는 헤겔의 철학체계에 맞추어 마르크스주의의 체계를 구성했다. 변증법적 유물론(논리학), 자연변증법(자연철학), 역사적 유물론(역사철학), 경제학과 국가론(법철학) 등등. 이후의 마르크스주의자들은 거기에 문학·예술론(미학)을 포함시켜 완성하고자 해왔다. 하지만 그런 것들은 근본적으로 의심스럽다. 마르크스가 한 번도 사상을 체계화하려고 하지 않은 것은 시간이 없어서가 아니다. 그런 체계화를 거절하고 있었기 때문이다. 우리는 경제학이라거나 철학이라거나 정치학 같은 분류를 우선 괄호에 넣지 않으면 안 된다. 무엇을 대상으로 삼을지라도 마르크스가 취한 태도를 봐야만 한다. 명백한 것은 마르크스의 '사상'은 그것 이전의 사상에 대한

'비판'으로서만 존재하고 있다는 점이다. 예컨대 미완성일지라도 체계적으로 작성된 책이라고 할 수 있는 『자본론』 역시도 '국민경제학 비판'이라는 서브타이틀이 제시하듯이 비판의 저서이다. 하지만 그것은 이전 시대의 논리를 비판한다는 의도를 가진 것이 아니다. '비판'은 단지 상대방을 부정하는 것이 아니다. 따라서 마르크스가 선행자를 부정하고 뭔가 적극적인 학설을 정립했던 것처럼 여기는 일은 잘못이다. 마찬가지로 그가 리카도나 헤겔의 아류에 불과하다는 말도 잘못이다. 무엇보다 중요한 것은 마르크스의 작업을 근본적으로 '비판'으로서 읽는 일이다. 마르크스의 '비판'은 그 역사적 문맥이 아무리 낡았을지라도 결코 의미를 잃지 않는다. 나의 과제는 마르크스의 '비판'이 지닌 의미를 회복하는 것, 그리고 그런 회복이 현재 및 장래에 어떤 인식의 빛을 던질 수 있는지를 제시하는 것이다.

마르크스는 딸들의 질문에 답하면서 "모든 것을 의심하라"는 문구를 모토로 내건 적이 있다. 그러나 그가 모든 것을 의심한다고 말할 때, 그것이 나태한 회의론과는 다른 것이었음이 분명하다. 의심하는 일은 그에게 살아가는 일과 분리되어 있지 않았다. 그렇다면 거기에는 어떤 삶이 있었을까. 마르크스는 철저하게 주체를 의심했고 그것을 관계 구조의 산물로 보았다. 그렇다면 의심하는 그 주체는 어디에 있는가. 사람들은 마르크스주의와 실존주의 같은 식으로 '문제'를 정립해 왔다. 하지만 그들은 마르크스라는 '실존'은 무시해 왔다.

나는 마르크스를 데카르트나 칸트에 대립시키는 통속

제1장 이동과 비평

적인 사고방식에 반대한다. 이미 고찰했듯이 데카르트의 코기토(나는 의심한다)는 시스템과 시스템, 또는 공동체와 공동체 '사이'에서 발견된다. 이 '사이'는 단지 '차이'로서 있는 것이지 실체적으로 있는 것이 아니다. 그것은 결코 포지티브하게 이야기할 수 없으며 그렇게 이야기되자마자 망실되고 마는, 그 자체가 초월론적인 장소이다. 나는 그것을 비판적 장소(critical space)라고 명명하고 싶다. 그럼에도 그런 '초월론적인' 토포스는 암스테르담, 쾨니히스베르크, 런던 같은 구체적 공간과 분리될 수 없다. 예컨대 데카르트는 망명해 있던 암스테르담에 관해 이렇게 쓴다. "나는 여기, 타인에게 흥미를 갖기보다는 자신들의 작업에 열중하고 있는 극히 활동적인 다수 사람들의 군집 속에서, 가장 많은 인구를 거느린 도시거리를 통해 얻을 수 있는 생활의 편의를 빠짐없이 누리는 동시에 저 먼 황야에 있는 것처럼 고독하게 숨겨진 생활을 할 수 있었다."(『방법서설』)[111] 데카르트적 코기토(나는 의심한다)는 그와 같은 장소와 분리될 수 없다. 실제로 그가 코기토(나는 의심한다)를 사고주체(초월론적 자기)에게 귀결시킨 것은 프랑스로 돌아와 '데카르트주의'의 시조로서 권위를 확립시킨 과정과 평행을 이룬다.

그에 반해 쾨니히스베르크에서 거의 움직이지 않은 칸트만큼 '이동'과 인연이 없는 철학자도 없을 것이다. 그러나 쾨니히스베르크는 그저 변방의 시골이 아니었다. 그곳은 당시까지 번영한 발트해 교역의 중심지 중 하나였고, 영국과 가까워서 어떤 의미에서는 베를린보다 더 다양한 정보가

집적되는 장소였다. 칸트 자신이 다음과 같이 말하고 있다. "한 나라의 중심이 되는 대도시이기에 나라를 통치하는 여러 관청들이 있고 대학이 있으며, 나아가 해외무역의 요지를 점하고 있어서 오지로부터 흘러드는 하류를 통해 오지와의 교통이 활성화된 도시, 동시에 언어와 풍습이 서로 다른 멀고 가까운 나라들과의 교통도 편리한 도시, 예컨대 프레겔강에 이어진 쾨니히스베르크 같은 곳은 분명 생활지世間知나 인간지人間知까지 확장하기에 안성맞춤인 장소라고 말할 수 있다. 여기에 있으면 설령 여행을 하지 않더라도 관련 지식들을 얻을 수가 있다."(『인간학』)[112] 이후 쾨니히스베르크는 동프로이센에 속하게 되고 칸트의 시대에는 러시아에 점령되기도 한다(실제 현재는 러시아에 속해 있다). 칸트의 코즈모폴리터니즘은 그와 같은 환경과 분리될 수 없으며, 오히려 그는 이 장소를 적극적으로 택한 것이라고 말할 수 있다. 그는 피히테나 헤겔과 달리 베를린으로 초빙되어 가는 것을 거절했다. 만약 베를린으로 갔다면, 그는 '국가'의 입장에서 생각하기를 강요당했을 것이다. 그런 거절은 다른 의미에서의 '이동'이며 어떤 의미에서는 '망명'이었다.

마르크스에 대해 생각할 때에도 우리는 그의 이동, 그리고 그런 이동이 그의 사고에서 결정적으로 중요했다는 점에 주의해야 한다. 그것은 예컨대 그가 망명자였음을 강조하는 것이 아니다. 실제로 마르크스는 영국으로 망명했지만, 이후 귀국이 허가되었고 실제로 1850년대에 한 번 귀국하기도 했다. 영국에 머물렀던 이유는 자본주의 연구

제1장 이동과 비평

에 영국 체류가 불가결했기 때문이다. 그렇다면 그를 정치적 망명자라고만 말할 수는 없을 것이다. 오히려 영국은 마르크스 자신이 택한 장소다. 중요한 것은 그가 담론 '사이'에서 생각했다는 점이며, 여기서 뭔가 적극적인 학설(독트린)을 도출해서는 안 된다는 점이다.

마르크스는 1843년 파리로 망명하고, 그 다음해 『경제학·철학 초고』를 썼다. 널리 알려져 있듯이 그것은 포이어바흐의 자기소외론을 경제학에 적용한 고찰이었으며 마르크스보다 먼저 모제스 헤스가 동일한 작업을 하고 있었다. 이 지점에서라면 기본적으로 그는 청년헤겔파와 공통된 '문제의식' 안에 있었다고 해야 한다. 그러나 이후 얼마 지나지 않아 『신성가족』을 쓰고 그 다음해에 브뤼셀로 추방당했고, 거기서 「포이어바흐에 관한 테제」를 쓰고 엥겔스와 함께 『독일 이데올로기』를 쓴다. 알튀세르는 그 시기에 일어난 전회를 중요하게 보고 거기서 '인식론적 단절'을 발견했다. 즉 그것은 마르크스가 단순히 헤겔을 유물론적으로 역전시킨 것이 아니라 헤겔적인 문제의 기제 그 자체에서 비연속적인 변화를 이루어냈음을 뜻한다. 그런데 그런 전회는 한 번 일어나고 만 것이 아니다.[113*]

앞서 나는 칸트의 '코페르니쿠스적 전회'에 관해 고찰했을 때 다음과 같이 서술했다. 일반적으로 코페르니쿠스적 전회는 천동설(지구 중심)에서 지동설(태양 중심)로의 훌륭한 전도로 이해된다. 그러나 지동설은 고대부터 존재한 것이다. 지동설이 코페르니쿠스에 의해 비로소 이론으로 성립된 것은 주관이 대상을 수동적으로 받아들인다는 생각에서 주관의 형식에 의해 대상이 능동적으로 구성된다는 생각으로의 전회에 따른 것이었다. 칸트가 중요하게 생각한 것은 후자처럼 보인다. 그리고 칸트 이후의 관념론은 여기서 성립한다. 하지만 그때 칸트가 하려고 한 전회가 본래 지동설(태양 중심), 바꿔 말해 세계란 우리가 구성한 것이 아니라 거꾸로 우리가 세계에 던져져 있다는 생각이라는 점이 망각된다. 당연히 칸트 자신이 바로 그의 영향하에서 육성된 관념론자들에게 반격을 가했다. 과학사에서 코페르니쿠스적 전회라는 사건은 한 번으로 끝났다. 그러나 칸트에게서 코페르니쿠스적 전회는 한 번으로 끝난 것이 아니다. 칸트의 '비판'은 끊임없는 이동을 포함하고 있어서 결코 안정된 입장에 설 수 없는 것이었다. 나는 이것을 트랜스크리틱이라고 부른다.

마르크스의 전회에 관해서도 동일하게 말할 수 있다. 헤겔 좌파 중 한 명이었던 초기의 마르크스는 포이어바흐에 의한 헤겔 관념론의 유물론적 전도를 따르고 있었다. 포이어바흐의 종교 비판은, 신이란 유적類的·인간적 본질의 자기소외이며 감성적 존재로서의 개인들이 그런 소외를 극복하고 본질을 되찾아야 한다고 말하는 것이었다. 초기의 마르크스는 기본적으로 그런 생각을 답습하고 있다. 다만 '자기소외론'을 종교에서 화폐·국가로 바꾸고 확장시킨 점에서 포이어바흐와 다를 뿐이다. "종교에 반대하는 비판의 근본은 **인간이 종교를 만드는 것이지 종교가 인간을 만드는 것**이 아니라는 점이다. 그리고 분명 종교라는 것은, 인간이 자기 스스로를 아직 쟁취하지 못하고 있을 때의, 혹은 쟁취하

제1장 이동과 비평

면서도 상실해버리고 말 때의 자기의식이자 자기감정이다. 여기서 **인간**이라고 말할 때의 인간은 세계 바깥에 웅크리고 있는 추상적 존재가 아니다. 인간, 그것은 **인간의 세계**이며 국가·사회이다. 이 국가, 이 사회가 **도착된 세계**이기 때문에 **도착된 세계의식**인 종교를 분만하는 것이다."(『헤겔 법철학 비판 서설』)[114]

여기서 주목해야 할 것은 마르크스가 그러한 전회를 '코페르니쿠스적 전회'에 견주고 있다는 점이다. "종교에 대한 비판은 인간의 몽환을 깨우는데, 그것은 인간이 미몽에서 깨어나 제정신이 박힌 인간답게 생각하고 행동하기 위해서이며, 자신의 현실을 형성하기 위해서이고, 자기 자신을 중심으로, 그러므로 자기 현실의 태양을 중심으로 운동하기 위해서다. 인간이 자신을 중심으로 운동하지 않는 동안, 종교는 인간의 주위를 도는 환상적 태양에 불과하다. 그런 까닭에 **진리의 피안**이 사라진 이상, **차안**此岸**의 진리**를 수립하는 일이 **역사의 과제**가 된다. 인간적 자기소외의 **신성한 모습**이 가면을 벗게 된 이상, **신성하지 않은 모습**을 하고 있는 자기소외의 가면을 벗기는 일이 역사에 봉사하는 **철학의 과제**라 하겠다. 이리하여 **천상에 대한 비판은 땅위에 대한 비판으로 바뀌고, 종교에 대한 비판은 법에 대한 비판으로, 신학에 대한 비판은 정치에 대한 비판으로 전환된다**."(『헤겔 법철학 비판 서설』)[115] 이런 유물론적 '전회'란 분명 눈부시다. 하지만 그것은 통속적인 의미의 전회에 불과하다. 마르크스가 진실로 '코페르니쿠스적 전회'를 보이는 것은 오히려 그런 유물론을 비판하면서 거꾸로 관념론에서 '능동적' 계기를 찾아

213

내어 평가할 때다.116* "이제까지의 모든 유물론(포이어바흐까지도 포함하여)의 주요 결함은 대상, 현실, 감성이 단지 **객체나 관조의** 형식하에서만 파악될 뿐이고 **감성적인 인간적 활동 · 실천**으로서 주체적으로 파악되지 않는다는 점이다. 그러므로 그런 활동의 능동적 측면은 유물론과 대립하여 관념론에서 추상적으로 전개되지 않을 수 없었다."(「포이어바흐에 관한 테제」, 〈마르크스 · 엥겔스 전집〉 제3권)117

그러나 마르크스의 위와 같은 '코페르니쿠스적 전회'는 한 번 일어나고 만 것이 아니다. 이후에도 끊임없이 입장을 이동시키고 있다. 게다가 그의 담론적 이동에는 현실에서의 장소적 '이동'이 동반되고 있음에 주의해야 한다. 예컨대 『독일 이데올로기』는 다음과 같은 장소에서 작성되고 있다.

> 이런 철학적인 호객선전(그것은 제몫을 다하는 어엿한 독일 시민의 가슴에 자선적인 애국심을 불러일으키기조차 하는데)을 제대로 평가하기 위해서는, 나아가 이런 청년헤겔파 운동 전체의 시시함과 지방적인 편협함, 혹은 그들 영웅의 무리가 '실제로 하고 있는 것'과 그렇게 '하고 있는 것에 대한 환상적 미화' 사이의 희비극적인 대조를 눈앞에 드러내기 위해서는 일단 독일 바깥에 있는 기반에서 이 우당탕거리는 소란 전체를 조망할 필요가 있다. (『독일 이데올로기』)118

그러나 '독일 바깥에 있는 기반'이 구체적으로 프랑스나 영국을 가리키는 것은 아니다. 그 기반은 말하자면 독일적

제1장 이동과 비평

담론과 프랑스적 담론, 영국적 담론 간의 '차이'를 말한다. 예컨대 마르크스나 루게가 기획했던 『독불연보』의 시도, 즉 독일의 철학과 프랑스의 정치운동을 결합하고자 했던 기획은 프랑스 쪽에서 냉담하게 묵살되었다. 철학에서 연역해왔던 이론이 현실의 정치적 경험을 통해 성숙되어왔던 프랑스의 사회주의자들에게 받아들여질 리가 없었다. 단순히 독일에 대한 프랑스의 민족적 대항의식 때문이 아니라 실제상의 경험이 그런 수용을 허용하지 않았던 것이다. 자신만만한 청년 마르크스는 독일철학이 전적으로 통하지 않을 뿐만 아니라 애초부터 그런 종류의 이론과는 멀리 떨어진 곳에서 움직이고 있는 '현실'이라는 것을 좋든 싫든 뼈저리게 절감할 수밖에 없었다.

그러나 일찍부터 영국에 있었고 독일관념론과 떨어져 영국 자본주의의 현실과 고전경제학에 대해 생각하고 있던 엥겔스에게는 마르크스가 느꼈던 그런 충격은 없었다. 엥겔스는 미출간 상태이던 『독일 이데올로기』를 뒤에 간행하게 됐을 때, 이 책에서 역사적 유물론을 처음으로 정식화했으며 이런 정식화가 마르크스에 의한 것이라는 점을 강조했다. 그러나 히로마쓰 와타루는 1960년대 초기에 『독일 이데올로기』의 초고를 독자적으로 검토하고, 이 책이 기본적으로 엥겔스가 쓴 것이라는 점, 마르크스는 이곳저곳에 매우 흥미로운 가필을 했을 뿐이라는 점, 그리고 이전 저작을 살펴볼 때 역사적 유물론은 엥겔스 쪽이 먼저 구상하고 있었던 점을 밝히고 있다.[119*] 단 히로마쓰가 그렇게 말한 이유는 오히려 당대의 시점에서는 마르크스가 여전히 헤겔 좌파 속에 있었으며 그에 비해 엥겔스 쪽이 이론적으로 더 선행하고 있었음을 평가하기 위해서였다. 그렇다면 왜 엥겔스는 그런 사정을 말하지 않았을까. 그것은 반드시 그의 겸허함 때문은 아니며, 마르크스 사후에 '마르크스주의'를 만들려고 했기 때문이라고 할 수 있다.

분명 마르크스는 역사적 유물론이라는 표현방식을 취하진 않았을지라도 경제적 하부구조가 상부구조를 규정한다는 시점은 가지고 있었다. 그런 견해는 사후적으로나 장기적으로 보면 옳다. 그리고 그뿐이다. 예컨대 막스 베버는 『프로테스탄티즘의 윤리와 자본주의의 정신』에서 종교개혁 같은 상부구조의 변화가 산업자본주의의 발전에 이바지한 역할을 강조했다. 그러나 종교개혁은 먼저 상품경제의 침투에 수반되는 사회적 변화 없이는 있을 수 없었다. 따라서 베버의 주장은 경제적 하부구조가 상부구조를 규정한다는 일반론을 부정하는 것일 수 없다. 물론 일정한 역사적 사건을 살피기 위해서는 다양한 인과성(상호적 인과성)을 동시에 고찰해야 한다. 이 점과 관련하여 『독일 이데올로기』의 마르크스와 엥겔스도 깊은 주의를 기울이고 있었다.[120]* 그들은 여기서 역사를 경험론적으로 볼 것을 주장한다. 하지만 영국에서 그것은 신선한 견해가 아니라 오히려 매우 흔한 견해였다. 예컨대 애덤 스미스는 『도덕감정론』의 말미에 간행을 예고하면서 하나의 저술계획을 제시하고 있다. "가장 미개한 시대에서 가장 개화된 시대에 이르기까지의 공사公私법학의 점진적인 진보가 표시되는 흔적을 더듬어 생활의 자료 및 재산의 축적에 공헌한 여러 기술들이 법

제1장 이동과 비평

률 및 정치 차원의 개선과 변화를 낳게 한 여러 영향들을 지적하고자 한다."(1759년)[121] 스미스가 실행하지는 못했을지라도 그것은 명확히 '역사적 유물론'의 관점이라고 할 수 있다.

엥겔스가 획득한 역사적 유물론이란 산업자본주의의 확립과 더불어 등장한 역사에 대한 관점이다. 그러나 산업자본주의는 그때까지의 역사를 유물론적으로 볼 수 있게 하지만, 반대로 역사적 유물론이 자본주의를 해명하지는 못한다. 자본제 상품경제는 그 자신이 세계를 조직하는 힘을 갖고 있으며 어떤 의미에서 관념적인 힘인 까닭에 경제적 하부구조가 아니다. 그렇다고 상부구조인 것도 아니다. 요컨대 자본제 경제에 대해 생각하기 위해서는 하부구조와 상부구조라는 역사적 유물론의 견해를 폐기하지 않으면 안 된다. 아무리 도착된 형태라고 할지라도 자본주의의 운동에는 '능동적 측면'이 있다. 마르크스가 「포이어바흐에 관한 테제」에서 쓴 것처럼, 그런 능동성을 파악한 이는 실증적 역사가들이 아니라 오히려 헤겔이었다. 마르크스가 1850년대에 '경제학 비판'의 작업을 시작하자마자 헤겔에게로 돌아간 것은 그런 맥락이었다.

어쨌든 역사적 유물론에 관해 마르크스가 엥겔스보다 뒤늦은 것은 분명하다. 이 '뒤늦음'은 마르크스가 헤겔 좌파에 있으면서 '종교 비판'의 과제를 고집하고 있었던 것에서 유래한다. 그는 국가나 자본을 다른 종교로서 파악하려고 했다. 그리고 이후에도 그것을 포기한 것이 아니다. 실제로 『자본론』은 그러한 지향의 연장선에 있다. 마르크스에 관한 한 『독일 이데올로기』가 중요한 이유는 이 저작이 새로운 역사관을 제시했기 때문이 아니다. 그 저작에 마르크스 자신의 '뒤늦음'과 그것에 동반되는 '시차'가 각인되어 있기 때문이다. "이 철학자들 가운데 어느 누구도 독일철학과 독일의 현실이 맺는 관계, 그들의 비판과 그들 자신의 물질적 환경이 맺는 관계에 대해 질문하는 일을 떠올리지 못했다."(『독일 이데올로기』)[122] 이렇게 쓴 것은 엥겔스다. 하지만 망명 직전까지 '독일철학자' 속에 있던 마르크스는 어떠했던가. 마르크스 자신도 그런 질문을 '떠올리지 못하고' 있었다. 마르크스에게 엥겔스의 말은 독일의 철학(상부구조)이 물질적 환경에 의해 규정되고 있다는 식의 평범한 인식에 머물 수 없는 것이었다. 독일 바깥에서 마르크스를 사로잡은 것은 '강한 시차'다. 마르크스는 파리에서 다음과 같이 쓰고 있다.

> 선생은 외부세계로부터 격리된 인간이 어떤 상황에 빠지는지를 올바르게 묘사하고 있다. **감성적 세계를 단순한 관념으로 여기는 사람**, 바로 그에게는 거꾸로 단순한 관념이 감성적인 존재로 변한다. 그의 뇌가 만들어낸(Gespinst) 것이 구체적인 형태를 취한다. 그의 정신 내부에서 손으로 쥘 수 있고 만질 수 있는 환영(Gespenst)의 세계가 만들어지게 된다. 그것이 모든 경건한 환각의 비밀이자 정신착란의 일반적인 형태다. (『신성가족』, 〈마르크스 · 엥겔스 전집〉 제12권)[123]

제1장 이동과 비평

독일관념론은 칸트가 강조한 감성(수동성)의 계기를 포기하는 것에서 성립하고 있다. 따라서 그것은 '경건한 환각' 혹은 '정신착란'의 세계이다. 그러나 마르크스가 여기서 말하고자 하는 것은 철학상의 입장 문제가 아니다. 아무리 유물론적이고자 해도 아무리 과격해도 아무리 외부세계에 관심을 갖고 있어도 어떤 폐쇄적 담론체계 안에 있으면 서로 동일하다. 마르크스 자신을 포함하여 그들을 '외부세계로부터 격리'시키는 것은 국경도 아니며 정신병도 아닌 그들의 담론체계 자체인 것이다. 그런 사정이 자각되는 것은 바로 그 체계의 '바깥'에 있을 때다. 마르크스는 뭔가 새로운 입장에서 관념론을 비판하고 있는 것이 아니다. 마르크스의 유물론은 관념론과 경험론의 '시차'에서만 가능하다. 그리고 그런 '시차'를 잃어버리면 유물론은 또 하나의 '광학적 기만'(칸트)에 빠지지 않을 수 없다.

> 일상생활에서는 어떤 상점주인일지라도 매우 당연하게 어떤 사람이 자신을 두고 말하는 인품과 그 사람이 실제 어떤 사람인지 구분하는 것 정도는 모두가 할 수 있지만, 우리의 역사서술은 아직 이런 흔한 인식에조차 도달하지 못하고 있다. 그것은 모든 시대를 그 시대가 자신에 대해 이야기하고 상상으로 그려놓은 것을 어떤 의심도 없이 있는 그대로 믿고 있는 것이다. (『독일 이데올로기』)[124]

마르크스의 비판은 생각하고 있는 것(지성)과 현실적으

로 있는 것(감성)의 갭을 의식하는 것에서만 드러난다. 독일을 '바깥에서' 보았던 마르크스는 수년 뒤에 프랑스를 '바깥에서' 보게 될 것이다. 독일과 달리 프랑스에서는 철학자의 머릿속이 아니라 현실에 정치적인 혁명이 있었고 혁명적인 담론이 난무하고 있었다. 그러나 거기서도 앞의 인용문을 비틀어 말하자면, '그런 혁명가들 가운데 어느 누구도 프랑스의 정치사상과 프랑스의 현실이 맺는 관계, 그들의 정치사상과 그들 자신의 물질적 환경이 맺는 관계에 대해 질문하는 일을 떠올리지는 못했던 것'이고, '실제로 하고 있는 것과 그것에 대한 환상적 미화'의 구별이 이뤄지지 않았던 것이다. 이런 맥락에서 『루이 보나파르트의 브뤼메르 18일』은 '프랑스 이데올로기'로 불러야 할 책이다.

2 대표기구

독일의 이데올로그는 모든 것을 헤겔 철학의 의장意匠 하에서 이야기한다. 그러나 프랑스의 이데올로그를 상대할 때는 이야기가 달라진다. 그들은 정치적 당파로서 드러나며 사변적이지 않고 실천적이다. 그러나 1848년 2월 24일부터 1851년 12월 2일까지라는 날짜를 가진 실제 정치적 과정이란 당사자에게도 방관자에게도 이해할 수 없는 기괴한 '꿈'으로 비춰진다. 마르크스가 보기에 명백했던 것은 그런 정치적 과정의 근저에 여러 계급들과 그것들 간의 투쟁이 있었다는 점이다. 그러나 그가 그 지점에서 대결한 것

제1장 이동과 비평

은 그런 사정을 단순히 지적하는 일이 아니라 그러한 변형이 어떻게 이루어졌는지를 밝히는 일이었다. 그 사건의 특징은 무대에 등장한 인물들이 제1차 프랑스혁명의 언어적 의장을 걸치고 있었고 사건이 바로 그 의장 아래에서 수렴되고 있었던 점이다. 루이 보나파르트의 황제 즉위로 귀결된 이 사건을 해설하기 위해서는 '하부구조'에 대한 지적만으로는 명백히 불충분하다. 마르크스는 제1차 프랑스혁명의 과정을 그런 정치적 사건 자체를 구성하고 있는 아프리오리한 형식으로서 발견해내고 있다.

인간은 자기 자신의 역사를 만든다. 하지만 생각한 그대로는 아니다. 스스로 택한 환경 아래에서가 아니라 바로 눈앞에 있는, 부여된, 이월되어 넘겨받은 환경 아래에서 역사를 만드는 것이다. 가위 눌리는 악몽과도 같이 모든 죽은 세대의 전통이 살아있는 자들의 두뇌를 옥죄고 있다. 그런 옥죄임 속에서 언뜻 인간이 힘껏 스스로를 변혁하고 현상을 전복하며 이제껏 한 번도 존재하지 않았던 것을 만들어내고자 할 듯 보일 때, 바로 그렇게 혁명이 최고조에 이른 그때, 인간은 자신의 용무에 도움이 되도록 노심초사하며 주술로 과거의 망령들을 불러내는데, 이 망령들에게서 이름과 전투 슬로건과 의상을 빌려와 그것들로 유서 깊은 분장을 하고 빌려온 대사를 말하면서 세계사의 새로운 장면을 연기하고자 한다. 일찍이 루터는 사도 바울로 가장하였고, 1789년부터 1814년까지의 혁명은 로

마공화국과 로마제국의 의상을 차례대로 몸에 걸쳤으며, 1848년의 혁명은 때론 1789년을 모방하고 때론 1793년~1795년의 혁명적 전통을 서투르게 모방하는 일 정도만 가능했다. (『루이 보나파르트의 브뤼메르 18일』)[125]

이 시기 여러 당파를 지배하고 있던 것은 과거의 망령이자 관념이었다. 그들은 실제로 하고 있는 행위를 빌려온 말들로 이해하고 있었기 때문에 말이 그들을 지배하고 있었다. 이는 앞서 마르크스가 독일의 철학자들에 관해 지적한 것이다. 그들은 헤겔이 제출한 '문제'를 만지작거리면서 그중 일부를 확대하여 헤겔을 비판했지만, 결국엔 헤겔의 왜소화된 재현이며 소극(farce)에 지나지 않았다. 적어도 헤겔 자신은 탁월한 성과를 올렸지만, 그 반복인 청년헤겔파는 겉모양만 장대하고 실제로는 공허하고도 전혀 생산적이지 않은 논의로 시종일관했다. 바꿔 말해 독일의 철학자에게는 헤겔 체계라는 '죽은 전통'이 '악몽과도 같이 살아있는 자들의 두뇌를 옥죄고' 있었다고 할 수 있다. 뿐만 아니라 『브뤼메르 18일』은 헤겔의 『역사철학』에 대한 교묘한 풍자이기도 했다. 왜냐하면 1848년부터 1851년에 이르는 과정을 볼 때, 헤겔이 말하는 세계사적 개인이었던 나폴레옹의 조카가 바로 그 세계사적 개인이라는 삼촌의 환영에 의거하여 권력을 획득했기 때문이며, 나아가 조카의 권력은 자본제 경제에 의해 초래된 여러 모순들을 국가를 통해 해소한다는 것 말고는 무엇 하나 실현해야 할 과제도 이념도 갖고 있지 않았기 때문이다. 그런 의미에서 보나파르트는 이후 파시즘을 포함한 대항혁명의 프로토타입이 된다.

그러나 마르크스가 주목한 것은 그러한 과정이 의회제(대표제)에서 생겨났다는 점이다. 1848년 2월 혁명은 왕정체제를 폐기했던 공화제에서 처음으로 보통선거를 도입했다. 보나파르트의 황제 취임에 이르기까지의 과정은 부르주아 의회제에서만 생겨났던 것이다. 마르크스는 그런 표상의 배후에 실제로 있는 사회적 계급의 존재를 지적하고 있다. 그리고 이후에 엥겔스는 그런 정치적·종교적·철학적 표상 및 기타 이데올로기적 표상의 배후에 경제적인 여러 계급의 구조와 투쟁이 있다는 것, 그리고 그런 '역사의 법칙'을 발견한 것을 마르크스의 공적으로 간주했다. 그러나 마르크스가 그 사건에서 발견한 것은 오히려 그 반대로 언뜻 보아 경제적 계급구조와 독립적이거나 그런 계급구조를 거스르면서까지 진행되는 사태였으며, 그가 해명하고자 한 것은 그 '작용'이었다. 그것은 물론 대표제라는 제도와 관계되어 있다. 보통선거에 근거한 의회의 '대표'는 이후 켈젠이 말한 것처럼 신분대표제 의회와는 달리 그저 의제擬制에 지나지 않았다.[126]* 즉 보통선거로 이루어진 의회에서는 '대표하는 자'와 '대표되는 자' 간의 필연적인 관계가 불가능하다. 마르크스가 강조하는 것은 정당이나 그들의 담론이 실제의 여러 계급들로부터 독립되어 있다는 점이다. 아니 그런 독립적 상태는 말하자면 케네스 버크가 논하는 '계급무의식'(『동기의 문법A Grammar of Motives』)이며, 그것은 정당에 의한 담론장에서만 '계급'으로 의식될 수 있다. 이는 분할지 농민에 관한 마르크스의 코멘트를 볼 때도 명확하다. 먼저 그는 '대표하는 자'와 '대표되는 자'가 맺는 관계의 자의성을 다음과 같이 설명한다.

> 또한 마찬가지로 민주파의 대표자가 모두 상점주인(shopkeepers)이거나 그렇다고 믿고 있는 자들이라고 생각해서는 안 된다. 그들은 자신의 교양과 개인적 지위에서 볼 때 상점주인과는 하늘과 땅 차이만큼 떨어져 있을지도 모른다. 그들이 소부르주아의 대표자가 되어 있는 이유는 상점주인이 생활 속에서 결코 넘어설 수 없는 한계를 그들이 머릿속에서 결코 넘어설 수 없다는 사실 때문이며, 그렇기에 상점주인이 물질적 이해관계와 사회적 입장을 통해 실천상으로 사로잡혀 있는 것과 동일한 과제와 해결에 이론상으로 그들이 사로잡혀 있다는 사실 때문이다. 어떤 계급의 정치적 차원 및 문필적 차원의 대표자가 그들이 대표하는 계급과 맺는 관계란 일반적으로 그러한 것이라고 할 수 있다. (『브뤼메르 18일』)[127]

이 의회정당은 내부의 양대 분파로 해체되고 그 분파 각각이 다시 내부적으로 해체되는 것에서 멈추지 않았다. 의회 안의 질서당은 의회 바깥의 질서당과도 분열되었다. 부르주아지의 입이 된 학자에 대해 부르주아지의 펜이 된 학자가, 부르주아지의 연단에 대해 신문이, 요컨대 부르주아지의 사상적 대변자들과 부

제1장 이동과 비평

르주아지 자신이, 대표하는 자와 대표되는 자가 서로
등을 돌리고는 더 이상 서로를 이해할 수 없게 되었
다. (같은 책)[128]

이렇게 '대표하는 자'와 '대표되는 자'의 관계가 본래적으로 자의적이기 때문에 산업부르주아지도 기타의 계급도 자신들의 원래 '대표자'를 버리고 보나파르트를 택하는 일이 일어날 수 있었다. 1848년 2월 24일에 여러 당파는 '대표하는 것', 즉 담론의 장에서 서로 간의 차이로서 등장했다. 그런데 3년 후 보나파르트가 모든 것들을 대표하는 존재로 권력을 잡았다. 마르크스는 그것을 보나파르트 자신의 관념, 정략, 인격으로 귀결시키는 것을 거절한다. 그런 관점으로는 3년 전까지 나폴레옹의 조카라는 것 말고는 아무 것도 아니던 보나파르트가 권력을 장악한 비밀을 풀 수 없기 때문이다.

『자본론』에서 마르크스는 화폐가 하나의 상품이라는 것을 이해하는 일은 쉽지만, 문제는 그 하나의 상품이 왜 어떻게 화폐가 되는지를 밝히는 일이라고 말한다. 그가 보나파르트에 관해 말하는 것도 마찬가지다. 보나파르트에게 "재기 넘치는 욕을 통렬하게 퍼부었던" 빅토르 위고에 대해 마르크스는 "나는 평범하고도 기괴한 인물 하나로 하여금 영웅의 역할을 연기하도록 했던 정세와 사건이 프랑스의 계급투쟁에 의해 어떤 식으로 창출되고 있었는지를 제시한다"고 썼다(『브뤼메르 18일』의 「제2판 서문」).[129] 위고와 같은 비판을 여러 번 반복할지라도 그것은 화폐가 한낱

225

종잇조각이라고 말하는 것처럼 어떤 비판도 될 수 없다. 하지만 마르크스가 말하는 수수께끼란 단지 '계급투쟁'만 말한다고 해서 밝혀질 수 있는 것도 아니다. 대표제나 담론의 기구가 자립해 있으며 '계급'은 그런 기구를 통해서만 의식될 수 있는 점, 나아가 이 시스템에는 하나의 구멍이 있다는 점, 이 지점들에 보나파르트를 황제로 만든 수수께끼가 숨겨져 있는 것이다. 이에 관해서는 조금 뒤에 서술하기로 한다.

엥겔스는 "역사 운동의 거대한 법칙을 처음으로 발견한 이는 바로 마르크스였다"고 말한다. 엥겔스는 쓴다. "그 법칙에 따르면 모든 역사상의 투쟁은 설령 정치적·종교적·철학적이든 혹은 기타 이데올로기적이든 그 어느 영역에서 일어나더라도, 실제로는 사회계급들 간의 투쟁이 많든 적든 명확히 드러난 것에 불과하다."(『브뤼메르 18일』의 「제3판」에 붙인 엥겔스의 「서문」, 1885년)[130] 그러나 그러한 인식은 히로마쓰 와타루가 제시한 것처럼 엥겔스 자신이 마르크스보다 앞서서 견지하고 있던 것이었다.[131]* 중요한 점은 사회계급들이 '계급'으로 등장하는 것은 오직 담론(대표하는 것)을 통해서라는 사실이다. 마르크스는 자신들의 대표자도 가지지 못하고 자신들의 계급적 이해관계를 보편화하여 옹호하는 담론도 가지지 못한, 그러므로 다른 누군가에 의해 대표되지 않으면 안 되었던 계급의 존재를 지적하고 있다. 그것은 분할지 농민이다.

> 분할지 농민은 하나의 계급을 이루고 있다. 그들 사이에는 단지 지방적인 연줄과 이해관계의 동일성만

있을 뿐이고, 그것들이 그들 사이에 어떤 공동성도 어떤 전국적 결합도 어떤 정치적 조직도 만들어내지 못한다면, 그들은 계급을 이루지 못한다. 따라서 그들은 의회를 통해서든 국민공회(convention)를 통해서든 자신들의 계급적 이해관계를 자신들의 이름으로 주장할 수 있을 능력을 가지지 못한다. 그들은 자신들을 대표할 수 없으며 [누군가에 의해] 대표되지 않으면 안 된다. 그들의 대표자는 그들의 대표자인 동시에 그들의 주인으로서, 그들 위에 선 권위로서 나타나지 않으면 안 된다. 즉 그들을 다른 계급으로부터 보호하고 위로부터 그들에게 비와 햇빛을 내려줄 무제한적인 통치권력으로서 나타나지 않으면 안 되는 것이다.(『브뤼메르 18일』)[132]

구체적으로 말하자면, 보통선거를 통해 처음으로 정치적 무대에 등장했던 농민은 보나파르트를 지지했다. 그러나 그들은 보나파르트를 자신들의 대표로서 지지했다기보다는 이른바 '황제'로서 지지한 것이다. 우리는 20세기에 파시즘의 주요한 기반이 된 것이 그러한 계급이었음을 알고 있다. 그런데 이 점과 관련하여 중요한 것은 오히려 노동자나 농민을 정치적 무대에 내세운 보통선거에 의한 대표제 민주주의다.[133]* 예컨대 히틀러 정권은 바이마르 체제의 이상적인 대표제에서 출현했고, 나아가 종종 무시되고 있지만 일본의 천황제 파시즘도 1925년에 성립된 보통선거법 이후에 대두되었다. 1930년대 독일에서 마르크스주의자는 히틀러를 단지 부르주아 경제의 위기를 구제할 대리인으로 보았고 이 점을 폭로하면 된다고 생각했다. 나치스와 마찬가지로 마르크스주의자들 역시도 바이마르 의회를 기만적인 것으로 보고 있었다. 하지만 그들의 예상과는 반대로 대중이 나치즘으로 '대표'되던 상태를 단지 폭력이나 책략만으로 설명하는 것은 불가능하다. 애초에 공산당도 '대표하는 것' 중 하나였고 '대표되는 것'과의 필연적인 연결을 갖고 있지 못했다.

상부구조의 상대적 자립성이 큰 문제가 된 것은 제1차 대전 이후 혁명의 좌절과 파시즘 경험을 통해서였다. 예컨대 빌헬름 라이히는 당대의 마르크스주의자를 비판하고 독일인이 나치즘에 끌려 들어간 원인을 정신분석으로 찾고자 하였다. 그가 거기서 발견했던 것은 '권위주의적 가족 이데올로기'와 그것에 의한 성적인 억압이었다(『파시즘의 대중심리』). 이후 프랑크푸르트 학파도 정신분석을 도입했다. 그러나 『브뤼메르 18일』로 돌아가 생각하면, 우리는 특별히 정신분석을 필요로 하지 않는다. 왜냐하면 여기서 마르크스는 프로이트의 『꿈의 해석』을 거의 선취하고 있기 때문이다. 그는 단기간에 일어난 '꿈'처럼 사태를 분석하고 있다. 마르크스가 강조하는 것은 '꿈의 사상' 즉 실제의 계급적 이해관계가 아니라 '꿈의 작업' 즉 계급적 무의식이 어떻게 압축·전이되고 있는가이다. 프로이트는 다음과 같이 말한다.

꿈은 여러 연상들이 단축된 요약으로서 그 모습을

드러내는 것입니다. 하지만 그것이 어떤 법칙에 따라 이루어지는지는 아직 해명되지 않았습니다. 꿈의 요소들은 말하자면 선거로 뽑힌 대중의 대표자들과 같은 것입니다. 우리가 정신분석의 기법을 통해 획득한 것은 꿈에 의해 치환되는 것이 있다는 점, 그 안에서 꿈의 심리적인 가치가 발견된다는 점, 그러나 동시에 꿈이 가진 기괴한 특색, 이상함, 혼란이 더 이상 보이지 않게 된다는 점입니다. (『정신분석 입문 속편』, 〈저작집〉 제1권)[134]

프로이트는 '꿈의 작업'을 보통선거에 근거한 의회에다 견주고 있다. 그렇다면 우리는 마르크스의 분석에 정신분석을 도입하거나 적용하기보다는 『브뤼메르 18일』로부터 정신분석을 읽어야만 한다. 알튀세르는 종래의 경제적 결정론에 반대하여 상부구조의 상대적 자립성을 라캉파의 개념을 응용하여 '중층적 결정'(overdetermination)으로 설명하고자 했다. 하지만 그것은 '역사적 유물론'의 일반적인 재해석에 불과하다. 마르크스가 『브뤼메르 18일』에서 제시한 것은 더 구체적(specific)이고 치밀하다. 그는 대표제가 그 자체로 이중적이라는 점을 지적한다. 하나는 의회 즉 입법권력이다. 다른 한 쪽은 대통령 즉 행정권력이다. 후자는 국민의 투표로 직접 뽑힌다. 실제로 보나파르트는 공화당이 유권자를 제한하고자 한 것에 맞서 보통선거를 주장하고 '국민의 대표자'로 널리 인기를 얻었고 이후 히틀러가 그러한 것처럼 몇 번씩이나 국민투표에 호소했다.

하지만 의회와 대통령의 차이는 단지 선거형태의 차이가 아니다. 칼 슈미트가 말하듯이 의회제는 토론을 통한 지배라는 의미에서 자유주의적이지만 대통령은 일반의지(루소)를 대표한다는 의미에서 민주주의적이다. 슈미트에 따르면, 독재 형태는 자유주의에 대한 배반이기는 해도 민주주의에 대한 배반은 아니다. "볼셰비즘과 파시즘은 다른 모든 독재체제와 마찬가지로 반자유주의적이긴 하지만 그렇다고 해서 반드시 반민주주의적인 것은 아니다." "인민의 의지는 오늘날까지 반세기 이래 극히 면밀하게 만들어진 통계적 장치에 의해서보다는 갈채(acclamatio)에 의해서, 즉 반론의 여지가 허용되지 않는 자명한 것에 의해서 한층 더 잘 민주주의적으로 표현될 수 있는 것이다."(『현대 의회주의의 정신사적 지위』)[135]

이 문제는 이미 루소에게서 명확히 출현한 것이다. 그는 영국의 의회(대표제)를 비웃으며 비판했다. "주권은 양도할 수 없으며, 같은 이유로 주권은 대표될 수 없다. 주권은 본질상 일반의지의 형태로 존재한다. 나아가 일반의지는 결코 대표되는 것이 아니다." "인민은 대표자를 가지자마자 더 이상 자유로울 수 없게 된다. 더 이상은 인민이 아니게 되는 것이다."(『사회계약론』)[136] 루소는 그리스의 직접민주주의를 모범으로 삼아 대표제를 부정했다. 하지만 그것은 '일반의지'를 의회와는 다른 행정권력(관료)에서 발견했던 헤겔의 생각이나 국민투표의 '직접성'을 통해 의회의 대표제를 부정하는 것으로 귀결될 것이다.

그런데 국민투표도 대표제를 넘어설 수 있는 것이 아니

제1장 이동과 비평

다. 그것은 대표제의 한 가지 형태에 지나지 않다. 그러므로 여기서 대립되는 것은 대표제의 두 가지 성격이다. 그리고 이 점은 정치적인 대표제의 문제에 그치지 않는다. 대통령과 의회의 representation[대표/대의]라는 형태로서의 차이는 인식론에서의 representation[표상/재현] 문제에 대응한다. 하나는 진리를 아프리오리한 명증성으로부터 연역할 수 있다는 데카르트적 사고방식이고, 이와 다른 한쪽은 진리란 타자와의 합의를 통해 존재하는 잠정적인 가설일 수밖에 없다는 앵글로색슨적인 사고방식이다. 정치적으로 보자면, 앞의 것은 '일반의지'란 여러 계급들의 이해관계를 넘어서는 존재에 의해 대표된다는 생각이 되며, 뒤의 것은 토론을 통한 합의에 의해 결정해 간다는 사고방식이 된다. 물론 둘 다 하이데거가 말한 것처럼 진리를 표상(representation)에서 발견하는 근대적 사고다.

하이데거는 그것들을 근원적으로 비판했다. 정치적으로 보자면, 그는 대통령과 의회 양쪽을 부정한 것이다. 그에 따르면 진리란 시적인 사상가나 지도자(Führer)를 통해 '존재'에 의해 직접적으로 개시되어야만 하는 것이었다. 예컨대 하이데거는 히틀러가 행한 국민투표를 두고 그것은 대표를 뽑는 것이 아니며, 또 그래서도 안 된다고 주장한다.[137*] 하이데거의 주장은 총통이란 국민투표에 의해 뽑히는 '대표하는 자'가 아니라 사람들이 무릎 꿇고 절하는 '주인'으로서의 '황제'여야 한다는 것이었다. 우리는 보나파르트의 승리에서 처음 나타난 대표제의 위기와 그 사상적 지양을 볼 수 있다. 그런 의미에서 『브뤼메르 18일』에는 이후에 출현하는 정치적인 위기의 본질적 요소가 선취되어 있다고 할 수 있다.

그러나 의회도 대통령도 아닌 '황제'에게서 무엇이 나타났던 것일까. 그것은 '국가' 그 자체라고 해도 좋다. 부르주아 국가는 절대주의 왕권을 타도함으로써 성립하지만, 그때까지의 국가의 '실체'—관료와 군대—를 법치주의와 대표제로 은폐한다. "거대한 관료적·군사적 조직을 가지고 광대하면서도 정교한 국가조직을 가진 집행권력. 오십만 군대에 맞먹는 오십만 관료군. 그물코 같이 프랑스 사회의 몸을 휘감고서 모든 털구멍을 막고 있는 이 무서운 기생체. 이는 절대왕권 시대에 봉건제의 해체와 더불어 발생했고 그런 해체의 진행을 도왔다."(『브뤼메르 18일』)[138] 부르주아 국가에서는 정확히 화폐가 상품의 가치를 표시하는 수단에 불과하다고 간주되듯이, 관료와 군은 국민을 대표하는 기관에 종속되어 있는 것처럼 보인다. 그러나 공황에서 '화폐' 그 자체가 출현하듯이 위기 속에서 '국가' 그 자체가 출현한다. 마르크스는 말한다. "국가는 제2의 보나파르트 아래에서 비로소 완전히 자립한 것처럼 보인다. 국가기구는 부르주아 사회에 대해 자신을 확고히 했다."(같은 책)[139] 즉 부르주아 경제가 막다른 곳에 이르렀을 때, 국가기구는 '황제' 같은 지도자 아래서 그 막다른 곳에 개입하는 것이다.

『자본론』에서 마르크스는 세 개의 계급에 대해 생각하고 있다. 자본가, 토지소유자, 임금노동자가 그것이다. 하지만 그것들은 자본·지대·노동력상품 같은 경제적 카테고리로, 실제의 사회적 계급구성은 훨씬 더 복잡하다. 그가 모

제1장 이동과 비평

델로 삼은 영국에서도 그러한 계급분해가 완전했던 것은 아니며 다양한 계급들, 나아가 '모든 죽은 세대의 전통'이 살아남아 있었다. 하물며 1848년의 프랑스에 산업노동자는 거의 없었다. 마르크스가 거기서 프롤레타리아트라고 부르고 있는 사람들은 영국 산업자본의 침투에 의해 몰락 상태로 내몰려 과격화된 직인들을 가리킬 뿐이었다. 따라서 그들 역시도 국가 주도의 경제발전과 사회복지를 설파한 '말 위에 올라탄 생시몽주의자' 보나파르트를 지지하기에 이르렀다. 마르크스가 『자본론』에서 제시한 것은 산업자본주의의 발전이 현실에서 3대 계급으로의 분해로 귀결되었다는 점이 아니다. 『자본론』에 제시된 것은 실제의 착종된 사회적 계급구성에서 간과되고 마는 자본제 경제의 원리적인 고찰이다. 이는 실제의 역사적 과정에 기계적으로 적용될 수 있는 게 아니다. 실제로 마르크스는 『브뤼메르 18일』에서 계급과 계급투쟁을 다양하게 착종된 차이에서, 나아가 정치를 담론과 대표의 기구에서 파악한다.

『브뤼메르 18일』은 프랑스를 모델로 삼으면서 국가와 자본의 관계에 관한 원리적인 고찰을 수행하고 있다. 엥겔스는 마르크스의 사상을 두고 독일의 철학, 프랑스의 사회주의, 영국의 경제학이 종합된 것이라고 말한다(『공상에서 과학으로』). 하지만 마르크스의 사상은 이동을 동반한 비판, 트랜스크리틱 이외에 다른 것이 아니다. 저널리스틱하게 작성되었음에도 『브뤼메르 18일』은 『자본론: 폴리스(국민국가)적 경제학 비판』과는 별도의 원리적 고찰을 수행하고 있다. 그것은 말하자면 '국민국가 정치학 비판'으로 읽어야만 한다.

나는 여기서 마르크스가 말하는 '부르주아 독재'에 관해 언급해 두고 싶다. 그것은 뒤에 서술하겠지만 그가 말하는 '프롤레타리아 독재'에 관한 문제이기 때문이다. 우리는 마르크스가 부르주아 독재를 오히려 '보통선거'에서 보고 있음에 주의해야 한다. 이 보통선거라는 것이 『브뤼메르 18일』의 배후에 있음은 물론이다. 그러면 보통선거를 특징 짓는 것은 무엇인가. 그것은 그저 모든 계급의 사람들이 선거에 참여한다는 것이 아니다. 이 점과 동시에 중요한 것은 개인들이 모든 계급·생산관계로부터 '원리적으로' 분리된다는 점이다. 의회는 봉건제나 절대주의 왕권제에서도 존재했었다. 그런데 그런 신분제 의회에서는 '대표하는 자'와 '대표되는 자'가 필연적으로 연결되어 있었다. 진정으로 대표제 의회가 성립하는 것은 보통선거를 통해서이고 나아가 무기명 투표가 채용되는 시점부터다. 비밀투표는 누구에게 투표했는지를 숨김으로써 사람들을 자유롭게 한다. 하지만 그것은 동시에 누군가에게 표를 던졌다는 사실의 증거를 없애버린다. 그때 '대표하는 자'와 '대표되는 자'는 근본적으로 단절되며 자의적인 관계가 된다. 따라서 비밀투표로 뽑힌 '대표하는 자'는 '대표되는 자'의 구속을 받지 않는다. 바꿔 말해 '대표하는 자'는 실제로는 그렇지 않음에도 만인을 대표하는 것처럼 행동할 수가 있으며, 또 그렇게 행동하는 것이다.

'부르주아 독재'란 부르주아 계급이 의회를 통해 지배한다는 말이 아니다. 그것은 '계급'이나 '지배' 속에 있는 개인을 '자유로운' 개인들로 환원함으로써 계급관계나 지배관계를 삭제하는 것이다. 이런 장치 그 자체가 '부르주아 독재'다. 의회선거에서는 여러 개인들의 자유가 존재한다. 하지만 그것은 현실적인 생산관계의 계급관계가 제거될 때 비로소 성립한다. 실제로 선거의 장場을 벗어나면 자본제 기업에 '민주주의' 따위는 불가능하다. 즉 경영자가 사원의 비밀선거로 뽑히거나 하는 일은 없다. 또 국가의 관료가 사람들에 의해 선거로 뽑히는 일도 없다. 사람들이 자유로운 것은 단지 정치적 선거에서 '대표하는 자'를 뽑을 때뿐이다. 그리고 실제로 보통선거란 국가기구(군대・관료)가 이미 결정해 놓고 있는 것에 '공공적 합의'를 부여하기 위한 의식, 잔손이 많이 가는 의식에 불과하다.

3 공황으로서의 시차

영국으로 망명한 마르크스는 그곳에서의 담론을 상대로 이제까지와 동일하게 다룰 수는 없었으며 또 그렇게 하지도 않았다. 독일이나 프랑스의 이데올로그에 관해서는 그들의 담론에서 억압되고 있는 경제적 계급구조를 들고 나오는 것이 의미가 있었지만, 영국에서는 그가 독일의 철학자에 맞서 견지해온 경험론적인 태도와 프랑스의 이데올로그에 맞서 견지해온 경제적인 시점이야말로 지배적인 것이었기 때문이다. 분명 관념론적인 역사에 대하여 경제적인 것이란 '숨겨진' 하부구조일 것이다. 그러나 영국에서 그것은 숨겨져 있는 것이 아니었다. 경제적인 이해관계를 둘러싼 계급투쟁이 역력히 나타나고 있었다. 고전경제학자도 리카도 좌파의 사회주의자들도 사회와 역사를 대놓고 경제적으로 생각하고 있었다. 마르크스가 처음 꺼낸 말처럼 여겨지는 잉여가치(잉여노동)의 착취라는 것도 리카도 좌파가 이미 주장하고 있었다.

마르크스가 영국에서 마주친 중요한 문제는 혁명이 아니라 공황이었다. 고전경제학에서 공황이란 원리적으로 있을 수 없는 것이다. 혹시 있다고 해도 단순한 사고이며 잘못이다. 고전경제학은 노동가치설을 통해 앞 시대의 중상주의가 화폐에 대해 보였던 집착(페티시즘)을 부정했다. 화폐는 상품의 가치, 즉 대상화된 노동이나 사회적 노동시간을 표시하는 것에 지나지 않았다. "생산물은 언제나 생산물이나 노동에 의해 구매된다. 화폐는 단지 교환이 수행되는 매개물에 불과하다."(리카도, 『경제학 및 과세의 원리』 제21장)[140] 그런 의미라면 이미 경제에서 '계몽'은 달성되어 있었다. 하지만 그런 '계몽'을 비웃는 것이 공황이다. 마르크스는 다음과 같이 쓴다.

> 화폐공황은 지불의 계속적인 연쇄와 결제의 인위적 조직이 완전히 발전해 있는 곳에서만 발생한다. 그런 기구가 비교적·일반적으로 교란됨과 더불어 어디서 그것이 발생하든 화폐는 돌연 또는 매개체 없이 계산화폐라는 관념적으로만 존재한 모습에서 경화硬貨로 바뀐다. 화폐는 비속한 상품으로 대체불가능하

게 된다. 상품의 사용가치는 무가치해지고 그 가치는 자신의 가치형태 앞에서 소실된다. 방금 전까지만 해도 부르주아는 호경기에 도취되어 득의양양해서 화폐 따위란 공허한 환상이라고 외치고 있었다. 상품이야말로 화폐다. 그런데 화폐야말로 상품이 되었다! 이제 세계시장에 그렇게 울려 퍼진다. 사슴이 신선한 물가를 찾으면서 울듯이, 세계시장의 마음은 유일한 부富인 화폐를 찾아 울부짖는다. 공황에서는 상품과 그 가치형태인 화폐 간의 대립이 절대적인 모순으로까지 고조된다. 그러므로 이 지점에서 화폐의 현상형태는 어떻게 되든 무방한 것이 된다. 화폐기근은 금으로 지불되든 신용화폐 예컨대 은행권으로 지불되든 아무런 상관이 없기 때문이다.[141]

생산물이나 노동이라는 실체를 가져와서 자본제 경제 혹은 화폐의 환상성을 비판할 수는 없다. 왜냐하면 그런 환상이 붕괴하는 공황에서 사람들이 몰려가는 지점이 바로 화폐이기 때문이다. 리카도가 간단히 정리한 '화폐의 마력'이 드러나는 곳이 바로 여기다. 거의 10년마다 주기적이었던 최초의 공황이 1819년, 즉 리카도가 『경제학 및 과세의 원리』(1817년)를 출간한 직후에 일어났다. 이 공황(위기)이야말로 리카도에 대한 최대의 '비판'이었다. 자본제 경제에 화폐가 현실적으로 작용하고 있음에도 이론은 그것을 부정하고 있었기 때문이다. 마르크스가 고전경제학 비판에서 다시 도입한 것은 그들이 계몽주의적으로 배척한 화폐였다.

고전경제학의 고찰에는 화폐가 결여되어 있다. 애덤 스미스는 상품교환과 사회적 분업의 발전이 사회를 바꾼다는 점을 발견했다. 하지만 그가 살피지 못한 것은 상품교환과 사회적 분업이 화폐에 의해서만 이뤄질 수 있다는 점, 뿐만 아니라 그것들이 자본의 운동으로서 이루어지고 있다는 점이다. 그는 상인자본에 의해 조직된 결과인 세계적 분업을 마치 처음부터 존재한 것처럼 생각하고 있었다. 그러므로 화폐는 단순히 척도나 매개물로 간주되었다. 고전파의 노동가치설은 상품교환이 가진 고유한 위상을 부정하고 그것을 생산 일반으로 환원하는 것이었다. 그것은 자본제 이전의 사회를 생산력과 생산관계로 살필 수 있는 관점(역사적 유물론)을 열어젖혔지만 자본제 경제의 고유한 위상을 살피지는 못했다.

자본이란 자기증식하는 화폐다. 마르크스는 그것을 우선 G—W—G′(화폐—상품—화폐)라는 일반공식으로 발견한다. 그것은 상인자본이다. 이와 더불어 대금업 자본 G—G′이 가능해진다. 마르크스는 그것들을 두고 '대홍수 이전부터 있는' 자본의 형태라고 말한다. 하지만 상인자본에서 발견되는 일반공식은 산업자본에도 타당하다. 산업자본에서는 W의 부분만이 다를 뿐이기 때문이다. 마르크스의 말을 빌리자면, G—(Pm+A)—G′이다(Pm은 생산수단, A는 노동력). 산업자본이 지배적인 것이 된 단계에서 상인자본이란 그저 상업자본이 되고 대금업 자본은 은행이나 금융자본이 된다. 하지만 자본을 생각하기 위해서는 G—W—G′라는 변천의 과정을 살피는 것에서 시작해야 한다. 자본이란 그저 화

제1장 이동과 비평

폐가 아니라 그런 변천의 과정 전체이기 때문이다.

그런데 그 과정은 다른 쪽에서 보면 W—G나 G—W라는 유통과정이다. 여기서는 화폐를 통한 상품교환이 전반적으로 이루어지고 있는 것처럼 보인다. 그렇다면 화폐란 가치의 척도이며 구매나 지불의 수단에 불과하다. 애덤 스미스나 리카도가 해명하고자 한 것은 분업과 교환을 균형화하고 조정하는 시장의 메커니즘이었다. 이 점은 고전경제학만이 아니라 신고전파에게서도 마찬가지다. 하지만 그들은 분업과 교환의 확대가 자본, 즉 화폐의 자기증식 운동으로서 이루어지고 있음을 놓치고 있다. 고전파든 신고전파든 경제학자들은 자본의 운동에 부수되어 있는 이면이나 그 결과에 불과한 재화의 분업적 생산과 교환에서 생각한다. 애덤 스미스는 자신의 이익을 추구하는 일이 결과적으로 전체로서의 이익이 되는, 그러한 자동적 조정장치(보이지 않는 손)를 시장에서 발견하고자 했다.

마르크스는 G—W—G′에서 W—G′이 실현되는가 아닌가(상품이 팔리는가 아닌가)에서 '목숨을 건 도약'을 보고 있다. 그 경우 덧붙여져야 할 점은 실제로 자본이란 일단 그렇게 상품이 팔린 것으로 간주하고 운동을 계속한다는 점이다. 그것이 '신용'이다. 신용은 매매의 관계를 채권자·채무자의 관계로 바꾼다. 팔리느냐 마느냐라는 위기는 결제할 수 있느냐 없느냐라는 위기로 바뀐다. 공황은 단지 과잉생산이나 소비불만에 의한 것이 아니라 분명히 팔렸다고 전제하는 와중에 마지막 결제 단계에서 실은 팔리지 않았다는 사실이 판명됨으로써 발생한다. 공황은 신용 과열의

결과로서 생겨나는 것이다. 그것은 산업자본주의 이전부터 있었다.[142]*

영국에서 독일관념론은 그저 비웃음만 받고 있었다. 실제로 그때까지의 마르크스도 피히테 이후의 사변철학—마치 자기나 정신이 자기산출적으로 세계를 창조해 가는 것처럼 보는 철학—을 현실과의 접점이 결여된 '정신착란'으로 비웃었다. 그러나 영국에서는 금융자본이 그런 자기증식적인 것(G—W)으로서 자립해 있었다. 영국 사람들에게는 은행예금에서 이자를 얻고 주식투자에서 배당을 받는 일이 당연한 것으로 여겨지고 있었다. 바꿔 말하자면 스페큘러티브speculative(사변적=투기적) 철학이 일상화되어 있었던 것이다. 칸트는 종합적 판단을 거치지 않은 지식을 '확장'하는 것을 두고 형이상학이라고 불렀는데, 말하자면 대금업 자본(이자 낳는 자본)이 그런 것이다. 마르크스는 이자 낳는 자본(G—G′)에 관해 이렇게 쓰고 있다. "나아가 이 정식은 운동을 규정하는 자기목적이 사용가치가 아니라 교환가치에 있음을 표현하고 있다. 가치의 화폐형태가 가치의 독립적인 손으로 움켜쥘 수 있는 현상형태이기 때문에, 현실의 화폐를 출발점이자 종결점으로 하는 유통형태 G…G′는 돈벌이를, 그러니까 자본주의적 생산의 추진 동기를 가장 선명하게 표현하고 있다. 생산과정은 돈벌이를 위한 불가피한 중간항, 즉 필요악으로서 나타나는 것에 지나지 않는다. [따라서 자본주의적 생산양식하에 있는 모든 국민은 생산과정이라는 매개 없이 돈벌이를 하려는 망상에 주기적으로 사로잡히는 것이다]"(『자본론』 제2권 1편 1장 4절).[143]

제1장 이동과 비평

　신용이나 투기의 세계는 이차적인 것처럼 보인다. 하지만 실제 생산과정은 신용이나 투기에 의해 규제되고 있다. 그리고 그것을 폭력적으로 노출시키는 것이 공황이다. 그러나 고전경제학자나 그 추종자는 공황이 개시하는 '시차'에 눈을 감는다. 그 지점에서 자본제 경제의 진실을 마주하려고 한 이가 마르크스이다. 그 '진실'이란 자본주의의 악(착취나 소외) 같은 것이 아니다. 그런 것이라면 마르크스 이전에 많은 이들이 이미 지적했다. 애덤 스미스도 이미 자본제 경제가 '가진 자'와 '못가진 자' 사이에 계급적인 분열을 초래한다는 점을 충분히 알아차리고 있었다. 따라서 사람들 각자의 에고이즘을 긍정하면서 그는 '동정同情'(도덕감정)에 근거한 일종의 후생厚生경제학을 주장했다. 헤겔도 시민사회(시장경제)가 초래하는 폐해를 지적하고 그것을 국가의 손으로 해결해야 한다고 생각했다. 한편 오언이나 프루동 같은 사회주의자는 자본제 경제가 잉여노동의 착취(도둑질)에 근거한 것임을 주장하고 있었지만, 자본제 경제에 대한 그들의 인식은 기본적으로 그들이 비판하는 고전경제학자와 다르지 않았다. 그 지점에선 초기 마르크스는 말할 것도 없고 1850년대 후반까지의 마르크스도 마찬가지였다. 구체적으로 말하자면, 마르크스의 인식이 비약적으로 심화된 것은 그가 공황 대망론을 포기한 뒤였다. 이전까지의 마르크스는 공황을 자본제 생산이 무정부적인 까닭에 발생한다고 생각했다. 공황이 자본제 경제를 파탄시키고 혁명이 일어날 것이리라고, 그리고 그 혁명이 공황이라는 병을 제거할 것이라고 생각했다. 이런 생각에서 엥겔스나 레닌처럼 계획경제로 공황을 해결한다는 생각이 나온다. 하지만 그것은 그리 쉽지가 않다. 계획경제는 공황을 피할 수 있었을지라도 다른 '병'을 초래했을 것이기 때문이다.

분명 공황은 자본제 경제의 고유한 병이지만 그 '해결'이기도 하다. 즉 자본제는 공황을 통해 문제를 처리하는 것이지 공황에 의해 붕괴되는 것이 아니다. 그것은 이후 프로이트 정신분석 연구의 시발점이 되는 히스테리라는 병과 비교할 수 있을 것이다. 환자에게 히스테리 증상은 그것 자체로 '해결'이기에 당분간은 무사히 지낼 수 있게 된다. 그러나 프로이트에게 중요한 것은 히스테리 자체가 아니라 그것을 초래하는 무의식의 메커니즘이었다. 그리고 그것은 사람이 환자이든 아니든 존재한다. 마찬가지로 마르크스에게 공황은 더 이상 자본제 경제를 붕괴시키는 무언가가 아니며 치료를 위한 대증요법을 찾아야 하는 것도 아니다. 공황이 중요한 이유는 평상시에는 숨겨져 있는 자본제 경제의 '진실'을 노출시키기 때문이다. 그렇게 마르크스는 공황이 부여하는 '강한 시차'에서 자본제 경제를 살피고자 한 것이다.

마르크스가 『자본론』에서 헤겔의 논리학을 따라 서술한 것은 물론이다. 거기서 '자본'은 헤겔의 '정신'과 유사하다. 그러나 『자본론』이 헤겔을 유물론적으로 전도시킨 것은 결코 아니다. 공황을 자본제 경제의 고유한 것으로 보았던 마르크스는 헤겔과는 전혀 다른 관점을 필요로 했기 때문이다. 나는 그것을 '초월론적'이라고 부른다. 왜냐하면 칸트를 빌려 말하자면 공황은 그 한계를 넘어서 자기 확장을 하려는 자본=이성에 대한 비판이기 때문이다. 그렇다고 한다면, 자본의 그런 욕동을 해명하기 위해서는 초월론적인 소행이 불가결하다. 그것이 정신분석과 비슷해지는 것은 이런 까닭에서다.

헤겔은 『정신철학』(『엔치클로페디』)에서 병을 정신의 발전단계 중 낮은 차원의 단계를 고집하는 것으로 본다. 어떤 의미에서 프로이트가 말한 것도 여기에 포함된다. 그런데 프로이트는 단지 낮은 차원의 단계(유년기)로 소행한 것이 아니다. 그는 정상적인 '발전'이라는 것이 어떤 곤란한 망각에 의해 이루어졌는지를 제시했기 때문이다. 마르크스는 고전경제학에 관해 다음과 같이 말한다.

> 중금주의나 중상주의에 대한 근대경제학자들의 부득이한 투쟁들 대부분은 그런 중금주의·중상주의가 조야하고 소박한 형태로 부르주아적 생산의 비밀을, 그러니까 그것이 교환가치에 의해 지배되고 있음을 소박한 형태로 지껄이는 것에서 연원한다. (…) 따라서 경제학이 중금주의와 중상주의를 비판하는 일에 실패한 이유는 중금주의·중상주의를 단순한 환상이자 그저 잘못된 이론으로 적대시하기만 할뿐 그것들을 자기 자신이 가진 기본적 전제의 야만적인 형태로 재인식하지 못했기 때문이다. (『경제학 비판』 제2장 C)[144]

발달된 산업자본주의 경제에서는 '조야하고 소박한 형태'는 억압되고 있다. 그러나 공황에서는 바로 '억압된 것의 회귀'가 있다. '건전한 시장경제'는 그 이전 시대의 형식을 부인하지만 스스로가 그런 형식을 딛고서 그 위에 서 있는 것이다. 마르크스는 헤겔의 논리학을 따라 상품에서 화폐로, 화폐에서 수전노, 상인자본, 나아가 산업자본으로의 '발전'을 서술한다. 그러나 우리는 그것을 거꾸로 읽지 않으면 안 된다. 마르크스의 서술 속에서 '발전'은 모순의 지양이 아니라 그 은폐(억압)다. 우리는 가장 발전된 단계에서 삭제되고 단지 공황에서만이 나타나는 것을 그 시원적인 형태로까지 소행함으로써 해명해야 한다. 물론 그것은 역사적인 시원이 아니다. 완성된 자본제 경제에 존재하는 형식으로서의 시원, 즉 상품형태(가치형태)다.

고전경제학이나 경험론적인 역사학이 지배적이던 영국에서 마르크스는 헤겔을 재발견했다. 실제로 그는 『자본론』의 서문에서 '헤겔의 제자'임을 공언하고 있다. 그러나 헤겔을 긍정했을 때 그는 예전에 헤겔을 비판한 시기보다도 더 근본적으로 헤겔을 '비판'하고 있다. 『자본론: 국민경제학 비판』이라는 제목이 달린 이 책은 『자본론: 헤겔 법철학 비판』이라는 제목을 달아도 좋았던 것이다. 『자본론』이 헤겔적인 논리학의 구도로 작성되어 있기 때문에 사람들은 헤겔로 되돌아가서 『자본론』을 생각한다. 그러나 헤겔의 『법권리[Rechts]의 철학』[145]은 자본제 경제가 사회 전체를 조직한 단계, 즉 자본=네이션=스테이트라는 삼위일체가 완성된(그런 의미에서 '역사의 종언'인) 단계에서 교환과 계약을 통해 그것에 근거를 부여한 저작이다. 헤겔에게 시장경제(시민사회)는 '욕구의 체계'다. 바꿔 말해 그에게는 시장경제가 도착적인 자본의 '욕동'으로 형성되고 있다는 점

제1장 이동과 비평

이 보이지 않았다. 그런 의미에서 그는 고전경제학자와 마찬가지이다. 한편 마르크스가 밝히고자 한 것은 자본제 경제가 하나의 환상적 체계라는 점, 그리고 그것이 G—W—G′이라는 자본의 운동에 의해 생겨난다는 점, 나아가 그 근원에 화폐(교환가능성의 권리)를 축적하고자 하는 욕동이 있다는 점이었다(이 욕동은 재화를 얻고자 하는 욕구나 욕망과는 다르다). 그렇기에 그는 가치형태에까지 거슬러 올라간 것이다. 따라서 『자본론』의 서술형식이 헤겔과 비슷하다고 해서 착각해서는 안 된다. 마르크스는 『경제학 비판』을 썼던 시기, 자신의 학위논문[『데모크리토스와 에피쿠로스 자연철학의 차이』]을 회고하면서 다음과 같이 쓰고 있다.

나는 병을 앓던 와중에도 자네의 『헤라클레이토스』를 충분히 연구하고는, 흩어진 유고들로 거듭 체계를 세우는 작업이 훌륭히 이뤄지고 있다는 것을 느꼈고, 또 논쟁에서 볼 수 있을 통찰에도 감탄했네. (…) 자네가 이 작업으로 극복해야 했던 곤란함은 나 역시 약 18년 전 훨씬 더 온순한 철학자인 에피쿠로스에 관해 비슷한 작업을 한 경험, 그러니까 단편들로부터 체계 전체를 서술한 경험이 있어서 잘 알 수가 있었지. 체계와 관련하여 말이 나온 김에 말하자면, 헤라클레이토스의 경우와 마찬가지로 나는 체계란 단지 그 자체로 에피쿠로스의 저작에만 있는 것일 뿐, 의식적인 체계화에는 존재하지 않는 것이라고 확신하네. 자신의 작업에 체계적인 형태를 부여하고 있는 철학자들, 예컨대 스피노자의 경우조차도 체계의 진정한 내적 구조는 의식적으로 서술된 형식과는 완전히 다른 것이라네. (「1858년 5월 31일자 라살에게 보낸 편지」, 〈전집〉 제29권)

동일한 것을 마르크스 자신에 대해서도 말할 수 있다. 『자본론』의 '진정한 내적 구조'는 '의식적으로 서술된 형식과는 완전히 다른' 것이다. 그렇기에 우리는 『자본론』을 자본=이성에 대한 초월론적 비판으로 읽어야 한다.

흔히 『자본론』은 역사적이고 논리적이라고 말한다. 하지만 그것은 오히려 '역사적'이지도 '논리적'이지도 않다는 것을 의미한다. 한편으로 『자본론』이 파악하는 역사는 역사적 유물론이 파악하는 역사와 다르다. 마르크스의 관심사는 엥겔스와 그 외의 사람들처럼 역사 전체를 경제적 하부구조로 설명하는 일이 아니었다. 그가 살펴보려고 한 것은 화폐경제가 조직하는 것으로서의 역사였다. 그는 자본제 시장경제가 세계 전체를 변형시킨다는 점, 그리고 그 힘의 원천이 자본의 자기증식적인 욕동(화폐의 페티시즘)에 있다는 점을 발견했다. 그런 의미에서는 마르크스가 포착한 역사란 '논리적'이라고 할 수 있다. 왜냐하면 그것은 오로지 경제적 카테고리에 의해 조직된 것이기 때문이다.[146*] 다른 한편으로 『자본론』에서 경제적 카테고리는 헤겔의 '개념'처럼 결코 논리적으로 자기실현하는 것이 아니다. 발전에는 언제나 그때마다의 역사적 사건이 선행하고 있다. 예컨대 마르크스는 산업자본주의 이전 원시적 축적에 대한

제1장 이동과 비평

실증적 고찰을 길게 하고 있다. 상인자본에서 산업자본으로의 변화란 형식적으로는 G—W—G′에서 G—(Pm+A)—G′으로의 변형이다. 그런데 그것이 가능하기 위해서는 생산수단(Pm)과 노동자(A)의 분리, 즉 노동력의 상품화가 일어나지 않으면 안 된다. 이런 변화란 경제적 카테고리로 보면 지극히 간단하지만 그것이 발생하기 위해서는 사건으로서의 역사과정이 불가결하다.

마르크스는 역사적·우연적 소여성所與性을 결코 폐기하지 않는다. 하지만 그는 자본제 경제의 카테고리를 사건으로서의 내용에 형식을 부여하는 것으로 본다. 그렇게 할 때 많은 소여성을 '괄호에 넣기'가 가능하다. 예컨대 현실의 자본제 경제는 우선 국가 안에 있으며, 또한 국가가 상품경제의 외형을 부여할지라도 결코 국가에 귀속되지 않는 다양한 생산들 및 계급들을 포함하고 있다. 하지만 마르크스가 그것들을 괄호에 넣는 이유는 국가의 개입도 비자본제적인 생산도 결국에는 자본제 경제의 원리들을 따를 수밖에 없기 때문이며, 자본제 경제라는 것이 그것의 외부를 자신의 내적인 여건으로 끌어넣을 수 있기 때문이다. 그런데 오히려 이 지점에 자본제 경제가 가지는 자율적인 '힘'이 있다. 그것은 '하부구조' 따위가 아니다. 이 '힘'의 수수께끼를 해명하는 일이 마르크스 평생의 과제였다고 해도 과언이 아니다.

4 미세한 차이

초기 마르크스와 후기 마르크스에 대한 평가를 둘러싸고 많은 논의가 있었다. 우선 후기 마르크스의 경제학적이고 결정론적인 경향에 맞서 초기 마르크스의 '소외론'을 좋게 평가하는 경향이 있었다. 이와 관련하여 알튀세르는『독일 이데올로기』시기에 마르크스의 '인식론적 단절'이 있었음을 강조했다. 그런데 이것들은 기본적으로 마르크스의 '비판'을, 또는 '비평가' 마르크스를 간과하고 있다. 마르크스의 사상은 이미 서술한 것처럼 끊임없는 이동과 전회 없이는 있을 수 없는 것이다. 이로부터 마르크스의 어떤 근본적인 '철학'을 추출하는 것은 잘못이다.

예컨대 마르크스는『경제학·철학 초고』이전에 쓴 학위논문『데모크리토스 자연철학과 에피쿠로스 자연철학의 차이』에서 이미 '비판적' 자세를 보이고 있다. 그는 거기서 에피쿠로스와 데모크리토스의 차이를 그들의 '자연철학'에서 본다. 이 두 사람이 다르다는 것은 역사적으로 상식이다. 그러나 자연철학에서 그들은 매우 닮았다. 에피쿠로스는 데모크리토스의 기계적 결정론에 맞서 원자의 운동에 편차가 발생한다는 수정을 가했는데, 그런 수정은 기묘한 의견에 불과한 것으로 간주되고 그저 데모크리토스의 아류로 치부되어 왔다. 그런데 마르크스는 반대로 이 미묘한 차이에서 그들 철학 간의 총체적 차이가 나온다는 점을 제시하고자 했다. 마르크스의 학위논문에서 오리지널한 것은 에피쿠로스와 데모크리토스의 차이를 그들 철학의 전체가 아

제1장 이동과 비평

니라 거의 동일하게 보이는 자연철학의 차이를 가지고 이야기했다는 점이다.

> 데모크리토스의 자연철학과 에피쿠로스의 자연철학을 동일시하는 것은 옛날부터 확립된 편견이다. 따라서 에피쿠로스에 의한 데모크리토스 자연철학의 변경은 그저 자의적인 변덕에 불과한 것으로 여겨져왔다. 나는 세부적 디테일에 관해서는 현미경적인 탐구처럼 눈에 보이는 것 속으로 밀고 들어가지 않으면 안 된다. 그러나 바로 그런 편견이 철학에 은폐되어 있기 때문에 데모크리토스와 에피쿠로스의 자연철학에서 상호의존성에도 불구하고 미세한 디테일에 파급되는 본질적 차이를 증명하는 일은 한층 더 중요해질 것이다. 대단히 일반적인 고찰은 그 결과가 디테일에 적용될 때 타당한지 어떤지 의심스럽지만, 미세한 것에서 증명된 차이는 더 큰 관계의 차원에서 고찰될 때 좀 더 쉽게 제시될 수 있다.(『데모크리토스 자연철학과 에피쿠로스 자연철학의 차이』)[147]

여기서 마르크스가 해체하고자 한 것은 에피쿠로스를 데모크리토스의 아류로 간주하는 '철학사와 동일할 정도의 오래된 편견', 혹은 둘 사이의 차이를 삭제해버리는 '동일성'의 장場 자체이다. 같은 것을 『자본론』과 관련해서도 말할 수 있다. 『자본론』에서 마르크스는 실로 많은 것들을 고전경제학으로부터 계승하고 있다. 따라서 신고전파 계열의 경제학자는 『자본론』을 리카도의 한 변종으로 취급하는 것이 다반사였다. 아마도 『요강』까지의 저작에 관해서는 그런 취급이 옳을 것이다. 하지만 『자본론』에는 결정적으로 다른 요소가 있다. 『자본론』 서두의 가치형태론은 리카도의 노동가치설에 대한 베일리의 비판을 심각하게 받아들이면서 시작한다. 즉 『자본론』은 리카도와의 차이만이 아니라 베일리―신고전파에 의해 무시되고 있지만 신고전파의 시조라고 할 수 있는 베일리―와의 차이를 통해서도 읽어야 한다.

그런데 마르크스는 데모크리토스와 에피쿠로스를 대비시킨 학위논문에서 실은 또 한 사람의 철학자를 계속 염두에 두고 있다. 그것은 아리스토텔레스다. 즉 마르크스는 감각론자이고 기계적 결정론자이며 또 그 결과로서 회의론자인 데모크리토스를 한쪽에 놓고, 다른 한쪽에 목적론적인·합리론적인 아리스토텔레스를 놓은 다음, 그 사이에 유물론자로서 원자의 편차를 주장한 에피쿠로스를 놓은 것이다. 마르크스가 생각하기에 원자의 편차야말로 기계론적이지 않은 변이(발전)를 가져오는 것인데, 그 편차는 아리스토텔레스에 의해 목적인目的因으로서 예정조화적으로 파악된다. 마르크스가 파악한 에피쿠로스란 그렇게 목적론과 기계적 결정론 쌍방 모두를 원자 운동의 편차에서 비판하는 것이었다.

철학박사 논문이 고전적 저작을 소재로 쓸 것이 요구되었던 시대임에도 당연히 동시대의 문제관심이 투입되었다. 마르크스가 이때 동시대의 유물론이나 관념론을 염두에 두

제1장 이동과 비평

고 있었음은 물론이다. 그런데 그가 쓴 에피쿠로스는 흄과 라이프니츠 '사이'에서 둘 모두를 비판하고자 한 칸트와 유사하다(원주 21번 참조). 하지만 마르크스가 그렇게 칸트적이었던 것은 그가 칸트를 의식하고 있었기 때문이 아니다. 그 반대다. 물론 그가 초기의 법철학 연구에서 명확히 칸트적이었다는 증거는 있다. 그러나 마르크스가 칸트적으로 보이는 이유는 직접 칸트에게서 배웠기 때문이 아니라 그 자신이 transcritique을 실천했기 때문이다. 마르크스는『자본론』제1권 초판 서문에서 학위논문과 동일한 표현을 하고 있다.

> 자신의 완성된 모습을 화폐형태에서 드러내고 있는 가치형태는 그 내용이 극히 빈약하며 단순하다. 그런데 인간정신은 2,000년 이상 지난 옛날부터 그것을 해명하고자 했음에도 실패하고 말았는데, 다른 한편에서는 그런 가치형태보다 훨씬 더 내용이 풍부하고도 복잡한 형태들에 대한 분석이 적어도 거의 근사치까지는 웬만큼 성공하고 있다. 왜 그럴까? 완성된 생체를 연구하는 것은 생체의 세포를 연구하는 것보다 쉽기 때문이다. 그런데 경제적인 여러 형태들의 분석에서는 현미경도 화학적 시약도 사용할 수가 없다. 추상력이 이 두 가지를 대신하지 않으면 안 된다. 따라서 부르주아 사회에서 노동생산물의 상품형태나 상품의 가치형태는 경제의 세포형태라고 할 수 있다. 소양이 없는 사람들에게는 그런 세포형태에 대한 분석

이 그럴싸한 논리를 멋대로 가지고 노는 것처럼 보일지 모른다. 물론 사실상 그 분석의 경우 문제가 지극히 세밀하게 연관되어 있다. 그런데 그런 사정은 단지 현미경적인 해부를 통해 다루어지는 문제가 지극히 세밀하게 연관되어 있는 것과 조금도 다르지 않다. (『자본론』제1판 서문, 같은 책)[148]

이렇게 『자본론』이 마르크스의 이전 작업과 결정적으로 다른 것은 가치형태론이 도입되고 있다는 점이다. 그것은 1850년대의 『요강』이나 『경제학 비판』에서도 독해되어야 할 지점이다. 왜냐하면 '미세한 것에서 증명된 차이는 더 큰 관계의 차원에서 고찰될 때 좀 더 쉽게 제시되는 것'이기 때문이다. 마르크스의 '전회'가 한 번 일어난 것이라고 보는 견해는 그 전회가 얼마나 중요한지를 간과하는 것이 된다. 또 하나의 사례를 들기로 하자. 마르크스는 『경제학·철학 초고』를 쓰기 이전인 1843년에 다음과 같이 쓰고 있다.

국가의 상태를 연구할 경우 사람들은 자칫 **관계들의 객관적 본성**을 놓치고 행위하는 개인들의 **의사**로부터 모든 것을 설명하고자 한다. 하지만 민간인의 행위나 개별 관청의 행위를 규정하면서 마치 호흡 방식처럼 그런 행위로부터 독립해 있는 **관계들**이라는 것이 존재한다. 처음부터 그런 객관적 입장에 서면, 선한 의지 혹은 악한 의지를 한쪽으로든 다른 쪽으로든 예

제1장 이동과 비평

외로 전제하지 않을 수 있으며, 언뜻 개인들만 작용하고 있는 것처럼 보이는 지점에서 [객관적인] 관계들이 작용하고 있음을 볼 수 있을 것이다. 어떤 사물이 관계들에 의해 **필연적으로** 생겨난다는 점이 증명되면, 어떤 **외적인** 사정들 때문에 그것이 **현실적으로** 생겨나지 않을 수 없었는지를, 또 그런 발생의 필요성이 이미 존재하고 있었음에도 어떤 이유에서 생겨나지 않았는지를 어렵지 않게 발견할 수 있을 것이다. 화학자가 사용된 물질이 어떤 **외적인** 사정하에서 화합하는지를 결정하는 것과 거의 동일한 확실함을 가지고 사람들은 그런 문제 사안들을 결정할 수가 있을 것이다. (「모젤 통신원의 변호」, 〈전집〉 제1권)[149]

이는 『자본론』의 서문에서 마르크스가 자본가나 지주를 경제적인 카테고리의 인격적 담당자로 간주하고 그들의 주관적인 의지나 책임에 관해서는 묻지 않겠다고 강조한 대목을 떠올리게 한다. 그의 '자연사적 입장'은 이미 그 지점에서 명료하다. 이는 그가 아무리 포이어바흐의 영향을 받고 있었을지라도, 또 아무리 헤겔적인 사고를 간직하고 있었을지라도 그들 속에서는 결코 찾아볼 수 없는 관점이다. 물론 그렇게 말하는 것은 마르크스가 초기부터 전혀 변하지 않았다는 말이 아니며, 정반대로 마르크스의 사상이 유사한 것에 있는 '미묘한 차이'로부터 독해되어야 한다는 점을 의미한다.

마지막으로 덧붙이자면, 나는 『자본론』에서 마르크스의

253

작업들 가운데 최고의 성취를 발견하고 있음에도 그것을 마르크스의 최종적인 입장으로 간주해야 하는 것은 아니라고 생각한다. 그 이유는 『자본론』이 미완성이기 때문만은 아니다. 중요한 사실은 이미 명확한 것처럼 마르크스가 끊임없이 이동하고 전회하면서 각각의 시스템에서의 지배적인 담론을 '바깥의 발판으로부터' 비판하고 있다는 점이다. 하지만 그런 '바깥의 발판'이 실체적으로 있는 것이 아니다. 그가 서 있는 곳은 담론의 차이이자 그 '사이'로, 그것은 오히려 모든 발판을 무효화할 수 있다. 중요한 것은 관념론에 대해서는 역사적 수동성을 강조하고, 경험론에 대해서는 현실을 구성하는 카테고리의 자율적인 힘을 강조하는 마르크스의 '비판'이 보여주는 풋워크(footwork)다. 마르크스는 기본적으로 저널리스틱한 비평가다. 스탠스의 기민한 이동을 결여하면, 마르크스에게서 어떤 생각을 가져오더라도 무용하다. 그의 말은 문맥에 따라 반대가 되는 경우가 많기에 어떤 식으로든 말할 수 있기 때문이다. 마르크스에게서 하나의 원리(독트린)를 찾는 것은 잘못이다. 마르크스의 사상은 끊임없는 이동과 전회 없이는 존재하지 않는다.

5 마르크스와 아나키스트들

마르크스와 관련하여 애매모호하게 보이는 것 중 하나는 그와 아나키즘의 관계다. 바쿠닌은 마르크스를 권위주의적이고 국가주의적인 인물로 묘사했고, 그런 묘사가 아

제1장 이동과 비평

나키스트들 사이에서 정설로 되어 있었다. 다른 한편 마르크스주의자들 사이에서는 마르크스가 아나키즘을 완전히 부정했다는 것이 정설로 되어 있었다. 예컨대 바쿠닌은 다음과 같이 말한다. "그것이 라살의 강령이고, 그것이 사회민주당의 강령이다. 그것은 원래가 마르크스의 것이며 마르크스는 1848년에 엥겔스와 함께 펴낸 『공산당선언』에 그런 사정을 완전하게 서술하고 있다. (…) 라살의 강령이 그가 자신의 스승이라고 인정하고 있는 마르크스의 강령과 조금도 다르지 않다는 점은 명확하지 않은가."(『국가와 무정부』) 그러나 이는 무지에 따른 것이거나 의도적인 중상모략이다.

마르크스는 라살의 생각, 즉 국가에 의한 생산협동조합의 보호·육성(고타강령)을 비판했다. "노동자들이 협동조합적 생산을 사회적인 규모로, 처음에는 자국에서 국민적인 규모로 만들고자 하는 것은 오늘날의 생산조건들을 변혁하기 위한 노력인데, 이는 국가의 보조에 의한 협동조합 설립과는 아무런 관련이 없다. 현행 협동조합들에 대해 말하자면, 그것은 정부나 부르주아의 보호 없이 노동자가 자주적으로 만들었을 때 비로소 가치를 가진다."(『독일 노동자당 강령 평주平注 3』, 1875년, 『고타강령 초안 비판』,〈전집〉제19권)150 요컨대 마르크스는 국가를 통해 협동조합을 육성하는 것이 아니라 협동조합의 어소시에이션이 국가를 대체해야 한다고 말하는 것이다. 이때 자본과 국가는 지양될 것이다. 그리고 마르크스는 미래에 대해 이러한 원리적 고찰을 제외하고 어떤 이야기도 하지 않는다.

또한 마르크스는 주로 프루동파로 이루어진 파리코뮌에 대해 다음과 같이 말한다. "만약 연합한 협동조합조직 단체들이 공동의 계획에 기초하여 전국적인[내셔널] 생산을 조정하고, 그렇게 그것을 여러 단체의 컨트롤 아래에 둠으로써 자본제 생산의 숙명인 끊임없는 무정부 상태와 주기적 변동을 끝낼 수 있게 된다면, 여러분, 바로 그것이야말로 공산주의[코뮤니즘], '가능한' 공산주의가 아니고 무엇이겠습니까."(『프랑스 내전』)[151] 이러한 어소시에이션은 공동체와 다를 뿐만 아니라 국가집권적인 것과도 근본적으로 다르다. 어소시에이션은 마르크스가 '사회적'이라고 부른 것에 대응한다. 즉 그것은 일단 공동체로부터 나온 자들이 결부된 형태이다. 코뮤니즘이란 자본제 경제에서 화폐와의 교환을 통해 실현된 '사회적' 관계들을 '자유롭고 평등한 생산자들의 어소시에이션'으로, 나아가 여러 어소시에이션들의 글로벌한 어소시에이션으로 전환시키려는 것이다.

『자본론』 제3권에서도 마르크스는 주식회사와 나란히 협동조합을 높게 평가하고 있다. 그는 주식회사를 "자본주의적 생산양식 자체의 한계 내에서 행해지는 사적 소유로서의 자본의 폐지"로 보았다(『자본론』 제3권 5편 27장).[152] 왜냐하면 주식회사는 자본과 경영의 분리를 통해 그때까지의 '자본가'를 소멸시키기 때문이다. 그러나 주식회사는 자본제의 '소극적인 지양'에 불과하다. 그는 노동자가 주주가 되는 생산협동조합에서 자본제의 '적극적인 지양'을 발견한다. "자본주의적 생산양식에서 생겨난 자본주의적 취득양식이란, 즉 자본주의적인 사적 소유란 자신의 노동에 근

제1장 이동과 비평

거한 개인적인 사적 소유의 첫 번째 부정이다. 하지만 자본주의적 생산은 하나의 자연과정의 필연성을 가지고 그 자신의 부정을 산출한다. 그것은 부정의 부정이다. 이 부정은 사적 사유를 재건하지 않지만 필시 자본주의 시대의 성과를 기초로 하는 개인적인 사적 사유를 만들어낼 것이다. 다시 말해 그 부정은 협업을 기초로 하는 토지나 노동 자체에 의해 생산된 생산수단이나 공동소유를 기초로 삼는 개인적인 사적 소유를 만들어낼 것이다."(『자본론』 제1권 7편 24장 7절).[153]

여기서 마르크스의 사적 소유와 개인적인 사적 소유의 구별은 무엇을 의미할까. 근대적인 사적 소유권은 절대주의적 국가를 통해 그에 상응하는 대가로 세금을 내는 방식으로 부여되었다. 사적 소유는 오히려 국가 소유이며, 거꾸로 말하자면 국유제야말로 사유재산제다. 그러므로 사적 소유의 폐지=국유화로 간주하는 것은 완전히 잘못이다. 오히려 사유재산의 폐기는 국가의 폐기이지 않으면 안 된다. 마르크스에게 코뮤니즘이 새로운 '개체적 소유'의 확립을 의미한 것은 그가 코뮤니즘을 생산협동조합의 어소시에이션으로 보고 있었기 때문이다.

이러한 생각은 분명 프루동의 생각에 근거하고 있다. 청년 마르크스가 절찬한 프루동의 저서『소유란 무엇인가』는 "소유란 도둑질이다"라는 말로 유명하다. 그러나 프루동이 소유 일반을 부정한 것은 아니다. 그가 부정한 것은 '불로수익권, 즉 일하지 않고 이익을 얻는 힘'이었다. 따라서 엄밀하게 말하면 프루동은 소유와 점유를 나눈다. "점유를 보전하면서 소유를 폐기하자. 그와 같은 원리의 변경을 통해서만 당신은 법률, 정치, 경제, 제도들 전부를 바꿀 수 있을 것이다. 당신은 지상의 악을 제거해 버릴 수 있을 것이다."(『소유란 무엇인가』)[154] 나아가 그는 '불로수익'을 봉건적 수탈과 동일시한 것이 아니다. 오히려 그가 말하는 '불로수익'이란 자본제 생산에 고유한 것이다. 예컨대 개별 노동자는 자본가로부터 노동에 대한 임금을 받지만, 노동자들 간의 협업 즉 '집합력'에 의해 얻어지는 이익의 증가분은 자본가에게 빼앗긴다. 애덤 스미스는 그것을 정당한 이윤의 원천으로 간주했지만 프루동은 그것을 '도둑질'이라고 불렀다. 이미 영국의 리카도 좌파는 그것을 잉여가치라고 부르고 있었고, 그 지점에서 격렬한 정치적 노동운동이 생겨났다. 프루동은 그와 같은 정치적 활동에 반대하면서 오히려 분업과 협업을 통해 생산력을 높이는 동시에 그것이 '도둑질'을 낳지 않도록 하는 노동합자회사를 만들자고 주장했다. 그러한 윤리-경제적 교환시스템의 확대가 자본과 국가를 사멸시킬 것이라고 말이다.

이렇게 보면 사실상 마르크스는 초기에 프루동에게서 배운 생각을 한 번도 포기하지 않았음을 알 수 있다. 마르크스가 '사적 소유'에 대립시킨 '개체적 소유'란 프루동이 바로 '점유'라고 부른 것이다. 마르크스는 분명 프루동을 비판했다. 그러나 우리는 그들 간의 관계를 마르크스주의와 아나키즘의 대립이라는 이후의 관점에서 봐서는 안 된다. 왜냐하면 거기에는 착종된 상호적 관계가 있기 때문이다. 이를 살피기 위해서는 마르크스가 『독일 이데올로기』에서 제시한 것처럼 영국·프랑스·독일의 여러 담론체계와 그것들의 배경에 있는 현실적 사회 사이의 갭을 봐야만 한다. 19세기의 노동운동과 협동조합운동은 실질적으로 영국에서 시작되었다. 이를 리드했던 것은 프루동이 애덤 스미스에게서 이윤=도둑질이라는 생각을 이끌어내기 훨씬 전에 리카도의 노동가치설에서 잉여가치의 착취를 발견한 리카도 좌파였다. 그것은 특히 토머스 호지스킨이나 윌리엄 톰프슨으로 대표된다. 그들로부터 격렬한 노동운동과 정치운동이 생겨났다.

프루동이 정치운동이 아니라 노동자의 어소시에이션을 통해 자본과 국가를 해소할 수 있다고 생각한 이유 중 하나는, 1830년대의 프랑스에는 산업자본주의도 산업노동자도 거의 없었기 때문이었다. 당시 가장 유력한 사회주의 사상이던 생시몽주의는 국가에 의해 산업을 융성시키고 노동자에게 그 부를 재분배한다는 생각으로, 말하자면 그것은 코퍼러티즘corporatism의 효시다. 실제로 프랑스에서 대규모의 산업혁명이 일어난 것은 생시몽주의자인 나폴레옹 3세(루이 보나파르트)의 시대로, 사회주의자도 예외일 수 없었다. 프루동은 일관되게 생시몽주의 같은 국가사회주의에 반대했다. 이는 이후 마르크스의 라살 비판, 즉 독일에서 비스마르크의 국가자본주의에 대응할 국가사회주의를 제창한 라살을 마르크스가 비판한 지점과 다르지 않다. 한편 1830년대의 독일은 산업자본주의도 사회주의운동도 훨씬 더 발달하지 못한 상태에 있었다. 그것들은 단지 관념으로서 존재한 것이다. 예컨대 1842년에 간행된 로렌츠 폰 슈타인의 『현대 프랑스의 사회주의와 공산주의』라는 소개서가 커다란 영향을 주었을 정도로 말이다. 헤겔 좌파라는 것은 한 마디로 말해 프랑스 사회주의·공산주의의 임팩트에 의해 생겨난 철학자들의 운동이다. 그것은 무엇보다도 헤겔에 대한 비판으로서 나타났다. 하지만 그것은 헤겔 철학이 단순히 지배적이었기 때문은 아니다. 헤겔 자신이 이미 고전경제학을 알고 있었을 뿐 아니라 '철학적으로' 그것을 비판하고 있었기 때문이다. 당연히 그것은 욕구의 체계인 시민사회(자본제 경제)가 초래한 분열이나 모순을 국가(이성)를 통해 넘어선다는 생각이었다.

헤겔 좌파(청년헤겔파)가 공유하고 있던 것은 그와 같은 헤겔에 대한 비판이었다. 그 대표적 인물이 포이어바흐이다. 그는 스스로 코뮤니스트라는 이름을 내걸었다. 프랑스에서 전해진 공산주의를 독일 철학(헤겔 철학)의 문맥에서 곱씹는 것이었다. 그런데 포이어바흐에 의해 흔들린 청년헤겔파는 정치경제적인 관점을 가지고 싶어 했기에 프루동에게서 멀리 떨어져 있지 않았다. 예컨대 마르크스는 포이어바흐의 방식을 응용하여 헤겔의 『법권리의 철학』을 비판했다. 종교 비판에서 포이어바흐는 감성적인 인간이 그 유적類的 본질을 신으로서 소외시키고 있다는 것, 그러므로 그것을 회복해야 한다고 주장했다. 마찬가지로 마르크스는 부르주아 국가에서 '욕구의 체계'(헤겔)로서의 시민사회에서 각자가 이기적인 욕망을 추구하기에 계급적 불평등이나 부자유가 초래되지만 환상의 공동체로서의 정치적 국가(의회제 민주주의)에서만은 자신들이 '유적·본질적 존재'일

제1장 이동과 비평

수 있다, 즉 자유롭고도 평등할 수 있다는 것을 자기소외로 파악했다. 여기서 중요한 것은 마르크스가 시민사회를 '사회적 국가'로 간주한 점이다.

『법권리의 철학』의 헤겔은 '시민사회'로부터 시장경제라는 '욕구의 체계'만이 아니라 그것에 의해 초래된 모순과 대립을 조정하는 사법기구만이 아니라 직업단체(의회)도 발견했다. 마르크스가 시민사회를 정치적 국가와 대비되는 '사회적 국가'로 간주한 것은 그런 까닭이다. 만약 사회적 국가의 레벨에서 모순·대립이 지양된다면, 즉 자본제 경제가 지양된다면 헤겔이 말하는 국가(정치적 국가)는 불필요할 것이다. 주의해야 하는 것은 마르크스가 정치적 국가를 통해 자본제 경제를 폐기한다는 생각을 이 시기부터 시종일관 부정하고 있다는 점이다. 그런 생각은 헤겔의 것으로, 라살 같은 국가자본주의 및 국가사회주의적인 사고는 여기에 근거하고 있다.

한편 마르크스가 목표로 삼은 것은 정치적 국가의 폐기이며, 바로 그렇기 때문에 자본제 경제에 의해 지배되고 있는 시민사회를 사회적 국가로 재편성하는 일이 요청되었다. 기본적으로 그런 생각은 프루동에서 유래하는 아나키즘으로, 마르크스는 이를 결코 포기하지 않는다. 그러나 이 시점의 마르크스는 시민사회와 자본제 경제에 대해 아직 어떤 구체적 고찰도 행하지 못한 상태였다. 곧 '유적 본질[Gatt-ungswesen]'이라는 개념을 통해 생각하고 있었을 따름이었다. 그 개념은 포이어바흐의 사고틀을 넘어서는 것이 아니었다. 따라서 이 시기까지의 마르크스가 슈티르너의 눈에 포이어바흐의 추종자로 비쳤다고 해도 이상하지 않다. 나아가 이 시기의 마르크스가 프루동을 찬미한 것은 물론이다.

이러한 문맥을 고려하지 않으면, 예컨대 슈티르너가 『유일자와 그 소유』에서 포이어바흐나 포이어바흐의 논리를 따르는 헤겔 좌파 일반만이 아니라, 나아가 프루동까지도 비판한 사정을 이해할 수 없을 것이다. 슈티르너에 따르면 포이어바흐는 신이나 정신을 부정했지만, 그것들을 대신하는 '인간'(유적 본질) 자체는 신이나 정신의 변형에 불과한 것이었다. 슈티르너는 프루동에 대해서도 다음과 같이 쓴다.

> 포이어바흐는 우리들에게 설명하면서 말한다. "요컨대 사변적 철학을 전도시킬 수만 있다면, 즉 객어客語를 주어로 삼고 주어를 목적어로 삼아 원칙으로 삼는다면 사람들은 밖으로 표출되는 순수하고도 무구한 진리를 갖게 된다."(「아넥도트」 II, 64쪽) 이 말을 통해 우리는 편협하고 고루한 종교적 입장의 다른 측면 즉 도의적 입장을 손에 넣을 뿐이다. 예컨대 우리는 더 이상 "신은 사랑이다"라고 말하지 않고 "사랑은 신적인 것이다"라고 말할 수 있게 된다. (『유일자와 그 소유』 上)[155]

신을 향한 공경은 100년 동안 많은 타격을 받고 초인적 본질을 두고 '비인간적'이라는 비난을 들을 수밖에 없었기 때문에, 사람들은 그런 타격과 비난에 대해 자세를 바로잡고 대응할 마음을 도저히 가지지 못했다. 사정이 그렇게 되자 하나의, 별도의 최고존재를 위하여 최고존재에게 싸움을 걸어야 할 전장에 나타나는 것은 거의 언제나 도의적인 적대자일 뿐이다. 그리하여 프루동은 다음과 같이 뻔뻔하게 말한다(「질서의 창조」, 36쪽). "인간은 종교 없이 살아가게 하는 규정 안에 있다. 그러나 도의의 법도(la loi morale)는 영원하며 절대적이다. 오늘날 누가 감히 도덕을 공격하겠는가." (같은 책)[156]

슈티르너가 생각하기에 프루동은 국가를 부정하고 있지만 결국에는 '사회'나 '공동체'가 그것을 대신했을 뿐이다. 거기서는 사회의 일원으로서의 개인만이 인정될 뿐, '바로 이 나'는 무시된다. 슈티르너는 그것을 '나의 소유'(my own)로서 이야기한다. 하지만 그것은 오히려 프루동의 『소유란 무엇인가』에 대해 이야기한 것이었다. 실제로 이 말은 소유와 관계가 없다. "'자유'란 하나의 동경, 낭만적 탄식의 목소리이며 피안과 미래에 맡긴 그리스도교적 희망으로, 그렇게 계속 존속하는 것이다. '자기성'이란 하나의 현실, 나아가 자신의 길을 방해하고 저지하는 부자유를 스스로 배제하는 현실이다. 자기소유자(der Eigene)는 태어날 때부터 자유인이며 본래적인 자유인이다. 이에 반해 자유인(Laie)은 요컨대 자유를 찾고 있는 자, 몽상자, 공상자에 불과할 뿐이다."(『유일자와 그 소유』 下)[157] 즉 그에게 자유는 소유해야 할 무언가가 아니다. 따라서 슈티르너는 다른 곳에서 그것을 '무無'라고 부른다. '나의 소유'란 사람들 각자가 단지 그들 각자라는 것으로, 유일성(unique)이라는 것은 특수한 재능 따위를 가리키는 말이 아니다.[158*]

슈티르너는 사람들이 에고이스트라고 주장한다. 하지만 동시에 흔히 에고이스트로 간주되는 것은 에고이스트가 아니라고도 말한다. 예컨대 이익이나 욕망의 추구에 '홀려있는', 곧 소유당하고 있는(possessed) 것이라면, 이는 '나의 소유'를 잃어버리는 일이지 에고이스트일 수는 없다는 것이다. 따라서 에고이스트를 말하면서도 연합(어소시에이션)을 지향하는 것은 조금도 모순되지 않는다. 오히려 그는 에고이스트만이 어소시에이션을 형성할 수 있고, 또 어소시에이션이란 그러한 것이어야 한다고 말한다. 그는 프루동이 구상한 어소시에이션에서 교회나 공동체의 악취를 맡고 있었다. 그는 교회나 공동체가 강요하는 도덕성을 부정했다. 그런데 그렇게 함으로써 오히려 새로운 윤리를 제기하고자 한 것이다. 슈티르너는 말한다. 이제까지 개인을 같은 가족으로서만, 같은 민족, 같은 국민, 같은 인류로서만 승인해 왔다고, 즉 '고차적인 존재'를 통해서만 개인을 인정해 왔다고, 개인을 그저 개인으로서 인정한 일이 한 번도 없었다고 말이다.

> 하지만 내가 당신을 사랑하고 나의 마음이 당신에게서 양식糧食을 보며 그렇게 나의 욕구가 만족하기에 당신을 존경하면서도 육성하는 것은 당신이 성화된 몸이 된 무언가 고차적인 존재이기 때문도 아니고 내가 당신에게 망령을, 그러니까 당신에게서 현상되

는 정신을 보기 때문도 아니다. 그 이유는 바로 에고이스트적인 기쁨 때문이다. 당신의 본질을 가진 당신 자신이 내게 가치가 있다. 생각건대 그것은 당신의 본질이 어떤 고차적 본질이 아닐 뿐더러 당신보다 더 높고 보편적인 것이 아니기 때문인데, 바로 그 때문에 당신은 당신 자신으로 있을 수 있음으로써 유일하기 때문이다. (『유일자와 그 소유』上)[159]

슈티르너가 말하는 것은 가족, 공동체, 민족, 국가, 사회 같은 '유적 존재'가 밀어붙이는 도덕이 아니라, 그것들을 매개하지 않고 현실에서 실제 눈앞에 있는 타자를 자유로운 인간으로 대하라는 식의 윤리다.[160]* 슈티르너가 '에고이스트들의 어소시에이션'으로서 사회주의를 구상한 것은 그런 의미에서다. 그렇지 않으면 사회주의란 '사회'(공동체)의 우위로 귀결되고 말 것이다. 이렇게 슈티르너는 오언이나 프루동의 어소시에이션에서 개인을 종속시키는 공동체를 발견하고 그것을 비판했다. 그러나 프루동은 슈티르너가 비판하는 '공산주의'와는 이질적인 주장을 했다. 프루동은 슈티르너가 비판하는 그런 어소시에이션(결사)을 부정하고 있었다. 프루동의 사회주의는 오히려 슈티르너가 말하는 '에고이스트들의 어소시에이션'이라는 관점에서 명확해진다. 연합의 계기란 "한정된 한 가지 혹은 다수의 여러 목적을 위한 쌍무적이고 실정적인 계약이며, 나아가 기본적인 조건이란 계약 당사자가 그들이 포기한 것을 초과하는 주권과 행동을 스스로 유보하는 것이다."(『연합의 원리』) 그러나 1840년대의 프루동에게 이 점이 명확하지 않았다는 것도 분명하다.

한편 슈티르너의 포이어바흐 비판이 독일에서 갖는 의의는 조금 더 철학적인 것이다. 청년헤겔파는 헤겔을 유물론적으로 전도시켰다. 그러나 그들은 헤겔이 개체個를 언제나 일반자(유類)의 관점에서 보는 사고를 의심하지 않았다. 그들은 일반자(정신)를 실재로서 이해하는 생각을 배척했지만, 그것을 개체에 내재시켰다. 따라서 일반자는 다른 형태로 남았던 것이다. 이 점을 두고서 슈티르너는 일반자 전부를 유령이라고 불렀다. 그러나 이는 개별사물만이 실재이고 유類는 관념에 불과하다는 유명론적인 발상과는 다르다. 그는 실재론만이 아니라 유명론까지도 비판한 것이다. 이 점에서 슈티르너가 '나의 소유'에 관해 이야기한 것은 시사적이다. 실제로 유명론자는 개체의 개체성을 고유명(proper name)에서, 말하자면 '소유(property)'에서 발견하기 때문이다. 그런데 고유명은 개-유個-類(개체성-일반성)의 논리에서 벗어나는 것이다. 앞서 제1부에서 서술한 것처럼 고유명의 문제를 파고들면 우리는 개체성-일반성과는 다른 단독성-보편성(사회성)이라는 축으로 전환하지 않을 수 없다. 슈티르너는 단지 개체를 유일한 실재로서 도출한 것이 아니라 개체-유(일반성)의 관점에서 사고하는 일 자체를 배척한 것이다. 따라서 그가 위와 같은 에고이스트(유일자)를 발견해냈을 때, 그것은 즉각 '에고이스트들의 어소시에이션'으로 귀결되었다.[161*] "어소시에이션 속에서 당신은 에고이스트적으로 살아가지만, 당신이 고용된 사회

제1장 이동과 비평

속에서 당신은 인간적으로, 그러니까 종교적으로 '주인의 신체를 이룬 손발 하나'로서 살아가는 것이다."(『유일자와 그 소유』下)162

마르크스가 『독일 이데올로기』에서 슈티르너를 조소하면서 비판한 것은 잘 알려져 있다. 그러나 이 책은 동시대에 출판된 것이 아니다. 슈티르너가 빠르게 잊어진 것은 마르크스의 비판 때문이 아니라 1848년 혁명 때문이다. 슈티르너가 19세기 말에 재평가를 받게 됐을 때 비로소 마르크스의 비판도 주목받게 되었다. 하지만 그때는 이미 마르크스주의자와 아나키즘의 대립이라는 구도하에서 독해되었기 때문에, 슈티르너와 마르크스가 어떤 관계였는지 충분히 검토되지 않았다. 실제로 마르크스가 청년헤겔파의 '문제의식'에서 벗어나는 데 슈티르너의 청년헤겔파 비판이 결정적으로 작용했음이 명백하다. 실로 그것이야말로 마르크스에게 '인식론적 단절'을 가져다주었다고 해도 좋다. 마르크스는 「포이어바흐에 관한 테제」에서 "인간이란 사회적 관계들의 총체(ensemble)다"라고 썼다. 이 '인간'이란 슈티르너가 유령이라고 부르면서 비판한 '유類'다. 마르크스는 마치 이런 비판에 응하기라도 하는 것처럼 다음과 같이 말한다. "우리가 출발점으로 삼는 여러 전제들이란 현실적인 여러 개인이며 그들의 행위와 그들의 물질적 생활과 관련된 여러 조건들이다."(『독일 이데올로기』)163

이제 마르크스는 현실의 여러 개인에서, 정확하게는 사회적 관계에 놓인 여러 개인에서 출발한다. 예컨대 우리는 각자 다양한 사회적 관계, 즉 생산관계만이 아니라 젠더,

가족, 에스닉, 민족, 국가, 기타 여러 관계의 차원에 놓여 있다. 게다가 그것들은 때때로 상호 간에 모순을 일으킨다. 나의 '본질', 즉 '~인 것'이란 그런 관계들에 의해 규정된다. 나의 본질이 되는 것은 그런 사회적 관계들의 총체라고 할 수밖에 없다. 그러나 '인간'(본질)이라는 상상적 관념은 그런 여러 관계들을 소거하고 만다. 한편 나는 동시에 그런 관계들에 의해 규정된 '본질'과는 별도의 '실존'이다. 나의 실존은 적극적인 내용을 전혀 '소유'하고 있지 않다는 의미에서 '무無'다.[164*] 그런데 이것이야말로 주어진 여러 관계성에 이의를 제기할 수 있게 한다. 슈티르너가 말하는 '유일자'란 그런 것이다. 사정이 이러한데도 마르크스와 슈티르너를 대립시켜야 할까.[165*] 만약 그렇게 대립시킨다면 마르크스주의와 아나키즘보다는 마르크스주의와 실존주의라는 '문제의식'에 사로잡히게 될 것이다. 중요한 것은 슈티르너가 모든 관계들을 괄호에 넣고 '바로 이 나'의 절대성을 도출한 것처럼, 마르크스가 어떤 의지나 관념—특히나 인간이라는 관념—으로도 삭제될 수 없는 관계의 절대성을 도출했다는 점이다. 마르크스는 그런 인식을 『자본론』에서도 관철시키고 있다. 즉 여러 개인들을 관계항에 놓여 있는 이로만 보는 철저한 관점(자연사적 입장)에서 말이다.

내가 다시금 말하고 싶은 것은 마르크스주의자와 아나키즘의 대립으로 마르크스와 슈티르너의 관계를 이해해서는 안 된다는 점이다. 마르크스주의에서는 마르크스와 엥겔스가 동일시되고 있다. 왜냐하면 '마르크스주의'는 엥겔스가 만들었기 때문이다. 다른 한편으로 아나키즘에서는

제1장 이동과 비평

슈티르너, 프루동, 바쿠닌이라는 서로 다른 사람들이 동일시되고 있다. 하지만 그것은 '마르크스주의'에 대항하는 허구적 동일성에 불과하다. 이런 허구 속에서 사고하는 한 불모만을 약속받는다. 기껏해야 '마르크스주의와 아나키즘의 통일'이라는 슬로건이 반복될 따름이다. 실제로는 마르크스, 엥겔스, 프루동, 바쿠닌과 같은 사람들의 관계란 서로 뒤얽힌 차이와 동일성의 그물망을 이루고 있다.

반복하건대 마르크스를 포함하여 독일의 헤겔 좌파는 프루동의 사회주의 이론에 영향을 받아 헤겔을 다시 읽은 사람들이다. 그 가운데 슈티르너가 헤겔 좌파를 비판했지만, 그것은 이미 서술한 것처럼 프루동에 대한 비판을 포함하고 있다. 마르크스가 헤겔 좌파적인 문제의 규제에서 벗어난 것은 슈티르너의 비판 이후였다. 그 지점에서 마르크스의 관점, 개개인을 사회적 관계들에서 파악하는 관점과 그런 관계들을 강제하는 자본제 경제의 구조에 대한 탐구의 의지가 나왔다고 해도 좋다. 그런 의미에서 아나키스트라는 이유만으로 슈티르너와 프루동을 마르크스와 대립시키는 것은 전혀 생산적이지 않다.

예컨대 1858년 벨기에로 망명한 프루동은 과거의 사회주의자들이 내셔널리즘과 중앙집권주의에 빠져드는 것을 비판하면서 『연합의 원리』(1863년)를 출판했다. 그는 거기서 '권위와 자유'의 안티노미를 지적하고 '민중'이 황제 보나파르트를 지지한 원인을 자유보다 권위를 좋아하는 '민중'의 성격에서 발견한다.

자유롭거나 민주적인 통치조직은 군주정치의 그것보다 복잡하고 학문적이며 좀 더 근면하지만, 좀 더 전광석화처럼 실천하지 못하기 때문에 좀 더 대중적이지 못하다. 자유로운 통치를 이루는 여러 형태들은 언제나 군주제적인 절대주의를 더 좋아하는 대중에 의해 귀족정치로 간주되어 왔다. 이 지점에서 진보적인 인간이 깊이 빠지고 향후 더 오래도록 빠지게 될 일종의 순환작용이 생겨난다. 물론 공화주의자들이 다양한 자유와 보증을 요구하는 것은 대중의 운명을 개선하기 위해서다. 그러므로 그들이 지지를 구해야 하는 대상은 대중이지만, 민주적인 여러 형태들에 대한 불신이나 무관심으로 인해 자유의 장애가 되는 것도 민중이다. (『연합의 원리』)

프루동이 말하는 '민중'이나 '대중'에는 사회경제적인 관계들이 누락되어 있다. 마르크스가 『브뤼메르 18일』에서 1848년 혁명이 보나파르트의 황제 취임으로 귀결된 원인을 사회적 관계들과 대표제 문제에 대한 상세한 분석을 통해 명확히 한 때로부터 훨씬 이후에 프루동이 여전히 그런 사정을 '민중'의 성격에 귀속시키고 있는 점이 오히려 이상해 보일 정도이다.

그런데 그와 같은 '민중'이 유령에 불과하다는 것을 처음 지적한 이는 바로 슈티르너였다. 그의 비판에서 마르크스는 유적·본질적 존재 등의 유령을 배척하고 개개인과 그들이 놓여 있는 관계들을 살피는 방향으로 향한 것이다.

제1장 이동과 비평

한편 프루동이 '민중'을 두고 '군주제적인 절대주의'를 좋아한다고 말했을 때, 그것은 바쿠닌에게는 완전히 결여되어 있던 통찰이었다. 바쿠닌에게 '민중'은 국가나 지식인의 지배가 없으면 자발적으로 자유연합의 조직을 만들어내는 존재로 규정되어 있기 때문이다. 그렇게 보면 프루동, 슈티르너, 바쿠닌은 각기 이질적이며, 그들을 하나로 취급하는 것은 마르크스와 엥겔스를 동일시하는 것처럼 어리석은 일임을 알 수 있다.

엥겔스는 프루동적인 사회주의를 싫어했고 사사건건 마르크스가 프루동을 어떻게 부정하고 있었는지를 각인시키고자 했다. 마르크스 자신도 프루동을 통렬하게 비판하고 있다. 하지만 그런 언사만으로 마르크스가 프루동과 완전히 적대하고 있었다고 생각하는 것은 잘못이다. 마르크스가 평생 집요하게 '비판'한 상대는 '비판'할 값어치가 있는 사람들로서 극소수였다. 흔히 마르크스는 파리에서 프루동과 친했는데 프루동이 『빈곤의 철학』을 쓴 시점에 결별했다고 한다. 당시 프루동은 노동자가 권력을 잡는 식의 정치혁명을 부정하고 자유로운 연합에 의한 '교환조직'(예컨대 비자본제적인 생산협동조합, 이자를 낳지 않는 교환은행)을 서서히 확대해 감으로써 자본제 경제와 사유재산을 사멸시킨다는 생각을 가지고 있었다. 이에 대해 마르크스는 계급들과 계급대립이 존재한다면 '정치를 경제로 해소하는' 일은 불가능하며 노동자 계급의 해방은 '정치적 혁명'을 통해서만 가능하다고 주장했다. 하지만 그 시기 둘 사이의 대립만으로 프루동과 마르크스의 관계를 생각하는 것은 불가능하다. 어떤 의미에서 둘의 입장은 얼마 지나지 않아 역전되기 때문이다.

예컨대 1848년의 프랑스혁명에서 프루동은 '정치적 혁명'을 지향하게 되며, 다른 한편에서 마르크스는 1848년에 정점을 맞은 이후 영국 노동운동의 '정치화'가 더 이상 전망을 가질 수 없다는 상황인식하에서 오히려 비-자본주의적인 생산협동조합에서 가능성을 발견하기 때문이다. 또 『철학의 빈곤』을 썼던 시점에 마르크스는 그때까지 영향을 받은 프루동을 부정하고 다음과 같이 리카도를 칭찬했다.

> 리카도는 가치를 구성하는 부르주아적 생산의 현실적인 운동을 우리들에게 묘사해 준다. 프루동 씨는 현실적 운동을 내다버리고 리카도가 그렇게나 훌륭히 설명한 실존하는 현실적 운동을 단순히 이론적으로 표현할 뿐인 자칭 새로운 공식을 통해 이 세상을 규율하기 위한 새로운 방식의 발명에 광분하고 있다. (…) 노동시간에 의한 가치의 결정은 리카도에게는 교환가치의 법칙이지만 프루동 씨에겐 사용가치와 교환가치를 종합하는 것이다. 리카도의 가치론은 현존하는 경제생활의 과학적 해설이지만 프루동 씨의 가치론은 리카도 이론의 유토피아적 해석이다. 리카도는 모든 경제적 관계에서 자신의 공식을 도출하고, 이어서 그 공식으로 모든 현상들을, 그러니까 지대, 자본축적 및 임금과 이윤의 관계 등등 깊이 생각하지 않으면 그의 공식과 모순을 일으키는 것처럼 보이는

제1장 이동과 비평

여러 현상들을 설명해감으로써 자기 공식의 올바름을 확증한다. 이 점이야말로 그의 이론을 과학적 체계로 만드는 것이다. (『철학의 빈곤』, 〈전집〉 제4권)[166]

프루동의 생각은 기본적으로 유통과정에서 자본제에 대항하는 것이다. 마르크스는 그런 대항을 두고 프루동이 소생산자들에 의거하고 있기 때문이라고 생각했다. 실제로 프랑스는 산업자본주의가 발달되어 있지 못했고 프롤레타리아트라고 해도 직인적인 사람들이 중심이었다. 따라서 그들의 사회주의는 소생산자들의 자발적인 어소시에이션으로서의 협동조합이나 금융시스템을 중심으로 삼게 된다. 한편 영국에서는 임금노동자를 모아 협동시키는 자본제 기업의 대공업이 발전하고 있었다. 그런 산업자본주의에 대해서는 프루동처럼 유통과정에서의 투쟁만으로는 대항할 수 없었다. 산업자본주의 경제의 '체계' 전체는 유통과정만이 아니라 생산과정에서 살펴볼 때 비로소 밝혀진다고 생각한 마르크스는, 이후 본격적으로 경제학 연구를 시작했다. 따라서 프루동을 비판한 『철학의 빈곤』이 『자본론』을 향한 첫걸음이라고 이야기된다. 그러나 마르크스가 실제로 걸은 길은 리카도처럼 자본제 경제의 비밀을 생산과정에서 살필 뿐만 아니라, 오히려 그 비밀을 유통과정이나 신용과정에서 살피는 길이었다. 대체 무슨 일이 일어난 것일까.

마르크스는 처음에 이렇게 생각하고 있었다. 자본제 경제는 프루동이 말하는 유통과정에서의 '교환의 부정의不正義'에서 생겨나는 것이 아니며, 산업자본에서의 잉여가치는

273

생산과정에서의 착취로부터 생겨난다고 말이다. 그러나 잉여가치가 진짜로 실현되는 것은 유통과정에서다. 즉 노동자가 생산한 것을 노동자 자신이 구매할 때다. 그렇다면 생산과정만 생각하는 것은 자본제 경제 전체를 밝히는 것이 아니다. 오히려 산업자본도 넓은 의미에서 상인자본의 한 변종으로 봐야 한다. 자본제 경제를 유통과정에서만 생각하고자 했다는 이유로 프루동을 비판하고, 생산과정에서 자본제 경제의 체계 전체를 생각하고자 한 리카도를 긍정적으로 평가한 마르크스는 이후 거꾸로 유통과정에 주목하기 시작한 것이다. 그런 사정은 1850년대 말, 즉 『자본론』에서 '가치형태'를 내걸고 문제시한 시점에서 가장 명백해진다. 그는 자본의 운동을 $G-W-G'$라는 일반적 정식으로 보았다. 즉 자본의 본질을 상인자본으로 본 것이다.

그런데 문제는 그 지점에서 실천상 어떤 차이가 나올 수 있는가다. 생산과정에서 자본제 경제를 볼 때 그에 대한 투쟁은 자본에 대한 노동자의 투쟁, 생산지점에서의 투쟁이 된다. 다른 한편 자본제 경제를 유통과정에서 볼 때 그에 대한 투쟁은 비자본제 경제를 창출하는 일, 즉 생산-소비 협동조합, 얼터너티브 화폐나 은행 등을 창출하는 일이 된다. 그 둘 중 어느 하나를 우위에 두는 것은 잘못이다. 이 운동들은 모두 불가결할 뿐만 아니라 서로 결합되어야 하기 때문이다. 1860년대의 마르크스에게는 그런 관점이 확립되어 있었다. 예컨대 마르크스는 다음과 같이 쓰고 있다(아래서 언급되는 국제노동자협회는 이후 제1인터내셔널이라는 이름으로 불리는 것으로, 프루동파가 다수였다).

제1장 이동과 비평

 국제노동자협회의 임무는 노동자 계급의 자연발생적인 운동을 결합하여 보편화하는 것이며, 무엇이든지 탁상공론적인 학설을 운동에 지시하거나 밀어붙이는 것이 아니다. 따라서 대회는 특수한 협동조합제도를 앞장서서 인도하는 것이 아니라 약간의 일반원리를 명확히 하는 것에서 멈춰야 한다.

 (A) 우리는 협동조합운동이 계급 적대에 기초를 둔 현재의 사회를 개조하는 여러 힘들 중 하나임을 인정한다. 이 운동의 커다란 공적은 자본에 대한 노동의 예속에 근거하여 궁핍을 낳는 현재의 전제적 제도를 자유롭고도 평등한 생산자의 연합사회라는, 복지를 가져오는 공화적 제도로 바꿔 놓을 수 있다는 점을 실제로 증명한 것이다.

 (B) 그런 협동조합제도가 개별 임금노예들의 개인적인 노력으로 만들어질 정도로 영세한 형태로 한정된다면, 협동조합제도가 자본주의사회를 개조하는 일은 불가능할 것이다. 사회적 생산을 자유로운 협동조합운동의 거대하고도 조화로운 하나의 체계로 바꾸기 위해서는 전반적인 사회적 변화, 사회의 전반적인 조건의 변화가 필요하다. 이 변화는 사회의 조직된 힘, 즉 국가권력을 자본가와 지주의 손에서 생산자 자신의 손으로 옮기는 것 이외의 다른 방법으로는 결코 실현할 수 없는 것이다.

 (C) 우리는 노동자에게 소비협동조합보다는 오히려

생산협동조합에 종사하기를 권한다. 소비협동조합은 현재의 경제 제도의 표면과 관계할 뿐이지만 생산협동조합은 제도의 토대를 공격한다.

(D) 우리는 실제 사례와 교도教導라는 양쪽을 통해, 바꿔 말해 새로운 협동조합공장 설립의 촉진과 설명·설교라는 양쪽에 의거해 협동조합의 원리를 선전하고자 하며, 이를 위해 모든 협동조합이 협동수입의 일부로 기금을 만들 것을 권고한다.

(E) 협동조합이 보통의 중간계급적 주식회사(société par actions)로 타락하는 것을 방지하기 위해 협동조합에서 일하는 모든 노동자는 주주이든 아니든 평등한 배당을 받을 수 있어야 한다. 단 일시적인 편법으로서 낮은 비율의 이자를 주주에게 지불하는 일에는 우리 역시도 동의한다. (「개개의 문제를 둘러싼 잠정중앙평의회 대의원들에 대한 지시」, 1867년, 〈전집〉 제16권)

생산협동조합은 영국의 로버트 오언에 의해 구상된 것이고, 몇 번의 좌절을 거쳐 1850년대 이후 현실에서 활발히 이루어진 운동이다. 마르크스는 이런 운동을 단지 부정하지 않은 것이 아니다. 『자본론』 제3권에서 그는 이 운동을 자본제 생산을 지양하는 것으로 평가했으며, 『프랑스 내전』에서는 '자유롭고 평등한 생산자의 어소시에이션'에서야말로 '가능한 코뮤니즘'이 발견될 수 있다고 보았다. 하지만 마르크스는 그 '한계'도 지적하고 있다. 생산-소비협동조합

제1장 이동과 비평

은 자본제 경제 속에 있으며 자본화가 곤란한 국소적 영역을 빼고는 자본과의 경쟁에 노출되어 몰락할 수밖에 없다. 반복하건대, "사회적 생산을 자유로운 협동조합운동의 거대하고도 조화로운 하나의 체계로 전화시키기 위해서는 전반적인 사회적 변화, 전반적인 사회적 조건의 변화가 필요하다. 이 변화는 사회의 조직된 힘, 즉 국가권력을 자본가와 지주의 손에서 생산자 자신의 손으로 옮기는 이외의 다른 방법으로는 결코 실현할 수 없는 것이다."(같은 책) 당연히 그것은 『고타강령 비판』에서 행한 마르크스의 라살 비판에서도 명확한 것처럼 국가를 통해 생산협동조합을 관리·육성하자는 의미가 결코 아니다. 국가권력을 생산자 자신의 손으로 옮긴다는 것은 국가권력을 잡는다는 말이 아니라 '정치적 국가'의 지양이지 않으면 안 된다는 말이다. 즉 '어소시에이션의 어소시에이션'인 사회적 국가가 국가를 대신해야 한다는 것이다.

공산주의가 국유화에 의한 계획경제라고 굳게 믿었던 마르크스주의자들에 의해 생산협동조합은 경시되어 왔다. 그런데 그 방향으로 이끈 이는 엥겔스다. 이런 방향과 달리 『고타강령 비판』, 나아가 러시아 나로드니키(아나키스트)의 활동가 베라 자술리치에게 보낸 편지 등에는 마르크스가 생산협동조합을 얼마나 근본적인 것으로 보고 있었는지가 명확히 제시되어 있다. 그럼에도 엥겔스는 『프랑스 내전』을 포함하여 그런 문헌을 마르크스가 죽은 뒤 상황이 변했다는 단서를 달아 공표한 것이다. 또 엥겔스는 마르크스가 프랑스의 프루동을 평가하거나 러시아의 나로드니키를 평가한 것은 그저 전술적인 동기 때문이었다는 뜻으로 말한다. 요컨대 엥겔스는 마르크스에게 있던 어소시에이셔니즘을 숨기거나 하지는 않았지만, 어떤 의미에서 교묘하게 은폐했다고 할 수 있다.

바쿠닌은 라살의 생각이 마르크스에게서 온다고 여겼지만, 이미 서술한 것처럼 국가를 도입하는 것만큼 마르크스와 거리가 먼 생각은 없다. 그러함에도 마르크스는 모든 규제를 부정하는 바쿠닌과는 다르다. 마르크스는 국가의 집권적인 권력을 부정하면서 동시에 다수의 어소시에이션을 종합하는 '중심'을 추구했다. 그 중심은 권위주의와 비슷하면서도 다른 것이다. 실제로 프루동에 따르면, 아나키즘이란 아나킥(혼돈)이 아니다. 그것은 하나의 질서이며 통치이다. 프루동은 아나키가 어디까지나 통치, 바로 자기통치(self-government)의 형태임을 주장한다. 나아가 아나키즘이란 "정치기능은 산업기능으로 환원되며 사회적 질서는 오직 거래와 교환이라는 사실에서 유래한다"는 생각이다 (『연합의 원리』). 이 점에서 보면, 마르크스가 말하는 '사회적 생산을 자유로운 협동조합운동의 거대하고도 조화로운 하나의 체계로의 변화시키기'라는 구상은 프루동의 이념을 어느 것 하나 배반하지 않는다. 그 구상은 어디까지나 국가적 통제와는 아무 관계가 없다.

프루동은 '권위와 자유'를 그저 대립으로서가 아니라 안티노미로서 파악하고 있었다. 그것은 말하자면 "중심이 있어서는 안 된다"와 "중심이 없어서는 안 된다"는 두 명제의 동시적인 성립을 가리킨다. 예컨대 아나키스트는 '권위'

제1장 이동과 비평

를 부정했지만, 그것이 단지 혼돈과 혼란을 초래할 뿐이라면 오히려 정반대로 '권위'를 부활시키고 말 것이다. 프루동은 그런 안티노미를 해결하는 '원리'를 어소시에이션에서 발견했다(만년에 그는 그것을 federation이라고 부른다). "그것은 자유와 권위의 밸런스가 제기한 모든 곤란을 해결한다. 이와 동시에 우리는 통치에 관한 이율배반에 빠지는 것을 두려워할 필요도 없게 된다."(『연합의 원리』) 즉 자유와 권위의 안티노미를 해결하는 것은 하나의 새로운 시스템인 것이다.

> 두 가지 힘(권위와 자유)이 균형을 이루도록 하는 것, 이는 그 둘을 서로 두려워할 줄 알게 하고 화해할 수 있게 하는 하나의 법에 한정시키는 일이다. 무엇이 우리에게 권위와 자유보다 우월한 새로운 요소를, 권위와 자유의 동의에 의해 제도의 특징이 될 새로운 요소를 공급해 주는가. 그것은 계약인데, 그것의 문면文面이 서로 대립하는 두 힘에 대하여 법이 되어 강제력을 작동시키는 것이다. (『연합의 원리』)

이런 관점에서 보면 바쿠닌은 자유보다 오히려 혼돈을 사랑하고 있었음이 분명하다. 혼돈은 권위를 불러들인다. 따라서 바쿠닌은 도리어 권위를 사랑하고 있었다고 말해도 좋다. 마르크스가 바쿠닌파를 비판했을 때, 그는 권위주의자로서 그렇게 한 것이 아니다. 오히려 마르크스는 프루동이 발견한 '권위와 자유'의 안티노미라는 문제를 바쿠닌보다 심각하게 받아들이고 있었다. 실제로 마르크스는 프루동파가 이룩한 파리코뮌을 상찬하고 그로부터 '가능한 코뮤니즘'의 전망을 얻었다.

1848년의 시점에서 마르크스는 블랑키를 지지하고 있었다. 즉 혁명에서 소수의 전위(당)가 선행하지 않으면 안 된다고 생각했다. 『공산당선언』에도 그 흔적이 남겨져 있다. 그런데 1850년대에 마르크스는 생각이 바뀌었다. 그럼에도 바쿠닌은 『공산당선언』을 증거로 마르크스의 집권주의를 비판하고 있다. 그가 생각하기에 혁명은 지식인의 지도가 아니라 노동자 대중 자신들의 자유연합에 의해 행해져야만 하는 것이었다. 그러나 현실에서는 바쿠닌 자신이 지식인의 주도성 없이는 일을 끝낼 수 없었다. 그는 집권적인 권력을 부정했음에도 거꾸로 극단적으로 트리(tree) 형태의 비밀결사(전위당)를 만들고자 했다. 그는 이렇게 쓰고 있다. "다음과 같은 점을 이해해야만 한다. 혁명을 목적으로 하는 결사는 필연적으로 비밀결사여야 한다는 것, 모든 비밀결사는 자신의 활동을 효과적으로 만들기 위해 개별 멤버의 안전을 확보해야 하며 임무를 수행하기 위해 그들을 엄격한 규율에 복무시키지 않으면 안 된다는 것."(「국제혁명결사의 원리들과 조직」)[167]*

따라서 바쿠닌은 블랑키스트와 그리 다른 입장에 있는 것이 아니다. 왜냐하면 블랑키도 지식인의 권력을 부정하고 있었기 때문이다. 블랑키가 말하는 내용은 전위(당)가 권력을 잡는 것은 잘못이라는 것, 혁명은 대중의 봉기에 의해 초래된다는 것, 혁명은 대중 자신에 의해 실행되지 않으면 안

제1장 이동과 비평

된다는 것, 하지만 소수의 각성된 전위(당)가 없으면 혁명은 방향을 잡지 못해 실패한다는 것, 그렇기에 전위가 선도해야 한다는 것이었다. 여기까지의 사정들이 보여주는 것은 블랑키스트든 아나키스트든 각성된 소수의 지도자와 대중이라는 구도를 불가피한 것으로 본다는 점이다.[168*] 중요한 것은 마치 그와 같은 이원성이 없는 것처럼 둘러대는 것이 아니라 그것이 불가피하다는 점을 인식한 상태에서 그것이 고착화되지 않도록 하는 시스템을 고안하는 일이다. 마르크스는 그런 시스템을 향한 단서를 파리코뮌에서 발견했다. 그리고 기본적으로 그것은 프루동의 생각이었다.

하지만 엥겔스는 앞서 말한 것처럼 파리코뮌에서 프루동파가 소수파였고 힘이 없었음을 각인시키고자 했다.[169*] 그것은 마르크스와 프루동을 전면적으로 적대하도록 만들고 엥겔스 자신의 '마르크스주의'를 확립하려는 책모다. 뿐만 아니라 엥겔스는 마르크스의 사후 『자본론』 제3권을 편집할 때 원고에 중요한 수정을 가했다. 마르크스는 『자본론』 제3권을 위한 노트에서 다음과 같이 말하고 있다.

> 자본제적인 생산부문들의 내부에서 〚부문 간의〛 균형이라는 것은 불균형에서 벗어나는 끊임없는 프로세스로서만 스스로를 드러낼 수 있다. 왜냐하면 그곳에서는 생산의 [총總사회적] 관련이 맹목적 법칙으로 생산 당사자들에게 작용할 뿐, 그들이 어소시에이티드한 지성[오성](assoziiert verstland)으로, 그와 같은 관련을 그들 공동의 컨트롤 아래에 복속시키고 있지

않기 때문이다.

다바타 미노루는 엥겔스가 『자본론』 제3권을 편집하면서 마르크스의 이 원문을 다음과 같이 고쳐 썼다고 지적한다.[170]*

> 자본제적인 생산부문들의 내부에서 개별 생산부문의 균형은 단지 불균형에서 벗어나는 끊임없는 프로세스로서만 스스로를 드러낸다. 왜냐하면 그곳에서 총생산의 관련은 맹목적 법칙으로 그 법칙을 생산 당사자들 위에서 자신을 강제하고, 생산 당사자들의 어소시에이티드한 지성[오성]에 의해 파악되고 그것에 의해 지배된 법칙으로, 생산과정을 그들 공동의 컨트롤 아래에 복속시키고 있지 않기 때문이다. (『자본론』 제3권 3편 15장 4절)[171]

이는 거의 범죄적인 원고수정이다. 엥겔스는 '객관적 법칙의 인식에 의한 지배=자유'를 보고 있다. 그럴 경우 '어소시에이티드한 지성'은 헤겔적인 이성과 다르지 않다. 그것은 이성=당=국가관료가 경제과정을 컨트롤한다는 생각으로 이끌려가지 않을 수 없다. 코뮤니즘=국가집권주의라는 생각은 근본적으로 엥겔스에게서 유래하는 것이다. 마르크스는 '어소시에이티드한 지성'이 일거에 성립한다는 생각 따위는 하지 않았다. "노동의 노예제를 이루는 경제적 조건을 자유롭고도 연합된(associated) 노동의 조건들에 근거

282

제1장 이동과 비평

하여 교체하는 일은 시간을 요하는 점진적인 작업밖에 없다."(『프랑스 내전』)[172]

마르크스가 말하는 '어소시에이티드한(연합된) 지성'은 기이하게 들린다. 하지만 그것은 하버마스가 이성을 '의사소통적(communicative) 이성'으로서, 즉 공공적인 대화를 합의 안에서 다시 파악하고자 한 점과 비교할 때 이해될 수 있으며 하버마스보다 좀 더 풍부한 의미를 함축하게 된다. 마르크스가 여기서 독일관념론의 용어를 사용한 것은 해당 문제가 예전의 이성과 감성 혹은 합리론과 경험론의 문제로 이야기된 것과 연결되어 있음을 보여준다. 예컨대 흄은 데카르트를 비판하고 동일적인 자기 따위는 없다고, 관념의 연합(어소시에이션)이 있을 뿐이라고, 그것에 상응하여 다수의 자기가 있다고 주장했다. 이에 대해 칸트는 실체적인 자기는 없지만 다수의 자기들의 어소시에이션을 통합하는 '초월론적 통각 X'가 있다고 말한다. 칸트는 흄과 데카르트의 '사이'에 서서 쌍방을 공격하고자 한 것이다.

이 문제를 정치론으로 바꿔 말하자면, 국가집권주의란 데카르트적인 주체에 의한 지배와 비견되며, 아나키즘은 그러한 동일적 실체를 부정하는 흄의 어소시에이션(관념연합)과 비견된다.[173]* 그런 의미에서 마르크스가 말하는 '어소시에이티드한 지성'이라는 것은 '초월론적 통각 X'에 대응하는 것이라고 해도 좋다. 마르크스가 생각하기에 어소시에이션에는 말하자면 '초월론적 통각 X'와 같은 것이 없어서는 안 된다. 하지만 그것은 결코 실체적인 중심(당이나 국가관료)으로 생각되어서는 안 된다. 이런 의미에서 마르크스는 아키즘archism(국가주의)과 아나키즘(anarchism) '사이'에 서서 쌍방을 공격하고자 했다고 해도 좋다. 그렇기에 그는 어떨 때는 아나키스트처럼 보이고 어떨 때는 아르키스트[아르케주의자]처럼 보인다. 그것은 모순이나 애매함으로 간주되어야 할 것이 아니다. 마르크스의 트랜스크리틱을 봐야 한다. 그것은 자유와 권위의 안티노미를 해결하는 것이지 않으면 안 된다.

바쿠닌 같은 타입의 아나키스트는 모든 권력이나 중심을 부정한다. 여기에는 억압에서 해방된 대중이 자유연합을 통해 스스로 질서를 만들어 낼 것이라는 암묵적인 가정이 있다. 그러나 프루동 자신이 말한 것처럼 결코 그렇게 되지는 않는다. 거꾸로 그것은 강력한 권력을 초래한다. 또 여러 개인들의 능력차나 권력욕이 없어진다고 가정하는 데에는 아무런 근거가 없다. 오히려 개인들의 능력차나 권력욕이 집요하게 남는다는 가정 위에 그것이 고정된 권력이나 계급을 구성하지 않도록 하는 시스템을 생각해야 한다. 이와 관련하여 마르크스는 특별히 쓰고 있지는 않다. 그러나 주로 프루동파의 구성에 근거해 파리코뮌을 옹호하면서 높이 평가할 때 '가능한 코뮤니즘'으로 나아가는 열쇠를 여기서 발견했다. 그리고 그것은 청년 시기부터 그가 가진 생각과 특별히 다른 것이 아니었다.

초기 마르크스의 생각은 헤겔의 『법권리의 철학』에 대한 비판으로 개시되고 있다. 그가 거기서 발견했던 것은 근대국가에서 시민사회와 정치적 국가, 사인私人과 공인의 분리. 사람들은 공인으로서는 대등하지만 사인으로서는 자본제 경제가 초래한 계급적 생산관계에 속해 있다. 그리고 공인으로서 사람들이 가지는 것은 입법권, 아니 그것보다는 대표자를 뽑는 참정권뿐이었으며 행정권은 갖지 못했다. 단지 선거에 투표할 수 있다는 것만이 '국민주권'의 실체였다. 예컨대 민주주의 국가에서 기업이나 관청에 민주주의가 있는지 없는지를 생각해보면 된다. 마르크스는 시민사회(사회적 국가)를 변혁함으로써 정치적 국가를 지양하는 일이 가능하다고 생각했다. 다른 관점에서 말하자면, 사회적 국가로부터 정치적 국가가 소외되지 않는 시스템, 즉 사회적 국가(코뮌)로부터 고정된 권력체제가 절대 형성되지 못하게 하는 시스템을 확립하는 일이다. 그가 파리코뮌에서 보았던 것은 그 구체적인 형태였다. 그는 그것을 '프롤레타리아트 독재'라고 불렀다. 당연히 그것은 부르주아 독재라는 말처럼 은유다.

잘 알려져 있듯이 레닌이 말하는 프롤레타리아 독재는 공산당의 독재로 귀결됐다. 그 결과 마르크스주의자도 결국 프롤레타리아 독재라는 개념을 포기하고 말았다. 하지만 그것이 의회주의로의 귀결이라면, 그것은 허무한 일이 아닐 수 없다. 프롤레타리아 독재라는 오해를 낳기 쉬운 메타포를 고집할 필요는 없지만, 여기에 중요한 문제가 포함되어 있음을 잊어서는 안 된다. 마르크스가 말하는 '프롤레타리아 독재'는 당연히 '부르주아 독재'와 대응하는 개념이다. 그 경우 '부르주아 독재'는 의회제 민주주의를 의미하고 있다. 절대주의적 전제를 타파해 온 의회제 민주주의야말로 부르주아 독재다. 그렇다면 마르크스가 말하는 '프롤레타리아 독재'가 부르주아 독재 이전의 봉건적 전제나 절대주의적 독재와 비슷한 것으로 돌아가는 것일 리는 없다. 부르주아 국가는 독재가 재현되지 않는 시스템을 생각했다. 삼권분립이나 무기명 투표가 그것이다. 그러나 삼권분립은 사실상 유명무실하다. 그것은 단지 시민사회와 정치적 국가의 이중화를 지탱하는 원리에 지나지 않다. 한편 '프롤레타리아 독재'는 독재이기는커녕 국가권력 자체를 폐기하는 쪽을 지향한다. 따라서 그것은 부르주아 국가 이상으로 권력의 고착화에 대해 민감하지 않으면 안 된다.

파리코뮌은 입법기관인 동시에 행정기관이었다. 그런 의미에서 파리코뮌은 근대국가에서 시민사회와 정치적 국가라는 이중성을 지양하고 있다. 그런데 그렇게 공인과 사인의 이중성이 지양된 '사회적 국가'에서도 입법·행정·사법이라는 구분은 남는다. 참여적 민주주의를 지속적으로 보증하기 위해서는 몽테스키외가 말하는 삼권분립과는 다른 의미에서 삼권분립의 상태에 주의해야 한다. 예컨대 코뮌도 입법부문·행정부문·사법부문을 갖고 있었다. 바꿔 말하자면 대표제와 관료를 갖고 있었던 것이다. 코뮌은 모든 사법관과 행정관료를 선거로 선출함과 동시에 해임할 수 있는 제도가 있었다. 하지만 그런 제도로 관료제화, 즉 입법·행정·사법 권력의 고착화를 저지할 수 있을까. 막스 베버가 말한 것처럼 관료제는 분업이 발전한 사회에서는 불가피하면서 불가결하다. 그것은 즉각적으로 부정될 수 있는 것이 아니다. 오히려 우리는 어소시에이션도 대표제나 관료제를 갖는다는 점을 인정하지 않으면 안 된다. 그

제1장 이동과 비평

리고 여러 개인들의 능력 차이, 다양성, 권력욕이 존재한다는 점을 인정해야만 한다. 그것들이 현실적인 권력으로 고착화되지 않도록 하는 것이 중요하다.

이 지점에서 우리가 아테네의 민주주의에서 배워야 할 것이 하나 있다. 아테네 민주주의는 참주제를 타파하면서 생겨났으며, 두 번 다시 참주제가 등장하지 않게 하는 주도면밀한 노력으로 성립했다. 아테네 민주주의를 특징짓는 것은 전원의 의회 참여 따위가 아니라 행정권력의 제한이다. 그 내용은 관리들을 추첨(제비뽑기)으로 뽑는 것, 나아가 마찬가지로 추첨으로 뽑힌 부심원들의 탄핵재판소를 통해 관리들을 철저히 감시한 것이다. 실제로 그와 같은 개혁을 달성한 페리클레스 자신이 재판에 회부되어 실각할 정도였다. 요컨대 아테네의 민주주의에서 권력의 고착화를 저지하기 위해 취해진 시스템의 핵심은 선거가 아니라 추첨에 있다. 추첨은 권력이 집중되는 장에 우연성을 도입하는 일이며, 그렇게 함으로써 고착화를 저지하는 것이다. 그리고 그것만이 진정으로 삼권분립을 보증한다. 그렇기에 만약 익명투표에 의한 보통선거 즉 의회제 민주주의를 부르주아 독재의 형식이라고 한다면, 추첨제야말로 프롤레타리아 독재의 형식이라고 해야 한다. 어소시에이션은 중심을 갖지만 그 중심은 추첨에 의해 우연화된다. 중심은 있으면서도 동시에 없다고 해도 좋다. 즉 그것은 말하자면 '초월론적 통각 X'(칸트)다.

한편 프루동은 아테네 민주주의 시스템에서 많은 것을 배웠음에도 부르주아적 보통선거를 추첨과 같다고 비난했다. 그러나 추첨은 선거를 부정하는 게 아니라 오히려 진정으로 선거에 활기를 불어넣는 데에 불가결한 것이다. 대표자 선거에서는 대표하는 자와 대표되는 자가 고정적으로 분리되고 마는데, 코뮌에서의 선거도 결국 그렇게 되지 않을 수 없을 것이다. 으레 정해진 동일인물이 뽑히게 될 것이고, 또 내부적으로 파벌이 생겨날 것이다. 그런데 모두를 추첨으로 정하는 것은 무의미하며 결국 그 자체가 부정되고 마는 결과를 초래할 것이다. 예컨대 아테네에서도 군인은 추첨제로 뽑지 않았다. 하지만 장군을 매일 교체시킴으로써 권력의 고착화를 저지했다. 오늘날 추첨이 채택되는 것은 배심원이나 누가 해도 좋고 아무도 하고 싶어 하지 않는 자리post와 관련해서뿐이다. 즉 추첨이란 능력이 동등하거나 능력 여하와 관계가 없을 때만 채택된다. 그러나 추첨을 채택해야 하는 이유는 그 반대다. 그것은 오히려 선거를 부패하게 만들지 않기 위해, 또 상대적으로 뛰어난 대표자를 뽑기 위해서다.

그런 까닭에 우리에게 바람직한 것은, 예컨대 먼저 무기명(連記) 투표로 세 명을 뽑고 그 가운데서 추첨으로 대표자를 선출하는 방식이다. 여기서는 마지막 단계가 우연성에 좌우되기 때문에 파벌적인 대립이나 후계자 다툼은 의미를 잃는다. 그 결과 최선은 아닐지라도 상대적으로 뛰어난 대표자가 선출된다. 추첨을 통과한 자는 자신의 힘을 과시할 수 없으며, 추첨에서 떨어진 사람도 대표자에 대한 협력을 거절할 이유가 없다. 이런 식의 정치적 기술은 "모든 권력은 타락한다" 따위의 진부한 성찰과는 달리 실제로 효력을 발

제1장 이동과 비평

휘한다. 그렇게 사용될 때 추첨은 장기적으로 볼 때 권력을 고착시키는 일 없이 우수한 경영자·지도자를 택하는 방법이 된다. 반복하건대 우리의 전제는 권력 지향이라는 '인간성'의 변화가 아니며, 또 개개인의 능력 차이 및 다양성이 없어질 것이라고 상정하지 않는다. 노동자의 자주관리나 생산협동조합에서도 이런 문제는 소멸하지 않는다. 특히 자본제 기업과 경쟁하지 않으면 안 될 때, 그것들은 크든 작든 자본제 기업의 조직원리를 채용할 것인지 아니면 소멸할 것인지 양자택일에 내몰린다. 그렇다면 처음부터 하이어라키(위계)가 존재하다는 사실을 전제로 삼아야 한다. 이 위계가 합의에 의해 성립하고 또 권력의 고착화가 발생하지 않도록 선거와 추첨을 도입하면 되는 것이다.[174]*

국가와 자본에 대항하는 운동은 자신 안에 있는, 권력이 집중되는 장에 우연성을 도입하는 시스템을 마련해 두어야 한다. 그렇지 않으면 그 운동은 자신이 대항하는 대상과 비슷한 것이 될 수밖에 없다. 한편 집권주의적 피라미드형 조직을 부정하는 것에서 시작한 다양한 시민운동은 역으로 흩어지고 단편적인 채로 이합집산하게 된다. 그런데 이 상태로는 결국 의회정당의 표밭이 될 것이다. 이런 상태에서 시민운동들이 자본과 국가에 대해 유효한 대항을 이루어갈 수 있다고 생각하기는 어렵다. 그런데 그런 운동들이 혹시라도 위와 같은 정치적 기술을 도입한다면, 권력의 중심화를 조금도 두려워할 필요가 없다.

제2장 종합의 위기

1 사전과 사후

『자본론』은 경제학 저서다. 그러므로 실제로 많은 마르크스주의자들이『자본론』에 큰 관심을 기울이지 않았고 마르크스의 철학이나 정치학을 다른 곳에서 찾았다. 또는 그러한 철학으로『자본론』을 해석하려고 했다. 물론 나는『자본론』이외의 저작을 무시하는 것이 아니다. 그러나 마르크스의 철학이나 혁명론은 오히려『자본론』에서 발견해야 한다고 생각한다. 일반적으로 말해, 경제학이란 인간과 인간의 교환행위에서 '수수께끼'를 인정하지 않는 학문이다. 경제학자는 기타 다른 영역들에는 복잡기괴한 것들이 있지만, 경제적 행위는 그와 달리 즉물적(sachlich)이고 명쾌하며, 이를 베이스로 복잡기괴한 것을 명확히 밝힐 수 있다고 생각한다. 하지만 넓은 의미에서 교환(커뮤니케이션)이 아닌 행위는 존재하지 않는다. 국가도 민족도 교환의 한 형태이며 종교도 그러하다. 그런 의미에서 모든 인간의 행위를 '경제적인 것'으로 생각할 수 있다. 그리고 그런 인간 행위들에서 이른바 경제학이 대상으로 삼는 영역만 특별히 단순하고 실제적인 것일 리는 없다. 화폐나 신용이 직조하여 만들어 낸 세계는 신이나 신앙이 만들어낸 세계와 마찬가지로 완전히 허구적인 것이지만 무엇보다 우리를 강하게 유린한다.

고전경제학자는 이미 상품의 가치를 노동에서 보았고, 화폐를 그런 가치를 그저 표시하는 것으로 보았다. 그들에게 화폐는 아무런 수수께끼도 없었다. 산업자본주의에 근거하여 생각한 그들은 그 이전의 상인자본이나 대금업 자본을 부정했다. 그러나 마르크스는 오히려 자본을 상인자본이나 이자 낳는 자본으로 생각하고자 했다. 그는 자본의 축적운동을 G—W—G′이라는 '일반적' 공식으로 제시한다. 산업자본도 예외는 아니다. 나아가 마르크스가 주목한 것은 이자 낳는 자본(이자가 붙는 자본) G—G′다. 마르크스의 말처럼 그것들은 '대홍수 이전'부터 있었다.

> 우리는 상인자본과 이자 낳는 자본이 자본의 가장 오래된 형태라는 점을 보았다. 그러나 통속적인 관념으로는 이자 낳는 자본이 자본 본래의 형태로서 표시된다는 점이 사안의 성질상 당연하다고 해야 할 것이다. 상인자본의 운동 속에서는 하나의 매개적 활동이, 그 활동을 두고 사기라거나 노동이라거나 기타 무엇으로 설명할지라도 반드시 행해진다. 이와는 반대로 이자 낳는 자본에서는 자본의 자기 재생산적 성격, 자기증식하는 가치, 잉여가치의 생산이 오묘한 성질로서 순수하게 표시된다. (『자본론』 제3권 5편 36장)[175]

그러나 마르크스가 '자본의 가장 오래된 형태'로 소행하는 것은 역사적인 관심 때문이 아니다. 실제로 당장 상인자본과 이자 낳는 자본의 공식이 존재하고 있었고 그것의 활동이야말로 세계를 바꾸어가고 있었기 때문이다. 마르크스가 오래된 형태로 소행한 것은 산업자본주의의 시장경제라는 이데올로기를 계보학적으로 폭로하기 위해서였다. "나아가 이 정식은 운동을 규정하는 자기목적이 사용가치가 아니라 교환가치에 있음을 표현하고 있다. 가치의 화폐형태가 가치의 독립적인 손으로 움켜쥘 수 있는 현상형태이기 때문에, 현실의 화폐를 출발점이자 종결점으로 하는 유통형태 G…G′는 돈벌이를, 그러니까 자본주의적 생산의 추진 동기를 가장 선명하게 표현하고 있다. 생산과정은 돈벌이를 위한 불가피한 중간항, 즉 필요악으로서 나타나는 것에 지나지 않는다. [따라서 자본주의적 생산양식하에 있는 모든 국민은 생산과정이라는 매개 없이 돈벌이를 하려는 망상에 주기적으로 사로잡히는 것이다]"(『자본론』제2권 1편 1장 4절)[176] 그렇다면 경제활동은 사람들이 사물이나 서비스를 단순히 교환하는 일일 수 없다.

청년 마르크스는 종교 비판에서 경제적 문제로 이행했다. 그러나 『자본론』에서 그는 경제적 세계야말로 종교적 세계라는 점을 발견했다. 그는 말한다. "상품은 언뜻 보면 뻔하고 평범한 물건으로 보인다. 하지만 그것을 분석하면 지극히 성가신 사물, 형이상학적으로 그럴싸한 논리나 신학적인 편향과 굴절로 가득한 물건이라는 점을 알게 된다."

(『자본론』 제1권 1편 1장 4절)[177] 단순한 상품 속에 형이상학과 신학의 근본문제가 숨어 있다.[178*] 『자본론』에 나오는 말들은 전부 경제학에 입각하여 이야기된 것이다. 그러나 오히려 그렇게 함으로써 마르크스는 다른 어느 책에서보다도 형이상학과 신학의 문제에 몰두하고 있었던 것이다.

애덤 스미스는 상품이란 사용가치와 교환가치라고 말한다. 하지만 어떤 이유에서 그렇게 말할 수 있을까? 그것은 상품이 순조롭게 다른 상품(화폐)과 교환된 이후에 가능하다. 즉 스미스는 사태를 사후적으로 생각하고 있다. 만약 어떤 물건이 교환되는 것에 실패한다면 그것은 사용가치조차 가지지 못한다. 그저 폐기될 따름이다. 이런 사정을 사후적으로 본 스미스는 그것을 사전事前으로 투사하여 상품에 교환가치가 이미 포함되어 있다고 생각한 것이다. 그에 따르면 교환가치란 구매력(purchasing power), 바꿔 말해 화폐다. 즉 모든 상품이 이미 암묵적으로 화폐이며, 그러므로 실제 화폐는 그런 사정을 표시하는 것에 불과하다. 그리고 그 교환가치는 그것의 생산에 필요한 노동(시간)에 의해 결정되기 때문에 스미스나 리카도에게 화폐는 이차적인 것일 수밖에 없었다. 스미스나 리카도는 이미 각 상품들 안에 화폐를 내재시키고서는 화폐를 소거하고 있는 셈이며, 이는 사람들 각각에게 신(유적 본질)을 내재시킨 후 신을 부정하는 휴머니즘(포이어바흐)과 같다.

한편 마르크스도 상품의 사용가치와 교환가치에 관해 이야기한다. 하지만 그는 그것을 '종합'으로서 파악하고 있다. 바꿔 말해 그는 그런 사태를 '사전事前'의 입장에서 본

제2장 종합의 위기

것이다. 사후 아닌 '사전'의 입장에서 볼 때 그런 종합이 달성된다는 보증은 없다. 우리는 이 문제를 칸트로 거슬러 올라가 생각해 보자. 『판단력비판』에서 칸트는 개개의 구체적 사실을 기존의 법칙으로 정리하는 '규정적 판단력'과 기존의 법칙으로는 정리될 수 없는 예외적 사실을 포섭하는 새로운 보편성에 대한 탐구로서의 '반성적 판단력'을 구별한다. 이 경우 종합적 판단의 곤란함은 후자에 있다. 반성적 판단력이 순조롭게 진행된다고 상정하는 것은 '이론적 믿음'에 불과하다. 그러나 일단 그것이 승인된 이후에 판단은 규정적인 것이 될 것이다. 우리는 여기서 규정적·반성적이라는 구별을 사전성事前性·사후성의 구별로 볼 수 있다. 칸트는 『순수이성비판』에서 일단 종합적 판단이 성립해 있다고 간주한 후 그 초월론적인 조건을 찾는다. 그것은 사후적인 입장이다. 하지만 그것은 종합적 판단이 용이하다는 것을 의미하는 것이 아니다. 종합적 판단은 언제나 어떤 비약을 품고 있으며, 그러하기에 위태롭다. 바로 그런 이유에서 그것은 또한 '확장적'일 수 있다. 칸트가 종합적 판단에서 곤란함을 발견한 것은 그가 이를테면 사후 아닌 '사전'의 입장에 서서 생각할 때다. 그는 초월론적 고찰 이외에는 언제나 '사전'의 입장에서 생각했다고 해도 좋다.

이 지점에서 보면 라이프니츠가 사실명제를 분석명제로 간주했을 때—예컨대 "루비콘강을 건넜다"는 것이 '시저'라는 주어에 포함되어 있다—그가 사후적인 입장에서 생각하고 있었음은 두말할 나위도 없다. 본질은 결과에서 드러난다는 헤겔 또한 마찬가지다. 헤겔은 현상과 물자체라는 구별을 비웃으면서 폐기했다. 그는 그것을 기껏해야 이미 인식된 것과 아직 인식되지 못한 것의 구별에 불과하다고 봤기 때문이다. 그러나 헤겔이 물자체를 폐기한 것은 '절대정신'이라는 절대적 사후성(끝)에서 볼 때에만 가능하다. 그런 절대적 사후성에 의해 모든 생성이 정신의 자기실현으로서 목적론적으로 이해되는 것이다.

칸트의 따르면 종합적 판단일 수밖에 없는 것을 분석적 판단을 통해 증명하는 것이 형이상학이며 사변철학이다. 그러나 동일한 사정이 사후적 입장의 사상에 대해서도 들어맞는다. 형이상학이란 사후적으로만 가능한 것을 사전에 투사하는 사고이다. 따라서 니체에게 형이상학 비판은 '계보학적'인 것이 된다. 그러나 이미 칸트의 초월론적 비판은 계보학적이었다. 왜냐하면 그것은 경험론자나 합리론자가 출발하는 감각이나 개념이 특정 상징형식에 의해 매개된 결과라는 점을 제시하고 있기 때문이다.

여기서 우리는 헤겔주의적인 사후적 '종합'에 이의를 제기한 사상가로 키르케고르와 마르크스를 발견하게 된다. 그들은 종합적 판단이 '목숨을 건 도약'을 필요로 한다는 점을 각자의 문맥에서 주장했다. 예컨대 키르케고르는, 사변은 뒤를 향하지만 윤리는 앞을 향한다고 쓴다. 등을 돌리고 있다는 것은 사후적이라는 것이며 앞을 보고 있다는 것은 사전적이라는 것이다. 그에게 예수가 그리스도라는 것을 아는 일은 "예수라고 불리는 인간이 신이다"라는 종합적 판단을 뜻한다. 헤겔에게 예수가 신이라는 것은 이후의 그리스도교가 확대되었다는 역사적 결과에 의해 증명되지

제2장 종합의 위기

만, 키르케고르는 '동시대적으로' 즉 사후가 아닌 사전의 관점에서 그것을 알 수 있는지를 묻는다. 지금 여기서 초라한 인간 예수를 신으로 여기는 일은 '목숨을 건 도약'으로서의 신앙이다.

키르케고르는 인간을 유한성(감성)과 무한성(종합)으로 보았다. 하지만 종합이 성립하는지의 여부는 자기 자신에 의해서는 결정되지 않는다. 그것은 타자(그리스도)를 필요로 한다. 바꿔 말해 자기를 종합으로서 실현하기 위해서는 '목숨을 건 도약'이 필요하다. 그는 이 종합을 '질적 변증법'이라고 부른다. 그러나 내가 여기서 말하고 싶은 것은 오히려 키르케고르와는 무관계하기는커녕 아예 대립하는 것처럼 보이기까지 하는 마르크스에게서, 특히 『자본론』에서 동일한 문제가 나타나고 있다는 점이다. 마르크스의 변증법은 헤겔의 변증법을 유물론적으로 전도시킨 것이 아니라, 말하자면 '질적 변증법'이다. 그리고 그 문제는 종교나 예술이나 경제 같은 영역들의 차이를 넘어 종합판단에서의 사후성과 사전성 문제와 관계되어 있다.[179]*

마르크스는 상품을 사용가치와 교환가치의 종합에서 보았을 때 거기에 있는 곤란함을 알아차렸다. 그것은 그가 이를테면 사후가 아닌 '사전'의 입장에서 보고 있었기 때문이다. 상품은 사용가치이며 가치라는 것은 감성적인 것과 초감성적인 것, 유한적인 것과 무한적인 것의 '종합'인데, 그것은 어떤 '비약' 없이는 불가능하다. 마르크스가 여기서 발견한 것은 다음과 같은 안티노미다.

상품은 모두 그것의 소유자에게는 비非사용가치이며 그 상품을 갖지 않은 비소유자에게는 사용가치다. (…) 상품은 사용가치로서 실현되기 이전에 가치로서 실현되어야 한다.

다른 한편, 상품은 가치로서 실현되기 이전에 사용가치로서 입증되어야 한다. 왜냐하면 상품에 지출된 인간노동은 타인에게 유용한 형태로 지출되야만 계산에 포함될 수 있기 때문이다. 하지만 그런 인간노동이 타인에게 유용할지 어떨지, 그로 인해 그 생산물이 타인의 욕망을 채울 수 있을지 어떨지를 증명할 수 있는 것은 오직 상품의 교환뿐이다. (『자본론』 제1권 1편 2장)[180]

다른 곳에서 마르크스는 이렇게 말하고 있다. "W―G. 상품의 제1변형태 또는 판매. 내가 다른 곳에서 말한 것처럼(『경제학 비판』) 상품체가 금체金體가 되는 상품가치의 비약이란 상품의 생명을 건 도약(salto mortale)이다. 이것에 실패하면 상품이야 아무렇지 않겠지만 상품소유자는 큰 타격을 받을 것이다."(『자본론』 제1권 1편 3장 2절 a)[181] 하지만 판매되지 않는 상품이란 많은 경우 폐기되고 말기 때문에, 상품도 '큰 타격을 받을' 것이다. 상품에 사용가치가 있는지 어떤지는 그와 같은 교환의 '목숨 건 도약'에 의해서만 확증된다. 상품은 판매되지 못하면, 키르케고르의 말처럼 타자에게 근거를 부여받지 못하면, '절망적으로 자기 자신이고자 하는 형태', 즉 '죽음에 이른 병'에 이르게 된다.

제2장 종합의 위기

요컨대 사후적으로 보면 상품은 사용가치와 교환가치의 '종합'이지만, 사후가 아닌 사전의 입장에서 보면 그런 종합은 존재하지 않는다. 그것이 실현되기 위해서는 다른 상품(등가물)과 교환되지 않으면 안 되는 것이다.

『자본론』에서 마르크스가 '가치형태'로 논한 것은 하나의 상품이란 다른 상품과의 교환을 통해서만 가치일 수 있다는 점이었다. 이를 다른 관점에서 말하자면 마르크스는 사용가치를 중시했다는 의미가 된다. 고전파는 상품들의 등치라는 결과에서 출발했기 때문에 그 상품이 타인에게 사용가치(효용)을 가질지 어떨지는 어떻게 되어도 상관이 없었다. 상품들이 등치된다면 각각에 공통의 본질로서 투하된 노동이 포함되어 있다고 생각한 것이다. 사후가 아닌 사전의 입장에서 보면, 생산에 노동이 얼마나 투하되든 상품은 타인에게 사용가치이지 않으면 안 된다. 신고전파는 스미스나 리카도의 노동가치설을 '형이상학'이라고 배척하면서 구매자가 발견하는 '효용'의 관점에서 시작했다. 신고전파에게 마르크스는 고전파의 아류에 불과했다. 하지만 그들의 오해와는 반대로 『자본론』의 마르크스는 상품이란 먼저 타인에게 사용가치가 아니면 가치일 수도 없다는 점을 강조했다. "그 어떤 물적 존재라도 사용대상이 되지 않고서는 가치가 될 수 없다. 물적 존재가 쓸모가 없다면 그 속에 포함되어 있는 노동도 쓸모가 없으며 노동으로 인정되지도 않을 것이고 아무런 가치도 형성하지 못할 것이다."(『자본론』 제1권 1편 1장 1절)[182]

『자본론』 이전에도 마르크스는 고전경제학에 대해 이

런저런 비판을 했다. 예컨대 그는 가치의 실체가 노동시간이라 할지라도 그것은 '사회적'인 노동시간이라는 점을 강조한다. 바꿔 말해 그것이 화폐와의 교환을 통한 규제에 의해 실현된다는 점을 받아들이고 있었다. 그러나 고전파도 사실상 노동시간을 사회적인 균형이라는 관점에서 생각하고 있었기에 단지 '사회적'이라는 것에 관한 강조만으로 고전경제학을 넘어섰다고 말할 수는 없다. 『자본론』 이전의 마르크스는 고전파와 마찬가지로 화폐경제에 의해 조직된 결과인 사회적 분업으로 거꾸로 화폐경제를 설명하고자 했다. 그는 어떤 이유에서 상품의 교환이 화폐를 통해야 했는지를 생각하지 않았다. 역으로 그는 노동 자체의 '사회적 성격'이 화폐를 통해 실현된다고 생각했다.

끝으로, 모든 문화민족의 역사를 열었던 새벽에서 보이는 자연발생적 형태의 공동노동을 살펴보기로 하자. 거기서 노동의 사회적 성격은 매개되고 있는 것이 아닌데, 왜냐하면 분명히 개개인의 노동이 일반성이라는 추상적 형태를 취하고 있기 때문이며 그 개인의 생산물이 일반적 등가물의 형태를 취하고 있기 때문이다. 개인의 노동이 사적인 노동이 되는 것을 방해하면서, 또는 개인의 생산물이 사적인 생산물이 되는 것을 방해하면서 개개의 노동을 즉각 사회유기체를 이룬 팔다리 하나의 기능으로 드러나게 하는 것은 생산의 전제가 되고 있는 공동체다. 교환가치에 표시된 노동은 개별화된 개인의 노동으로서 전제되어 있는

제2장 종합의 위기

것이다. 그런 노동이 사회적인 것이 되는 일은 그 정반대의 형태, 즉 추상적인 일반성이라는 형태를 받아들임으로써 가능해진다.

마지막으로 인간과 인간의 사회적 관계가 거꾸로, 그러니까 물건과 물건의 관계로 표시되는 것이 교환가치를 낳는 노동의 특징이라는 점이다. 하나의 사용가치가 교환가치로서 다른 사용가치와 관련이 될 때만 다양한 사람들의 노동이 동질적인 것이거나 일반적인 것으로서 상호 연관될 수 있다. 따라서 교환가치를 인간과 인간 사이의 관계로 보는 것이 올바르다 할지라도, 그와 같은 관계는 물건이라는 외피로 감싸져 있다는 점을 덧붙일 필요가 있다. (『경제학 비판』)[183]

마르크스는 상품경제에서는 인간과 인간의 관계가 물건과 물건의 관계로 나타난다고 말한다. 이는 이후 루카치에 의해 '물상화物象化'로서 전면에 내세워지는데, 사실 그것은 초기의 소외론과 같은 발상이라고 할 수 있다. 바꿔 말해 사후적으로 발견된 것을 그 이전으로 투사한 것이다. 사후적으로 보면 상품경제가 형성하는 사회적 분업은 공동체나 공장 내부의 분업과 동일하게 보인다. 그러나 공동체나 공장 내의 분업은 의식적이고 투명하게 볼 수 있는 데 반해, 사회적 분업에서는 인간과 인간이 또는 그 노동이 서로 관계를 맺고 있음에도 불구하고 우리는 그것을 투명하게 볼 수가 없다. 예컨대 내가 자신의 노동으로 번 돈으로 멜론을 산다고 하자. 아마 그것은 플로리다의 한 농민이 재배한 것일 텐데, 그는 자신의 노동이 나의 노동과 등치된 사실을 알지 못한다. 나아가 우리 둘 사이의 관계에는 자본이 개입되어 있다. 우리들이 분업을 하고 있다는 말이 가능한 것은 그저 사후적으로 모든 것을 투명하게 볼 수 있는 시점에서다.

『자본론』에도 위와 같은 생각이 명확히 들어가 있다. 그러나 마르크스는 동등한 노동이 포함되어 있기 때문에 이질적인 상품이 등가가치를 이룬다는 생각에 반대하면서 다음과 같이 말한다.

> 인간이 그들의 노동생산물을 가치로서 서로 관련시키는 것은 그 생산물이 그들에게 동일한 종류라 할 수 있는 인간노동의 단순한 물질적 외피로 간주되고 있기 때문이 아니다. 그 반대다. 그들은 다른 종류의 생산물을 서로 교환함으로써 등치시키는 것이다. 그들은 그 점을 의식하지 못하지만 그렇게 하고 있는 것이다. 따라서 가치의 이마에 가치가 무엇인지는 쓰여 있지 않다.
>
> 가치는 오히려 모든 생산물을 사회적인 상형문자로 변화시킨다. 그런 일이 있고 난 뒤 인간은 자신의 사회적 생산물이 가진 비밀을 찾고자, 즉 이 상형문자의 의미를 풀고자 한다. 왜냐하면 사용대상을 가치로 규정하는 것은 언어와 마찬가지로 인간의 사회적 산물이기 때문이다. 노동생산물은 가치일 때 생산에 지출된 인간 노동의 단순한 물질적 표현에 불과하다는

제2장 종합의 위기

후세의 과학적 발견은 인류의 발전사에서 획기적인 것이긴 해도, 그 발견에 의해 노동의 사회적인 성격이 노동생산물 자체의 물질적 생활로서 나타난다는 외양이 말끔히 사라지는 일은 결코 없다. (『자본론』제1권 1편 1장 4절)[184]

각 상품은 등치됨으로써만 공통의 본질을 가진다. 추상적 노동이나 '사회적' 노동시간은 그러한 교환(등치)에 의해 사후적으로 발견되는 것에 불과하다. 오히려 '사회적' 관계란 '의식되지 않는' 관계인 것이다. 마르크스는 노동가치설을 부정하지 않는다. 그것은 사후적으로는 타당하기 때문이며, 노동가치가 산업자본주의 단계에서 화폐에 의한 가격을 통해 모든 생산물에 강제되는 것이기 때문이다. 실제로 세계경제에서의 경쟁은 생산에 필요한 노동시간의 단축이나 노동의 생산물을 둘러싸고 행해지고 있다. 하지만 그것은 자본제 경제의 수수께끼를 전혀 설명하지 못한다. 화폐가 망각되고 있기 때문이다. 그것은 또한 자본이 망각되고 있다는 의미이기도 하다.

2 가치형태

『자본론』이 이전의 저작(『경제학 비판』이나 『요강』)과 결정적으로 다른 것은 『자본론』에 가치형태론이 등장하고 있다는 점이다. "고전경제학의 근본적인 결함 중 하나는 상품에 대한 분석, 특히 상품가치에 대한 분석을 통해 가치를 교환가치이게 하는 가치형태를 발견하지 못했다는 점이다. 애덤 스미스는 리카도처럼 가장 훌륭한 고전경제학의 대표자들과 함께 가치형태를 전적으로 어떻게 되든 상관없는 것으로, 또는 상품 그 자체의 성질에서 외적인 것으로 취급하고 있을 뿐이다."(『자본론』 제1권 1편 1장 4절)[185] 이는 그때까지의 마르크스 자신에게도 해당되는 말이다. 『자본론』 이전의 마르크스는 아무리 비판적이었다고 해도 리카도의 사고 권역에 있었다고 해야 한다. 알튀세르는 『독일 이데올로기』 시기에 마르크스의 인식론적 단절이 있었다고 말하는데, 그렇게 말하고 싶다면 『요강』에서 『자본론』에 걸쳐 결정적인 '단절'이 있는데 가치형태론이 그것이라고 해야 한다.[186]*

여기서 '가치를 교환가치이게 하는 가치형태'란 무엇을 뜻할까. 교환가치란 스미스가 말하는 것처럼 구매력(purchasability)이다. 그리고 스미스가 생각하기에 모든 상품은 다른 상품을 구매하는 힘(직접적 교환가능성)을 가진다. 그런 의미에서 화폐는 특별한 것이 아니다. 금이 화폐가 될 수 있는 것은 투하된 노동에 의해 교환가치를 가지게 되기 때문이다. 이렇게 생각하면 화폐는 특별히 중요한 것이 아

제2장 종합의 위기

니다. 스미스나 리카도는 금화폐를 특별한 것으로 보는 중상주의자·중금주의자를 비웃었다. 그러나 화폐와 상품이 다르다는 것은 명백하다. 실제로 상품으로 다른 상품을 구매할 수 없지만 화폐로는 그 어떤 상품도 구매할 수 있다. 즉 상품은 교환가치를 가지지 않는다. 그렇다면 왜 화폐에만 교환가치가 있는 것일까. 마르크스는 그것을 노동가치설에 근거하여 설명하고자 애썼다. 그러나 결국 제대로 하지 못했다.

그런데 『자본론』에서는 화폐의 일반적 구매력을 노동가치설과 무관하게 설명하는 것에 성공한다. '가치를 교환가치이게 하는 가치형태'의 도입을 통해 가능했다. 뒤에서 자세히 서술하겠지만 모든 상품이 하나의 상품에 의해 가치가 표현되는 형태가 하나의 상품(일반적 등가물)을 화폐이게 한다. 동시에 하나의 상품(=화폐)에 다른 상품을 구매하는 힘이 배타적으로 부여되는 한편, 그것 이외의 상품은 자신을 다른 상품과 직접적으로 교환하는 힘을 포기한다. 바꿔 말해 마르크스는 노동가치를 전제로 하지 않고 어떤 물건을 화폐(교환가치를 가진 화폐)이게 하거나 상품(교환가치를 가지지 않은 상품)이게 하는 것을 가치형태(상대적 가치형태와 등가형태)로서 발견하고자 한 것이다.

가치형태론은 다음과 같이 전개되고 있다. 우선 '단순한 가치형태'에서 상품A의 가치는 상품B의 사용가치에 의해 표시된다. 그때 상품A는 상대적 가치형태에, 상품B는 등가형태에 놓여 있다. 마르크스는 단순한 가치형태를 다음과 같은 사례로 제시하고 있다.

(상대적 잉여가치)　　　　(등가형태)
　　　20엘레의 리넨　　=　　상의上衣 한 벌

　이 등식이 보여주는 것은 20엘레의 리넨(아마포)은 자기 안에 가치가 있을 수 없으며, 상의 한 벌과 등치된 후에야 비로소 그 자연형태에 따라 자신의 가치가 제시된다는 것이다. 한편 상의 한 벌은 언제라도 20엘레의 리넨과 교환될 수 있는 위치에 있다. 등가형태가 상의 한 벌에 마치 교환가치(직접적 교환가능성)가 내재해 있는 것처럼 보이게 만든다. "상품이 등가형태에 있다는 점은 그 상품이 다른 상품과 직접적으로 교환될 수 있는 형태로 있다는 것이다."(『자본론』 제1권 1편 1장 3절)[187] 화폐의 수수께끼는 그와 같은 등가형태에 숨겨져 있다. 마르크스는 그것을 상품의 페티시즘이라고 부른다. 물론 위의 단순한 등식에서는 상의 한 벌이 언제나 등가형태인 것은 아니다. 20엘레의 리넨도 등가형태일 수 있기 때문이다.

　물론 리넨 20엘레 = 상의 한 벌이라는 등식, 혹은 20엘레의 리넨은 한 벌의 상의에 값한다는 표현은 상의 한 벌=리넨 20엘레, 혹은 한 벌의 상의는 20엘레의 리넨에 값한다는 정반대의 관계도 포함하고 있다. 하지만 그럴지라도 상의의 가치를 상대적으로 표현하기 위해서는 위의 등식을 거꾸로 하지 않으면 안 되는데, 그러면 금방이라도 상의를 대신하여 리넨이

제2장 종합의 위기

등가형태가 된다. 따라서 동일한 상품이 동일한 가치 표현으로서 양방향의 형태로 동시에 등장할 수는 없다. 그 두 방향은 오히려 대극적으로 서로를 배제하는 것이다.

이제 어떤 상품이 상대적 가치형태에 있는지 아니면 서로 대치되고 있는 등가형태에 있는지는 전적으로 그것이 가치표현에 있어 그때그때 점하는 위치, 그러니까 상품이라는 것이 자신의 가치를 스스로 표현하고 있는 상품인지 다른 상품의 가치를 표현해 주고 있는 상품인지에 달려 있다. (『자본론』 제1권 1편 1장 3절 a)[188]

중요한 것은 어떤 물건이 상품인지 화폐인지는 그 물건이 놓인 '위치'에 달려 있다는 점이다. 어떤 물건이 화폐가 되는 것은 그 물건이 등가형태에 놓여 있기 때문이다. 그 물건은 금이나 은일지라도 상대적 가치형태에 놓여 있을 때는 상품이다. "상대적 가치형태와 등가형태는 서로 의존하면서 서로를 제약하는 불가분의 요인이지만, 동시에 동일한 가치표현의 상호 배타적이고 상호 대치적인 양극단이다."(같은 책)[189] 단순한 가치형태에서는 리넨이라는 것이 상대적 가치형태에 있는지 등가형태에 있는지가 결정될 수 없다. 이를 구체적으로 말하자면, 리넨의 소유자가 리넨과 상의를 교환했을 때 리넨으로 상의를 샀다고 생각한다면 리넨은 등가물이지만, 상의의 소유자는 상의로 리넨을 샀다고 생각할 수 있다. 즉 그때는 상의가 등가물일 수 있다.

다음으로 형태 II '확대된 가치형태'는 다음과 같다.

(상대적 잉여가치)		(등가형태)
	=	상의 한 벌
	=	차茶 10파운드
	=	커피 40파운드
리넨 20엘레	=	소맥 1쿼터
	=	금 2온스
	=	철 ½톤
	=	기타 상품

여기서 리넨은 상의 한 벌 이외의 많은 물건과 교환된다. 그러나 이 경우에도 리넨이 상대적 가치형태에 있는지 등가형태에 있는지는 아직 결정될 수 없다. 그것이 결정되는 것은 형태 III '일반적 등가형태'가 형성될 때다.

(상대적 잉여가치)		(등가형태)
상의 한 벌	=	
차茶 10파운드	=	
커피 40파운드	=	
밀 1쿼터	=	리넨 20엘레
금 2온스	=	
철 ½온스	=	
A상품 X량量	=	
등등의 상품	=	

이때 리넨은 일반적 등가물이 된다. 바꿔 말해 그것만이 구매력(직접적 교환가능성)을 갖는다. 이와 동시에 다른 것이 등가형태가 될 수는 없게 된다. 쉽게 말하면 화폐 아닌 모든 상품은 팔릴 수는 있어도 살 수는 없게 되는 것이다. 이 제3형태의 형성은 홉스가 『리바이어던』에서 서술한 사회계약과 비슷하다. 마르크스 자신은 그것을 '상품 간의 공동사업'으로 부른다.

제4형태 즉 '화폐형태'는 '일반적 가치형태'의 발전으로서 존재한다. 그러나 화폐형태의 핵심은 이미 일반적 등가형태에서 제시되었기에 여기서 따로 서술하지는 않는다. 중요한 것은 그런 발전을 역사적인 발전과 혼동해서는 안 된다는 점이다. 마르크스는 그와는 반대로 좀 더 발전된 형태가 덮어서 감춘 것을 초월론적=계보학적으로 소행함으로써 발견하고 있다. 화폐형태에서는 금이나 은만이 일반적인 등가형태의 위치를 점하며 다른 모든 물건은 상대적 가치형태에 놓인다. 그 결과로 다음과 같이 생각하게 된다.

> 한 상품은 다른 여러 상품이 자신들의 가치를 전면적으로 그 한 상품으로 표현하기 때문에 비로소 자신이 화폐가 되는 것으로 보이는 것이 아니라, 거꾸로 그 한 상품 자신이 화폐이기 때문에 다른 여러 상품이 자신들의 가치를 일반적으로 그 한 상품을 통해 표현하게 되는 것처럼 간주된다. 과정을 매개하는 운동은 운동 그 자체의 결과에서는 사라져 있으며 아무

런 흔적도 남기지 않는다. 여러 상품은 자신들로서는 아무 것도 하지 않았음에도 자신의 가치의 모습이 자기 바깥에, 자신과 나란히 존재하는 상품체로서 완성되어 있음을 발견한다. 이 물건, 금이나 은은 지구의 깊은 곳에서 나온 그대로 모든 인간 노동의 직접적 화신化身이다. 그렇기에 화폐의 마술이 생겨나는 것이다. (『자본론』 제1권 1편 2장)[190]

화폐형태가 지우는 것은 가치형태 자체다, 라고 말해도 좋다. 즉 어떤 물건을 화폐나 상품이게 하는 그 '형식'이 사라지게 된다. 그 결과 중상주의자나 중금주의자가 그러하듯 금 자체에 특별한 가치가 있는 것처럼 생각하게 된다. 한편 고전파 경제학자(스미스, 리카도)는 그런 맥락을 부정하고 각각의 상품에 내재적인 가치가 있고 화폐는 단지 그것을 표시할 뿐이라고 주장했다. 이 생각에 근거하여 리카도 좌파나 프루동 등은 화폐를 폐기하고 노동증표나 교환은행을 구상했다. 마르크스가 말하는 화폐형태에서 금이 리바이어던이라고 한다면, 고전파는 그와 같은 절대왕권체제를 쓰러뜨리고 이를테면 입헌군주제를 세웠다고 해도 좋겠다. 나아가 그런 의미에서 사회주의자들은 상품의 민주주의체제를 만들고자 했다고 해도 좋을 것이다. 즉 그들은 화폐=왕 없이 일을 마무리하고자 한 것이다.

그러나 그것은 진정으로 화폐=왕을 지양하는 것이 아니다. 예컨대 절대주의자(절대왕정)를 쓰러뜨리고 출현한 국민국가에서 인민주권이 주장되었지만 그 인민이라는 것이

제2장 종합의 위기

이미 절대왕정에 의해 윤곽이 잡힌 것이라는 점이 망각되고 있다. 인민은 이미 국가의 인민인 것이다. 마찬가지로 상품을 남겨 놓고 화폐를 부정하는 것은 우스꽝스런 일이다. 상품 역시도 화폐와 마찬가지로 가치형태에서 비로소 존재하는 것이다. 따라서 고전파 경제학에서 화폐가 무시되고 있다는 것은 화폐형태 즉 가치형태가 무시되고 있다는 말이다.

그런데 마르크스가 가치형태를 도입한 계기는 베일리가 행한 리카도 비판과의 우연한 만남에 있다. 리카도에 따르면 모든 상품에는 내재적인 가치가 있고, 그것은 투하된 노동시간에 의해 결정된다. 이 경우에는 화폐도 금이며, 그 가치는 그것의 생산에 필요한 노동시간에 의해 결정된다. 이를 날카롭게 비판했던 이가 베일리였다. 간단히 말하자면, 베일리가 생각하기에 상품의 가치란 다른 상품의 사용가치에 의해 상대적으로 표현되는 것이며, 그것을 넘어선 '절대적 가치'는 없다. 베일리는 말한다. "가치란 절대적이고 내재적인 무언가를 가리키는 것이 아니라 두 가지 대상이 교환될 수 있는 상품으로서 서로 맺는 관계에 불과하다", "가치는 둘 사이의 관계를 가리키는 것이며, 그 어떤 상품에 관해서도—명시적이든 암묵적이든—다른 상품과의 관계없이는 확정적으로 서술할 수 없다", "가치를 어떤 내재적이고 절대적인 것으로 간주하는 상념이 생겨난 것은 다른 여러 상품들이나 화폐와의 항상적인 관련이라는 사정에서다."(『리카도 가치론의 비판』[원제는 '가치의 성질, 척도 및 원인에 관한 비판적 논문']) 베일리의 다음과 같은 지적은 특히 중요하다.

"가치란 동시대 여러 상품 간의 관계다. 왜냐하면 그런 관계 안의 상품만이 상호 교환될 수 있기 때문이다. 그리고 우리가 어느 시기 한 상품의 가치를 다른 시기 그 상품의 가치와 비교한다면, 그것은 그저 한 상품이 서로 다른 각각의 시기에 다른 상품들과 맺고 있던 관계를 비교하는 것에 불과하다."(같은 책) 이는 말하자면 여러 상품이 그때마다 공시적으로 하나의 관계체계를 이루고 있음을 의미한다.

마르크스는 분명 이런 비판에 크게 흔들렸을 것이다. 사실 『자본론』에서 마르크스는 각 상품들의 가치를 즉각 노동가치로 환원하지 않고, 그것을 다른 상품과의 관계에서 생각하고자 했다. 이는 어떤 의미에서 사용가치(효용)에서 출발하는 것이다. 하지만 화폐에 주목하고 있는 마르크스의 관점에서 보면, 베일리도 고전파와 마찬가지로 화폐를 무시하고 있다. 베일리는 단순한 사실 하나를 잊고 있었다. 그것은 상품과 상품은 서로 직접적으로 관계할 수 없다는 점, 모든 상품이 상호 관계할 수 있는 것은 화폐를 매개로 할 때뿐이라는 점이다. 베일리는 사람들이 어떤 상품을 화폐와 교환하는 것은 금이라는 상품과의 교환과 동일한 것으로 간주한다. 이때 금이 상품이 아니라 화폐라는 점은 무시된다. 베일리는 금이든 뭐든 어떤 물건이 화폐인 것은 그것이 일반적 등가물(혹은 화폐형태)에 놓여 있기 때문이라는 점을 살피지 못했다. 상품의 관계체계는 다양한 상품이 직접적으로 서로 관계하는 것이 아니라 일반적 등가물일 때 한 상품과의 관계에 의해 구성되는 것이다.

베일리의 생각은 내재적인 노동가치를 부정하고 사용

제2장 종합의 위기

가치(효용)에서 시작하며, 가격 체계의 균형을 상정한다는 의미에서 신고전파의 시조라고 해야 한다(그러나 부당하게도 정작 신고전파에게는 그렇게 인지되고 있지 않았다). 고전파만이 아니라 노동가치설을 형이상학으로 부정한 신고전파 경제학자도 교환이 화폐를 통해 이루어질 수밖에 없다는 점을 중요하게 보지 않았다. 그들에게 화폐는 가치척도나 교환수단에 지나지 않았다. 그런 '화폐의 중립성'하에서 왈라스의 일반균형론이 성립한다. 그들은 시장을 한 중개인하에서 상품의 가격이 조정되는 장으로 간주하고 있다. 그러나 실제 시장에서는 판매가 동시에 이루어지는 것이 아니다. 마르크스가 말한 것처럼 화폐가 스톡stock됨으로써 판매와 구매가 분리되는 것이다. 일반균형론은 화폐를 중립화(=무화無化)시킴으로 성립하는 추상적인 가설에 불과하다. 반反고전파나 반마르크스파 경제학자 가운데 빅셀은 화폐의 중립성을 의문시하면서 시장이자율과 자연이자율의 괴리가 가격하락을 누적적으로 초래한다는 점, 바꿔 말해 화폐경제가 본래적으로 불균형하다는 점을 제시했다(『국민경제학 강의』). 하이에크도 시장이 일반균형론으로 정리될 수 없는 분산적(disperse)이고 경쟁적인 장이라는 점을 지적하고 있다.

그러나 화폐의 중립성을 부정한 것은 마르크스가 최초다. 그는 일반적 등가형태가 생겨나는 '가치형태 III'과 관련하여 상품의 가치체계가 자기언급적 체계를 이루고 있다는 점을 지적한다. "그것은 마치 군집을 이루어 동물계의 다양한 유, 종, 아종, 과科 등등을 형성하고 있는 사자나 호랑이나 토끼나 현실의 기타 모든 동물들과 서로 나란히 있는 것, 그러니까 각각의 동물들 이외에 아직 여전히 존재하는 동물이라는 것, 즉 동물계 전체의 개체적 화신이 존재하고 있는 것과도 다르지 않다."(『자본론』 초판)[191] 여기서 마르크스는 집합론의 패러독스나 자기언급적인 패러독스와 동일한 것을 시사하고 있다. 고전파나 신고전파가 화폐를 단순한 매체로 간주한 것은 화폐를 메타 레벨에 놓고 그것을 상품이라는 오브젝트 레벨과 엄격히 구별했다는 것을 의미한다. 그러나 그와 같은 '논리적 유형화(logical typing)'는 유지될 수 없다. 왜냐하면 이자율의 변동이 보여주는 것처럼 화폐가 상품으로 취급될 경우 메타 레벨에 있는 것(클래스)이 오브젝트 레벨(멤버)로 하강하는 사태가 발생하기 때문이다. 고전파도 신고전파도 화폐를 중립화=소거하고자 했지만 그런 일은 불가능한 것이었다.

마르크스는 가치형태론을 도입할 때 기존의 사고와 명확히 단절하고 있다. 이 지점에는 큰 전회가 있다. 오히려 이것이야말로 '코페르니쿠스적 전회'라고 불러야 한다. 이 전회의 의의는 단순한 경제학 문제에 그치지 않는다. 마르크스에게 베일리의 리카도 비판은 칸트를 '독단론의 낮잠으로부터 깨운' 흄의 비판과 유사한 것이었다. 즉 리카도가 독단론적(합리론적)이라고 한다면 베일리는 흄처럼—흄의 경제이론과는 별개로—회의론적(경험론적)이다. 그 경우 칸트는 합리론에도 경험론에도 서지 않으면서, 두 생각을 앞서 있을 뿐 아니라 의식되고 있지도 않은 '형식'이라는 것을 보고자 했다. 이것이 초월론적인 소행이다. 마찬가지로 마

제2장 종합의 위기

르크스는 베일리의 리카도 비판을 수용했지만 동시에 베일리까지도 비판한다. 마르크스는 발전한 자본제 경제의 현실에서 출발한 리카도나 베일리가 거들떠보지도 않았던 가치형태, 즉 어떤 물건을 화폐나 상품이 되게 하는 '형식'(가치형태)으로 소행한 것이다.

반복하자면 마르크스가 생각하기에 어떤 물건, 예컨대 금을 화폐로 만드는 것은 금이라는 물질의 성질이 아니다. 금이 화폐인 것은 금이 화폐형태(일반적 등가형태)에 놓여 있기 때문이다. 물론 그것은 금이 아니어도 된다. 마르크스가 발견한 것은 물건을 화폐이게 하는 형식, 혹은 물건을 상품이게 하는 형식이었다. 바로 그때 여태껏 애매하게 여겨지던 많은 사정들이 선명해졌다. 예컨대 고전경제학에서는 물건(혹은 서비스)과 상품이 구별되고 있지 않았다.[192*] 또 물건과 사용가치가 구별되고 있지도 않았다. 마르크스도 기존의 굳어진 관습에 반쯤은 따르고 있었다. 그러나 엄격히 말해 물건은 사용가치가 아니다. 가치형태에서 한 상품의 가치는 다른 상품의 사용가치에 의해 제시된다. 그 경우 사용가치란 가치의 소재적 형식이다. 예컨대 언어학에서 음성과 음운은 구별된다. 음성이 물리적인 데에 반해 음운은 시니피앙 즉 의미작용의 '소재적 형식'이다. 이런 의미에서 마르크스는 가치형태의 도입 이후 상품이나 화폐가 아니라 그것들을 상품이나 화폐이게 하는 언어학적 형식으로 소행했다고 해도 좋다.

칸트는 경험론자가 출발한 감각 데이터란 이미 감성의 형식에 의해 구성된 것으로, 우리가 아는 것은 그러한 '현상'

이지 물자체가 아니라고 썼다. 마찬가지로 마르크스가 명확히 한 것은 고전파 경제학은 가치형태에 의해 구성된 세계를 대상으로 삼고 있을 뿐이라는 점이다. 상품경제는 상품형태를 취하는 물건과 그것의 생산을 조직하는 것이다. 상품경제가 아무리 확대될지라도 여기에 들어가지 않는 것이 끝까지 남는다. 실제로 자본주의적 상품경제는 자신의 '한계'를 생각대로 조직할 수 없는 것에서 발견한다. 뒤에 서술하겠지만 그것은 산업자본이 의거하지만 스스로는 만들어낼 수 없는 외부, 즉 자연환경과 인간이다.

따라서 『자본론』에서 행해진 가치형태의 도입은 마르크스에게 획기적인 태도의 변경이다. 헤겔적인 변증법적 발전이라는 서술의 체계양식은 남아 있지만 마르크스가 행하고자 한 것은 현재의 의식에서 자명하게 간주되는 것들을 뒤집는 초월론적인 소행이다. 다른 관점에서 말하면, 마르크스의 태도변경이란 물건이 아니라 물건이 놓여 있는 관계의 장을 우위에 놓는 것이었다.

3 자본의 욕동

마르크스의 가치형태론은 화폐의 역사적 기원을 논한 것이 아니다. 그것은 화폐에 의한 교환을 초월론적으로(소행적으로) 고찰한 것이다. 예컨대 애덤 스미스는 화폐의 기원을 물물교환(barter)에서 발견하면서 다음과 같이 말하고 있다.

제2장 종합의 위기

이렇게도 많은 이익을 낳는 분업이란 본래 그것에 의해 생겨나는 사회 전반의 부유함을 예견하고 의도한 인간 지혜의 소산이 아니다. 분업이라는 것은 그런 넓은 범위에 걸친 유용성에는 무관심한 인간의 본성상 어떤 성향, 즉 어떤 물건을 다른 물건과 거래하고 교역하고 교환하려는 성향의 완만하고도 점진적이지만 필연적인 귀결이다. 인간의 그와 같은 성향이란 도대체가 이 이상으로는 설명할 수 없는 인간에게 구비되어있는 본능 중 하나일까, 그게 아니라면, 다음과 같은 생각이 더 확실하다고 여겨지는데, 이성과 언어라는 인간적 능력의 필연적인 귀결인 것일까. 이 문제는 우리가 당면한 연구 주제에는 들어가지 않는다. 그런 성향은 모든 인간에게 공통된 것이고 다른 동물들에게서는 발견되지 않는다. (『국부론』제1편 2장)[193]

그러나 물건과 물건의 교환이 화폐경제를 초래한다는 것은 미리부터 정해져 있는 것이 아니다. 그런 교환은 예컨대 증여와 답례라는 호수제에 의해서도 이루어지기 때문이다. 그런 호수제에 의한 교환과 화폐경제에 이르게 될 교환은 근본적으로 이질적인 것이다. 후자에서는 물건과 물건이 교환되고 있는 것처럼 보일지라도 실제로는 가치형태 아래에 있다. 즉 물물교환에서는 사실상 어떤 물건이 등가물로 간주되고 있는 것이다. 그곳에는 비대칭적인 가치형태―상대적 가치형태와 등가형태―가 존재한다. 그런데 그것의 발전으로서의 화폐형태는 거꾸로 그런 발전과정을 잊게 한다. 그리고 그 지점에서 역사적으로 거슬러 올라가 발견된 기원으로서의 물물교환이란 그와 같은 가치형태의 망각에 근거하고 있다.

마르크스가 의심한 것은 그러한 기원론—스미스와 동시대에는 루소나 헤르더 등에 의해 언어의 기원론이 많이 저술되고 있었다—의 전제들이다. 스미스가 말하는 물물교환의 모습은 이미 자본제 시장경제의 관점에 근거하여 생각된 것이다. 여기서는 화폐라는 매개를 통해 물건이나 서비스가 교환되고 있는 것처럼 보인다. 이 경우 화폐 자체가 금(금속)이라면 그런 교환은 바로 물물교환일 것이다. 스미스가 화폐의 기원에서 물물교환을 발견한 것은 각각의 상품에는 노동가치가 내재해 있고 화폐는 그 노동가치를 표시하는 것에 불과하다는 견해와 동일한 것이다. 그런 견해는 상품과 화폐의 교환에 존재하는 관계의 비대칭성을 은폐한다. 화폐형태에 놓인 것과 상품형태에 놓인 것의 관계는 대칭적이지 않다. 그리고 이 비대칭성이 뚜렷하게 드러나는 것은 산업자본주의 단계에서다. 즉 그것은 노동력이라는 상품밖에는 가지지 못하는 자(임금노동자)와 그것을 구매할 수 있는 화폐를 가진 자(자본가)의 관계다. 그것은 상호간에 자유로운 법적 계약관계이지 봉건적 지배관계가 아니다. 그러나 산업자본주의적 경제의 계급관계는 판매와 구매, 상품과 화폐(자본)의 비대칭적 관계(형식)에 의해 비로소 형성되는 것이다. 스미스는 화폐의 기원을 논하면서 교환관계의 대칭성이 영구적인 자연형태(본능)인 것 같다는

제2장 종합의 위기

인상을 각인시키고 있다. 이에 대해 마르크스는 경험적인·역사적인 소행이 아니라 초월론적인 소행을 통해 가치형태를, 그러니까 상대적 가치형태와 등가형태를 발견했다. 이는 바꿔 말해 상품교환이 결코 대칭적인 관계일 수 없음을 뜻하는 것이다.

마르크스는 이어지는 '교환과정'이라는 장에서 상품교환의 발생을 역사적으로 고찰하고 있는 것처럼 보인다. 여기서 그가 말하는 것은 상품교환이 공동체와 공동체 사이에서 시작한다는 점이다. "상품교환은 공동체가 끝나는 곳에서, 공동체가 다른 공동체 또는 그 구성원과 접촉하는 지점에서 시작하는 것이다. 그러나 어떤 물적인 존재는 일단 한번 공동체 바깥의 생활에서 상품이 되고 나면 즉각적인 반작용으로 공동체 내부의 생활에서도 상품이 된다."(『자본론』 제1권 1편 2장)[194] 그러나 이는 역사적이라기보다는 초월론적인 고찰이다. 왜냐하면 그런 사정은 그저 태고에 생겨난 것이 아니라 현재에도 진행되고 있는 일이기 때문이다. 이 '공동체'는 가족, 부족에서 국가에 이르는 다양한 레벨에서 생각할 수 있다.

상품교환이 공동체와 공동체 사이에서 시작한다는 것은 무엇을 의미할까. 첫째, 상품교환이란 공동체 내에서의 '교환'과는 다르다는 점이다. 공동체에서 교환의 원리는 증여-답례라는 호수성이다. 예컨대 오늘 상품경제가 가장 진전된 나라에서도 가족 내부에 분업은 있을지라도 상품교환은 없다. 가족 안에서는 '사랑'이라고 불리는 증여의 호수성이 작용하고 있다. 둘째, 상품교환은 공동체와 공동체 사이의 접촉에서 생겨나는 폭력적 강탈과는 다르다는 점이다. 상품경제 이전 시기에 그런 증여와 강탈은 일반적인 것이었으며 상품교환은 그저 주변적인 것에 머물렀다.

칼 폴라니는 시장경제 이전의 교환에서 증여의 호수성과 재분배가 중요했다고 말한다(『거대한 전환』). 그러나 '재분배'란 본래 강탈의 한 형태며 계속 강탈하기 위하여 행해졌다. 예컨대 봉건 영주는 농촌공동체 위에 있었으며 농촌공동체에게서 생산물을 강탈했는데, 이를 지속하기 위해서는 지나치게 강탈해서는 안 되었으며, 농민을 외부의 적으로부터 보호하고 농민들이 할 수 없는 관개시설 및 기타 '공공적' 사업을 하지 않으면 안 되었다. 따라서 농민이 해마다 바치는 공납은 마치 답례나 의무처럼 표상된다. 즉 강탈이 호수성의 형태를 가장한 것이다. 이 '재분배'의 형태는 절대주의 왕권국가나 국민국가 형태에서도 본질적으로 변하지 않는다. 국가기구는 거두어들인 세금을 재분배함으로써 계급대립을 완화하거나 실업문제를 해결하고자 한다. 하지만 그것도 종종 국가나 정치가에 의한 '증여'로 받아들여진다.

강탈은 강제적이지만 증여의 호수성에도 다른 강제력이 있다. 증여는 증여받은 자가 답례할 것을 강요한다. 예컨대 포틀래치[195]에서 전형적으로 보이는 예인데, 상대방에게 터무니없이 증여를 하고 그렇게 받은 쪽이 배로 답례를 한다. 여기서의 강제력은 교환에서의 계약 이행을 강요하는 힘과는 다르다. 그 힘은 인류학자가 그것을 발견한 지역에서 마나mana 또는 하우hau라고 불렀는데, 그것은 심리

제2장 종합의 위기

적인 채무감정을 말한다. 기능주의적인 인류학자는 그러한 증여의 호수성이 결과적으로 교환을 가져온다고 해석하지만, 그 동기는 상품교환과는 완전히 다르다. 상품생산이 생산 일반을 이루는 한 부분이듯이 상품교환은 교환 일반을 이루는 한 부분이므로 교환의 전체 영역을 모두 커버할 수 있는 것이 아니다. 이것은 노동력을 상품이 되게 함으로써 사회적 심층부에 도달하는 자본제 경제에서도 그러하다. 강탈과 증여라는 교환형태는 상품생산과 교환이 구석구석까지 침투한 것처럼 보이는 상태에서도 존속한다.

이른바 마르크스주의자는 경제적인 것이 토대적 하부구조이고 국가나 네이션은 상부구조라고 보는 관점을 견지해 왔다. 이에 대해 상부구조에는 상대적인 자율성이 있으므로 그것 자체의 형식을 탐구해야 한다는 비판이 있기도 했다. 그러나 애초에 그와 같은 '역사적 유물론'의 견해는 전혀 마르크스적이지 않다. 예컨대 자본주의적 경제는 하부구조일까. 화폐나 신용의 세계는 경제적이라기보다는 종교적인 구조, 환상적인 구조가 아닐까. 우리는 지금도 그것에 의해 휘둘리고 있다. 거꾸로 말하자면 국가나 네이션이 종교적 환상일지라도 불가피하게 존재하는 것은 자본과 마찬가지로 현실적으로 불가피한 기반이 있기 때문이 아닐까. 그렇기에 아무리 국가나 네이션이 환상(가상)이라고 설파해도 그것들을 결코 해소할 수는 없는 것이다. 자본과 국가와 네이션은 각기 다른 '교환'의 원리에 근거하는 것으로 간주되어야 한다. 그것들이 구별되지 않는 것은 부르주아적인 근대국가에서 트리니티(삼위일체)가 되어 있기 때문이다. 먼저 그것들의 '교환'이 갖는 원리를 구별하는 것에서 시작하자. 그것은 국가와 네이션을 역사학적으로 살피는 것이 아니라 교환형태로서 초월론적으로 소행함으로써 살피는 일이다. 그때 우리는 앞에서 본 것처럼 세 가지 교환형태(증여의 호수제, 수탈과 재분배, 화폐에 의한 상품교환)를 발견하게 된다. 나아가 또 하나의 교환형태가 있는데, 우리는 그것을 어소시에이션이라고 부른다. 이는 다른 세 가지 교환형태들과는 다른 원리에 근거해 있다. 왜냐하면 어소시에이션에서의 교환은 국가나 자본과는 달리 비착취적이며, 이 호수제는 농업공동체와는 달리 자발적이면서도 비非배타적(개방적)이기 때문이다.

앞의 세 가지 '교환'의 원리 중에서 상품교환이 근대에 확장되면서 다른 교환들을 압도했다고 할 수 있다. 그러나 상품교환은 전면화될 수 없다. 첫째, 상품교환은 마르크스가 말하듯 '계약이라는 형태를 취한 법관계'(『자본론』제1권 1편 2장)[196]로, 이미 계약의 이행을 폭력적으로 보증하는 국가를 전제로 하고 있기 때문이다. 둘째, 상품교환은 공동체를 완전히 해체할 수는 없다. 예컨대 그것은 가족을 시장경제화할 수 없으며 가족에 의존할 수밖에 없다. 또 농업도 완전하게는 자본주의화가 될 수 없다. 자본제 경제는 인간 및 자연의 생산과 관련하여 가족이나 공동체에 의존할 수밖에 없으며, 그런 의미에서 비자본제적인 생산을 근본적으로 전제하고 있다. 그렇기에 비자본제적인 생산의 형태는 아무리 자본제 시장경제가 글로벌화될지라도 잔존한다. 우리는 뒤에서 국가와 네이션에 대해 논할 것인데, 일단

제2장 종합의 위기

여기서는 자본 · 국가 · 네이션이 제각기 '교환'의 다른 형태에 근거하고 있음을 지적하는 것으로 그친다. 왜냐하면 좁은 의미의 교환에 존재하는 곤란함을 밝히는 일이 우선이기 때문이다.

애덤 스미스는 상품교환과 교환 일반을 구별하지 않았다. 이는 상품교환에 의한 '사회적 분업'과 공동체 내부의 분업을 동일시한다는 것을 의미한다. 그것은 시장경제의 원리가 초역사적인 원리로 간주되고 있음을 말한다. 이에 대해 이의를 제기한 이들—폴라니도 그 중 하나인데—은 상품교환 이전의 교환형태를 들고 나온다. 예컨대 레비스트로스나 바타유는 교환을 넓은 의미로 이해하고자 했다. 레비스트로스는 친족의 구조를 여성의 교환이라는 관점에서 생각했다. 바타유에 따르면 증여도 교환의 한 가지 형태이며 상품경제는 '일반경제학'의 일부에 불과하다.[197]* 하지만 그렇게 말하는 것은 단지 자본제 시장경제의 역사성과 부분성을 가리킬 따름으로, 상품교환 자체에 존재하는 문제를 살피고 있는 것이 아니다.

상품교환은 합의에 의한 것임에도 계급관계를 형성한다. 그러나 강탈에 근거한 계급관계와는 다르다. 자본제 경제에서 계급관계는 상품(소유자)과 화폐(소유자)의 관계에서 유래한다. 그것은 상품과 상품이 직접 교환되지 않으며, 어떤 등가물(화폐) 없이는 서로 교환되지 못한다는 점 때문이다. 따라서 상품을 가진 자와 화폐를 가진 자의 입장은 근본적으로 다르다. 그렇기에 마르크스는 상품소유자나 화폐소유자가 아니라 상품이나 화폐를 그와 같은 것으로 만

323

드는 가치형태로 소행한다. 사람들은 상품소유자가 되거나 화폐소유자가 될 수 있다. 하지만 상품과 화폐(상대적 가치형태와 등가형태)라는 관계는 변하지 않는다. 자본은 자기증식할 때 자본일 수 있다. 이는 인간적 '담당자'가 누구이든 그들이 어떻게 생각하든 반드시 관철되지 않으면 안 되는 사안이다. 그것은 개개인의 욕망이나 의지와는 관계가 없다.[198]* 여기서 『자본론』 서문의 이야기를 다시금 인용하고자 한다.

> 혹시 오해할지도 모르니 한마디 해두기로 한다. 나는 자본가나 토지소유자의 겉모습을 결코 장밋빛으로 묘사하고 있지 않다. 그리고 여기서 문제가 되는 것은 경제적 범주의 인격화일 때의 인간, 일정한 계급관계와 이해관계의 담당자일 때의 인간에 불과하다. 경제적 사회구성의 발전을 자연사적인 과정으로 파악하는 나의 입장은 다른 어느 입장들보다 개인을 관계들의 책임자로 더 간주하지 않는다. 개인은 주관적으로는 제아무리 관계들을 초월해 있으려고 해도 사회적으로는 역시 여러 관계들의 소산이다. (『자본론』 제1권 「제1판 머리말」)[199]

여기서 개개인은 주체일 수 없다. 하지만 화폐라는 카테고리의 담당자로서는 주체적(능동적)일 수 있다. 그러므로 자본가는 능동적이다. 하지만 자본의 잉여가치는 임금노동자가 총체로서 자신이 만든 물건을 다시 구매할 때만 실현될 수 있다. 즉 자본은 '판매하는 입장'에 반드시 한번은 서지 않으면 안 되며, 그때 '구매하는 입장'에 선 임금노동자의 의지에 종속된다. 이 지점에는 '강탈'과 관련하여 헤겔이 말하는 '주인과 노예'의 변증법과는 다른 변증법이 있다. 신고전파 경제학자는 그와 같은 역전을 내포한 카테고리적 관계를 살피지 못하고 단지 소비자와 기업을 경제주체로 상정했다. 마치 소비자의 수요에 대해 기업이 어떻게 대응하는지가 시장경제의 핵심이라도 되는 것처럼 말이다. 그런 생각은 생산과정에서 단지 계급적 지배만을 보는 많은 마르크스주의자들과 나쁜 대조를 이루고 있다.

고전파이든 신고전파이든 경제학자가 설정한 과제란 사람들이 각자의 이익(이윤 또는 효용)을 최대화하기 위해 행동할 때 그런 행동이 어떤 사회적 균형을 가져오는지를 밝히는 것이었다. 기본적으로 그것은 '시장경제'의 짜임새 문제이지 자본주의가 무엇인지를 질문하는 것은 아니다. 그들은 이익을 최대한으로 추구하는 개인이나 기업에서 출발한다. 그러나 그런 개인들은 상품경제에서 태어났으며 역사적인 것이다. 그들의 '욕망' 자체가 이미 매개되어 있는 것이다. 이런 사정을 살피기 위해서는 발달된 산업자본주의가 아니라 그 이전의 자본형식으로 소행하지 않으면 안 된다.

고전경제학이 화폐를 무시한 것은 이전 시대의 중상주의가 무역에 의한 화폐의 축적을 목표로 삼고 있었기 때문이다. 화폐란 언제든지 무엇이든지 직접적으로 교환할 수 있는 권리를 준다. 그러므로 사람들은 화폐를 가진 입장에 서 있기를 원한다. 여기에 화폐의 물신숭배가 있다. 그런데 그와 같은 중금주의의 환상을 비판하는 일이 마르크스의 과제는 아니었다. 고전경제학자는 이미 이전 시대 중상주의에 근거한 화폐물신적 사고를 비웃으며 비판하고 있었기 때문이다. 마르크스는 고전경제학이 그때까지 화폐를 중시한 중상주의적 사고에 반대하면서 상품의 가치를 생산과정에서 보고자 한 점을 위대한 업적으로 인정한다. 그럼에도 불구하고 마르크스는 오히려 화폐의 수수께끼를 고집하고 있었다.『경제학 비판』에서 마르크스는 다음과 같이 썼다.

> 사회적 생산관계가 대상이라는 형태를 취하기 때문에 노동에서 사람과 사람의 관계가 오히려 물건끼리의 관계로, 혹은 물건이 사람에 대해 취하는 관계로 표시된다는 생각, 이를 흔하고 자명한 일처럼 여기게 하는 것은 일상생활의 습관이다. 상품의 경우, 그러한 신비화는 아직 지극히 단순하다. 교환가치로서의 여러 상품들의 관계란 오히려 상호적 생산활동에서의 관계라는 생각이 많든 적든 모두의 머릿속에 있다. 좀 더 고도의 생산관계들에서는 단순하게 보이는 그런 외양도 사라진다. 중금주의의 모든 착각은 화폐를 하나의 사회적 생산관계를 표시하는 것으로 인식하지 못하고 일정한 속성을 가진 자연물의 형태라고 간주하는 것에서 기인한다. 중금주의의 착각을 비웃는 최근의 경제학자들도 좀 더 고도의 경제학적 카테고리들, 예컨대 자본을 취급하는 단계에 이르면 동일한 착각에 빠져 있었음을 바로 드러내고 만다. 그들이

제2장 종합의 위기

서툴게라도 겨우 물건으로서 파악했다고 생각한 것이 즉각 사회적 관계로 보이게 되고, 반대로 마침내 사회적 관계로 다시 고정한 것이 다시금 물건으로서 그들을 우롱하게 되는 경우, 바로 이 지점에서 보이는 그들의 소박한 경탄의 고백에서 뜻밖에 그들의 착각이 폭로되고 있다. (『경제학 비판』)[200]

고전경제학자에게는 '화폐의 마력'이 사라지고 없는 것이었다. 그들에게 화폐는 상품의 내재적인 가치(노동시간)를 표시하는 척도이거나 유통수단에 불과했다. 따라서 그들은 시장에 의한 재화 및 서비스의 생산과 교환의 조정을 중시했다. 하지만 그것은 자기증식하는 화폐로서의 자본의 '신비', 또는 자본주의의 근본적인 동력을 간과하게 된다. 나아가 구입하는 입장에 있는 자본과, 노동력상품을 판매할 수밖에 없는 임금노동자의 비대칭적인 계급관계를 간과하게 된다. 또 자본이 자기증식적이기 때문에 반드시 한번은 '판매하는' 입장에 서지 않으면 안 된다는 점에서 발생하는 '위기'를 간과하게 된다.

마르크스는 유통에 관하여 요약하자면 다음과 같은 것들을 말한다. 상품(W)—화폐(G)—상품(W′)라는 유통과정에서 W—G(판매)와 G—W′(구매)가 분리되어 있다는 점, 때문에 교환의 범위가 시간적·공간적으로 무한히 확장될 수 있다는 점, 그러나 그 과정에는 언제나 W—G 또는 W—G(이 과정에 포함된 반대과정으로서의 판매)에 '목숨을 건 도약'이 존재하는 까닭에 '공황의 가능성'이 있게 된다는 점 등을 말이다. 유통이 W—G—W′으로 드러난다고 한다면, 그 과정은 동시에 G—W와 W′—G라는 반대과정을 포함하고 있다. "화폐운동은 상품유통의 표현에 불과하지만, 역으로 그 상품유통이란 화폐운동의 결과로서만 나타날 수 있다."(『자본론』 제1권 1편 3장 2절 b)[201] 따라서 W—G—W′과 G—W—G′은 동일과정의 겉과 속인 것처럼 보여도 결정적으로 다르다. 이니셔티브는 화폐(소유자)가 쥐고 있다.

반복하자면 자본이란 G—W—G′(G+⊿G)라는 운동이다. 통속경제학에서 자본이란 자금이다. 그러나 마르크스에게 자본이란 화폐가 생산시설·원료·노동력으로, 생산물로, 나아가 화폐로 '변형해 가는' 과정의 총체를 의미한다. 이 변형이 완성되지 못하면, 즉 자본이 자기증식을 완성하지 못하면 자본은 더 이상 자본이 아니게 된다. 그러나 다른 한편으로 변형의 과정이란 상품유통으로 나타나는 것으로 유통과정에 숨겨져 있다. 따라서 고전파나 신고전파의 경제학은 자본의 자기증식 운동을 상품의 유통이나 재화의 생산=소비에서 해소되는 것으로 파악한다. 산업자본의 이데올로그는 '자본주의'라는 말을 싫어하여 '시장경제'라는 말을 쓴다. 그들은 이를 통해 마치 사람들이 시장에서 화폐로 물건을 교환하고 있는 것처럼 표상한다. 시장경제라는 개념은 시장에서의 교환이 동시에 자본의 축적운동이라는 점을 은폐한다. 그리고 그들은 시장경제가 혼란할 때 그런 혼란을 초래한 것으로 투기적인 금융자본을 규탄하면서까지 마치 시장경제가 자본축적운동의 장이 아닌 것처럼 표상한다.

제2장 종합의 위기

 그러나 재화의 생산과 소비로서 보이는 경제현상의 이면에는 그것과는 근본적으로 이질적인 어떤 도착된 지향이 있다. $G'(G+\Delta G)$를 추구하는 것, 이것이 마르크스가 말하는 화폐의 페티시즘이다. 마르크스는 그것을 상품의 페티시즘으로 보았다. 그것은 중상주의자가 품었던 화폐의 페티시즘이 고전경제학자에 의해 이미 비판되고 있었기 때문이며, 나아가 각 상품에 가치가 내재한다는 고전경제학의 견해에서 화폐의 페티시즘이 암묵적으로 살아남을 수 있었기 때문이다. 따라서 여기서 말하는 상품의 페티시즘은 소비사회의 상품 페티시즘—예컨대 사람들을 상점의 쇼윈도 앞에서 꼼짝 못하게 하는—과 혼동되어서는 안 된다. 마르크스가 말하는 상품의 페티시즘이란 소비 대신에 언제라도 구매할 수 있는 '권리'를 갖고자 하는 욕동이며, 그런 욕동이 한 상품(금)을 숭고한 것으로 만든다.

 내가 여기서 초점을 맞추고 싶은 것은 자본의 자기증식이 어떻게 가능한지(그것에 관해서는 이 책 제2부의 앞선 3장에서 서술했다)가 아니라, 왜 자본주의의 운동이 끝없이 (endlessly) 계속되지 않을 수 없는가 하는 물음이다. 실제로 그것은 end-less(무목적적인 것)이기도 하다. 화폐(금)를 추구하는 상인자본=중상주의가 '도착'된 것이지만 산업자본도 실제로는 그런 '도착'을 계승하고 있다. 그런 산업자본주의가 시작되기 전에 신용체계를 포함하여 모든 장치가 만들어져 있었고, 그 속에서 시작되는 산업자본주의란 그런 장치를 자기 식으로 개편한 것에 지나지 않는다. 그렇다면 자본주의적인 경제활동에 동기를 부여하는 이 '도착'이란 무엇일까. 당연히 화폐(상품)의 페티시즘이다.

마르크스는 자본의 원천에서 화폐의 페티시즘을 고집하는 수전노(화폐축장자)를 발견하고 있다. 화폐를 가지는 것은 언제든 어디서든 무엇이든 직접적으로 교환할 수 있다는 '사회적 질권質權'[202]을 갖는 것이다. 화폐축장자란 그 '권리'로 인해 실제의 사용가치를 단념하는 자를 일컫는다. 화폐를 매체가 아니라 자기목적으로 삼는 것, 즉 '황금욕'이나 '치부致富충동'은 결코 물건(사용가치)에 대한 필요나 욕망에서 기인하는 것이 아니다. 수전노는 역설적이게도 물질적으로는 욕심이 없다. 정확히 '천국에 보화를 쌓기' 위해 이 세상에서는 욕심이 없는 신앙인처럼 말이다. 수전노에게는 종교적 도착과도 유사한 점이 있다. 사실 세계종교도 유통이 일정한 '세계성'—여러 공동체들 '사이'에서 형성되어 이윽고 그 공동체들에게도 내면화되는 것—을 가질 수 있게 되었을 때에 나타나는 것이다. 만약 종교적인 도착에서 숭고한 것을 발견한다면, 수전노에게서도 그렇게 해야 할 것이다. 수전노에게서 저열한 심정(르상티망)을 발견한다면 종교적인 도착에서도 그렇게 해야 할 것이다.

화폐축장자는 황금물신 때문에 자신의 욕정을 희생한다. 그는 금욕의 복음에 충실하다. 다른 한편으로 그가 유통에서 끌어올릴 수 있는 화폐란 상품으로 유통에 투여한 것뿐이다. 그는 생산하면 할수록 많이 팔 수 있을 것이다. 따라서 근면, 절약, 그리고 탐욕이 그의 중심적 덕목을 이루며, 많이 팔고 적게 사는 것이

제2장 종합의 위기

그가 가진 경제학의 전부를 이룬다. (『자본론』 제1권 1편 3장 3절)[203]

화폐축장의 '동기'는 물건(사용가치)에 대한 욕망—타인의 욕망에 의해 매개되었든 되지 않았든—에 있는 것이 아니다. 그 동기를 심리적으로나 생리적으로 발견하려는 시도는 모두 수전노보다 천박하다고 해야 한다. 왜냐하면 수전노의 동기에는 말하자면 '종교적'인 문제가 숨겨져 있기 때문이다.

그런데 누군가 화폐를 축적하면 언제나 물건을 획득할 수 있으므로 물건을 축적할 필요가 없다. 따라서 축적은 화폐의 축적으로만 시작되는 것이다. 이는 물건을 축적하는 일에 기술적으로 한계가 있기 때문이 아니다. 애초에 화폐경제 권역의 바깥에 있는 '공동체'에는 자기목적적인 축적충동 같은 것은 있을 수 없다. 여기서는 바타유가 말한 것처럼 거꾸로 잉여생산이 탕진된다. '축적'은 필요나 욕망에 근거하기는커녕 그것들과 완전히 반대되는 '도착'에 근거하고 있다. 거꾸로 축적이야말로 우리에게 필요 이상의 필요, 더 다양한 욕망을 부여한다. 물론 수전노의 축적과 자본가의 축적은 다르다. 화폐축장자가 '많이 팔고 적게 사는' 방식으로 유통과정에서 끊임없이 탈락하고자 하는 것과는 달리 자본가는 G—W—G′(G+⊿G)이라는 자기운동 속으로 적극적으로 뛰어들지 않으면 안 되기 때문이다.

사용가치는 결코 자본가의 직접적인 목적으로 취급

되어야 하는 것이 아니다. 개개의 이득도 그러한데, 자본가의 직접적인 목적으로서 취급되어야 하는 것은 이득의 쉼 없는 운동 말고는 따로 없다. 이러한 절대적 치부 운동, 이러한 정열적인 가치 추구는 자본가에게도 화폐축장자에게도 공통적이지만, 화폐축장자가 광기어린 자본가라면 자본가는 합리적인 화폐축장자이다. 가치의 쉼 없는 증식이라는 것을, 화폐축장자는 유통에서 화폐를 구해냄으로써 추구하지만 현명한 자본가는 화폐를 항상 유통에 맡김으로써 달성하는 것이다. (『자본론』 제1권 2편 4장 1절)[204]

상인자본의 운동에 동기를 부여하는 것은 수전노의 축적충동(화폐 페티시즘)과 같은 것이다. 상인자본에 의한 화폐의 축적은 결과적으로 물건의 축적을 가져온다. 그것은 각지의 다양한 생산물이 어딘가에 저장되는 형태가 아니라 유통과정이나 생산과 소비의 과정 자체의 확대로서 나타난다. 동일한 사정을 산업자본에 관해서도 말할 수 있다. 그것은 고전경제학이 생각하듯 재화(사용가치)의 증대를 목적으로 하는 것이 아니다. 베버가 산업자본주의의 동기에서 사용가치를 향한 '금욕'을 본 것은 그런 의미에서 옳다. 요컨대 퓨리턴이란 '합리적 수전노'다. 그것이 결과적으로 재화의 확대를 가져올지라도 재화 자체가 오히려 거부되고 있다는 점에서 자본주의의 '욕동'을 살펴보아야 한다. 따라서 소비를 향한 욕망이나 통속적인 의미의 '물질주의'에 대한 부정은 자본주의에 대한 비판이 될 수 없다.

앞서 인용한 것처럼 마르크스는 상인자본과 이자 낳는 자본이 자본의 가장 오래된 형태라고 말한다. 그런데 그 근저에는 화폐축장자가 있다. 실제로 대금업이나 이자가 성립하는 것은 화폐축장에 의해 유통과정에서 화폐가 부족해지기 때문이다. 따라서 세계사적으로 '인류'를 형성하는 자본의 운동(축적욕동) 자체는 결코 합리적인 동기를 지니고 있지 않다. 그것은 일종의 '반복강박'이다. 그것이 전면적이 되는 것은 자본제 생산의 시기―즉 상품경제가 노동력이라는 상품을 포섭하고 상인자본으로 하여금 그저 상업자본으로서 상품경제의 일부를 분담하게 만드는 시점―인데, 반복강박은 상인자본이나 수전노로 소행함으로써만 명확해진다.

4 화폐의 신학·형이상학

공동체들 '사이'에서 성장하는 상인자본이나 상품경제는 원리적으로 세계성을 가지고 있다. 영국에서 산업자본이 확립된 이후에 나온 고전경제학자는 상인자본이나 중상주의를 깔보며 부정했다. 그러나 자본제 생산은 중상주의나 중금주의에서 시작되었다. 부분적일 수밖에 없는 자본제 생산이 세계를 움직이게 되었다면, 그 힘은 상품경제의 사회성(세계성)에서 기인하는 것이다. "화폐가 세계화폐로 발전하듯이 상품소유자는 코즈모폴리턴으로 발전한다. 인간 사이의 코즈모폴리턴적 관계는 애초에 상품소유자로서의 그들이 맺는 연관에 불과하다. 상품은 그 자신, 종교적인, 정치적인, 국민적인, 언어적인 모든 장벽을 초월하고 있다. 상품의 일반적인 언어는 가격이고 공통의 본질은 화폐다."(『경제학 비판』)205 예컨대 칸트의 코즈모폴리터니즘이 놓인 현실적 기반은 상품경제였다. 실제로 그는 상업의 발전에서 '항구적 평화'의 기반을 발견했다.

산업자본주의가 우위에 선 시대의 고전경제학에서 망실된 것은 상품경제가 가진 '신학적' 성격이다. 청년 마르크스는 말한다. "독일에서 종교 비판은 끝나고 있다. 그리고 종교에 대한 비판은 모든 비판의 기초다."(『헤겔 법철학 비판 서설』)206 나아가 "종교에 대한 비판을 현실에 대한 비판이 대신하지 않으면 안 된다"고 쓴다. 하지만 그가 그렇게 말한 것은 종교를 이성적으로 폐기시키고자 한 계몽주의자에 대한 것이었다. "민중의 환상적 행복으로서의 종교를 폐기하는 일은 민중의 현실적 행복을 요구하는 일이다. 민중이 자신의 상태에 관해 그리는 환상을 버리라는 요구는 그 환상을 필요로 하는 여기 이 고통의 세계에 대한 비판을 품고 있다."(같은 책)207 마르크스가 말하고자 한 것은 종교란 '현실의 불행'에 뿌리박고 있다는 점, 그 불행이 해소되지 않는 한 종교를 폐기하는 일은 불가능하다는 점이었다. 종교를 이론적으로 아무리 비판해도 소용이 없다. 그것은 실천적으로 해결되어야 하는 것이기 때문이다.

하지만 마르크스는 동시에 화폐경제에서 현세적인 종교를 발견하고 있었다. 그의 경제학 비판은 종교 비판의 연장선상에 있다. 이 점에 관련하여 '인식론적 단절' 따위는

제2장 종합의 위기

있을 수 없다. 그는 고전경제학에 의해 달성된 것들을 고평가했지만, 동시에 그들이 비웃은 중금주의에서 오히려 자본주의의 본래적인 동기를 발견했다. 그는 황금이라는 '물건'이 숭고하다는 사태를 전생애에 걸쳐 가볍게 여기지 않았다. 물론 그가 생각하기에 숭고함이란 물건에 있는 것이 아니라 거기에 각인된 '보편적 교환가능성'에 있다. 고전경제학자는 물건 자체를 숭고한 것으로 보는 황금숭배(중금주의)를 비웃었다. 그러나 중상주의 시대에 국제경제는 세계화폐로서의 금에 의해 유지되고 있었다. 그것은 산업자본주의 이후도 마찬가지였는데, 세계공황에서 사람들은 갑자기 중금주의로 되돌아간다.[208*] 『자본론』의 마르크스는 이렇게 말할 수 있었을 것이다. 중금주의 비판은 영국에서는 이미 끝났다고, 그리고 그것이 모든 비판의 전제라고 말이다.

『경제학·철학 초고』에서 마르크스는 인간과 인간을 분리하고 결합하는―바꿔 말해 공동체를 해체하고 사회적으로 개개인을 결부시키는―화폐의 신비에 관해 셰익스피어를 인용하면서 다음과 같이 말한다.

> 셰익스피어는 화폐에 대해 특히 두 가지 속성을 부각시키고 있다.
> (1) 화폐는 눈에 보이는 신이며 모든 인간적이거나 자연적인 속성들을 그 반대로 바꾸는 것으로, 사물들의 전반적인 도착과 전도다. 그것은 친해질 수 없는 것들을 형제처럼 친하게 만든다.

(2) 화폐는 일반적인 창부이고 인간과 국민들을 잇는 알선자 역할을 한다.

화폐가 모든 인간적이거나 자연적인 성질을 전도시키고 도착시키는 것, 친해질 수 없는 것들을 형제와도 같이 친하게 만드는 것—그 **신적인 힘**—이란 인간의 소외된 **유적 본질**인 화폐, 계속 외화外化되고 있는 자기를 계속 양도하고 있는 유적 본질로서의 화폐의 본질에 있다. 화폐는 **인류**의 외화된 능력이다.

내가 **인간**이라는 자격을 가지고서는 이룰 수 없는 일, 따라서 나의 모든 개인적인 본질적 힘들로는 이룰 수 없는 일, 그것을 **화폐**를 통해 이룰 수 있다. 따라서 화폐는 그런 각각의 본질적 힘들 전부를 그것이 그 자체로서는 그렇지 않은 것, 즉 **그 반대의 것**으로 변하게 하는 힘이다. (『경제학 · 철학 초고』)[209]

포이어바흐의 『기독교의 본질』, 즉 신을 인간의 유적 본질이 자기 소외된 것이라고 보는 포이어바흐의 논리를 마르크스가 화폐에 적용했다는 것이 위의 인용문에 대한 통설이다. 따라서 "초기 마르크스로 돌아가라"라는 운동의 관점 맞은편에서 알튀세르를 필두로 하는 관점, 즉 초기의 소외론을 폐기한 지점에서 후기 마르크스의 획기적 전회가 있다는 관점이 나오게 된다. 그러나 나는 그 두 관점 모두에 의문을 가지고 있다. 첫째, 포이어바흐의 종교 비판은 헤겔적인 용어를 사용하고 있을지라도 본질적으로 헤겔과는 다르다. 왜냐하면 헤겔에게서 자기소외는 자기본질이 자기

제2장 종합의 위기

자신과 대립하고 자기가 그것을 경배하는 도착현상이 아니기 때문이다. 포이어바흐의 생각은 오히려 칸트의 숭고론에서 유래하는 것이라고 해야 한다. 즉 숭고라는 감정은 감성적으로 압도하는 대상에 직면했을 때 생겨나는 것이지만, 실제로는 대상으로부터 오는 것이 아니라 감성적 유한성을 넘어선 이성의 무한성을 직관하는 것에서 온다. 그럼에도 그것은 대상 그 자체에서 오는 것처럼 받아들여진다. 그런 의미에서 숭고란 인간의 본질적 능력의 '자기소외'다. 하지만 그것은 종교와 다르다.

포이어바흐는 감성적이고 유적인 본질존재로서의 인간이 자신의 그런 유적 본질을 소외된 형태로 파악하고 있는 것이 종교라고 보았고, 그렇게 소외된 유적 본질을 되찾지 않으면 안 된다고 생각했다. 그러나 그런 종교 비판은 칸트보다 후퇴해 있다. 첫째로 칸트는 이미 도덕적인 것으로서의 종교만 인정하고 다른 종교는 부정하고 있었기 때문이고, 둘째로 칸트에게 숭고는 위압적인 자연을 향한 종교적인 '두려움'이 없어졌을 때만 나타나는 것으로 간주되고 있기 때문이다. 따라서 숭고에서 발견된 논리를 종교 비판에 적용할 수는 없다. 숭고 그 자체가 이미 종교의 부정이기 때문이다. 칸트가 말하는 숭고란 바로 단순한 자연적 대상에서 발견되어야 하는 것이다. 즉 숭고는 사람이 충분하게 계몽되고 세속적으로 되었을 때 성립하는 감정이다. 그렇다고 한다면 마르크스가 포이어바흐의 종교 비판을 세속적인 자본주의 경제에 대한 관점으로 전용한 것이 사실이라고 할지라도, 오히려 마르크스의 화폐론은 칸트의 숭고론에서 볼 때 좀 더 잘 이해될 수 있다. 나아가 포이어바흐의 자기소외론과는 달리 칸트의 숭고론에는 문자 그대로 자본주의에 대한 인식이 포함되어 있다. 칸트가 말하는 '몰没관심성'에 의해 발견된 아름다움은 이미 사용가치의 질적인 차이에 무관심한 상품경제의 소산이다. 그런데 아름다움은 아직 사용가치=쾌락원칙과 분절될 수 없다. 숭고는 오히려 사용가치=쾌락원칙과는 근본적으로 반대되는 것으로서 나타난다.

> 그렇기에 자연의 숭고와 관련하여 느끼는 흡족한 마음[Wohlgefallen]은 (아름다움과 관련하여 드는 마음은 적극적이지만) 소극적일 수밖에 없다. 그것은 구상력이 자신의 자유를 스스로 박탈하는 감정인데, 그 이유는 구상력이 경험적 사용의 법칙과는 다른 법칙에 따라 합목적적으로 규정되기 때문이다. 하지만 이로 인해 구상력은 자신이 희생되어 바쳐질 때보다 더 큰 확장과 위력을 얻는데, 이와 관련된 근거는 구상력 자신에게조차 숨겨져 있다. (『판단력비판』 上)210

숭고에서는 불쾌를 통해 어떤 쾌가 획득된다. 칸트는 그것을 '자신이 희생되어 바쳐질 때보다 더 큰 확장과 위력을 얻는' 것이라고 생각한다. 이는 바로 잉여가치의 문제다. 그것은 다음과 같은 한 대목에서 명백하다.

> 젊은이여, 만족하고 마는 것들(오락, 탐닉, 연애 등

등의 것들)이 없도록 하는 쪽이 좋다. 이런 만족의 거부는 아무런 만족 없이 일을 끝내는 스토아적인 사고방식을 따른 말이 아니라, 점점 증대하는 향락을 항상 미래에 누리려고 하는 세련된 에피쿠로스적 사고에서 하는 말이다. 이렇게 당신 삶의 감정, 그것의 현금 소유액을 검약하는 일은 향락을 뒤로 미룸으로써—설령 생애의 마지막에 이르러서도 소지한 현금의 사용을 단념할지라도—실제로는 당신을 좀 더 부유한 사람이 되게 만들어주는 것이다. 향락이라는 것을 자신의 뜻대로 할 수 있다는 의식은, 모든 관념적인 것이 그러하듯 그 향락과 함께 소진되고, 그런 의식과 소진은 전체의 양量을 감소시키면서 감각기관을 만족시키는 모든 것들에도 더욱 유효하게 해당되는데 그 영향의 범위는 광대하다. (『인간학』)[211]

프로이트는 '마조히즘의 경제적 문제'에 관해 생각했었는데, 칸트는 말하자면 숭고에서의 경제적 문제를 생각했다고 할 수 있다. 이 경우 그는 숭고를 자본의 축적욕동에 견주고 있다. 즉 칸트가 말하는 '향락의 미룸'은 베버가 '자본주의의 정신'으로서 파악한 프로테스탄티즘, 아니 좀 더 본질적으로 마르크스가 '합리적인 수전노'로 파악한 자본가의 정신이라 할 수 있다. 실제로 소비할 때의 쾌락보다 언제나 직접 교환할 수 있는 '권리'를 보유함으로 얻어지는, 나아가 그것을 확대하는 일에서 얻어지는 쾌락이 더 본질적이다. 흔히 근대 자본주의는 사용가치(소비)에 대한 욕망으로 설명된다. 그러나 자본 축적의 끊임없는 운동은 쾌락원칙도 현실원칙도 아니며, 프로이트적으로 말하자면 그것들의 '피안'에 있는 욕동(죽음의 욕동)으로 보아야 한다.

그러나 경제학에 관해 칸트 자신은 애덤 스미스의 '노동가치설'에 입각해 있다. 칸트에게 화폐는 수수께끼가 아니었고 숭고도 아니었다. 그는 "상품이 어떻게 화폐가 되는가"를 질문하면서 다음과 같이 서술한다.

자, 그렇기에 **화폐**라고 명명되어야 할 물건은 그것을 제조하기 위해서, 혹은 그것을 조달하여 다른 인간들의 손에 넘기기 위해서 다음과 같은 분량의 노동이 소비된 것이지 않으면 안 된다. 즉 그 노동이란 그것을 통해 (자연적 혹은 인공적 산물에 속하는) 물품을 취득할 수 있었던 것으로서, 또한 그 노동과 화폐를 위해 소비되었던 노동이 교환할 수 있는 것으로서 서로 같은 것이야 한다.

하지만 처음에는 물건이던 것이 마지막에는 화폐가 되는 일이 어떻게 가능할까? 처음에는 그저 (궁정 안에 있는) 자신이 거느린 하인들의 몸을 장식하거나 빛나게 하기 위해 사용되던 어떤 재료(예컨대 금, 은, 동 혹은 **자패**紫貝라고 불리는 일종의 아름다운 조개껍질, 혹은 콩고에서 **마크테**라는 이름으로 불리는 일종의 깔개, 혹은 세네갈의 쇠막대기, 그리고 기니 해안의 흑인노예까지)의 위대하고도 권력이 있는 낭비

제2장 종합의 위기

자, 즉 **국왕**이 자신의 신민들로부터 그런 재료를 (물품으로서) 조공으로 징수하고, 또 이런 재료를 조달하기 위해 들이는 노동이 이에 자극을 받아야 할 자들에게 (시장이나 거래소에서) 그들 간 거래관계의 일반규정에 따라 동일한 재료로 지불하는 경우가 그러하다. (나의 견해로는) 그런 것에 의해서만 어떤 물품은 신민들이 서로 맺는 노동의 거래관계, 그리하여 국부國富의 거래관계에서 법정수단, 즉 **화폐**가 될 수 있었던 것이다. (『인륜의 형이상학』 제1부, 〈전집〉 제11권)[212]

칸트는 화폐를 어떤 물품을 생산한 노동과 다른 물품을 생산한 노동 사이의 거래관계를 가리키는 것으로 생각했다. 하지만 왜 어떻게 서로 다른 노동이 등치되는지를 질문하지 않는다. 직인의 아들이었던 칸트는 고전경제학자와 마찬가지로 상인자본이나 중상주의를 싫어했다. 그가 '종합적 판단'을 두고 확장적이라고 말한 까닭은 이를테면 이윤(잉여가치)이 생산과정에만 있어야 하지 결코 유통과정에서의 차액을 목표로 삼은 '투기'(사변: speculation)에 따른 것이어서는 안 된다는 뜻으로 이해될 수 있다. 칸트가 생각한 것은 아직 독일에 거의 존재하지 않았던 산업자본제 생산이 아니라 독립 소생산자들의 어소시에이션이었다. 그런 의미에서 그가 생각한 화폐란 자본으로 변화되지 않는 화폐다. 이와 관련해서는 뒤에서 서술하겠다. 그러나 지금 화폐에 대해 생각할 때 참조해야 하는 것은 칸트의 화폐론

자체가 아니라 오히려 『순수이성비판』이다. 왜냐하면 화폐는 단순한 가상이 아니라 말하자면 초월론적 가상이며 우리는 그것을 손쉽게 제거할 수 없기 때문이다.

하지만 칸트가 도덕의 문제를 단지 주관적 레벨에서 생각하지 않았던 점에 주의해야 한다. 앞서 서술한 것처럼 그는 도덕성의 근간을 "너의 인격 및 모든 타자의 인격에 있어서의 인간성을 단지 수단으로 대할 뿐만 아니라[그런 수단으로서의 사용/필요(brauchen) 속에서도] 언제나 동시에 목적으로 대할 수 있도록 행위하라"라는 정언적 명법에서 발견하고 있다. 바꿔 말해 칸트가 생각하기에 타자를 수단으로 삼는 일은 긍정되어야 할 대전제이다. 그것은 분업과 교환 위에 성립하는 '사회적인' 생활에 대한 긍정적 인식이라고 할 수 있다. 스미스의 경제학은 윤리학의 일부이며 그는 에고이즘을 긍정한 상태에서 그것이 초래할 모순들을 넘어서는 '동정同情'을 들고 나왔다. 오늘날도 시장경제의 폐해를 반성하는 경제학들은 스미스가 말하는 '동정(sympathy)'으로 되돌아가려고 한다. 한편 칸트는 스미스가 말하는 '도덕감정'을 비판하고 도덕성을 아프리오리한 법칙으로 파악하고자 했다. 이는 칸트의 윤리학이나 '목적의 나라'라는 이념을 그저 주관적인 것으로 보이게 한다. 하지만 칸트에게 그런 것들은 현실적·경제적 기반을 결여하고서는 존재할 수 없는 것이었다. 칸트가 '목적의 나라'를 규제적 이념으로 본 것은 자본제 경제에 대한 비판을 품고 있다. 자본제 경제는 '타자의 인격에서의 인간성을 목적으로 다루는' 일을 치명적으로 불가능하게 만들기 때문이다.

제2장 종합의 위기

마르크스는 미래에 관해 이야기하기를 거부했다.『독일이데올로기』에서 그는 엥겔스가 쓴 문장의 난외欄外 여백에다 이렇게 가필하고 있다. "공산주의란 우리에게 성취되어야 할 어떤 상태, 현실이 그것을 지향하여 형성되어야 할 어떤 이상이 아니다. 우리는 현상을 지양하는 현실의 운동을 공산주의라는 이름으로 부르고 있다. 이 운동의 여러 조건들은 지금 실제로 있는 전제에서 생겨난다."(앞의 책)[213] 하지만 그 현실을 구성하는 힘 자체는 자본주의에서 오는 것이다. 그런 의미에서 코뮤니즘은 자본주의의 운동에 부수되는 것이며, 자본주의 자체가 낳는 대항적 운동으로서 존재한다. 그것은 칸트의 말로 다시 말하자면 '구성적 이념'—현실이 그것을 향해 형성되어야 할 어떤 이상—이 아니다. 그것은 하나의 '규제적 이념'—현실에 대해 끊임없이 비판의 근거를 부여해주는 이상—이다. 그런 까닭에 자본주의를 해명하는 일은 진정으로 윤리학적인 과제인 것이다.

5 신용과 위기

처음에 서술한 것처럼 칸트는 사후적인 것을 사전事前으로 투사하는 형이상학을 배척했다. 하지만 동시에 다가올 미래에 목적론적인 상정을 하는 일이 설령 가상이라고 할지라도 불가결한 것임을 인정했고 그것을 '초월론적 가상'이라고 불렀다. 그가 생각하기에 과학적 인식조차도 '믿음'을 필요로 한다. 자본제 경제를 지탱하고 있는 것은 그러한 초월론적 가상으로서의 '신용'이다. 상품은 생산에 얼마만큼의 노동시간이 들더라도 판매되지 않으면 가치를 실현할 수 없다. 사후적으로는 상품의 가치가 사회적인 노동시간에 있다고 해도 좋다. 하지만 사후 아닌 사전의 관점에서는 그것을 알 수도 없으며 보증할 수도 없다.

자본은 자기증식하기 위해 어떻게든 W—G′(판매)의 과정을 거치지 않으면 안 된다. 판매에 실패하면 G—W′ 즉 화폐를 상실하고 물건만 가진 상태로 끝나고 말기 때문이다. 이 위기를 당분간 회피하는 것이 '신용'이다. 그것은 마르크스의 표현방식에 따르자면, 판매 W—G를 '관념적으로 선취하는 것'이다. 즉 그것은 먼저 약속어음을 발행하고 이후에 결제하는 형태를 취한다. 이때 판매·구매의 관계는 채권·채무의 관계가 된다. 마르크스는 제도로서의 '신용'은 유통의 확대와 더불어 '자연성장적'으로 생겨나고, 또 그것이 유통을 확대한다고 말한다. 신용제도는 자본운동의 회전을 가속시키고 또 영속화한다. G—W—G′이라는 과정을 끝까지 기다릴 필요가 없이 자본가가 새로운 투자를 행할 수 있기 때문이다. 자본제 경제의 확대는 신용의 확대다.

하지만 신용이 '자연성장적'이라는 것은 신용이 유통에서 생겨난다는 것, 바꿔 말해 신용이 사회적으로 통용되므로 국가의 강제력에 의존하지 않는다는 것이다. 이 문제는 화폐와 관련하여 중요하다. 마르크스는 '유통수단'으로서의 화폐를 논할 때 주화가 '국가의 업무'라고 말하고, 나아가 지폐(국가지폐)에 관련하여 그것이 유통될 수 있는 것은 국가의 '유통강제력' 때문이라고 말한다. 그러나 이런 말은

제2장 종합의 위기

오해해서는 안 된다. 마르크스가 중요하게 보는 것은 '지불수단'으로서의 화폐에서 출현하는 형태, 바꿔 말해 은행권 같은 '신용화폐'이기 때문이다. 마르크스는 다음과 같이 쓰고 있다. "신용화폐란 단순한 상품유통의 입장에서는 우리가 아직 전혀 알 수 없는 여러 관계들을 전제로 한다. 하지만 말이 나온 김에 서술하자면, 본래 지폐가 화폐의 유통수단으로서의 기능에서 생겨났듯이 신용화폐는 화폐의 지불수단으로서의 기능에 자연발생적 근거를 가지고 있는 것이다."(『자본론』제1권 1편 3장)[214] 마르크스가 이 문제에 관해 상세히 논하고 있는 것은 『자본론』제3권에서다.

> 나는 앞에서[제1권 1편 3장 3절 b] 단순한 상품유통에서 어떻게 지불수단으로서 화폐의 기능이 형성되는지, 또 그와 더불어 상품생산자들이나 상품거래업자들 간에 어떻게 채권자와 채무자의 관계가 형성되는지 밝혔다. 상업과 유통을 염두에 둘 때만 생산이 가능한 자본주의적 생산양식이 발전함에 따라 신용제도의 자연발생적 기초는 확대되고 일반화되며 완성된다. 거기서 화폐는 대체로 지불수단으로서만 기능한다. 즉 상품은 화폐와 바꾸어지는 것이 아니라 일정 기일 안에 지불한다는 문서상의 약속과 상환으로 판매되는 것이다. 이러한 지불약속을 간단히 하기 위해 우리는 어음이라는 일반적 범주로 뭉뚱그려도 좋을 것이다. 이런 어음도 그것 자체로 만기·지불날짜까지는 지불수단으로서 유통된다. 그리고 그것이 본

래의 상업자본을 형성한다. 어음은 마지막에 이르러 채권·채무 간의 상쇄로서 결제될 때 비로소 완전히 화폐로 기능한다. 이 경우 화폐로의 최종적인 변화는 일어나지 않기 때문이다. 그렇게 생산자들이나 상인들 사이의 상호 전대前貸가 신용 본래의 기초를 이루고 있듯이 그들의 유통 도구, 즉 어음이 본래의 신용화폐, 예컨대 은행권 같은 것의 기초를 이루고 있다. 이 신용화폐는 금속화폐의 유통이든 국가지폐의 유통이든 화폐의 유통에 근거하고 있는 것이 아니라 어음의 유통에 근거하고 있는 것이다. (『자본론』 제3권 5편 25장)[215]

여기서 마르크스는 상징화폐(지폐)를 신용화폐로 파악하고 그 기원을 상업신용에서 보고자 한다. 은행신용은 상업신용의 발전형태다. 실제로 은행권(banknote)은 은행이 발행한 어음(note)이다. 은행은 은행권을 발행함으로써 그것이 소유한 준비금 이상의 신용을 '창조'한다. 오늘날 지폐는 중앙은행이 발행하는 것으로 간주된다. 그 경우 개별 은행은 은행권을 발권할 수 없지만 예금구좌를 통해 신용을 '창조'한다. 그러나 중앙은행이 발권을 독점하는 제도는 은행권 같은 지폐를 국가지폐와 혼동하는 견해를 낳는다. 영국에서는 1844년 필 조례[216]에 의해 잉글랜드은행이 발권을 독점하는 중앙은행이 되었다. 그 이전에 은행은 제각기 발권하고 있었으며, 그런 의미에서 중앙은행제도를 부정한 하이에크의 주장(은행의 민영화)이 반드시 엉뚱한 생각은

제2장 종합의 위기

아니었다. 중요한 것은 지폐(은행권)의 유통이 국가의 강제력에 의한 것이 아니었다는 점이다. 국가에 의한 강제는 국제적 관계에서는 기능하지 않았으며, 따라서 국내에서도 충분히 기능하지 않았다.

더 나아가 말하자면, 지폐의 유통은 단지 금과의 태환제에 의한 것도 아니었다. 유통되는 그 지폐가 '신용화폐'로서 기능하고 있다는 점에 의거한다. 그렇지 않으면 지폐는 즉각 환금換金될 것이다. 그렇기에 달러가 1971년 금태환을 정지한 이후에도 기축통화로서 기능하고 있는 것은 특별히 수수께끼 같은 것이 아니다. 국제적인 신용관계가 계속되고 있는 동안, 혹은 그것이 계속되도록 각국이 노력하고 있는 동안 불환不換화폐는 유통된다. 그렇지 않으면 태환화폐라 할지라도 즉각 환금되어서 유통되지 못하게 된다. '신용'이라는 차원을 무시해서는 화폐를 전체적으로 이해할 수 없는 것이다.

그렇지만 신용의 본질은 기본적으로 '판매'의 위기를 회피하는 것에 있다. 그것은 현재의 위태로움을 장래로 미루는 일이다. 왜냐하면 이후 정해진 기일 안에 화폐로 결제하지 않으면 안 되기 때문이다. 그리고 이런 시간적인 미룸은 자본의 운동 G—W—G'을 어떤 의미에서는 역전시킨다. '판매하는' 입장의 위태로움은 신용에 의해 이미 판매된 것이 되기 때문에 즉각적으로는 나타나지 않는다. 그것은 결제 시기에 이르러 화폐로 지불할 수 있는가 없는가라는 위태로움으로 변형된다. 신용제도하에서 자본의 자기증식 운동이란 축적을 위해서라기보다는 오히려 '결제'를 무한히 미루기 위해 강제된 것이다. 즉 자본의 운동이 개별 자본가들의 '의지'를 진정으로 넘어서고 자본가에 대해 강제적인 것이 되는 것은 이때부터. 예컨대 설비투자는 대체로 은행에서 받은 융자로 이루어지는데, 자본은 빌린 돈과 이자를 변제하기 위해 결코 중도에 활동을 멈출 수가 없다.

자본의 자기증식 운동을 촉진하고 '판매'의 위태로움을 감쇄시키는 '신용'이 자본의 운동을 무한히(endless) 강제한다. 총체적으로 보면 자본의 자기운동은 자전거가 쓰러지지 않도록 페달을 계속 밟듯이 '결제'를 무한히 뒤로 미루기 위해서 존속하지 않으면 안 되는 것이다. 왜냐하면 혹시 거기에 '끝'이 있다고 한다면 신용은 붕괴되기 때문이다. 물론 '결제' 시기는 때때로 불시에 나타난다. 그것이 공황이다. 공황은 신용의 붕괴인데, 그것은 신용이 충분히 발전되어 있는 곳에서만 나타난다. 그러나 신용은 단순한 환상도 이데올로기도 아니다. 화폐경제가 거대한 환상의 체계를 형성하고 있다는 말이 옳을지라도, 그 환상이 붕괴했을 때에 사람들이 발견하는 '현실적인 것'은 자연물이 아니라 화폐라는 점에 주의해야 한다.

> 화폐공황은 지불의 계속적인 연쇄와 결제의 인위적 조직이 완전히 발전해 있는 곳에서만 발생한다. 그런 기구가 비교적·일반적으로 교란됨과 더불어 어디서 그것이 발생하든 화폐는 돌연 또는 매개체 없이 계산화폐라는 관념적으로만 존재한 모습에서 경화硬貨로 바뀐다. 화폐는 비속한 상품으로 대체불가능하

제2장 종합의 위기

게 된다. 상품의 사용가치는 무가치해지고 그 가치는 자신의 가치형태 앞에서 소실된다. 방금 전까지만 해도 부르주아는 호경기에 도취되어 득의양양해서 화폐 따위란 공허한 환상이라고 외치고 있었다. 상품이야말로 화폐다. 그런데 화폐야말로 상품이 되었다! 이제 세계시장에 그렇게 울려 퍼진다. 사슴이 신선한 물가를 찾으면서 울듯이 세계시장의 마음은 유일한 부富인 화폐를 찾아 울부짖는다. 공황에서는 상품과 그 가치형태인 화폐 간의 대립이 절대적인 모순으로까지 고조된다. 그러므로 이 지점에서 화폐의 현상형태는 어떻게 되든 무방한 것이 된다. 화폐기근은 금으로 지불되든 신용화폐 예컨대 은행권으로 지불되든 아무런 상관이 없기 때문이다. (『자본론』제1권 1편 3장 3절 b)[217]

공황에서 사람들이 확실한 것으로 발견한 것은 상품이 아니라 화폐다. 바꿔 말해 물건이 아니라 물건을 획득할 수 있는 **권한**, 혹은 상대적 가치형태가 아니라 등가형태다. 공황 직전에는 신용의 과열이 있다. 자본은 이윤율이 저하되고 이자율이 비등하고 있음에도 상호 경쟁적으로 투자를 계속한다. 바꿔 말하면 공황은 자본이 스스로의 '권한' 이상으로 상상적인 확장을 이루는 바로 그때 발생하는 것이다. 칸트는 이성의 월권행위를 사변적(spekulativ)이라고 부르면서 비판했지만, 공황(crisis)은 실제로 자본의 투기적인(speculative) 확장을 비판한다(criticize). 바꿔 말해 공

349

황은 균형적 발전을 상정하고 있던 고전경제학을 비판한다. 그런 의미에서 마르크스에게 『자본론』을 쓰게 만든 것은 잉여가치이론(이는 이미 리카도 좌파가 주장하고 있었다)이 아니라 자본주의의 병적인 증후로서의 공황이었다. 마르크스는 말하자면 정신분석적으로 소행함으로써 그런 증후로서의 공황을 근본적으로 '가치형태', 바꿔 말해 결코 지양될 수 없는 비대칭적 관계에서 발견한 것이다. 공황은 판매와 구매, 구매와 지불의 분리에서 발생의 '가능성'을 가진다. 하지만 그것은 자본(자기증식하는 화폐) 자체의 '가능성'이기도 하다. 바꿔 말해 잉여가치, 신용, 공황은 서로 분리될 수 없는 것이다.[218*]

물론 이 공황의 '주기성'을 설명하기 위해서는 산업자본에 대한 고찰을 시작하지 않으면 안 된다. 그러나 공황이 중요한 이유는 공황이 자본주의를 붕괴시키기 때문이 아니다. 실제로 공황은 자본주의적 '해결'의 방식이며 경기순환(호황—공황—불황—호황) 과정의 일부에 불과하다. 공황과 이에 이어지는 불황은 자본과 노동력의 폭력적인(=자유주의적인) 재편성인 것이다. 또 마르크스가 목격한 고전적인 주기적 공황은 더 이상 볼 수가 없는데, 이는 프로이트가 조우한 성적인 억압에 따른 히스테리 환자를 더 이상 볼 수 없는 것과 마찬가지다. 하지만 자본주의가 근본적으로 '신용'의 세계인 이상, 공황은 피할 수 없는 것이다.

경제적 과정은 이미 명확한 것처럼 이른바 하부구조가 아니다. 그것은 오히려 '종교적인' 과정이다. 예컨대 자본주의의 시간성은 그 끝이 끊임없이 뒤로 미루어진다는 의미에

제2장 종합의 위기

서 유대=그리스도교적인 시간성과 비슷하다. 하지만 내가 말하고 싶은 것은 경제현상을 종교와의 유비에서 보는 것이 아니다.[219*] 오히려 근본적으로 종교는 죽은 자를 향한 살아있는 자의 채무감정, 혹은 이 세상과 저 세상 사이의 '교환'에 근거한 것이라는 의미에서 '경제적'인 것이다. 경제적이라는 것을 경멸해서는 안 된다. 오히려 자본, 국가, 네이션, 종교는 모두 교환이라는 관점, 즉 '경제적' 관점에서 살피지 않으면 안 되는 것들이다. 좁은 의미의 종교를 믿든 안 믿든 현실의 자본주의는 우리를 끊임없이 종교와 유사한 구조 속에 놓는다. 우리를 움직이고 있는 것은 이념이 아니며, 그렇다고 현실적인 필요나 욕구도 아닌, 굳이 말하자면 교환 혹은 상품형태 자체에 배태된 형이상학이며 신학이다. 마르크스가 코뮤니즘을 생각한 것은 바로 이 자본주의(지역적인 공동체에 종속된 사람들을 그로부터 분리시키고 거꾸로 상호 분리되어 있던 사람들을 '사회적'으로 결합하게 만드는 자본주의) 자체의 논리로부터였다. 자본으로서의 화폐는 다음과 같이 이야기할 것이다. "너희는 내가 세상에 평화를 주려고 온 줄로 생각하지 말라. 평화가 아니라 칼을 주려고 왔다. 나는, 사람이 자기 아버지와 맞서게 하고, 딸이 자기 어머니와 맞서게 하고, 며느리가 자기 시어머니와 맞서게 하려고 왔다. 사람의 원수가 자기 집안 식구일 터이다. 나보다 아버지나 어머니를 더 사랑하는 사람은 내게 적합하지 않다."(「마태복음」 10장 34절[~37절])

산업자본이 확립된 단계, 즉 상품경제가 노동력의 상품화에 의해 생산 전체를 규제하기 시작했을 때, 그것 이전의 사회를 생산의 관점에서 살필 수 있는 시점이 열린다. 그것이 역사적 유물론이다. 그러나 산업자본주의를 해명하는 일은 그 이전의 사회를 이해하는 데에는 도움을 주지만, 그 반대는 그렇지 않다. "인간의 해부는 원숭이를 해부하기 위한 열쇠다."(「경제학 비판 서설」, 『경제학 비판』)[220]* 자본제 경제는 생산력과 생산관계, 또는 하부구조와 상부구조 같은 개념으로는 이해할 수 없다. 우리가 알아야 할 것은 자본이 인간의 '교환'에 존속하는 곤란함에서 배태된다는 점, 따라서 그것을 폐기하는 일은 쉽지 않다는 점이다. 그러나 불가능하지는 않다는 말을 덧붙이기로 한다.

역사적 유물론자는 자연과 인간의 관계, 인간과 인간의 관계가 역사적으로 어떻게 변천했는지를 생각한다. 그러나 거기에 누락된 것은 그런 관계들을 조직하는 자본제 경제에 대한 고찰이다. 그렇기 때문에 우리는 '교환'의 차원, 그리고 그것이 가치형태를 취하는 것의 불가피성을 살펴야 한다. 중상주의자나 고전경제학자는 '생산'에서 출발하여 모든 것을 투명하게 보는 시점을 취했다. 그러나 사회적 교환은 우리에게 항상 투시불가능한, 그렇기에 자립적인 힘으로 나타나며 이것을 폐기하는 일은 쉽지가 않다.

자본은 마르크스가 말하듯 판매(W—G)와 구매(G—W)가 공간적·시간적으로 분리되는 데에서 발생한다. 이 분리가 잉여가치를 가져올 뿐만 아니라 신용공황까지도 가져온다. 하지만 그런 분리 없이 직접적인 교환이 가능하다고 생각하는 것은 잘못이다. 루카치 이래로 자본제 경제에서는 인간과 인간의 관계가 물건과 물건의 관계로서 나타난

제2장 종합의 위기

다는 '물상화'의 이론이 번창했다. 하지만 그런 관점은 봉건적 계급관계와 비교하여 자본제 경제를 보는 것이다. 그렇게 되면 그때까지 투명하던 직접적 관계가 자본제 경제에서는 '물건과 물건의 관계' 아래서 물상화된 것처럼 보이게 된다. 그러나 상품경제에서 인간의 '사회적' 관계는 오히려 자본에 의해 형성되는 것이며 처음부터 물건과 물건의 관계를 통해서 나타난다. 애초부터 우리는 서로 누구와 관계 맺고 있는지 알 수 없다. 하지만 그런 '분리'가 공동체나 국가에 의해 폐쇄된 사람들을 '사회적'으로 결부시키면서 말하자면 코스모폴리스를 형성하는 것이다. 이러한 '사회적 관계'에서 우리는 상호 관계를 맺고 있음을 알 수 없지만, 그것은 동시에 우리가 서로 '무관계'할 수 없도록 한다. 예컨대 현재 세계의 절반이 넘는 사람들이 기아상태에 있지만, 선진국의 인간은 그런 상태와 '무관계'하다고 할 수 없다. 하지만 그 '관계'를 명시하는 일도 불가능하다. 때문에 관계론적인 세계가 물상화되어 있다는 식의 생각은 원래 사후적인 원근법적 도착에 불과하다. 그것은 자본의 운동이 현실에서 '사회적 관계'를 세계적으로 조직하고 있음을 간과하고 있다.[221]*

제3장 가치형태와 잉여가치

1 가치와 잉여가치

여기까지 우리는 자본의 자기증식의 '욕동'에 대해 서술해왔다. 하지만 G—W—G′이라는 과정에서 자기증식은 어떻게 가능한 것일까. 단순히 말하면, 싸게 구매하여 비싸게 판매함으로써 가능하다. 고전파는 그것을 상인자본의 특징으로서 부정하고 산업자본에서의 이윤이 유통과정이 아니라 생산과정에 있음을 강조했다. 그들이 노동가치설을 취한 것은 그런 이유에서다. 그들은 유통과정을 그저 이차적인 것으로 간주하고 생산과정의 이윤에서 이자와 지대를 도출하고자 했다. 그러나 자본제 생산이 시작되었을 때의 영국에는 이미 신용체계는 만들어져 있었고 주식회사까지도 있었다. 그것들을 형성한 것은 상인자본주의이다. 초기의 산업자본가는 도매상 형태의 공업을 시작한 상인이었다. 산업자본주의와 그 이론가는 스스로의 '기원'을 잊어버리고 있는 것이다. 자본제 경제가 구성하는 '환상적인' 체계는 결코 생산과정에서만 설명될 수 있는 것이 아니다. 마르크스가 유통과정에서 설명을 시작하는 것은 자본의 본성이 상인자본의 공식 G—W—G′에 있기 때문이며, 그것에 의해 형성된 세계시장 없이 자본제 생산이 있을 수 없기 때문이다.

고전파는 산업자본의 이윤이 등가교환에 의거해 있다는 점, 따라서 그 이윤이 생산과정에 있다는 점, 즉 분업과 협업에 의한 생산력의 상승에 있다는 점을 주장했다. 마르크스도 유통과정에서는 잉여가치가 나오지 않는다고 말한다. "한 나라의 자본가 계급 전체가 자신을 속일 수는 없다. 따라서 어떤 핑계를 대더라도 결과는 같다. 등가의 교환에서 잉여가치는 나오지 않으며 부등가의 교환에서도 잉여가치는 나오지 않는다. 유통이나 상품교환은 가치를 전혀 창조하지 않는 것이다."(『자본론』 제1권 2편 4장)[222] 그러나 동시에 마르크스는 잉여가치가 생산과정만으로는 실현되지 않는다고 말한다.

> 상품의 총량 또는 생산물 전체는 불변자본과 가변자본을 보전하는 부분도, 잉여가치를 나타내는 부분도 판매되어야 한다. 판매되지 않거나 일부만 판매된다면, 혹은 생산가격 이하의 가격으로밖에 판매되지 않는다면, 노동자는 생산과정에서 분명 착취되었지만 이 착취는 자본가에게는 착취로서 실현된 것이 아닌데, 이는 쥐어짠 잉여가치가 완전히 실현되지 않거나 부분적으로만 실현된다는 차원에서 더 나아가 실제로 자본가가 가진 자본의 일부나 전부를 상실하는 일까지도 수반될 수 있는 상태이다. 직접적 착취의 조

제3장 가치형태와 잉여가치

건과 실현의 조건은 동일하지 않기 때문이다. 이 둘은 시간적·장소적으로 다를 뿐만 아니라 개념적으로도 다르다. 직접적 착취의 조건은 사회의 생산력에 의해 제한되고 있을 뿐이지만, 착취의 실현 조건은 다양한 생산부문의 균형관계와 사회의 소비력에 의해 제한되고 있기 때문이다. (『자본론』 제3권 3편 15장 1절)[223]

마르크스는 생산과정에 무슨 일이 있을지라도 잉여가치가 실현되는 것은 유통과정이라고 말한다. 하지만 그것은 잉여가치가 유통에서 발생하지 않는다는 앞의 주장과 모순된다. "따라서 자본은 유통에서 생겨날 수 없는 것이지만 유통을 떠나서도 생겨날 수 없는 것이다. 자본은 유통에서 생겨나야만 하는 동시에 유통에서 생겨나서는 안 된다. (…) 화폐가 자본으로 바뀌는 일은 상품교환에 내재하는 법칙을 기초로 전개되어야 하는 것이며, 그렇기에 등가의 교환이 그 출발점으로 간주된다. 아직 자본가의 애벌레에 불과한 우리의 화폐소유자는 상품을 그 가치대로 구매하고 그 가치대로 판매하지만, 그 과정의 끝에서 그는 자신이 투하한 것보다 더 많은 가치를 이끌어내어 회수하지 않으면 안 된다. 그가 나비로 성장하는 것은 유통부문에서여야 하지만 유통부문에서여서는 안 된다. 이것이 문제의 조건이다. 자, 여기가 로도스다, 여기서 뛰어라!" (『자본론』 제1권 2편 4장 2절)[224]

새삼스레 다시 주의를 촉구하지만, 위의 내용은 상인자본에 한정되는 사안이 아니다. 산업자본에서의 잉여가치도 유통에서 발생해야만 하는 동시에 유통에서 발생해서는 안 되는 것이다. 따라서 우리는 먼저 그것을 상인자본에서 생각해야만 한다. 마르크스가 말한 것처럼 하나의 가치체계에서 유통부문을 통해 잉여가치를 얻는 것은 부등가교환이며 사기다. 그러나 다른 가치체계 사이에서 교환이 행해질 때는 각각의 가치체계에서 등가교환이 행해지고 있음에도 잉여가치가 획득되는 것이다. 즉 마르크스가 제시한 안티노미는 복수체계를 들고 나옴으로써 해소되며 그 이외에는 해소가 불가능하다.

마르크스는 '가치형태론' 다음인 '교환과정론'에서 다음과 같이 말한다.

> 다른 한편, 내가 이전에 말한 것처럼 서로 다른 가족이나 종족이나 공동체의 접촉 지점에서 생산물의 교환이 발생한다. 왜냐하면 문화의 초기에 자립적으로 만나는 것은 사적인 개인이 아니라 가족·종족이기 때문이다. 서로 다른 공동체는 다른 자연환경 속에서 다른 생산수단이나 생활수단을 발견한다. 따라서 그들의 생산양식·생활양식 및 생산물은 서로 다르다. 다른 공동체가 접촉할 때에 생산물의 상호적 교환을 야기하고 그들의 생산물을 차츰차츰 상품으로 변화시키는 것은 그렇게 자연발생적으로 발전한 바로 그 차이다. 교환이란 생산부문에서 차이를 만들어내는 것이 아니라 이미 서로 다른 것을 연관시키고 그것을 확대된 사회의 생산 전체 수준에서 많든 적든

제3장 가치형태와 잉여가치

서로 의존하는 여러 부문들로 변화시키는 것이다. (『자본론』 제1권 4편 12장 4절)[225]

교환의 기원을 위와 같이 보는 것은 애덤 스미스가 그런 것처럼 물물교환에서 점차 화폐에 의한 교환이 시작되었다는 인상을 준다. 그러나 우리에게 중요한 것은 마르크스가 교환의 근저에서 공동체들 간의 차이를 발견했다는 점이다. 차이는 본래 자연적인 소여所與조건에 의해 주어지고 있다. 상인자본은 그와 같은 차이, 즉 공동체와 공동체 사이에서 발생한다. "고대의 상업민족은 에피쿠로스의 신들처럼, 혹은 오히려 폴란드 사회의 숨구멍에 있는 유대인들처럼 세계의 사이사이에 존재하고 있다."(『자본론』 제3권 4편 20장 4절)[226] 그런 까닭에 상인자본주의는 과거의 생산과 생산관계를 전면적으로 배척하거나 그것을 바꾸는 데까지 나아가지 않았던 것이다. 상인자본주의는 항시 부분적인 것이었을 뿐이다. 그러나 그것은 차액을 추구함으로써 각 공동체가 가지지 못한 사회적·세계적 결합을 낳았다.

그런 공동체들이 확대되거나 통합되어 근대국가가 되었다고 해도 사정은 마찬가지다. 다시금 강조하지만 마르크스가 이야기하는 '사회적'이라는 말에 주의해야 한다. 그것은 게마인샤프트(Gemeinschaft)[공동사회]도 게젤샤프트(Gesellschaft)[이익사회]도 아니다. 왜냐하면 게젤샤프트는 상품경제가 확립됐을 때 성립한 또 하나의 공동체이기 때문이다. 그 내부에서만 생각하면 화폐는 그저 가치를 표시하는 것이고 교환의 매체에 불과하다. 그런데 마르크스가 말하는 '사회적' 교환이란 다른 체계와의 사이에서 행해지는 교환, 나아가 자신이 누구와 생산물을 교환하는지 모르는 교환이다. 따라서 공동체와 공동체 사이에 이루어지는 교환의 '사회적' 성격은 오히려 외국과의 교역에서 나타난다. 거기서 화폐는 세계화폐나 보편적 상품으로 나타난다.

> 그러나 주화로서 화폐는 그 보편적 성격을 상실하며 하나의 국민적·지방적 성격을 받아들인다. (…) 화폐는 하나의 정치적 칭호를 받아들이고 나라가 다르면 이른바 다른 언어로 이야기하는 것이다. (…) 이미 지적한 것처럼 금과 은이 나타나는 것은 교환 자체가 나타나는 것과 마찬가지로, 본원적으로는 한 사회적 공동단체의 범위영역 내부가 아니라 그것이 끝나는 곳, 그것의 경계며, 곧 해당 공동단체가 다른 공동단체와 접촉하는 그리 많지 않은 지점이다. 금과 은은 이제 상품 그 자체로서 모든 장소에서 상품으로서의 성격을 계속 보유하는 보편적 상품으로 정립되어 나타난다. (『마르크스 자본론 초고집』 제1권)

중상주의의 시대에 중상주의자가 금을 고집한 것은 황금숭배 때문만이 아니다. 국제적 상품교환에서 금이 최종적인 결제수단이었기 때문이다. 마르크스는 나아가 덧붙인다. "근대의 경제학자가 아무리 중상주의를 극복했다고 믿고자 할지라도 일반적 공황의 시기에는 1600년과 마찬가지로 1857년에도 금과 은은 전적으로 이런 규정[일반적 부

제3장 가치형태와 잉여가치

富의 물질적 대표] 속에서 등장한다."(같은 책) 무역 차액에서 금을 얻는 중상주의를 부정한 '근대의 경제학자'는 화폐를 단순한 가치척도·유통수단으로 간주하고 있다. 하지만 그것은 가치를 하나의 공동체(국가)만으로 생각하는 것이며, 복수의 공동체(가치체계)가 존재한다는 점을 무시하는 것이다. 국제적인 교역에서는 금화폐 같은 세계화폐가 불가결하다. 또 화폐가 단순한 유통수단에 머물지 않고 자본으로 바뀌어 활동하는 것은 다른 가치체계들 사이의 교역이 있기 때문이다.

고전파의 노동가치설은 기본적으로 단일시스템에서 생각되고 있다. 때문에 그들은 복수의 서로 다른 생산부문에서 각각 평균이윤을 확보하는 생산가격을 설명할 때 노동가치설을 철회하거나 수정하지 않을 수 없었다. 한편 신고전파는 고전파의 노동가치설을 부정하고 효용(사용가치)으로부터 가치(가격)를 생각하고자 했다. 그들은 '한계효용'이라는 개념을 통해 심리적인 요소에 호소하지 않고 수요와 공급의 균형점을 발견했다. 그러나 고전경제학이 노동가치를 말한 것은 그들도 시장에서 가격균형을 상정했기 때문이다. 그들은 개개의 (무정부적인) 생산이나 교환이 '사후적'으로 하나의 균형상태로 안정된다는 메커니즘에 주목한 것이다. 또 '한계적'인 것과 관련된 사고방식은 이미 있던 리카도의 '수확 체감의 법칙'에서 엿볼 수 있는 것으로 신고전파가 창시한 것이 아니다. 그와 같은 균형이론은 아무리 수학적으로 정교하고 치밀할지라도 결국에는 단일체계에서만 생각될 수 있는 것이다.

그러나 여기서 다른 가치체계를 상정한다면, 동일상품에 관해 각각의 균형가격과는 다른 '가치'를 상정할 수밖에 없다. 단일체계에서 생각하는 한, 화폐란 체계에 체계성을 부여하는 '무無'에 불과하다. 그러나 다른 가치체계가 있을 때, 화폐란 그 사이의 교환에서 잉여가치를 얻는 자본으로 변화되는 것이다. 한편 마르크스는 스미스나 리카도가 노동가치설을 포기·수정한 것과는 반대로 오히려 그들 이상으로 노동가치설을 고집한 것처럼 보인다.[227*] 하지만 그 의미는 완전히 다르다. 고전파가 단일시스템에서 성립하는 균형가격을 노동가치로 그저 치환한 데 반해, 마르크스는 복수시스템에서 출발했고, 그렇기에 '사회적인·추상적인' 노동가치를 필요로 했다. 복수의 시스템 사이에서 하나의 상품이 가지는 가격은 서로 다르다. 그러면 그 상품의 '가치'는 무엇인가. 그렇게 생각했을 때 한 체계의 균형가격과는 다른 것으로 '추상적인 노동'으로서의 가치가 가정된다. 하지만 핵심은 복수시스템이 있다는 점, 그로부터 잉여가치가 발생한다는 점, 그렇기에 화폐가 자본으로 변화된다는 점이다.

리카도를 비판했을 때 베일리는 이미 상품의 가치가 단독으로 있는 것이 아니라 하나의 관계체계 속에서 규정된다는 점을 지적했다. 그것은 동일한 상품일지라도 다른 체계에서는 가격이 다르다는 점을 의미한다. "가치란 동시대 여러 상품들 간의 관계이다. 왜냐하면 그런 관계 속의 상품만이 서로 교환될 수 있기 때문이다. 그리고 우리가 어느 시기 한 상품의 가치를 다른 시기 그 상품의 가치와 비교한다면, 그것은 단지 그 한 상품이 서로 다른 각각의 시기에 다른 상품들과 맺고 있던 관계를 비교하는 것에 불과하다."(『리카도 가치론의 비판』) 즉 여러 상품은 그때그때마다 말하자면 공시적으로 하나의 관계체계를 형성하고 있다. 베일리는 그런 사정을 시간적으로 생각하고 있지만, 공시적으로도 똑같이 말할 수 있다. 동일한 상품이 다른 체계에 놓이면 그 균형가격이 다른 것이다. 이 차이는 단순한 부동浮動에 의한 것이 아니라 관계체계의 차이에 따른 것이다. 그러나 서로 다른 체계들 사이에서 교역이 이루어진다면 어떻게 될까. 여기서 잉여가치가 발생한다. 마르크스가 균형가격과는 다른 '가치'를 고집하는 것은 그것이 근본적으로 복수체계와 관계가 있기 때문이며, 나아가 잉여가치와 관계가 있기 때문이다.

2 언어학적 접근방식

생산물은 노동 없이는 있을 수 없다. 그러므로 고전경제학은 노동을 가치의 실체로 삼았다. 그러나 생산물을 가치이게 만드는 것은 가치형태, 바꿔 말해 상품의 관계체계다. 물건이나 노동이 그것 자체로 어떤 것을 가치있게 만드는 것이 아니다. 거꾸로 물건이나 노동은 가치형태에 의해 비로소 경제적인 대상이 된다. 고전파는 경험적인 가격을 넘어 존재하는 노동가치를 생각했고, 신고전파는 그것을 부정하면서 경험적인 가격의 차원에 머물고자 했다. 두 입장

모두가 간과하는 것은 가격도 노동가치도 가치형태(관계체계) 안에서 조정되고 규정된다는 점이다. 앞서 말한 것처럼 가치형태는 언어적인 것이다. 따라서 가치형태를 이해하기 위해 언어학의 모델을 빌려도 좋을 것이다. 그런데 그렇게 해서 바로 알 수 있는 것은 언어학 자체가 경제학의 모델을 따르고 있다는 점이다. 예컨대 야콥슨은 다음과 같이 말한다.

경제학과 언어학의 긴 역사에서는 이 두 교과를 결합하는 문제가 반복해서 일어났다. 계몽주의 시대의 경제학자들이 언어학적 문제를 건드린 일을 상기할 수 있을 것이다. 예컨대 안 로베르 자크 튀르고는 백과전서를 위해 어원 연구를 다루었고, 애덤 스미스는 언어의 기원을 논했다. 순환, 교환, 가치, 생산과 투자, 생산자와 소비자 등의 사항에 관련된 소쉬르의 교리에 미친 가브리엘 타르드의 영향은 잘 알려져 있다. '동적인 공시태' 즉 체계 내부의 모순과 그것의 끊임없는 움직임 같은 공통의 주제가 경제학과 언어학 모두에서 서로 비슷한 발전을 이루었다. 기본적인 경제학 개념이 기호학적 해석의 시도에 반복해서 첨부되었다. (…) 현재, 탤컷 파슨스는 화폐를 두고 '대단히 고도로 특수화된 언어', 경제상의 거래를 두고 '어떤 대화', 화폐의 유통을 두고 '메시지의 송달', 그리고 화폐체계를 두고 '문법적·통사적 코드'로 보면서 조직적으로 취급하고 있다. 언어학에서 개발된 코드와 메시지의 이론을 그는 공공연히 경제적 교환에 적용

제3장 가치형태와 잉여가치

하고 있다. (『일반언어학』)

소쉬르가 언어를 공시적 체계(랑그)로 고찰하고자 했을 때 그는 실제로 경제학의 모델을 사용하고 있다. '공시적共時的'이란 어떤 임의의 순간을 가리키는 게 아니라 일정한 균형상태를 의미한다. 소쉬르는 그때까지 하나의 항을 체계로부터 분리시켜 그 변화를 역사적으로 고찰하던 언어학에 맞서 관계체계 안에서 변화되는 한 항이 체계 전체를 바꿔 새로운 체계를 형성한다고 생각하며, 언어의 통시적인 변화란 체계의 변화로서 이해되지 않으면 안 된다고 생각했다. 그것은 하나의 균형상태에서 다음 균형상태로의 이행이다. 이런 생각은 분명 스위스에 있던 경제학자 파레토의 일반균형론을 통해 얻었을 것이다. 그러나 만약 그런 관점에 머물고 만다면, 언어학을 경제학에 재적용하는 일은 불모의 동어반복일 것이다. 야콥슨이 꼽고 있는 사례들은 그런 동어반복에 해당되며 그저 신고전파 경제학의 다른 언어에 불과하다.

그러나 소쉬르는 신고전파의 이론과는 결정적으로 다르다. 그는 "언어에는 차이밖에 없다"고, "언어는 가치다"라고 말한다. 이는 단일체계(랑그)에서는 말해질 수 없는 것이다. 그가 가치에 대해 이야기하는 것은 다른 랑그를 가지고 나올 때다. 그가 생각하기에 어떤 낱말이 다른 체계로 '번역'될 경우, 같은 '의미'를 갖는 동시에 각각의 체계에서 다른 낱말과 맺는 관계의 차이에 의해 그 '가치'가 달라진다. 여기로부터 그는 시니피앙과 필연적으로 연결되는 의미

(시니피에)나 내재적인 의미 따위는 없음을 설명하고 있다. 하지만 옐름슬레우가 지적한 것처럼 하나의 공시적 체계에서 생각할 때 시니피앙과 시니피에는 분리될 수 없다. 그러므로 의미(가격)와 다른 '가치'라는 개념은 복수의 서로 다른 체계를 생각했을 때만 불가결한 것이다.

마르크스는 일반적으로 화폐를 언어와 유추적으로 견주는 생각을 부정하고 있다. "화폐를 언어와 비교하는 일도 이것[화폐를 혈액과 비교하는 일] 못지않게 잘못이다. 관념의 경우 가격이 상품과 나란히 존재하는 것처럼 언어로 바뀌고, 그 결과 관념의 독자성은 해소되며 그 사회적 성격이 이념과 나란히 언어 안에 존재하는 것은 아니다. 관념은 언어와 떨어져서는 존재할 수 없다. 관념이 통용되고 교환될 수 있기 위해서는 우선 모국어에서 외국어로 번역되어야 하지만, 그것 역시 여러 유추들을 불러일으키게 될 것이다. 하지만 이 경우 유추는 언어에 있는 것이 아니라 언어의 이국성(Fremdheit)에 있다."(『요강』, 화폐에 관한 장)[228] 요컨대 언어와 화폐의 아날로지가 중요하다면, 그것은 그 둘을 '이국성' 안에서 살필 때만 그러하다.

소쉬르가 경제학의 비유를 들고 나온 것은 언어의 '의미'과 구별되는 것으로서의 '가치'에 관해 이야기할 때뿐인데, 그는 그런 사정에 대해 다른 통화를 사례로 들어 설명한다.[229]* 이 유추를 따르자면 의미는 가격이고 가치는 가격을 결정하고 있는 관계체계와 관련이 있다. 하나의 공시적 체계에서 한 상품은 다른 모든 상품과 관계를 맺고 있다. 한 상품을 화폐와 교환한다는 것은 단지 두 가지 것(어떤

제3장 가치형태와 잉여가치

상품과 금)의 관계가 아니라 그것을 다른 모든 상품과의 관계체계에 놓는다는 말이다. 한 상품의 가격은 단지 화폐와의 등치관계에 따른 것이 아니라 상품 전체와의 관계를 집약하고 있다. 그 경우 관계체계가 다르다면, 한 상품의 가격은 그 각각에서 다르다. 이는 균형가격을 상정해도 필연적으로 존재하는 차이다. 그렇게 다른 관계체계 사이의 교환은 각각 등가교환이 이루어질지라도 차액(잉여가치)을 가져온다.

다시 말하자면, 마르크스가 균형가격과 구별된 '가치'를 고집하는 것은 하나의 체계만이 아니라 복수의 서로 다른 체계를 생각하고 있었기 때문이다. 마르크스는 가격을 경험적인 것으로 제시하지 않으며 또 그럴 수도 없다. 경험적으로는 균형가격밖에 없기 때문이다. 이는 경험적으로는 잉여가치 없이 이윤만 있는 것처럼 여겨지는 것과 같다. 그가 '가치'로서 발견한 것은 '추상적·사회적 노동'이지만, 그것은 복수체계를 전제로 한 것이다. 마르크스가 말하는 '가치'에는 이미 잉여가치, 즉 화폐가 자본으로 바뀌는 비밀이 포함되어 있다. 그러나 복수체계 사이에서 잉여가치가 얻어진다고 해도 각 체계의 당사자에게 그것은 투명한 것이 아니다. G—W—G′라는 과정에서 G—W와 W—G′는 각기 다른 시간이나 다른 장소에서 일어나기 때문이다.

마르크스는 다음과 같이 말한다. "유통은 생산물 교환의 시간적·장소적·개인적 제한을 없애는데, 이는 생산물 교환에서의 일치상태, 즉 자신의 노동생산물의 양도와 타인의 노동생산물의 획득이 이루는 직접적 일치상태가 유통에 의해 판매와 구매의 대립으로 분열되게 되는 것에서 기인한다. 판매와 구매라는 독립된 두 가지가 서로 대립하는 과정이 내적인 통일을 이루고 있다는 것은, 그 내적인 통일이 외적인 대립으로서 스스로를 나타낸다는 것과 같다. 그렇게 상품의 전체적인 변형과정에서 서로를 보충하고 있는 두 단계 사이의 시간적 간격이 너무 커지면, 그러니까 판매와 구매 사이의 간격이 너무 현저해지면, 판매와 구매 사이의 본질적인 통일이 강력하게 스스로를 주장하게 된다—바로 공황을 만들어냄으로써 말이다."(『자본론』 제1권 1편 3장 2절 a)[230]

중요한 것은 자본을 가능하게 하는 것이 공황의 가능성을 부여한다는 점이다. 여기에 자본주의의 '운명'이 있다. 마르크스가 말하듯이 화폐에 의해 판매와 구매는 공간적으로도 시간적으로도 분리된다. 화폐를 가진 자는 언제든 어디서든 무엇이든 구매해도 좋다. 이런 사정을 다시 언어론적으로 보자면, 화폐란 음성언어에 대한 문자언어에 비견될 수 있다. 쓰인 텍스트는 언제 어디서 누구에게 읽히게 될지 알 수 없다. 음성이라면 바로 그 장소의 타자에게 이해될 수 있지만, 쓰여 있는 것은 다른 랑그에서 읽히게 된다. 화폐에 대한 리카도나 프루동의 혐오는 문자에 대한 혐오와 유사하다. 양쪽 모두 매개적인 커뮤니케이션에 대한 혐오이다. 따라서 그로부터는 직접적이고 투명한 교환이 '상상'된다. 데리다가 『그라마톨로지에 대하여』에서 서술한 것처럼 플라톤 이래의 철학이 문자를 혐오하고 투명한 직접적 교환=커뮤니케이션을 상상해 왔다면, 경제에서 그

제3장 가치형태와 잉여가치

것은 화폐에 대한 혐오로 나타난다고 해도 좋다. 그러나 플라톤의 문자 비판이 이미 문자를 전제하고 있듯이, 고전경제학자가 출발한 물물교환이나 로빈슨 크루소 이야기의 교환도 이미 암묵적으로 화폐(일반적 등가물)를 전제하고 있다.

교환이 화폐에 의해 매개되어야 한다는 '필연성', 이를 부정하는 경제학이나 '사회주의'는 그런 의미에서 '형이상학'이다. 마르크스는 말한다. "따라서 가치의 이마에 가치가 무엇인지는 쓰여 있지 않다. 가치는 오히려 어떤 생산물도 사회적인 상형문자로 바꾸어버린다. 그런 일이 있고 난 뒤 인간이 자신의 사회적 생산물의 비밀을 찾고자 하면, 그는 바로 상형문자의 의미를 풀게 된다. 왜냐하면 사용대상을 가치로 규정하는 것은 언어와 마찬가지로 인간의 사회적 산물이기 때문이다."(『자본론』 제1권 1편 1장 4절)[231] 이렇게 마르크스는 상품형태를 '사회적 상형문자'—데리다적으로 말하면 archi-écriture(원-에크리튀르)다—로 보고 있다. 마르크스가 말하고자 한 것은 화폐가 이차적인 것이 아니라는 점, 상품형태에 이미 그것이 존재한다는 점이다.

나는 여기서 그와 같은 '사회적' 교환의 불투명성에서 예술적 가치의 문제를 생각한 비평가를 한 사례로 들고 싶다.

요컨대 예술작품이란 하나의 대상물(오브제)이며 어떤 개인들에게 어떤 작용을 가하고자 만들어진, 인간에 의한 제작물입니다. 개개의 작품이란 말의 물질적인 의미에서 물체(오브제)이거나, 춤이나 연극처럼 행위의 연쇄이거나, ―음악이 그러한데― 행위에 의해 산출되는 계기적 인상의 합계입니다. 이러한 대상물을 기점으로 삼은 분석을 통해 우리는 예술의 개념을 명확하게 만들 수 있습니다. 그런 대상물이야말로 우리 탐구의 확실한 요소라고 간주할 수가 있습니다. 그런 대상물을 고찰함으로써, 그리고 한편으로 그것들의 저자로 소행함으로써, 다른 한편으로는 그것들이 감동작용을 미치는 인간을 향해 소행함으로써, 우리는 '예술'이라는 현상이 그런 두 개의 완전히 구별된 변형작용을 통해 대표될 수 있다는 것을 발견합니다(이는 경제학에서 생산과 소비 사이에 존재하는 관계와 동일한 것입니다).

매우 중요한 것은 이 두 가지 변형작용—저자에서 시작하여 **제조된 물체**로 끝나는 변형작용과, 그 물체 즉 작품이 소비자에게 변화를 초래한다는 의미의 변형작용—이 서로 완전히 독립해 있다는 점이며, 그 결과로서 **이 두 가지 변형작용은 각기 별도로 생각되어야만 한다**는 것입니다.

여러분께서는 작자, 작품, 관객 혹은 청자라는 3개의 항을 등장시켜 명제를 세웁니다. — 하지만 이 3개의 항을 통합하는 관찰의 기회가 결코 여러분들 앞에 나타나지 않을 것이라는 의미에서 그 명제는 무의미합니다. (중략)

…… 제가 다다른 점이란 이렇습니다. **예술**이라는 가치(이 낱말을 사용하는 것은 결국 우리가 가치의 문제를 연구하고 있기 때문입니다), 이 가치는 본질적

제3장 가치형태와 잉여가치

으로 지금 말씀드렸던 두 영역[작자와 작품, 작품과 관찰자]의 동일시 불가능, 생산자와 소비자 사이에 매개항을 두어야 한다는 저 필연성에 종속되어 있다는 점입니다. 중요한 것은 생산자와 소비자 사이에 정신으로 환원될 수 없는 무언가가 있어서 직접적 교섭이 존재하지 않는다는 점, 그리고 작품이라는 매개체는 작자의 인품이나 사상에 대한 어떤 개념으로 환원될 수 있는 그 어떤 것에도 닿을 수 없으며, 그 작품에 감동하는 인간에게도 닿을 수 없다는 점입니다. (중략)
…… 예술가와 타자(독자), 이 둘의 내부에서 각기 무슨 일이 일어났는지를 엄밀하게 비교하기 위한 방법 따위는 그게 언제가 되든 절대로 존재하지 않을 것입니다. 그뿐만 아닙니다. 만약 한쪽의 내부에서 일어난 것이 다른 쪽에 직접적으로 전달된다면, 그땐 예술 전체가 붕괴하게 될 것이다. 그렇게 예술이 가진 모든 힘이 소실되는 것입니다. 그렇기에 타자의 존재에 작용을 가하는 새로운 불삼투성不滲透性의 요소, 그것의 개입이 반드시 필요합니다. (발레리, 「예술에 관한 고찰」, 〈전집〉 제5권)

이렇게 발레리는 작품의 가치, 그것의 궁극적 근거를 양쪽의 과정이 서로 분리되어 있어서 투명하지 않다는 것에서 찾는다. 그가 직접 비판하고 있는 것은 헤겔적인 미학이다. 즉 헤겔의 미학—마르크스주의의 미학도 마찬가지다—은 양쪽의 과정이 동시에 보이는 장소에 서있는 것이기에 역사도 투명한 것이었다. 참고로 발레리는 이런 견해를 『자본론』을 통해 얻었다고 해도 틀린 말이 아닐 것이다.[232*]

그런 관점에서 보자면 자본가란 다른 체계의 양쪽에 서는 자라고 할 수 있다. 그렇게 함으로써 상인자본가는 다른 관계체계의 차이에서 잉여가치를 얻는 것이다. 고전경제학자는 싸게 사서 비싸게 파는 상품자본을 부등가교환이나 사기에 근거한 것으로 간주하고, 대조적으로 산업자본이 등가교환에 의한 것이라는 점, 이윤은 생산과정에 있다는 점, 즉 분업과 협업에 의한 생산력의 상승에 있다는 점을 주장했다. 그러나 상인자본은 특별히 부등가적인 교환에 근거해 있는 것이 아니다. 어떤 상품이 어떤 지역에서 자연적인 조건에 의해 대량으로 생산된다면, 그 지역의 여러 상품들 간의 관계에서 규정된 가격은 그것이 생산되지 않거나 결핍되어 있는 지역의 가격과 다를 것이다. 상인은 재빨리 그것을 저렴한 곳에서 사들여 비싼 곳에서 판다. 그 차액에서 잉여가치를 얻는다고 해서 사기는 아니다. 교환은 각각의 가치체계에 의해 정당하게 행해지기 때문이다.

3 상인자본과 산업자본

그러면 산업자본은 어떤가. 고전경제학자는 이윤을 유통과정이 아니라 생산과정에서 찾는다. 리카도 자신은 그것을 리카도파 사회주의자들처럼 잉여노동의 착취라고는 생각하지 않았지만 그런 생각이 도출될 수 있는 여지가 있

제3장 가치형태와 잉여가치

었다. 그는 상품의 자연가격에 이윤—그것이 지대나 이자로 분배된다—을 내재시켜 놓았기 때문이다.[233*] 이미 서술한 것처럼 마르크스의 잉여가치론은 그것을 답습한 것처럼 보인다. 그 결과 그것은 공격에 노출되거나 피에로 스라파 이후의 네오 리카도파에 의해 옹호된다. 예컨대 오키시오 노부오나 모리시마 미치오는 이윤율이 플러스(正)라면 잉여가치율이 플러스라는 것, 즉 잉여노동이 존재한다는 점을 수학적으로 증명했다.[234*] 그러나 리카도는 화폐를 그저 이차적인 것으로 간주하고 노동가치에서 출발하고 있다. 그렇다는 것은 그가 단일체계에서 생각하고 있었음을 말해준다. 우리에게 중요한 것은 복수의 서로 다른 가치체계가 존재한다는 점, 그리고 그 사이의 교환에서 잉여가치가 발생한다는 점이다.

마르크스의 독자성은 자본의 일반공식 $G-W-G'$를 산업자본에서도 보고자 했다는 점이다. 바꿔 말하자면, 마르크스는 잉여가치를 생산과정에서만이 아니라 유통과정에서도 보고자 했던 것이다. 그가 생각하기에 산업자본이 상인자본과 다른 점은 상인자본이 알지 못했던 어떤 상품을 산업자본이 발견했다는 데에 있다. 그것이 '노동력상품'이다. 산업자본은 특수한 상품 즉 노동력상품을 구매하고 그것을 통한 생산물을 노동자 자신에게 판매하는 것에서 잉여가치를 얻는 것이다. 신고전파는 소비자와 기업을 경제적 주체로 간주하고 있다. 노동자는 그저 노동임금이라는 생산비용의 일부로 여겨진다. 그러나 산업자본의 잉여가치는 노동자가 노동력을 팔고 그 생산물을 소비자로서 다시 구매한다는 넓은 의미의 '유통과정'에서만 나온다. 물론 개개의 노동자가 자신이 만든 바로 그것을 구매하는 것은 아니다. 그러나 총체로서 보면, 노동자는 그들 자신이 만든 것을 산다. 이는 잉여가치가 개별자본에서가 아니라 사회적 총자본에서 생각되어야 한다는 것을 의미한다. 예컨대 마르크스는 다음과 같이 말한다.

> 어느 자본가도 자신의 노동자와 관련해서는 노동자와 자신이 맺는 관계가 소비자에 대한 생산자의 관계가 아니라는 점을 알고 있으며, 또 그 노동자의 소비를, 즉 그 교환능력을, 그 임금을 가능한 한 제한하고 싶어 한다. 물론 어느 자본가도 다른 자본가의 노동자가 자신의 상품을 가능한 한 많이 구매하는 소비자이기를 원한다. 하지만 각각의 자본가가 자신의 노동자와 맺는 관계는 자본과 노동의 관계 일반이며 본질적인 관계이다. 그런데 바로 그 점에 의해 환상이, 즉 자신의 노동자를 제외한 노동자 계급 전체가 노동자로서가 아니라 자신의 상품을 구매하는 소비자 및 교환자로서, 그러니까 화폐지출자로서 자신과 상대하고 있다는 환상―개개의 자본가를 다른 모든 자본가로부터 구별한다면 그 환상은 진실이겠지만―이 생겨나게 된다.
> 자본과 지배[·예속]관계의 구별은 바로 노동자가 소비자 및 교환가치의 정립자로서 자본과 상대하고, 화폐소지자의 형태, 화폐의 형태로 유통의 단순한 기

제3장 가치형태와 잉여가치

점—유통의 무한히 많은 기점들 중 하나—이 된다는 것이기 때문에 여기서는 노동자의 노동자로서의 규정성이 사라지고 있다. (『마르크스 자본론 초고집』 제2권, 1858 1월)

생산의 장과 판매의 장에 대한 그런 분리는 노동자를 소비자 일반으로 바꾼다. 그 결과 신고전파 경제학자는 소비자를 주권자처럼 간주하고 그 소비자의 수요를 기업이 만족시키는 것처럼 생각한다. 다른 한편으로 그러한 분리는 생산관계를 추상한, 소비자로서의 주체성이라는 환상을 낳는다. 그것은 소비사회의 현상으로서만 나타나는 것이 아니다. 예컨대 기업에 대한 소비자의 항의나 보이콧 활동은 실제로 노동자의 운동임에도 노동자의 운동과는 분리되거나 때로는 적대한다.

그러나 마르크스의 위와 같은 고찰에서 보아야 하는 것은 잉여가치를 개별자본의 운동과정만으로 생각하는 일이 불가능하다는 점이다. 자본은 최종적으로 생산물을 판매하지 못하면, 즉 생산물이 상품으로서 가치를 획득하지 못한다면 잉여가치 그 자체를 실현할 수 없다. 그런데 그것을 구매하는 자는 다른 자본이거나 다른 자본하에 있는 노동자다. 각 자본은 이윤을 추구할 때, 가급적 임금을 삭감하고자 하고 또 가능한 한 장시간 노동을 시키고자 한다. 하지만 모든 자본이 그렇게 하면 잉여가치를 실현할 수 없게 된다. 왜냐하면 생산물을 구매하는 소비자는 노동자 자신이기 때문이다. 그리하여 개별자본이 이윤을 확보하고자 하면 할수록 총체로서 불황이 악화된다. 실제로 1930년대의 거대한 불황 아래서 '총자본'은 이 경향을 역전시켰다. 즉 대량생산과 고임금에 의해 불황을 탈출하고자 했던 것이다. 그것이 포디즘(Fordism)으로 불리고 있다. 이후 '소비사회'가 출현한다. 하지만 그것은 마르크스의 이론적 고찰을 넘어서는 사태가 아니다. 포디즘 또는 케인즈주의란 사회적 총자본이 개별자본의 에고이즘을 억제함으로써 거꾸로 개별자본의 이윤을 확보하는 것을 의미한다. 그것은 각자가 에고이스틱하게 이익을 추구하는 일이 결과적으로 만인의 이익이 된다는 애덤 스미스의 생각을 부정하는 것처럼 보인다. 또 그것은 소비를 장려함으로써 근면과 저축을 장려하는 '프로테스탄티즘과 자본주의의 정신'(베버)을 부정하는 것처럼 보인다. 그러나 마르크스적으로 볼 때 그것들은 근본적 변화가 전혀 아니다. 잉여가치의 실현을 개별자본에서만, 혹은 생산과정에서만 보는 관점만이 그것을 이해할 수 없다고 여긴다.

마르크스는 잉여가치를 절대적 잉여가치와 상대적 잉여가치로 나눈다. 앞의 것은 노동일의 연장이나 노동 강화에 의해 잉여가치를 얻는 것이고, 뒤의 것은 노동일의 변동 없이 단지 노동의 생산성을 올림으로써 간접적으로 노동력의 가치를 떨어뜨리는 것에서 잉여가치를 얻는 것이다. 예컨대 노동일의 연장, 즉 노동자가 그 노동력의 가치를, 그러니까 사회적으로 필요한 노동시간 이상으로 일함으로써 잉여가치가 얻어진다는 설명은 언뜻 그럴싸하게 들린다. 하지만 그것은 즉각 어떤 곤란함과 만난다. 예컨대 자본가가 도산

제3장 가치형태와 잉여가치

할 경우, 그것은 그들 자본가가 잉여가치를 얻지 못했음을 의미하지만, 그렇게 되면 그 자본가는 노동자를 '착취'하지 않은 양심적인 자본가가 되어버린다. 이러한 궤변이 통용되는 것은 첫째로 구체적인 노동시간을 가치의 실체로 간주하기 때문이며, 둘째로 잉여가치를 단지 생산과정에서만 발견하고자 하기 때문이다. 앞에서 인용한 것처럼 마르크스는 잉여가치가 궁극적으로 실현되는 것은 유통과정이라는 점을 알고 있었다. 그러나 단순한 유통과정으로부터는 잉여가치가 나오지 않는다. "여기가 로도스다, 여기서 뛰어라(hic Rhodus, hic salta)"라고 마르크스가 말한 것은 바로 여기다.

이것을 해결하기 위해서는 역시나 복수체계를 들고 나올 수밖에 없다. 산업자본은 상인자본의 경우와는 다르지만 이 역시 어떤 복수체계의 차이에서 잉여가치를 얻는 것이다. 노동력(상품)은 다른 상품과 서로 관계하고 의존하는 가치체계 안에 있다. 또 마르크스가 노동력의 가치에 관해 '일정한 나라, 일정한 시대'에 따라 다르다고 말할 때, 그것은 노동력의 가치가 공시적인 관계체계 안에서 생각되어야 함을 의미한다. 하지만 그것이 단일체계에서 생각된다면 잉여가치란 존재할 수 없다. 단일체계에서라면 상인자본은 단순한 사기에 불과할 것이고 산업자본도 문자 그대로 착취에 지나지 않을 것이다. 그러나 산업자본의 잉여가치는 시간적으로 새로운 가치체계를 창출함으로써 얻어지는 것이다. 그렇기에 산업자본주의에 고유한 잉여가치는 상대적 잉여가치이며, 그 잉여가치는 기술혁신에 의한 노동시간의 단축을 통해 노동력의 재생산에 필요한 여러 상품의 가치를 떨어뜨림으로써 실질적으로 노동력의 가치까지도 떨어뜨리는 것에서 얻어진다. 상대적 잉여가치는 이중적 의미에서의 exploitation(개발=착취)이다.

고전파는 '이윤'을 '분업과 협업'에 의한 생산성의 향상에서 찾고 있었다. 그들에게 이윤을 가져오는 것은 자본가이므로 이윤은 자본가에게 귀결된다. 한편 리카도 좌파는 이윤을 잉여가치의 착취로 간주했고 프루동은 그것을 '도둑질'이라고 말했다. 이는 노동자들의 분업과 협업이 생산수단을 사유한 자본의 손에서 조직되기 때문에 발생하는 일이다. 따라서 노동자들이 스스로 생산수단을 공유하고 분업과 협업을 해나간다는 '생산협동조합'의 구상이 생겨나게 된다. 하지만 이런 생각은 이윤을 얻었을 경우의 사후적 고찰에 근거하고 있다. 실제로 이윤을 얻을 수 있을지 어떨지는 알 수 없다. 이 지점에 생산협동조합의 어려움이 있다. 자본제 기업은 다른 기업과의 경쟁에서 끊임없이 기술혁신의 동기를 부여받는데, 생산협동조합도 그런 자본제 기업과 경쟁해 나가지 않으면 안 된다. 그러지 못하면 자본제 기업이 얻는 이윤을 얻을 수 없다(협동조합에서는 이윤이 노동자에게 분배된다). 하지만 생산협동조합이 자본제 기업과 경쟁할 수 있기 위해서는 외부로부터의 융자가 필요할 뿐만이 아니라 내부의 '분업과 협업'을 유효하게 조직하고 기술혁신을 가져오는 '경영자'가 불가결하다. 이런 인식이 없기 때문에 생산협동조합의 다수는 소멸하거나, 자본제 기업과의 경쟁이 없는 영역에서 국소적으로 살아남거나, 또는 자본제 기업과 같이 되어버린다. 이 점에 관해서는

제3장 가치형태와 잉여가치

뒤에서 서술한다.

마르크스는 동일한 문제에 관하여 고전파의 고찰을 계승하면서 '다수의 힘을 하나의 총합력으로 융합시킴으로써 생겨나는 새로운 힘'에 대해 언급하고 있다. 그러나 그는 그 지점에서 다음과 같이 말한다.

> 부분 노동자는 상품을 생산하지 않는다. 그들의 공동생산물이 비로소 상품으로 변화된다. (…) 자본가는 백 개의 자립된 노동력의 가치에 대해서는 지불하지만 백 명의 결합노동력에 대해서는 지불하지 않는다. 노동자들은 독립된 인격으로서 동일한 자본과 관계하지만 그들 서로 간에는 관계하지 않는 여러 개별적 인간이라고 할 수 있다.

> 노동력의 사용가치는 나중에 일어나게 될 힘의 발휘에 의해 비로소 성립한다. 따라서 노동력의 양도페어오이셀룽[veräuβerung]는 노동력의 실제적인 발휘오이셀룽, 즉 사용가치로서의 존재와는 시간적으로 떨어져 있다. (『자본론』 제1권 2편 4장 3절)[235]

고전파나 리카도 좌파와 동일하게 보이지만, 마르크스가 위에서 '사전'과 '사후'라는 시간성을 도입하고 있음에 주의해야 한다. 뒤에서 서술되듯이 잉여가치는 이윤과 달리 개개의 기업에서는 생각될 수 없다. 자본의 축적운동을 가능하게 하는 잉여가치는 총체로서 노동자가 노동력을 팔고 그들이 만든 것을 다시 구매하는 것에서 생겨난다. 노동력을 판매한 시점의 가치체계 a와 그들이 생산물을 구매하는 가치체계 b의 사이에 차이가 있을 때만 잉여가치가 가능하다. 그것이 상대적 잉여가치이다. 하지만 그것은 끊임없는 기술혁신에 의해서만 확보될 수 있다. 따라서 우리는 산업자본도 두 가지 상이한 시스템 '사이'에서 잉여가치를 얻고 있음을 발견한다. 마르크스의 말처럼 개개의 노동자는 '결합'의 결과로 만들어낸 것을 사전에 요구할 수는 없다. 거기서는 시간적인 전후관계에서 생겨나는 불가피한 '불투명성'이 있다. 따라서 산업자본의 잉여가치는 사기가 아니다. 하지만 그것은 상인자본이 사기가 아니라는 의미와 동일한 차원의 의미에 불과하다. 만약 상인자본을 부등가교환이라고 공격한다면, 산업자본에 대해서도 그렇게 해야 한다.

그러므로 산업자본주의에서 기술적 발전은 불가피하다. 그런데 거기서 얻어지는 초과이윤(특별잉여가치)이 슘페터가 말하듯 기업가 정신으로서 칭찬받을 수 있는 것이라면, 상인자본가가 얻는 잉여가치에 대해서도 지역적인 가격 차이를 알아차리는 상인자본가의 기민함이나 멀리 떨어진 원격지까지 가는 그의 모험심에 대한 정당한 몫이라고 간주해도 좋을 것이다. 더불어 슘페터는 그런 '기업가 정신'이 쇠퇴함으로써 자본주의가 종언을 맞이한다고 말한다. 하지만 그 말은 차이를 '개발'할 수 없게 되었을 때 자본주의가 끝난다는 의미에 지나지 않는다. 차이가 없어질 때 '기업가 정신'의 쇠퇴는 당연한 일이다. 그러나 자본은 어떻게든 차이를 발견하거나 만들어내지 않을 수 없다.

제3장 가치형태와 잉여가치

 이리하여 상인자본이 말하자면 '공간적'인 두 가치체계의 차액(나아가 그 체계에 속한 인간에게는 보이지 않는 차액)에 의해 생겨나는 것임에 비해, 산업자본은 노동의 생산성을 올림으로써 '시간적'으로 상이한 가치체계를 창출하는 것에 근거하고 있다. 노동 생산성의 상승은 기존의 시스템에서 다른 시스템을 창출한다. 따라서 등가교환의 겉모습을 띠고 있음에도 차액을 얻을 수 있는 것이다. 이 차액은 얼마 지나지 않아 해소되며 새로운 수준에 의한 가격체계가 형성된다. 따라서 자본은 그 차액을 끊임없이 창출하지 않으면 안 된다. 이것이 산업자본주의 시대의 기술혁신, 그러니까 이전 시대에는 없었던 빠른 속도의 기술혁신에 동기를 부여하고 그 조건이 된다. 각종 이데올로그는 그런 기술혁신을 찬미하거나 비난한다. 하지만 필요한 것은 기술혁신이 무엇에 의해 일어나는가를 밝히는 일이다. 자본은 세계를 문명화하기 위해서가 아니라 스스로가 존속하기 위해서 기술혁신을 운명으로 받아들이게 된다. 거의 무익하다고 여겨지는 기술의 혁신이나 차이화도 자본이 존속하기 위해서는 불가결하다.[236*] 이 지점에서 오해를 피하기 위해 덧붙이자면, 노동력의 가치가 떨어진다는 것이 임금이 낮아지거나 궁핍해지는 것과 아무 관계도 없다는 사실이다. 노동력의 가치는 단지 기존의 가치체계에 대해 '상대적으로' 떨어질 뿐이다. 새로이 형성된 가치체계에서 저하된 노동력의 가치는 저하된 생산물의 가치와 대응한다. 따라서 결과적으로 노동자의 생활조건은 개선되고 노동일 역시 단축된다. 이러한 '개선'과 그와 같은 개선에도 불구하고 자본이 상대적 잉여가치를 얻는 것은 전혀 모순되지 않는다.

더 나아가 덧붙이자면, 상인자본이 공간적인 가치체계의 차이에서 잉여가치를 얻는 데 비해, 산업자본은 시간적으로 다른 체계를 창출함으로써 잉여가치를 얻는데, 자본은 잉여가치를 어디서 얻든 아무 상관이 없다. 예컨대 19세기 영국의 산업자본은 인도에서 사들인 면綿을 기계를 통해 생산하고 그것을 인도에 수출함으로써 이윤을 얻었다. 잉여가치는 인도와의 가치체계의 차이 없이는 있을 수 없었던 것이다. 이 잉여가치는 인도의 수공업을 괴멸시키고 거꾸로 원료로서의 면화 생산을 증대시켰다. 오늘날도 사태는 본질적으로 마찬가지이다. 산업자본은 원료만이 아니라 노동력도 좀 더 싸게 구하기 위해 장소를 옮긴다. 국내의 임금이 상승하면 기업은 외국으로 공장을 옮기고 염가의 노동력을 얻는다. 즉 자본은 항시 차액에서 잉여가치를 얻음으로써 자기증식하는 것이며, 그 차이가 어디에서 얻어지든 아무 상관이 없다. 따라서 산업자본주의적 경제에서 상인자본적 활동은 주식이나 환율을 포함하여 차액이 발생하는 모든 지점에 존재한다. 이러한 상인자본적 활동의 편재가 변동이 심한 가격을 '균형'에 접근시킨다. 그러함에도 산업자본을 특징짓는 것이 기술혁신에 의한 상대적 잉여가치의 창출이라는 점은 분명하다. 경제학자들은 글로벌한 금융자본의 투기가 '실체[실물]경제'를 떠나 있다고 경고한다. 그런데 그들이 잊고 있는 것은 '실체경제'라는 것도 '공허(虛)'에 의해 움직이고 있다는 점, 그리고 바로 그러한 것이 자본제 경제라는 점이다.

제3장 가치형태와 잉여가치

4 잉여가치와 이윤

마르크스는 『자본론』 제1권에서 자본 일반을 고찰하고, 제3권에서 비로소 개개의 자본, 즉 다양하고 서로 다른 부문별 자본을 다룬다. 바꿔 말해 제1권에서 가치나 잉여가치를 논한 데 반해, 제3권에서는 생산가격이나 이윤을 논하고 있다. 마르크스는 제3권의 서두에서 그 의도를 다음과 같이 설명하고 있다.

> 제3권에서 문제로 삼는 것은 그와 같은 통일[생산과정과 유통과정의 통일]에 관하여 일반적 반성을 시도하는 것일 수 없다. 핵심은 오히려 **전체로서 바라본 자본의 운동과정**에서 나오는 구체적 형태들을 발견하고 서술하는 일이다. 여러 자본은 현실의 운동에서 구체적인 형태로, 그러니까 직접적 생산과정에 있는 자본의 모습도, 유통과정에 있는 자본의 모습도 단지 특수한 요인으로만 나타나는 구체적인 형태로 서로를 대하고 있다. 따라서 우리가 여기 제3권에서 전개해 나가는 자본의 형태는 사회의 표면에서 다양한 여러 자본의 상호적인 행동으로, 즉 경쟁으로 나타나는 것이며, 또 생산 당사자 자신의 일상에서의 의식으로 나타날 때의 형태로 한 걸음 한 걸음 접근해 가고 있는 것이다. (『자본론』 제3권 1편 1장, 강조는 원문)[237]

당사자들의 '일상에서의 의식', 즉 산업자본가나 경제학자에게 그것은 어떻게 나타나고 있을까. 그들에게 잉여가치 따위란 없다. 이윤이 전부다. 그리고 이윤은 생산가격에서 비용가격을 뺀 것이다. 나아가 이윤에서 이자나 지대를 지불하고 자기 소비를 뺀 부분이 재투자로 향한다. 여기에는 마르크스가 말하는 잉여가치를 가져오는 가변자본=노동력상품과 불변자본=생산수단·원료라는 구별이 없다. 고정자본(stock)과 유동자본(flow)이라는 구별이 있을 뿐이다. 노동임금은 비용가격의 일부이고 생산수단이나 원료의 비용과 구별되지 않는다. 이윤은 총 투하자본에 의해 얻어지는 것으로 간주된다. 각각의 자본은 비용가격의 소멸을 도모함으로써 더 많은 이윤을 얻고자 한다. 그들의 '일상적인 의식'에는 그렇게 보이고 있는 것이다. 그런데 여러 자본은 중공업에서 농업에 이르기까지 다양한 산업부문으로 나누어져 있다. 하지만 그 부문들 각각의 이윤율은 평균적 이윤율에 근접한다. 왜냐하면 이윤율이 높은 부문에는 많은 자본이 참여하며 낮은 부문에서는 자본이 철수하거나 생산을 보류하기 때문이다. 평균적 이윤율이 성립하는 균형상태에서 다양한 부문들의 생산가격은 그 각각이 평균이윤을 얻을 수 있는 가격이 되어 있다. 물론 동일 산업부문에서는 평균이율 이상의 '초과이윤'을 얻고자 하는 자본의 치열한 경쟁이 있다. 그것이 각 부문의 생산성(자본의 유기적 구성)을 높인다.

자본제 사회의 경험적 의식에는 사태가 위와 같이 보일 것이다. 수요·공급에 의해 변동하는 시장가격과는 다른

제3장 가치형태와 잉여가치

균형가격(생산가격)을 발견하면 그 이상의 것은 불필요하며, 따라서 가치나 잉여가치 같은 개념은 형이상학에 불과하다는 것이 신고전파의 견해로, 그것은 당사자들의 '일상적 의식'과 합치된다. 그런 '일상적 의식'을 반성함으로써만 잉여가치에 대해 생각할 수 있다. 마르크스의 서술 전개와는 거꾸로 우리는 오히려 이 지점에서 『자본론』 제1권으로 소행하지 않으면 안 된다. "실제로도 이윤율이 역사적으로 출발점이 된다. 잉여가치와 잉여가치율은 상대적으로 눈에 보이지 않는 것이며 볼 수 있도록 탐구해야 하는 본질적인 것이지만, 이윤율이나 잉여가치의 이윤으로서의 형태는 현상의 표면에 드러나 있다."(『자본론』 제3권 1편 2장)[238]

그러나 제3권에서 마르크스가 그것을 '잉여가치가 이윤으로 변화(변형)된 것'으로 이야기한 점이 마르크스에 대한 공격을 초래했다. 예컨대 뵘바베르크는 『마르크스 체계의 종결』에서 『자본론』 제3권은 제1권의 가치론과 모순되며 사실상 그것을 포기한 것이라고 비판했다. 그 이래로 마르크스를 옹호하는 입장에서 다양한 의견이 나왔고 변형 문제(transformation problem)로 알려져 있다. 하지만 제3권에서 마르크스가 제1권의 관점을 포기했다는 것은 완전히 잘못된 주장이다. 이에 비견될 수 있는 것으로 칸트가 '제1비판'에서는 주관 일반을 다루고 '제3비판'에서는 다수의 주관으로부터 출발했음을 상기해야 한다. 이 상이함은 흔히 과학인식과 미적인 판단 사이의 상이함으로 이해되고 있다. 그러나 과학인식에서도 다수의 주관이 있으며 하나의 주관이 제창한 가설이 승인되는 데에 다른 주관의 합의가 필요하다는 것은 당연하다. 그렇다면 칸트는 왜 제1비판에서는 그렇게 하지 않았을까. 다수의 주관에 선행하는, 초월론적인 형식·카테고리를 먼저 명확히 할 필요가 있었기 때문이다. 마찬가지로 마르크스가 제1권에서 자본 일반을 고찰한 것은 자본의 축적을 가능하게 하는 조건을 초월론적으로 고찰하고자 했기 때문이다. 그것은 상품의 가치를 가치체계 안에서 보는 일, 그리고 자본의 잉여가치를 그런 가치체계의 차이 혹은 차이화에서 발견하는 일이다. 제3권에서 마르크스는 다수의 자본을 다룬다. 그러나 동시에 경험적으로 이윤이나 이윤율로서 나타나는 것이 어떻게 가능한지를 초월론적으로 물었다.

그런데 그 '변형 문제'라는 것은 본래 스미스나 리카도가 마주쳤던 문제이다. 노동가치설을 통해 스미스는 각 상품에 고유한 가치가 있다고 본다. 그러나 어떤 균형상태에서 모든 개별자본이 동일하게 평균적 이윤율을 획득한다면, 그런 이윤을 가능하게 하는 상품의 가격(스미스는 자연가격이라고 부르고 마르크스는 생산가격이라고 부르는 그것)은 본래의 가치로부터 유리되어 있는 것이라고 할 수 있다. 스미스는 노동가치설을 취하면서 그 문제에 직면했을 때, 그것을 포기하고는 '지배노동설'로 바꾸었다. 산업들 간의 균등한 이윤율을 성립시키는 가격은 투하노동량에 비례하지 않기 때문이다. 그 어떤 부문일지라도 이윤율이 균등해지면 그 생산물의 '생산가격'은 본래의 '가치'보다 높아지거나 낮아져야 한다. 때문에 리카도는 노동가치설을 일부 수정하고는 표준적인 자본 구성과 회전 기간을 가진 산

제3장 가치형태와 잉여가치

업 부문 이외에는 투하노동만으로 가치가 결정되지 않는다고 생각했다. 즉 노동가치와 자연가격의 관계는 마르크스 이전부터 중요한 문제였던 것이다.

일반적으로 마르크스는 노동가치설을 유지하면서 그 난문難問을 해결하고자 했다고 말한다. 뵘바베르크 이래 신고전파 경제학자는 마르크스의 모순을 밝히고 가치나 잉여가치 자체를 추방하려고 했다. 그런데 아이러니하게도 피에로 스라파 이후 네오 리카도파의 흐름에서 잉여가치율과 이윤율의 대응이 수학적으로 증명되었다. 하지만 나는 그런 증명으로 마르크스가 하려고 한 일을 이해할 수 있다고 생각하지 않는다. 왜냐하면 마르크스의 노동가치설은 리카도의 그것과는 근본적으로 이질적이기 때문이다. 이미 서술한 것처럼 마르크스는 투하된 구체적 노동시간이 가치를 결정하는 것이 아니라 거꾸로 가치체계가 사회적 노동시간을 규정한다고 생각했다. 바꿔 말해 그는 투하노동을 가치이게 하는 형식체계를 초월론적으로 밝히고자 했다. 잉여가치에 관해서도 마찬가지이다. 그것은 이윤과 달리 초월론적인 개념이며, 따라서 눈에 보이지 않는다. 리카도에게는 그런 구별이 없기 때문에 상황이 불리해지면 노동가치설을 철회한 것이다.

마르크스는 『자본론』 제3권에서 다음과 같이 이윤율과 잉여가치율을 구분한다. 이윤율은 잉여가치를 가변자본(노동력)과 불변자본(원료·생산수단 등)의 총화로 본 비율이고, 잉여가치율은 가변자본(노동력)에서 본 비율이다. 여기서 잉여가치율이 일정하다고 가정하면 불변자본의 비율이 큰 자본에서는 이윤율이 낮아지게 될 것이다. 그런데 어느 부문의 자본일지라도 평균적 이윤율이 확보되는 이유는 무엇일까. 다시금 말하지만, 리카도가 만난 것은 불변자본과 가변자본의 비율이 상이한(마르크스의 말로 바꾸자면 '자본의 유기적 구성'이 상이한) 산업부문에서 동일한 이윤율이 얻어져야 한다면 생산가격은 투하노동가치로부터 유리되고 만다는 문제였다. 거기서 리카도는 생산가격이 가치 그대로 되는 일은 표준적인 유기적 구성의 자본에서만 가능하다고 생각했다. 한편 그런 생각에 대한 마르크스의 해결은 총자본의 '총잉여가치'는 각각의 부문에서 이윤율이 평균에 이르게 되듯이 생산가격에서 배분된다는 생각이었다.

이 기묘한 생각에 대해 다른 해답을 시도하는 것은 쉽다. 예컨대 유기적 구성의 고도화는 노동의 생산성을 증대시키고 잉여가치율을 높이기에 가변자본 부분이 적을지라도 자본의 이윤율은 오르며 평균적 이윤율에 근접하게 된다는 식의 해답 말이다. 이는 엥겔스가 제3권 서문에서 비판적으로 인용하고 있듯이 일찍이 스티벨링이 제시한 해결이다. 하지만 마르크스는 자본의 유기적 구성의 변화가 사실상 노동생산성의 변화를 수반한다는 점을 인정하면서, 다시금 노동의 생산성을 불변하는 것으로 가정한다. 바꿔 말해 잉여가치율을 일정한 것으로 가정하고 있다. 즉 마르크스는 어떤 공시적인 체계를 생각하고 거기서는 총자본의 잉여가치율이 일정하다고 상정한다. 우리가 생각하기에 산업자본의 잉여가치는 통시적인 복수체계의 차이에서 얻어진다. 그러나 그것을 공시적으로 보면 어떻게 될까. 마르크

제3장 가치형태와 잉여가치

스가 생각한 것은 시간적인 차이를 공간적인 차이로 치환하는 것이었다. "앞에서 동일한 자본에 관하여 시간적으로 잇따라 일어난 변화로서 고찰한 것을, 이번에는 다양한 생산부문에서 나란히 존재하는 투자들 사이에서, 그 사이에 동시적으로 존재하는 구별로서 고찰하는 것이다."(『자본론』 제3권 2편 8장)[239] 이 방법은 다른 곳에서도 사용되고 있다. "그래서 우리는 앞에서 기술했던 이윤율의 방정식 $p'=m'v/c$를 가능한 여러 경우에 응용하는 일로 옮겨간다. 우리는 $m'v/c$의 개별 인수값을 순서대로 변화시키고, 그 변화들이 이윤율에 미치는 영향을 확정할 것이다. 그렇게 우리는 많은 경우의 다양한 계열을 얻을 것이지만, 그것들을 동일한 자본이 점차 변화한 활동상태로 간주하거나, 경우에 따라 산업부문이나 나라를 달리하면서도 동시에 병립하고 있는 다양한 자본이 비교된 것으로 간주할 수도 있을 것이다."(『자본론』 제3권 1편 3장)[240]

마르크스는 유기적 구성이 낮은 것과 높은 것이 다른 부문으로서 공간적으로 병존하는 것과, 자본 일반이 유기적 구성이 낮은 단계에서 높은 단계로 시간적으로 이행하는 것을 동일하다고 본다. 후자의 경우에서 상대적 잉여가치가 얻어진다. 그것을 거꾸로 공간적인 위상으로 전환하면 유기적 구성이 높은 쪽이 낮은 쪽으로부터 상대적 잉여가치를 획득한다고 볼 수 있다. 예컨대 극단적인 경우로 모든 것이 자동화되어 로봇에 의해 생산할 수 있게 된 기업을 생각해보자. 거기서는 가변자본 부분은 제로이며 잉여가치율 역시도 제로다. 그럼에도 평균이윤율이 확보된다. 마르크스는 그것을 총자본의 총잉여가치가 생산가격을 통해 배분되고 있기 때문이라고 생각했다. 그러한 자본은 노동자를 직접 착취하진 않지만 다른 자본 아래에서 일하는 노동자를 간접적으로 착취하고 있는 것이다.

총잉여가치가 개별자본에 배분된다는 마르크스의 생각은, 첫째로 총체로서 노동자가 만든 것을 노동자가 다시 구입하는 것에 자본의 잉여가치가 있음을 의미한다. 둘째로 그것은 잉여가치가 개별자본에서는 불투명할 수밖에 없음을 의미한다. 그 결과, 자본과 임금노동의 관계는 사라지고 만다. "자본의 모든 부분이 하나같이 초과가치[이윤]의 원천으로 나타남으로써 자본관계가 신비화된다."(『자본론』 제3권 1편 2장)[241] 개별자본의 '일상적 의식'에서 노동자는 비용 가격의 일부에 불과하며 다른 자본을 위해 일하는 노동자는 그저 '소비자'에 불과하다. 그런데 다른 한편으로 자본과 임금노동의 관계를 회복한다고 하더라도 리카도 좌파가 생각하듯 개별자본의 생산과정에서 잉여가치가 착취된다고 간주하면 앞뒤가 맞지 않게 된다. 유기적 구성이 높은 자본, 예컨대 자동화가 진행되어 노동자가 거의 없는 기업에서 노동자는 착취당하지 않는 것처럼 보이기 때문이다. 그러나 거기서 투하노동량과 비례되지 않는 이윤율이 획득되고 있는 까닭은, 마르크스가 생각하기에 다른 자본이 얻은 잉여가치가 배분되고 있기 때문이다. 즉 그것은 다른 자본 아래에서 일하는 노동자들을 착취하고 있다. 따라서 개별자본의 생산과정만으로 착취를 말하는 것은 곤란할 뿐만 아니라 종종 해롭다. 이는 리카도 좌파의 이론에

제3장 가치형태와 잉여가치

근거한 노동조합운동이 번성하면서 보수화되고 있었던 이유이기도 하다. 일정한 개별자본이 얻는 이윤에는 다른 부문의 자본 아래서 일하는 노동자, 독립소생산자로부터 얻은 잉여가치가 배분되고 있으며, 한 나라의 총자본이 얻은 이윤에는 해외(식민지)의 노동자에게서 얻은 잉여가치가 배분되고 있다. 그런 사정이 항상 불투명하게 되어 있는 것이다.[242*]

그런데 마르크스가 총잉여가치가 개별자본에 배분된다고 생각한 것은 공시적인 균형체계에서다. 물론 그것은 경험적인 레벨이 아니라 초월론적인 레벨에서 발견된다. 여기서 우리는 그런 여러 부문들의 공간적 병존을 시간적으로 변환시켜봐야만 한다. 현실에는 압도적으로 우세하고 기술의 혁신과 확대가 진전된 산업부문과 평균적 이윤율을 얻지 못하기 때문에 축소되고 마는 부문이 있다. 평균적 이윤율에 의한 균형체계는 산업부문의 폭력적인 도태와 재편성의 과정을 숨기고 있다. 나아가 동일 부문에서도 자본은 끊임없이 다른 자본과의 경쟁에 노출되고 있다. 그들은 임금노동 부분의 비용을 삭감하는 기술혁신을 지향한다. 그리고 실제로는 좀 더 저렴하게 된 것을 그것보다는 더 비싸게, 하지만 생산가격보다는 싼 가격에 판매함으로써 '초과이윤'을 얻고자 한다. 마르크스는 그런 초과이윤을 지향하는 개별자본의 활동이 기술혁신을 가져온다고 생각했다. 슘페터는 이 지점에서 산업자본주의의 본질을 끊임없는 '창조적 파괴'라고 말한다. 그러나 '창조적 파괴'는 끊임없이 (constantly) 생겨나는 것이 아니다. 한 번 새로운 설비투자를

391

행하면 간단히 갱신할 수가 없기 때문이다. 실제로 그런 도태는 평균적 이윤율이 저하됐을 때, 즉 공황이나 불황기에 극적으로 일어난다. 우리는 자본이 원리적으로 기술혁신에 의한 상대적 잉여가치에 근거한다는 점을 강조했다. 하지만 그 과정은 부드럽게 행해지는 것이 아니라 경기순환이라는 형태를 취할 수밖에 없다. 『자본론』 제3권에서 마르크스가 하고자 한 것은 경기순환이 무엇에 의한 것인지를 명확히 하는 일이었다.

자본제 경제의 경기순환은 개별자본이 어떻게 행동하든 피할 수 없다. 그것은 총자본의 총잉여가치와 관계가 있기 때문이다. 자본제 경제의 경기순환이란 다음과 같다. 호황기에는 노동자가 대량으로 고용되기 때문에 노동임금이 오르고 그것이 이윤율을 저하시킨다. 그러나 개별자본은 일정한 불변자본을 투하한 이상, 이윤율이 내려갈지라도 간단히 축소될 수 없다. 특히 호황기에는 신용이 과열되기 때문에 이윤율의 저하가 판명되지 않는다. 여기서 갑자기 공황이 일어나 실체를 폭로한다. 그 결과 많은 기업이 도산하고 노동자는 해고된다. 하지만 이후 이자율의 저하와 더불어 자본은 불변자본(기술혁신의 도입)에 대한 투자로 향한다. 그 지점에서 자본의 유기적 구성이 전반적으로 상승한다. 그것이 호황기를 향하면 그때까지 과잉이던 노동력이 흡수되고 거꾸로 임금이 올라가게 된다. 그것이 이윤율을 저하시킨다. 이윤율이 저하되고 있음에도 자본은 신용의 팽창 때문에 계속 확대되고자 한다. 거기서 공황이 일어난다. 이것이 마르크스가 관찰하고 있던 시기의 경기순환이다. 이

제3장 가치형태와 잉여가치

순환을 통해 자본은 총체로서 '유기적 구성'을 고도화한다. 이로부터 돌아보면, 노동시간의 연장(절대적 잉여가치)은 '유기적 구성'을 바꾸지 않고(즉 설비투자를 하지 않고) 생산량을 올리려고 하는 호황기의 고유한 현상이라는 것을 알 수 있다.

여기서 우리는 다시 절대적 잉여가치와 상대적 잉여가치의 구별로 돌아가기로 하자. 마르크스가 먼저 절대적 잉여가치에서 시작한 것은 서술의 순서 문제에 불과한 것이므로 이를 중심으로 생각해서는 안 된다. 노동일의 연장은 자본의 유기적 구성을 변경시키지 않고 투하된 설비투자를 급하게 회수하고자 하는, 바꿔 말해 수요에 응하기 위해 최대로 회전시키려는 호황기의 현상이다. 마르크스는 노동일의 연장에 관해 이렇게 쓰고 있다. "일정한 이윤을 얻기 위해 고정자본을 투하하지 않으면 안 되는 시간이 단축된다. 따라서 노동일을 연장하면 그 한도 바깥의 시간이 지불될지라도(잔업수당이 지출될지라도)—또 그것이 표준노동시간보다 높게 지불될지라도 특정한 한계까지는—이윤이 증대한다."(『자본론』 제3권 1편 5장)[243] 이는 노동일이 단축된 오늘날에도 호황기 때 보이는 현상이다. 노동일의 연장은 반드시 강제에 의한 것이 아니며 잔업수당이 지불되기 때문에 노동자가 원하는 경우도 있다. 만약 노동일이 부당하게 강제적으로 연장되는 것이라면, 그것은 노동력의 재생산—바꿔 말해 스스로의 건강을 유지하고 아이를 낳고 기르는 일—에 영향을 미친다. 이에 대해서는 노동자의 저항이 있을 뿐만 아니라 영국의 공장법이 그러하듯 부르주아직 국민국가조차도 간섭하게 될 것이다. 실제로 노동자로 하여금 필요 이상으로 노동하게 만들고 있다는 리카도 좌파의 생각—종종 그것이 마르크스의 생각으로 간주되고 있다—은 노동운동의 이론적 근거가 되며, 그것이 노동시간의 단축에 공헌해 왔다. 사실 역사적으로 노동시간은 끊임없이 단축되고 있다. 물론 그것에 대해 자본은 끊임없이 노동 강화를 생각한다.[244*] 그러나 절대적 잉여가치(노동시간의 연장이나 노동 강화로부터 얻는 잉여가치)는 자본제 생산이 확대되는 비밀을 밝힐 수 있는 지점이 아니다.

한편 '상대적 잉여가치'는 기술혁신에 의해 새로운 가치체계를 창출함으로써만 얻어질 수 있다. 자본이 설비투자를 하고 '유기적 구성'을 고도화하는 것은 이자율이 떨어지는 불황기다. 기술혁신이 이미 이루어졌을지라도 그것이 현실에 채용되는 것은 바로 불황기다. 요컨대 마르크스가 서술의 순서에 따라 논한 두 종류의 잉여가치는 자본 축적과정의 순환적 운동을 이루는 여러 계기로 이해되어야 한다. 중요한 것은 총자본에게 상대적 잉여가치를 가져다주는 유기적 구성의 고도화라는 것이 불황을 통해 이뤄질 수밖에 없다는 점, 따라서 경기순환이 불가피하다는 점이다.

자본은 총체로서 잉여가치를 획득하기 위해 끊임없이 노동력의 가치를 떨어뜨리는 가치체계를 창출하지 않으면 안 된다. 하지만 그런 창출은 자본의 생각대로는 되지 못한다. 그것은 위와 같은 경기순환을 통해서만 행해질 수 있기 때문이다. 경기순환이나 공황의 원인은 단지 자본제 생산이 무정부적이기 때문이 아니다. 우노 고조가 강조한 것처럼

제3장 가치형태와 잉여가치

자본제 생산이 특수한 상품(노동력 상품)에 근거해 있기 때문이다. 노동력상품이란 인간이기 때문에 과잉을 이유로 정리할 수 없으며 부족하다는 이유로 늘릴 수도 없다.245* 하지만 여기서 주의해야할 것은 공황이라는 현상은 어디까지나 신용체계를 생각하지 않으면 이해될 수 없다는 점이다. 경기순환은 대부자본(화폐자본)과 산업자본(현실자본)의 대립과 상호관련, 바꿔 말해 이자율과 이윤율의 대립과 상호관련에서 나타난다. 알기 쉽게 말하자면, '신용' 팽창의 결과, 실제로는 이윤율이 저하되고 있음에도 즉각적으로는 그것이 현상으로 드러나지 않는다는 것이다. 과잉생산은 단지 그 결과에 불과하다.

여기서 나는 그와 같은 경기순환에 단기적인 것과 장기적인 것이 있음을 덧붙여야 한다. 마르크스가 고찰한 것은 단기적인 것이다.246* 이에 대해 콘드라티예프의 파동으로 불리는 50~60년 주기의 경기순환이 있다. 이는 단지 경제적 과정만으로 설명될 수 없다고 여겨지는데, 역시 일반적 이윤율의 저하와 좀 더 근본적인 기술혁신의 채용과 관계되어 있다. 그것은 세계적 공황, 즉 거대 불황과 동시에 자본제 생산에서 기축상품(세계상품)의 교체를 가져왔다. 면공업에서 중공업, 내구소비재, 나아가 정보산업으로의 교체가 그것이다. 이는 사회의 전체적 재편성을 초래하지 않을 수 없다. 장기적인 경기순환이 단지 경제적 차원만으로는 설명될 수 없다고 말하는 것은 그러한 구조론적 인과성 때문이다. 하지만 그런 사정은 기본적으로 단기적인 경기순환과 다르지 않다. 즉 그것은 '자본의 유기적 구성'을 비약적으로 높이는 프로세스의 일환으로 봐야만 한다. 이로써 자본제 경제는 새로운 '단계'에 들어간다. 그러나 이 새로운 '단계'란 『자본론』에서 제시된 인식, 즉 자본제 경제의 '한계'를 넘어서는 것이 아니다.

5 자본주의의 세계성

마르크스는 산업자본이 다른 종류의 자본을 압도하고 그것들을 자신의 일부로서 재편성한다고 말한다. "산업자본 이전에 이미 지나가버렸거나 실제로 쇠멸하고 있는 사회적 생산상태의 한복판에 나타난 다른 종류의 자본은 산업자본에 종속되어 기능의 구조를 산업자본에 적응시켜 바꿀 뿐만 아니라 이제 산업자본의 기초 위에서만 운동하기에 이 기초와 생사존망을 함께 하게 된다. 화폐자본과 상품자본이 독립된 사업부문의 담당자로 기능하고 산업자본과 나란히 스스로를 드러낼지라도, 그것들은 산업자본이 유통부문의 내부에서 취하거나 버려지는 다양한 기능형태일 수밖에 없게 되며, 사회적인 노동분할에 따라 일면적으로 육성되는 독립적 존재양식일 수밖에 없게 된다."(『자본론』제 2권 1편 1장 4절)[247] 그 결과 상인자본은 산업자본의 운동 일부를 분담하는 상업자본이 된다. 따라서 상인자본은 고전경제학에 의해 경시되지만, 자본주의에 관해 생각할 때 우리는 상인자본으로 소행하지 않으면 안 된다.

산업자본이 우위를 점하게 되는 이유는 다음과 같은 점

제3장 가치형태와 잉여가치

에 있다. "산업자본이란 잉여가치나 잉여생산물의 취득을 자본의 기능으로 삼을 뿐만 아니라 동시에 그것의 창출까지도 기능으로 삼는 자본의 유일한 존재양식이다. 따라서 산업자본과 더불어 생산은 자본주의적 성격을 띠지 않을 수 없게 된다."(『자본론』 제2권 1편 1장 4절)[248] 이는 산업자본이 상인자본처럼 공간적인 차이에서 자연적 여건으로 주어진 잉여가치를 얻는 것이 아니라 다른 가치체계를 시간적으로 창출함으로써 잉여가치를 얻기 때문이다. 이것이 자본제 사회를 끊임없는 기술혁신으로 몰아세운다. 하지만 그것은 산업자본이 공간적인 차이에서 잉여가치를 얻는 것을 방해하지 않는다. 그렇기는커녕 산업자본은 초기에도 그리고 지금 현재에도 공간적인 차이에서 잉여가치를 얻고 있으며, 오히려 그런 공간적인 차이 없이는 존속할 수 없다. 예컨대 오늘날 자본은 값싼 노동력을 찾아 해외로 이동하고 있다.

우리가 생각하기에 산업자본은 상인자본과 구별되는 것으로 표현된다기보다는 상인자본의 한 가지 변종으로 간주되어야 한다. 왜냐하면 자본은 어떤 형태를 취하든 차이에서 잉여가치를 얻는데, 산업자본과 그 이론가들은 상인자본이나 중상주의를 부정함으로써 그것을 덮어버리기 때문이다.[249]* 실제로 영국에서 산업자본 즉 자본제 생산은 중상주의적인 국제무역의 경쟁에서 상인자본의 손에 의해 시작되었다. 그 즈음에 상업신용, 은행신용, 나아가 주식회사가 이미 형성되어 있었다는 점을 덧붙이기로 한다. 자본제 상품생산—상품생산 일반이 아니라—은 예전도 지금도 국소적이며 그것이 생산 전체에서 점하는 비율은 낮다. 생산의 대다수는 비자본제적인 생산이다. 미래에도 모든 생산이 자본주의적으로 될 리는 없다. 그렇다면 그런 국소적 자본제 생산이 왜 '세계'를 압도할 수 있는 것일까. 그 이유는 자본제 생산 이전에 상인자본이나 비자본제적 상품생산이 세계적으로 확립되어 있었기 때문이다.

마르크스는 근대 자본주의의 '역사적 전제'를 세계시장의 성립에서 발견하고 있다. "상품유통이 자본의 출발점이다. 상품생산과 발달한 상품유통인 상업이 자본이 성립하는 역사적 전제를 이룬다. 세계상업과 세계시장이 16세기에 자본의 근대적 생활사를 열어젖힌 것이다."(『자본론』제1권 2편 4장 1절)[250] 세계시장의 형성이란 그때까지 세계 각지에 국지적으로 존재한 상품경제권이 국제적으로 통합되었다는 것을 말한다. 구체적으로 말하자면 이는 은행에 의한 국제통화체제가 성립되었다는 것이며, 국제적인 결제수단으로서의 금은을 축적한 중상주의는 그 지점에 근거하고 있다는 것이다. '세계화폐'는 각지에 고립되어 자급자족하는 공동체를 미리 에워싼다. 이후 각 공동체의 인간이 자신의 생산물에 대해 어떻게 생각하든, 그리고 그것이 실제 상품경제로 바뀌지 않는다 할지라도 세계 각지의 생산물은 잠재적으로 세계적인 연쇄관계에 놓이게 된다. 세계화폐에 있어 그것을 넘어서는 외부는 없다.[251*] 그때 자본주의는 '세계자본주의'로서 성립한다.

월러스틴이 말하는 '근대 세계시스템'은 실제로 상인자본에 의한 국제신용체계에서 시작한다. 절대주의국가(왕권)

제3장 가치형태와 잉여가치

도 그런 국제신용체계에서 활동할 수밖에 없었고 그것에 촉진되어 형성된 것이다. 노동력과 생산수단을 분리하고 토지를 상품화하는 '원시적 축적'은 국가(절대주의적 왕권)에 의해 이루어졌지만, 그것 자체는 국제경제의 경쟁 속에서 일어난 것이다. 영국의 자본제 생산은 상인자본이 국제적 경쟁 때문에 개시한 것으로, 이는 다른 비자본제적 상품생산과 경합하기 위해서였다. 사실 그것은 영국 및 해외의 전통적인 수공업 생산을 축출했다. 그러나 자본제 생산은 생산의 영역 전체에 미치지 못하며, 또 기존의 생산을 전면적으로 해체하는 것도 아니다. 단지 비자본제적 생산에도 그러한 '의제擬制'를 부여함으로써 그것을 자본제 경제 안으로 거두어들인다. 그 결과 자본제 생산은 국소적임에도 생산의 영역 전체를 뒤덮는 것처럼 보이게 된다.

자본주의를 산업자본주의에서 생각하는 것은 그와 같은 '전사前史'를 은폐하는 차원에 머물지 않는다. 그것은 오늘날 한 국가나 세계에서 자본제 생산이 비자본제 생산과 어떻게 병존하고 있는지를 감춘다. 앞서 서술한 것처럼 마르크스는 평균적 이윤율이 서로 다른 '유기적 구성'을 가진 자본들 사이에서 성립하는 이유를 두고 총잉여가치가 각 산업부문의 자본에 배분되기 때문이라고 생각했다. 하지만 그때 우리는 비산업자본적 생산부문을 포함하여 생각하지 않으면 안 된다. 우선 '일국 안에서' 생각하면, 많은 산업부문 중 특히나 자영농민이나 독립상품생산자(소기업)는 사실상 평균적 이윤율을 달성하지 못하고 있으며 이윤율이라는 의식조차 희박하다. 그들은 자신이나 가족의 노동을 쏟

아 넣음으로써 단순 재생산을 확보하고 있을 뿐이다. 생산수단을 사적으로 소유하고 있으므로 프롤레타리아트가 아니라 소부르주아적인 자부심을 갖고 있지만, 실질적으로 그들은 산업프롤레타리아트보다(간접적이긴 하지만) 더 '착취'당하고 있다. 또 그런 부문은 자본의 유기적 구성이 강화됨과 더불어 상대적으로 과잉된 인구(산업예비군)를 모아두는 역할을 한다. 호황기에는 그로부터 노동력이 동원된다.

즉 자본제 생산은 다른 생산형태를 해체하는 것처럼 보이지만, 실제로는 그렇지 않으며 오히려 다른 생산형태를 보존하면서 활용하려고 한다. 이는 프롤레타리아트에 관해서도 할 수 있는 말이다. 예컨대 월러스틴은 다음과 같이 말한다. "노동력의 프롤레타리아화라는 과정이 생산자에게 어떻게 유리했었는지에 관해서는 이미 지긋지긋할 정도의 연구가 있다. 놀라운 점은 어떻게 프롤레타리아화가 진행됐는지가 아니라 어떻게 그것이 진행되지 않았는지와 관계가 있다. 왜냐하면 그 역사적·사회적 시스템에는 일찍이 400년이 넘는 역사가 있음에도 완전히 프롤레타리아화된 노동력이라는 것은 오늘날의 '자본주의적 세계경제' 속에서도 50%에 이르렀다고는 도저히 말할 수 없기 때문이다."(『역사적 시스템으로서의 자본주의』) 임금노동자의 다수는 마르크스가 말하는 '이중의 의미에서 자유로운' 프롤레타리아가 아니라 세미 프롤레타리아, 즉 다양한 일에서 얻는 수입을 공동으로 나누어 가지는 세대(household)에 속한다. '이중의 의미에서 자유'롭다는 것은 생산수단으로부터 자유로운(생산수단을 가지지 않는)이라는 의미인 동

제3장 가치형태와 잉여가치

시에, 다른 한편으로 생산수단에 수반되는 다양한 전통적 구속으로부터 자유로운 개인이라는 의미다. 월러스틴이 말하듯이 세미프롤레타리아적인 집안사람은 누군가가 얻어온 수입을 모두가 함께 사용한다. 이런 '상호부조'는 교환이 아니라 증여의 호수성에 근거해 있다. 동시에 그것은 그들이 아직 '공동체'의 전통이나 규칙에 구속되어 있음을 의미한다. 설령 공동체가 해체되어 있을지라도 그것은 '집안사람' 혹은 넓은 의미의 가족으로서 남아 있다.

고도의 자본제 생산이 진전되어 있는 나라에서 왜 전근대적인 생산이나 생산관계가 보존되고 있는 것일까. 이는 영국이나 북아메리카 이외의 지역에서는 피할 수 없는 문제다. 전쟁 이전의 일본에서 다년간에 걸쳐 매우 많은 학자들이 이 문제를 논의했다. 이것은 '일본자본주의논쟁'[252*] 또는 '봉건논쟁'으로 알려져 있다. 그런데 이것은 일본 고유의 특수한 문제가 아니다. 오히려 영국과 미국을 뺀 모든 세계에 해당한다는 의미에서 보편적인 문제다. 예컨대 그것은 1970년대에 라틴아메리카 사회가 '봉건적'인가 아닌가를 둘러싼 에르네스토 라클라우와 월러스틴의 논쟁에서 반복되고 있다. 이 '일본자본주의논쟁'에서 한쪽(강좌파)은, 일본사회에는 천황제를 정점으로 하는 봉건적인(=경제 외적인) 지배가 아직 농후하게 잔존하고 있으므로 그것을 바꾸는 부르주아 혁명이 선행되지 않으면 안 된다고 말한다. 다른 한쪽(노농파)은, 일본사회는 이미 자본제 경제(근대적 토지소유) 안에 있으며 지주와 소작인의 관계는 계약관계에 근거한 것으로 소작료가 현물로 납부될지라도 그것에는

401

화폐적 가치가 전제되어 있고, 또 소작료가 높은 까닭은 경작지에 비해 과잉된 소작인들 사이의 경쟁 때문이라고 말한다. 노농파는 나아가 그런 경쟁이 봉건적인 겉모습을 잔존·강화시키고 있는 것처럼 보이지만 실제로는 자본제 경제의 소산에 불과하며, 농촌에 노동인구가 과잉인 이유는 —그것이 '봉건유제遺制'를 초래하는데—그들을 흡수할 산업자본주의적 발전이 늦기 때문인데, 그러므로 그것의 발전에 따라 '봉건유제'가 언젠가 소멸할 것이라고 말한다.

언뜻 보면 후자가 옳은 것처럼 보인다. 그런데 그것은 영국을 역사적 모델로 삼은 『자본론』에 근거하여 후진적 자본주의 국가에서도 영국이 걸은 길이 반복된다는 생각이다. 그렇지만 이것은 선진국도 후진국도 세계자본주의의 공시적인 관계구조에 있다는 점을 간과하고 있다. 다른 한편, 봉건적인 유제를 강조한 강좌파 쪽으로부터는 단순한 경제적 발전에 의한 결정론을 부정하고 상부구조를 중요하게 보는 생각이 나왔다. 천황제 파시즘의 수수께끼에 직면한 일본의 좌익이론가(마루야마 마사오나 요시모토 다카아키)는 그것을 해명하기 위해 정치학·사회학·인류학적 시점을 도입했다. 그것은 1930년대 파시즘 상황에서 그람시가 문화적 헤게모니를 중시하거나 프랑크푸르트 학파가 정신분석을 도입한 것과 대응한다. 일반적으로 그것들은 경제적 결정론을 부정하고 상부구조의 상대적 자율성을 중시한 마르크스주의자들 사이에서 마르크스의 한계를 보완하는 것처럼 간주된다. 그러나 앞서『루이 보나파르트의 브뤼메르 18일』에 관해 서술한 것처럼 마르크스는 고도산업자

제3장 가치형태와 잉여가치

본제 생산과 과거의 생산관계나 계급구조가 착종되면서 공존하는 가운데 어떻게 '보나파르티즘'이라는 정치형태가 출현했는지를 모든 표상(대표) 메커니즘을 분석하여 밝히고 있다. 따라서 파시즘이라는 사태가 마르크스적 분석이 감당하지 못할 무언가를 초래한 것은 아니다. 그러한 견해는 마르크스를 충분히 읽지 않았기 때문일 뿐이다.

그렇기에 여기서 우리는 고도산업자본주의 사회에서 왜 고대적·신화적인 것이 여전히 기능하고 있는가라는 문제를 상부구조의 상대적 자율성이 아니라 왜 고도산업자본주의화는 기존의 생산관계를 모조리 해체하지 않고 거꾸로 그것을 보존하면서 활용하는가 하는 문제로서, 즉 자본주의에 고유한 문제로서 파악하지 않으면 안 된다. 예컨대 일본자본주의논쟁에 관해 우노 고조는 대립하는 두 입장을 비판하면서 다음과 같이 서술했다.[253*] 세계자본주의의 제국주의 단계에서 자본주의화를 개시한 후진자본주의 국가의 자본주의적 발전과정은 선진국 영국의 발전과정과 다를 수밖에 없다. 선진국의 압박으로 급속한 자본주의화를 강요받았기 때문에, 국가에 의한 보호정책과 주식제도를 이용하여 자본의 집중을 추진하고 금융자본의 형태를 매우 빠르게 실현함과 동시에 기계제 대공업을 수입했다. 그것은 노동인구를 별로 흡수하지 않기 때문에 상대적 과잉인구를 농촌 부문에 머물게 했다. 때문에 그것은 소작료의 비등을 초래했고 봉건적인 겉모습을 가진 여러 제도들을 잔존시켰다. 즉 그것은 산업자본주의 발전의 지체 때문이 아니라, 거꾸로 어떤 발전에 따른 결과이다. 그리하여 한편에선 중업공화가 진전되었고 다른 한편에선 거꾸로 '봉건유제'가 강화되며 전근대적인 표상이 산출되었다. 요컨대 후진국은 단지 선진국 영국이 걸었던 코스를 그대로 쫓는 것이 아니다. 우노 고조를 빌려 말하자면, 선진국도 후진국도 '세계자본주의의 공시적 구조'에 입각하여 살펴야 한다. 그리고 뒤에서 고찰하겠지만, 여기서 우리는 자본과 별도로 국가라는 자율적인 존재를 보아야 한다.

『자본론』의 마르크스는 이와 같은 문제에 대해 직접적으로 언급하지 않는다. 그러나 생산가격에 관한 논의는 그런 언급을 암묵적으로 포함하고 있다고 할 수 있다. 왜냐하면 그것은 서로 다른 생산성을 가진 산업부문이 공존하는 사실에서 출발하고 있기 때문이다. 그가 평균이윤율과 생산가격에 대해 서술한 것은 그와 같은 격차가 있는 산업부문이 특정 균형상태에서 존립하고 있을 때, 첨단적 부문이 다른 부문에서 잉여가치를 빼어가고 있다는 점이었다. 자본제 생산이 모든 사회적 생산에서 국소적임에도 불구하고 지배적인 것이 되는 이유가 거기에 있다. 자본제 생산의 기술혁신(노동생산성의 향상)에 의한 잉여가치는 단지 동일 부문들 간의 초과이윤(차이)이 아니라 기타 다른 생산부문과의 차이에서 획득된다.

이상은 '일국 안에서' 생각한 것인데, 이는 세계시장에도 들어맞는다. 우리는 지금까지 굳이 괄호에 넣어왔는데 지금부터는 해외무역을 다루지 않으면 안 된다. "자본제 생산은 일반적으로 외국과의 무역 없이는 존재할 수 없다."(『자본론』 제2권 3편 20장)[254] 영국에서 면공업을 중심에 둔 산

제3장 가치형태와 잉여가치

업혁명이 일어난 것은 국내시장을 위해서가 아니다. 그때까지의 중상주의적인 경쟁에서 국제적인 패권을 쥐기 위해서였다. 그러나 해외무역에서 이윤을 얻는 중상주의에 반대한, 그리고 중상주의가 초래하는 보호관세 정책에 반대한 리카도는 자유무역이 상호 이익을 얻게 한다고 주장했다. 그것은 '비교생산비의 법칙', 즉 각국의 생산비 구조를 비교할 때 생산력이 높은, 따라서 비교적 적은 노동으로 상품을 생산할 수 있는 산업부문이 수출산업부문으로 특화된다는 생각이며, 그렇게 산업부문의 국제적 분업관계로서 각국 간에 국제분업이 형성된다는 생각이다.

물론 그것은 영국을 '세계의 공장'으로 삼고 다른 나라들을 공장에 원료를 제공하는 곳으로 만드는 식의 이데올로기다. 리카도는 영국의 면직물과 포르투갈의 와인을 예로 들어 국제분업을 설명하고 있다. 각자가 생산을 '특화'함으로써 서로에게 이익이 된다는 말이다. 그러나 역사적 사실로서 포르투갈은 농업국으로 변화하고 영국 산업자본에 '종속'되었다. 또 18세기 말까지 인도의 면제품은 영국을 압도했는데, 이에 대해 영국은 높은 관세를 매김으로써 자국산업을 보호했고 산업혁명 이후 가격에서 인도를 능가한 시점에서는 자유무역을 주장했다.[255*] 그 결과 인도의 전통적 수공업은 파괴되었다. 그러나 그것은 단지 자유무역에 따른 것이 아니라 인도에 관세권을 주지 않고 정치적·군사적 식민지 지배를 행함으로써 가능했던 것이다. 이는 '자유주의'라는 것이 언뜻 정반대처럼 보일지라도 중상주의의 변종이라는 점을 의미한다. 고전파의 '자유주의'는 영국을 '세계의 공장'으로 삼고 다른 나라를 농업국으로 만드는 것이었으며, 이에 대항해 다른 지역들은 당연히 근대국가—주권이란 경제적으로는 관세권이다—로서 자기를 형성하고 국가적으로 공업생산을 추진했다. 이 일에 성공한 국가만이 식민지 지배를 벗어났기 때문에 내셔널리즘의 경제적 기원은 명백하다 하겠다.

　스미스도 리카도도 식민지주의에 반대하고 있었다. 하지만 그것은 식민화된 지역으로부터의 수탈에 반대했기 때문이 아니다. '세계의 공장'인 영국에게 다른 종주국 식민지주의의 포위는 방해일 수밖에 없었기 때문이다. 그러나 식민지하의 민족들이 독립하여 관세권을 얻는다 할지라도 사태는 본질적으로 변하지 않는다. 리카도의 비교우위와 국제분업이라는 생각은 지금도 '신자유주의' 경제학자들 사이에서 지지를 받고 있다. 이에 대해 월러스틴은 세계시장가격의 중추(코어)와 식민지 사이의 교환은 필연적으로 식민지의 희생으로 중추에 이익을 가져다주는 부등가교환이라는 결과를 가져오며, 일단 부등가교환이 시작되면 그 결과는 누적적이라고 주장했다. 나아가 사미르 아민은 비교우위와 국제분업이라는 생각을 비판하고 후진국이 후진성에 머물게 되는 원인을 그런 '부등가교환'과 '종속'에서 찾았다. 영국에서 산업혁명이 시작되기 전까지 유럽과 비유럽, 특히 아시아와의 경제적·기술적 수준은 그리 큰 차이가 없었다. 비유럽의 미개발성은 본래부터 그랬던 것이 아니라 산업자본주의 이후에 창출된 것이다. 아민의 이런 주장은 대체로 옳다. 그러나 그들의 생각은 너무 실체적인 노

제3장 가치형태와 잉여가치

동가치설에 근거해 있다. 그들의 주장은 잉여가치(부등가교환)가 왜 어떻게 등가교환에서 발생했는가 하는 물음을 도외시하고 "재산은 도둑질한 것이다"라고 말하는 식이다.

월러스틴은 그러한 '종속이론'의 성과를 계승하면서 그것을 세계사 안에서 생각하고자 했다. 그러나 그것은 마르크스의 『자본론』을 넘어서는 것이 아니다. 왜냐하면 '국민경제', 아니 오히려 국민국가 자체가 세계시장에서 형성된 것이기 때문이다. 이것이 바로 마르크스가 품고 있던 생각이었다. 리카도의 국제분업론에 대항하여 산업자본주의를 세계시장과 상인자본주의에서 생각한 마르크스는 항상 '세계자본주의'를 염두에 두고 있었다.[256*] 즉 마르크스는 『자본론』에서 영국 한 나라가 아니라 세계자본주의를 논한 것이다. 그는 "자본제 생산이란 일반적으로 외국과의 무역 없이는 존재할 수 없다"고 쓰면서도, "외국무역은 완전히 도외시되어야만 한다"고도 쓴다(『자본론』 제2권 3편 20장).[257] 그런데 이 안티노미는 그가 '일국'의 경제에 나머지 세계경제를 내면화했다고 하면 해결된다. 『자본론』은 분명 영국을 모델로 삼고 있다. 여기서 그런 사정을 다른 후진국에도 적용할 수 있는가에 대한 논의가 생겨났다. 하지만 그가 영국에서 보고 있던 것은 세계자본주의 이외에 다른 어떤 것도 아니었다.

예컨대 마르크스는 자본의 유기적 구성이 고도화됨에 따른 일반적 이윤율의 경향적인 저하를 지적하지만, 그런 저하가 해외무역에 의해 저지된다고 말한다.

외국무역은 그것의 일부로서 불변자본의 요소를 싸게 하고 다른 일부로서 가변자본과 치환되는 생활필수품을 싸게 만들 때 잉여가치율을 높이며, 그렇게 불변자본의 가치를 작게 함으로써 이윤율을 높이는 작용을 하게 된다. 일반적으로 외국무역이 그런 의미로 작용하는 것은 그것이 생산규모의 확장을 허용하기 때문이다. 이로써 외국무역은 한편으로는 축적을 촉진하지만 다른 한편으로는 불변자본에 비해 가변자본의 감소를 촉진함으로써 이윤율의 저하를 촉진한다. 마찬가지로 외국무역의 확대도 자본주의적 생산양식의 유년기에는 분명 그 기반이 되었던 것이지만, 자본주의적 생산양식의 진전과 더불어 그것의 내적인 필연성에 의해, 즉 끊임없이 시장을 확대하고자 하는 자본주의적 생산양식의 욕구에 의해 생산양식 자신의 부산물이 된다. 여기서도 앞서 말한 것과 동일한 작용의 양면성이 보이는 것이다. [리카도는 외국무역의 그런 측면을 완전히 간과하고 있었다.]

또 하나의 문제―이는 그 특수성 때문에 본래 우리의 연구 범위 바깥에 있던 것인데―는 이런 것이다. 일반적 이윤율은 외국무역 특히 식민지무역에 투자된 자본이 올리게 되는 상당히 높은 이윤율에 의해 끌어올려질 수 있을까?

외국무역에 투자된 자본이 상당히 높은 이윤율을 올릴 수 있는 이유는, 일단 첫째 생산조건이 열등한 다른 나라들에서 생산된 상품과 경쟁하게 됨으로써

제3장 가치형태와 잉여가치

선진국은 자국의 상품을 경쟁국보다도 싸게 판매하면서도 상품의 가치 이상으로 판매할 수 있게 되기 때문이다. 이 경우 선진국의 노동이, 특히 더 비중 높은 노동으로서 실현된다면 이윤율은 올라간다. 질적으로 좀 더 높은 노동에 대해 지불하지 않았으면서도 그렇게 질적으로 높은 노동으로서 판매되는 셈이기 때문이다. 동일한 관계는 상품이 보내지고 그곳으로부터 상품을 가져올 수 있는 나라에 대해서도 생겨난다. 즉 그 나라는 받아들이는 것보다도 더 많은 구체화된 노동을 현물로 내주게 되지만, 그럴지라도 여전히 자국에서 생산하는 것보다는 싸게 상품을 손에 넣을 수 있기 때문이다. 이런 사정은 새로운 발명을 그것이 보급되기 이전에 빨리 이용하는 공장주가 자신의 경쟁상대보다도 싸게 판매하면서도 자기 상품의 개별적 가치 이상으로 판매할 수 있게 되는 상태, 즉 자신이 사용하는 노동의 특별히 높은 생산력을 잉여노동으로서 실현하는 상태와 마찬가지다. 그 공장주는 그렇게 잉여이윤을 실현하는 것이다.

다른 한편, 식민지 등에 투하된 자본에 대해 말하자면, 그것이 더 높은 이윤율을 올릴 수 있는 이유는 식민지에서는 일반적으로 발전의 정도가 낮기 때문에 이윤율이 높고 노예나 쿨리苦力 등을 사용함으로써 노동 착취율도 높기 때문이다.

이 동일한 외국무역이 국내에서는 자본주의적 생산양식을 발전시킴과 동시에 불변자본에 대한 가변자본의 감소를 촉진시키며, 외국과 관련하여 과잉생산을 함으로써 비교적 오랜 기간 다시금 반대의 작용을 하는 것이다.

이렇게 일반적으로 제시한 것처럼 일반적 이윤율의 저하를 초래하는 것과 동일한 원인이 그런 저하를 저지하고 지연시키며, 부분적으로는 마비시키기까지 하는 반대 작용을 야기하는 것이다. 이 반대 작용은 법칙을 폐기하지는 않지만 그 작용을 약화시킨다. 이에 대한 이해 없이는 일반적 이윤율의 저하에 대한 것은 물론이고, 그런 저하가 상대적으로 완만하다는 점조차도 이해하기 어려울 것이다. (『자본론』 제3권 3편 14장 5절)[258]

마르크스는 여기서 하나의 체계(한 국가)에서는 결국 이윤율의 저하가 불가피하다는 것을 보여준다. 일반적 이윤율의 저하는 중공업화가 진전된 '제국주의' 단계에서 비로소 생겨난 문제가 아니다. "자본제 생산은 일반적으로 외국무역 없이는 존재할 수 없는 것"이다. 마르크스는 본래 세계시장 없이는 산업자본이 존립할 수 없다고 생각한다. 그렇다면 그는 왜 직접 세계시장을 언급하지 않고 영국경제의 외부를 영국경제의 내부로 집어넣는 형태를 취했을까. 그 이유는 그가 세계자본주의를 세계 여러 나라들의 '국민경제'의 총화로 간주하는 통속적 견해에 반대했기 때문이다. 어떤 국가의 경제도 자율적일 수 없다. 그것들은 어떻게 저항하든 세계적인 분업체제에 집어넣어질 수밖에 없다.

제3장 가치형태와 잉여가치

그런 기타 외국에서의 생산을 내면화한 '일국=세계'의 관점에서 보면, 해외무역에 의한 '부등가교환'의 문제는 일국에서 유기적 구성을 달리하는 여러 부문들로 치환된다. 이미 서술한 것처럼 유기적 구성이 고도화된 부문(불변자본 부분의 점유비율이 높은 부문)에서는 이윤율이 저하되는데 왜 평균적 이윤율이 확보되는가 하는 문제에 대해, 마르크스는 유기적 구성이 고도화된 자본에 총잉여가치가 이전되기 때문이라고 생각했다. 마찬가지로 리카도가 제창했던 자유무역—비교우위에 의한 특화와 국제분업—아래서는 생산가격에 의한 '공정한' 매매를 통해 주변부에서 중핵(선진국)으로 잉여가치가 이전된다고 할 수 있는 것이다. 상이한 생산부문에서 어떻게 동등한 일반적 이윤율이 성립되는가라는 문제에 대해, 마르크스는 세계자본주의의 관점에서 생각하고 있었다고 봐야 한다. 예컨대 월러스틴은 이렇게 말한다.

> 중핵과 주변이라는 것은 부르주아지에 의한 잉여가치 취득시스템의 혁신적 부분 중 하나를 가리키는 말이다. 극단적으로 말하자면, 자본주의란 프롤레타리아가 창출한 잉여가치를 부르주아가 취득하는 시스템이다. 이 프롤레타리아와 부르주아가 각각 다른 나라에 있는 경우 잉여가치 취득의 과정에 영향을 미쳐온 메커니즘 중 하나는 국경을 넘어 가치의 흐름을 컨트롤하는 교묘한 조작이라고 할 수 있다. 그로부터 중핵 · 반주변 · 주변이라는 개념으로 총괄되는 저 '불

균형 발전'의 패턴이 생겨나는 것이다. 이 개념은 자본주의 세계경제에서 다양한 형태의 계급 갈등(conflict)을 분석하는 데에 유용한 지적 개념장치이다. (『인종 · 국민 · 계급』)[259]

그런데 이런 부등가교환에 특별히 '교묘한 조작'이 있는 것일까. 여기에는 아무런 수수께끼도 없다. 수수께끼가 생겨나는 것은 산업자본을 상인자본과 이질적인 것으로 간주하기 때문이다. 상인자본의 경우, 각각의 가치체계 내부에서는 등가교환이지만 교환에서 체계들 간의 차이가 잉여가치를 가져온다. 고전파는 산업자본을 등가교환으로 보고 상인자본을 사기나 부등가교환으로 간주했지만, 실제로는 산업자본의 잉여가치도 원리적으로는 동일하다. 상인자본주의 단계에서 각지의 '불균형 발전'은 본래 자연적인 조건의 차이에 따른 것이었다. 그런데 산업자본에 의한 공업적 생산물과의 교환에 의해 비산업자본주의 나라의 산업은 원료생산 등에 '특화'되게끔 강제되어 더욱 '불균형'하게 되었다. 그리고 그 '불균형'은 날마다 재생산되고 있다.

일반적 이윤율의 경향적 저하, 프롤레타리아의 궁핍화나 계급의 양극분해라는 마르크스의 전망은 19세기 말부터 이미 논박되고 있다. 그러나 예컨대 마르크스가 말하는 '궁핍화 법칙'에 반하여 영국의 노동자가 어떤 풍요로움을 가질 수 있었던 것은 자본이 해외무역에서 잉여가치를 얻고 영국의 노동자에게도 그것이 어느 정도 재분배되고 있었기 때문이다. 궁핍화란 국내보다 오히려 해외의 사람들

제3장 가치형태와 잉여가치

에게서 생겨난 것이다. 그것은 지금도 생겨나고 있다. 지구의 인구 과반수가 기아상태에 있기 때문이다. 앞서 나는 잉여가치란 개별자본에서가 아니라 사회적 총자본에서 생각하지 않으면 안 된다고 썼는데, 더 나아가 그런 사회적 총자본이 '일국'이 아니라 세계적인 총자본으로 간주되어야 한다는 점을 말하고 싶다. 『자본론』이 '국민(폴리티컬)경제학의 비판'이라고 말할 수 있는 이유 중 하나는 『자본론』이 자본주의를 폴리스(국민국가)가 아니라 세계의 관점에서 보고자 한 것에 있다.

제4장 트랜스크리티컬한 대항운동

1 국가와 자본과 네이션

나는 마르크스가 산업자본주의에 대해 생각하기 위하여 상인자본(G—W—G′)으로 소행한 점을 강조했다. 하지만 그것은 마르크스가 19세기 이후에 이루어진 자본주의의 발전을 살피지 않았다는 말이 아니다. 오히려 그 반대다. 산업자본주의와 그것에 대응하는 이데올로기—이에 근거를 두고 있는 것이 고전적 마르크스주의다—야말로 자본주의의 현대적 발전을 살피는 데에 방해가 되고 있다.『자본론』은 이후의 시대에 타당하지 않다는 비판이 있는 한편, 마르크스주의자들 쪽에서는『자본론』을 '창조적으로' 발전시키고자 하는 노력이 계속되었다. 그러나 내가 이 책에서 시도한 것은 그런 것이 아니다. 마르크스가 제국주의, 주식회사(자본과 경영의 분리), 금융자본, 케인즈주의와 같은 사건을 고찰하지 않은 것은 당연하다. 그러나 이것들은 마르크스가 상상도 하지 못했던 신기한 사태일까. 사실상 그것들은 산업자본주의의 확립 이전에 '형식'으로서 이미 존재했다. 예컨대 19세기 말의 레닌은 제국주의를 자본의 수출로 특징지어질 수 있는 금융자본의 시대에 시작되는 것이라고 생각했다. 그러나 금융자본이란 대부자본(은행)이 독점적인 산업자본과 유착한 형태이며, 이는 형식적 차원에서는 중상주의 단계에 있었던 것이다. 또 제국주의는 중상주의=절대주의 왕권의 시대부터 존재했다. 그런 제국주의는 고대·중세의 '제국'과 달리 이미 상품경제의 원칙에 근거하고 있었다. 영국의 자유주의적 제국은 그것 이전의 중상주의적 시대에 있던 제국주의가 가져온 성과 위에서 성립한 것이다. 그렇다면 제국주의 단계를 자유주의 단계의 변질로서가 아니라 자유주의 단계에 의해 '억압된 것의 회귀'로 보아야 한다.

19세기 말의 마르크스주의자에게 금융자본의 지배나 제국주의가 신기한 사태로 보인 이유는, 그들이 마르크스를 산업자본=고전경제학의 비판자로 강조하면서도 실제로는 그들 자신이 그것의 이데올로기에 깊이 물들어 있다는 것을 알아차리지 못했기 때문이다. 산업자본주의의 확립과 동시에, 또는 고전경제학적인 사고와 더불어, 그것들에 선행하는 형식은 심하게 억압되었다. 산업자본의 이데올로기, 예컨대 베버가 '프로테스탄티즘과 자본주의의 정신'으로 긍정적인 평가를 한 이데올로기는 지금도 살아있다. 따라서 그것에 대한 반대가 일어나면 마치 결정적인 어떤 변화가 일어난 것처럼 표상된다. 최근의 사례를 들어 말하자면, '카지노 자본주의'라고 이야기되던 사태가 그러하다. 그것은 사람들이 근면한 생산과 공정한 교환을 망각하고 '상인자본적인' 투기로 달려가기 시작했음을 의미하는 듯하다.

제4장 트랜스크리티컬한 대항운동

그러나 그것은 결코 자본주의의 변질이 아니다. "자본주의적 생산양식하에 있는 모든 국민은 생산과정이라는 매개 없이 돈벌이를 하려는 망상에 주기적으로 사로잡히는 것이다"(『자본론』 제2권 1편 1장 4절)[260]

『자본론』은 이후의 사태에 맞추어 '발전'시킨 많은 이론들보다 오히려 오늘날의 사태에 더 타당하다. 하지만 『자본론』의 예견성은 마르크스가 미래를 예견하고자 했기 때문이 아니라 산업자본주의가 확립되기 이전의 '형식'으로 소행하여 생각하고자 했기 때문에 확보되는 것이다. 이미 서술한 것처럼 산업자본을 고찰하기 위해서는 상인자본의 공식으로 소행하지 않으면 안 된다. 상인자본은 가치체계의 차이에서 잉여가치를 얻는다. 하지만 산업자본도 마찬가지다. 상인자본이 그저 주어진 공간적 차이에서 잉여가치를 얻는 데 비해, 산업자본은 잉여가치를 시간적인 차이화를 통하여, 그리고 새로운 공간적 차이의 창출을 통하여 얻을 따름이다. 하지만 그것은 산업자본이 상인자본적인 활동을 행하는 것에 방해가 되지 않는다. 자본에게 잉여가치란 어디서 얻어지든 아무런 상관이 없다.

자본제 경제는 일반적으로 중상주의, 자유주의, 제국주의, 후기자본주의라는 역사적 단계에 따라 구별된다. 하지만 그런 구별에 무언가 근본적인 변화가 있었던 것처럼 생각하는 것은 잘못이다. 예컨대 노동자의 다수가 서비스부문이나 판매부문으로 이동한 것, 지적인 노동이 중요해진 것 등이 '후기자본주의'의 특징으로 곧잘 간주된다. 그러나 마르크스는 '산업자본'에 대해 "여기서 산업이라는 것은 자본주의적으로 경영되는 모든 생산부문을 포함하고 있다는 의미다"라고 쓴다(같은 책). "하지만 생산과정의 생산물이 새로운 물적 생산물이 아닌, 그렇게 상품이 아닌 독립된 산업부문이 있다. 그 가운데 경제적으로 중요한 것은 교통업뿐인데, 그것은 상품과 인간을 위한 본래의 운수업이기도 하지만, 단지 보도, 편지, 전신 등을 전달하는 것이기도 하다. (…) 바로 그런 장소적 운동이야말로 운수수단에 의해 행해지는 생산과정이다."(같은 책)[261] 이런 의미에서 자본에게 잉여가치가 '물건'에서 얻어지든 '정보'에서 얻어지든 아무 차이도 없다. 산업자본의 주요영역이 '정보산업'으로 이행할지라도 자본의 성질에는 아무런 변화도 없다. 사이버네틱스의 창시자 노버트 위너에 따르면, 본래 정보란 물질이 아니지만 관념도 아니다. 그것은 '차이' 이외에 다른 것이 아니다.

마르크스는 생산일반과 가치생산을 구별하고 있다. 어떤 노동이 가치생산적인가 아닌가는 무엇을 생산하는지에 달린 것이 아니라 '차이'를 생산할 수 있는가 없는가에 달려있다. 따라서 노동형태의 변용이 자본제 생산의 형식을 바꾸는 일은 있을 수 없다. 예컨대 마크 포스터는 마르크스가 말하는 생산양식 대신에 '정보양식'(the mode of information)이라는 개념을 주장한다(『정보양식론』). 하지만 그것은 생산의 관점에서 역사를 보는 '역사적 유물론'에 대한 수정이기는 해도 『자본론』에 대한 비판일 수는 없다. 왜냐하면 『자본론』에서 이루어지고 있는 것은 정보(차이) 생산=자본제 생산이 사회 전체를 조직하는 '힘'에 관한 탐구이

제4장 트랜스크리티컬한 대항운동

기 때문이다. 일부 마르크스주의자들은 소비사회에서의 상품 다양화와 환상적·환혹적幻惑的 효과에 주목했다. 마치 그것이 『자본론』에 결정적인 수정을 가할 수 있기라도 한 것처럼 말이다. 그들은 벤야민의 말, 즉 "이 새로움이란 상품의 사용가치로부터 독립된 특질이다"(『보들레르』, 〈벤야민 저작집〉 제5권)262라는 말을 인용한다. 그러나 새로움이란 바로 차이=정보다. 자본은 그저 생산물을 만드는 것이 아니라 가치(잉여가치)를 생산하지 않으면 안 된다. 요컨대 잉여가치가 차이의 생산에서 얻어진다는 생각에 입각한다면, 그것은 전혀 새로운 인식이 아니다. '자본'에 관해 생각할 때, 우리는 언제나 상인자본의 공식 G—W—G′에서 사고하지 않으면 안 된다. 그것은 산업자본주의의 단계적 변질이라는 것이 형식의 차원에서 오히려 그 이전의 자본 형태가 회귀한 것임을, '억압된 것의 회귀'를 명확하게 드러낼 것이다.

월러스틴의 '근대세계시스템론'은 세계경제를 일국경제(국민경제)의 총화로 바라보는 견해를 부정했다는 점에서 중요하다. 그런데 그것이 획기적으로 보이는 이유는 많은 마르크스주의자들이 마르크스를 국민경제학(폴리스적 경제학)의 비판자로서가 아니라 그 연장으로만 읽었기 때문이다. 고전파 경제학=자유주의는 스스로의 기원인 중상주의=절대주의적 왕권을 부정하고 경제와 국가의 분리를 주장했다. 그러나 그것은 이중으로 역사적 기원을 은폐한다. 이미 서술한 것처럼 자본제 생산은 중상주의적인 국가에서 국가적 투자와 보호 속에서 개시되었다. 후발자본주의국가(독일이나 프랑스, 일본)에서 국가의 경제적 개입은 당연한 일이었는데, 영국에서도 산업혁명은 세계적 패권을 목표로 삼은 국가의 극진한 지원 아래서 이루어졌다. 그런데 자유주의자는 그런 사실을 은폐하고 자본제 경제가 마치 국가와 별도로 발생하고 자율적으로 존재할 수 있는 것처럼 주장했다. 따라서 우리가 생각하기에 월러스틴의 '근대세계시스템'이라는 개념은 절대주의=중상주의적인 국가-경제체제가 근대의 기점에 있음을, 그리고 이후에도 그것은 본질적으로 변하지 않고 있음을 의미한다. 내부에서 아무리 민주적이거나 산업자본주의적일지라도 국가는 근본적으로 절대주의적=중상주의적인 것이다. '자유주의'도 그 한 형태로 패권적 국가가 취하는 경제정책에 지나지 않다.

마르크스는 『자본론』에서 국가에 괄호를 치고 있다. 하지만 그것은 국가를 무시하는 것이 아니다. 『자본론』의 과제는 독일의 중상주의적인 국가경제학—그가 속류경제학이라고 부르는 것—에 맞서 자본의 운동을 원리적으로 파악하는 데에 있었다. 당장은 국가를 괄호에 넣어도 무방한 이유는 국가의 개입도 결국에는 자본제 경제의 원리들을 따를 수밖에 없기 때문이다. 즉 '경제 외적인 강제'가 기능하지 않는 것이다. 이것이 절대주의 국가가 봉건적 국가—여기서 경제와 정치는 분리될 수 없다—와 다른 지점이다. 하지만 이렇게 말하는 것은 국가가 교환의 원리에서 출발한 자본제 경제와는 별도의 원리(탈취-재분배)를 따르고 있다는 점, 그리고 국가가 그런 의미에서—즉 역사적 유물론에서 발원하는 상부구조의 상대적 자립성과는 다른 의미에서—

제4장 트랜스크리티컬한 대항운동

어떤 자율성을 가지면서 존재한다는 점을 부정하는 것이 아니다.

『자본론』에 국가가 사실상 누락되어 있다는 점은 마르크스주의자들로 하여금 국가를 가볍게 여기도록 만들었거나 거꾸로 『자본론』 이전의 마르크스가 지닌 국가론으로 회귀하도록 했다. 일반적으로 국가를 초기 마르크스는 '환상적 공동체'로, 중기 마르크스는 계급적 지배장치로 생각한 것으로 본다. 그러나 이미 서술한 것처럼 『루이 보나파르트의 브뤼메르 18일』에는 그런 단순한 견해를 넘어서는 성찰이 엿보인다. 그렇다면 『자본론』의 시기에 마르크스는 국가를 어떻게 보고 있었을까. 이는 『자본론』에서 단편적 구절들을 발췌함으로써가 아니라, 또 마르크스의 초기 및 중기의 국가론에 의존함으로써가 아니라, 우리 자신이 『자본론』의 방법으로 국가를 고찰함으로써만 알 수 있다. 그는 자본제 경제에 대해 사고하기 위해 자유주의에서 중상주의로, 산업자본주의에서 상인자본으로 소행했다. 마찬가지로 우리는 국가에 대해 생각하기 위하여 부르주아적 법치국가 이전으로 소행하지 않으면 안 된다.

그러나 우리는 너무 먼 과거로 소행해서는 안 된다. 예컨대 봉건적 국가나 아시아적 전제국가 등으로 말이다.[263*] 우리가 소행해야 하는 것은 근세의 절대주의 왕권국가다. 절대주의 왕권에서는 경제와 국가가 결부되어 있다고들 말한다. 그러나 실은 바로 여기서 경제와 국가가 분리되었다. 봉건국가에서 경제와 국가는 같은 것이었다. 이런 분리=결합이란 구체적으로 말해 절대주의 왕권이 상인 부르주아지의 활동을 뒷받침하는 동시에 세금의 원천을 확보한다는 의미다. 이것이 경제정책으로서의 '중상주의'이자 당시 국제무역 결제수단으로서의 세계화폐(금)에 의존하는 한에서 '중금주의'이기도 했다. 절대주의 왕권은 봉건적인 '경제외적 강제'를 철폐하고 여럿이 병립해 있던 봉건 제후들을 제어했고 봉건적 영유권을 사유권으로 바꾸었다. 또 화폐공납제를 통해 농업공동체에 상품경제를 강요함으로써 봉건제 경제의 부르주아적 재편성을 촉진했다. 이 과정이 이른바 '원시적 축적'이며, 이것이 세계자본주의 속 여러 국가들의 경쟁을 통해 이루어졌음은 물론이다.

절대주의 국가와 중상주의가 결부되는 것은 위와 같은 이유 때문이다. 영국에서는 절대주의 왕권이 타도되었고, 산업자본주의=자유주의가 확립된 단계에서 경제와 국가가 서로 다른 것으로서 표상되었다. 하지만 실제로는 그렇지 않았는데, 이는 앞서 서술한 그대로다. 자유주의자는 국가를 가급적 축소하여 '작은 정부'로 설정하면 좋다고 주장했다. 하지만 그것은 이미 서술한 것처럼 대영제국의 경제정책을 촉진하기 위해 주장된 것에 불과하며 거대한 식민지를 품고 있는 이상 실현불가능한 것이었다. 하물며 영국 이외의 후진자본주의 국가에서 국가와 경제가 밀접하게 결합되어 있었음은 물론이다. 이는 오늘날에 이르기까지 계속되고 있다. 국가는 본질적으로 중상주의적이다. 그러므로 중상주의에 대한 고찰은 국가가 무엇인지를 보여준다. 마르크스는 중금주의에서 '화폐 페티시즘'이 전형적으로 생겨난다고 말한 동시에, 그것을 비웃은 고전경제학자를 두고

제4장 트랜스크리티컬한 대항운동

그들도 공황을 맞이하면 갑작스레 중금주의로 되돌아간다고 말했다. 이런 지적은 국가론과 관해서도 정확히 들어맞는다.

부르주아적 국민국가에서는 국민이 주권자이고 정부가 그 대표라고 여긴다. 절대주의적 왕=주권자 따위는 이미 비웃어야 하는 관념이다. 그러나 바이마르 체제에서 생각한 칼 슈미트는 국가의 내부에서 사고하면 주권자를 볼 수는 없지만 예외상태(전쟁)에서는 결단자로서의 주권자가 노출된다고 말한다(『정치신학』). 이후 그런 이론의 근거하여 슈미트는 결단하는 주권자로서의 히틀러를 정당화했는데, 이 이론은 간단히 부정될 수 없는 문제를 품고 있다. 예컨대 마르크스는 절대주의 왕권의 흔적을 간직하고 있던 왕정을 뒤엎은 1848년 혁명 이후에 루이 보나파르트가 결단하는 주권자로서 등장한 과정을 분석하고 있다. 마르크스가『브뤼메르 18일』에서 밝힌 것은 대표제 의회나 자본제 경제의 위기에서 '국가 자체'가 출현한다는 점이었다. 황제나 총통(Führer)나 천황은 그것의 '인격적 담당자'이며 '억압된 것(절대주의 왕권)의 회귀'다.

절대주의 왕권에서는 왕이 주권자였다. 그러나 그 왕은 이미 봉건적인 왕과는 다르다. 실제로는 절대주의적 왕권에서 왕은 주권자라는 장場(포지션)에 서 있을 뿐이다. 마르크스는 금이 화폐가 되는 이유는 일반적인 등가형태에 놓여 있기 때문임에도 금 자체를 화폐로 여기는 것을 두고 페티시즘이라고 불렀다. 마르크스는 그런 사정을 다음과 같은 비유로 이야기한다. "이러한 반성 규정은 무릇 기묘한 것이다. 예컨대 어떤 한 사람이 왕인 이유는 단지 다른 사람들이 그 앞에서 신하로서 거동하기 때문이다. 그런데 그들은 거꾸로 그가 왕이기 때문에 자신들이 신하라고 믿고 있다."(『자본론』 제1권 1편 3장 각주)[264] 이는 단순한 비유가 아니라 그 자체로 절대주의적 왕권에 타당한 말이다. 고전경제학에 의해 중금주의가 환상으로 부정된 것과 마찬가지로 민주주의적 이데올로그에 의해 절대주의적 왕권은 부정되었다. 그러나 절대주의적 왕권이 사라져도 그 장소는 빈 곳으로 남아 있다. 부르주아 혁명은 왕을 단두대에 보냈지만 그 장소는 사라지지 않는다. 통상적인 상태나 국내적으로 보았을 때는 그 장소가 보이지 않는다. 그러나 예외상황, 즉 공황이나 전쟁에서는 그것이 드러나게 된다.

예컨대 슈미트가 높이 평가하는 홉스에 관해 생각해보자. 홉스는 주권자를 설명하기 위해 만인이 한 사람(리바이어던)에게 자연권을 양도한다는 프로세스를 생각했다. 이는 모든 상품들이 한 상품만을 등가형태에 놓음으로써 화폐를 통한 관계를 서로 맺는 과정과 같다. 홉스는 마르크스의 다음과 같은 서술을 선취하고 있다. "최후의 형태, 즉 형태Ⅲ에 이르러서야 비로소 상품세계에는 일반적인·사회적인 차원의 상대적 가치형태가 주어지는데, 이는 상품세계에 속한 여러 상품들이 단 하나의 예외를 빼고는 모조리 일반적 등가형태로부터 배제되고 있기 때문이며, 또 그럴 때만 가능한 일이다."(『자본론』 제1권 1편 1장 3절 c)[265] 즉 홉스는 국가의 원리를 상품경제에서 생각한 것이다. 그리고 그는 주권자가 화폐와 마찬가지로 인격이라기보다는 형

제4장 트랜스크리티컬한 대항운동

태(position)로 존재한다는 점을 처음으로 발견했다.

홉스가 『리바이어던』을 쓴 것은 청교도 혁명의 시기였다. 그는 결코 이전의 절대주의 왕권을 정초하고자 한 것이 아니다. 절대주의적인 왕은 '왕권신수설'에 의해 근거를 부여받는다. 이는 말하자면 왕이 신하들을 지배할 수 있는 이유는 그가 왕이기 때문이라는 생각이다. 홉스의 사회계약설 같은 것은 절대주의 왕권에 어울리는 것이 아니다. 사실상 그의 이론은 명예혁명 이후의 입헌군주적인 의회제에 타당하다. 그가 말하는 '사회계약'이란 오히려 의회에서의 다수결 지배─소수파는 반대 의견을 가졌을지라도 결정에 따라야 한다─에 근거를 부여하는 것을 의미한다. 그러나 홉스가 마치 절대주의 국가의 이론가처럼 보이는 이유는 무엇일까. 그가 '주권자'를 강조했기 때문이다. 하지만 그것은 더 이상 현실적 인격으로서의 주권자가 있는가 없는가의 문제가 아니었다. 국가와 국가 사이에 그런 국가들을 넘어선 사회계약이 있을 수 없다면, 결국 국가(주권자)는 남게 된다는 주장이었다. 그것은 청교도 혁명에 의해 절대주의적 왕이 사라졌을지라도 그것과는 상관없이 '주권자'라는 포지션이 남는다는 것을 의미한다. 국가주권은 하나의 장(포지션)이며, 거기에 놓여 있는 것이 주권자다. 영국에서는 명예혁명 이후 그 포지션에 입헌군주가 놓였다. 그러나 주권자라는 포지션이 남는다는 점은 공화제도 마찬가지이다. '국가' 그 자체 혹은 주권자라는 포지션 자체는 거기에 놓인 국왕이나 대통령과 구별되지 않으면 안 된다.

입헌군주제 이후의 사상가인 로크나 흄은 국가를 정부,

그러니까 의회를 통해 인민이 뽑은 정부와 동일시하고 있다. 그런 사정은 고전파 경제학자가 화폐를 상품에 포함된 노동가치로 환원한 것과 유사하다. 그러나 고전파 경제학자가 화폐를 단지 각 상품에 내재하는 가치의 표시수단으로 간주하고자 할지라도, 그리고 민주주의자가 아무리 주권자를 국민의 대표로 간주하고자 할지라도 예외적인 위기 상황(공황 혹은 전쟁)에서는 반드시 화폐나 주권자가 노출된다. 예컨대 헤겔은 입헌군주제의 의회에 대해 다음과 같이 쓰고 있다.

> 국가의 최고 관리들이 국가의 여러 기구나 요구의 본성에 대해 필연적으로 한층 더 깊고 포괄적인 통찰을 구비하고 있음과 동시에, 그 직무에 대해서도 한층 더 탁월한 기량과 관습을 필연적으로 구비하고 있다. 그러므로 최고 관리들은 의회가 있어도 끊임없이 최선을 이룰 것이 분명하지만, 의회가 없어도 최선을 이룰 수 있다. (『법권리의 철학』 제3부 3장 A, 301절)[266]

> 의회의 입장은 조직된 통치권과 협동하여 다음과 같은 매개작용을 한다는 점에서 그 의의를 갖는다. 즉 의회는 한편으로는 군주권이 극한적으로 고립된 형태로 나타나지 않도록 함으로써 군주권이 단순한 지배권이나 자의적인 것으로 나타나지 않도록 하는 것임과 동시에, 다른 한편으로는 여러 지방자치체나 직업단체나 개인의 특수 이익이 고립되지 않도록 함

제4장 트랜스크리티컬한 대항운동

으로써 개개인이 군중이나 무리의 형태로 나타나 비유기적인 사견私見과 의지로 유기적 국가를 거스르는 단순한 집단적 폭력이 되지 않게 하는 매개작용이다. (같은 책, 302절)[267]

의회의 특징적인 사명은 보편적 요건인 공사公事와 관련하여 의회가 함께 알고 함께 결의하는 형태를 취함으로써 정치에 참여할 수 없는 시민사회의 구성원을 위해 형식적 자유의 계기라는 정당한 권리가 충족되도록 하는 데에 있다. 그러므로 우선 첫째로 모두가 안다는 계기가 의회 토론의 공개를 통해 확장되는 것이다. (같은 책, 314절)[268]

지식을 가지기 위한 그런 기회를 공공대중에게 부여하는 일에는 좀 더 일반적인 측면이 있다. 즉 그런 기회를 통해 공공대중의 여론은 비로소 진실된 사상에 도달하게 되고 국가의 상태와 개념과 요건을 통찰하게 되며, 따라서 비로소 그것들에 관해 한층 더 이성적으로 판단할 수 있는 능력을 획득함과 동시에 관청들이나 관리들의 직무, 재능, 덕, 기량을 더 잘 알게 됨으로써 그들을 존중하게 된다. 이어서 의회가 그렇게 공개되는 일을 통해 그들의 재능도 힘을 신장시킬 유력한 기회를 얻고 큰 명성을 떨칠 기회도 얻게 될 것이다. 마찬가지로 의회 토론의 공개는 개개인이나 다수 군중의 자만심에 대한 교정수단인 동시에 그들

을 위한 도야 수단, 그것도 최대의 도야 수단 중 하나
다. (같은 책, 315절)[269]

헤겔에 따르면, 의회의 사명이란 시민사회의 합의를 얻음과 동시에 시민사회를 정치적으로 도야시키고 국정에 대한 사람들의 지식과 존중을 강화하는 데에 있다. 하지만 그것을 헤겔 자신의 의회 경시나 프로이센 민주주의의 미발달 탓으로 돌릴 수는 없다. '발달'이란 바로 '도야'가 진전되는 것이다. 보통선거와 더불어 인민주권이라는 생각이 정착된다. 그런데 이 인민이란 이미 국가에 의해 '도야'된 국민이다. 슈티르너가 말한 것처럼 거기서 사람들은 각자 주권자(에고이스트)일 수 없다. 입헌군주제든 공화제든 의회제 민주주의를 개별시민의 의견이 대표되는 과정으로 보는 것은 환상이다. 그것은 실질적으로 관료나 관료와 비슷한 자들이 입안한 것을 국민 스스로 결정했다고 믿게 만드는 절차다. 그런 사정은 설령 사회민주주의 정부라고 해도 다르지 않다. 아니 오히려 그 이상으로 관료나 관료와 비슷한 자들의 입안에 근거하게 된다.

그런데 초기 마르크스는 위와 같은 헤겔의 생각을 비판했다. 마르크스가 생각하기에 시민사회(사회적 국가)가 기저에 있고 그것의 자기소외 형태가 정치적 국가다. 그러나 그가 말하는 '시민사회'란 이미 여러 '국가'에 의해 구분되고 조직된 것이다. 시민이란 국민이다. 따라서 설령 정치적 국가를 해소할지라도 시민사회 자체에 국가가 남아 있다. 슈티르너가 비판한 것은 말하자면 이런 것이다. 이 시기 마

제4장 트랜스크리티컬한 대항운동

르크스는 국가를 생각할 때 다른 국가를 전제하지 않았다. 그러므로 국가가 시민사회로 환원되지 않는 자율성을 갖는다는 점을 간과하고 있었다. 실제로 마르크스는 헤겔의 『법권리의 철학』을 비판했을 때, 헤겔이 지적한 중요한 지점 하나를 놓치고 있다. 그것은 국가(주권자)가 오히려 국가 바깥의 다른 국가에 대응하여 존재한다는 점이다. 헤겔은 말한다. "지금까지의 내용은 내부로 향해진 주권에 대한 것이었는데, 주권이란 외부로 향해진 또 하나의 측면도 가지고 있다. 예전의 봉건적 군주제에서 국가란 외부를 향해서는 어떻게든 주권을 가지고 있었지만 내부를 향해서는 군주만이 아니라 국가도 주권을 가지고 있지 않았다. 첫째로 국가나 시민사회의 특수한 업무들과 권력들이란 뿔뿔이 흩어진 직업단체나 교구敎區 형태로 조성되어 있었고, 따라서 전체는 하나의 유기적 조직이라기보다는 오히려 하나의 집합체였다. 둘째로 그런 것들은 여러 개인들의 사적인 소유물이었으며, 그렇기 때문에 그들이 전체를 고려하여 해야 하는 사안은 그들의 의견(믿음)이나 취향에 맡겨져 있었다."(같은 책, 278절)[270]

마르크스는 포이어바흐적인 사고를 포기함과 동시에 초기의 국가론을 포기한다. 그것은 『브뤼메르 18일』을 보면 명확하다. 그는 여기서 국가를 군주, 대표제, 관료기구 등 모든 면에서 다시 파악한다. 그러나 『브뤼메르 18일』은 국가론으로 작성된 것이 아니다. 또 그 이후에도 국가를 그 자체로서 논하지 않는다. 그 결과 마르크스주의자는 초기 마르크스의 생각이나 엥겔스의 생각에 근거하여 국가에 대해 사고했다. 예컨대 그람시는 국가란 계급지배를 위한 폭력장치라는 엥겔스의 생각에 맞서 국가가 이데올로기적인 장치이기도 하다는 점을 강조했다. 따라서 그는 시민사회 자체가 국가(권력장치)이자 문화적 헤게모니의 장치라고 본다. 이는 국가와 시민사회를 분리하는 것에 대한 비판이다. 그럼에도 그것은 국가를 단지 내부적으로 보는 입장에 머물러 있으며, 결국엔 국가를 시민사회로 환원하는 것으로 귀결된다. 어떤 자율성을 가진 것으로서 국가를 생각하기 위해서는 국가가 다른 국가와의 관계 안에 있음을 살피지 않으면 안 된다. 그람시 이후 국가를 문화적 헤게모니의 관점에서 보는 것, 또는 푸코 이후 권력을 국가적 중심이 아니라 모든 장소에서, 아니 여러 작용들의 네트워크에서 봐야 한다는 생각이 널리 퍼져있다. 국가를 일국의 관점에서만 생각하면 분명 권력에 중심 따위는 없다. 그렇게 국가권력은 '시민사회=국가'에서 여러 권력들의 그물망으로 환원될 것이다. 그러나 절대주의 국가가 세계자본주의 아래서 다른 국가와의 경합에서 나타났듯이 현재도 국가는 내부에서 아무리 사회민주적일지라도 외부에 대해서는 패권주의적이다.

나는 이미 경제를 하부구조로 보고 국가나 네이션을 상부구조로 보는 관점에 반대하여 그것들이 경제적 교환과는 다른 넓은 의미에서 '교환'의 여러 타입들이라고 지적했다 (이 책의 2부 2장 3절 '자본의 욕동' 참조). '교환'의 관계는 네 가지로 나뉜다. 첫 번째는 증여의 호수성(농업공동체의 내부), 두 번째는 수탈과 재분배(봉건국가), 세 번째는 화폐

제4장 트랜스크리티컬한 대항운동

* 교환형태의 유형

수탈과 재분배	화폐의 의한 교환
증여의 호수성	(어소시에이션)

* 근대 이전

봉건국가	도시
농업공동체	(어소시에이션)

* 근대

국가	자본제 시장경제
네이션	(어소시에이션)

에 의한 교환, 네 번째는 어소시에이션이다. 어소시에이션은 상호부조적이긴 하지만 공동체처럼 폐쇄적이지 않다. 그것은 상품교환을 통해 공동체에서 나온 여러 개인들이 형성한 자발적 교환조직이다. 그것들을 도표로 제시할 수 있다. 단 이 표에서 봉건국가라고 부르고 있는 것은 엄밀하게 규정된 '봉건제'와는 대응하지 않는다. 정확하게는 '전前자본주의적 착취 시스템'으로 불러야 할 것이다.[271]*

레닌은 네이션을 두고 자본주의 경제가 발전한 결과로 통일시장을 위해 형성된 것이며 사회주의에서 소멸된다고 생각했다. 하지만 그런 생각은 자본주의의 글로벌화로 네이션이 소멸한다는 말처럼 잘못된 것이다. 그것은 경제주의적 환원주의의 잘못이 아니다. 네이션이 국가나 자본과는 다른 '경제'원리에 근거하고 있음을 살피지 못한 점에 결함이 있다. 이런 마르크스주의의 일반적인 견해에 대해 네이션을 상부구조로서 인류학적·정신분석학적으로 고찰하는 작업이 이루어졌다. 이를 한마디로 말하면 베네딕트 앤더슨이 주장하는 '상상의 공동체'라는 개념으로 요약된다. 그러나 경제적인 것을 현실로 보고 네이션만을 상상의 공동체로 보는 일은 불가능하다. 또 그런 계몽주의적 비판의 효과는 일부 지식인에게만 영향을 미칠 따름이다. 네이션이 교육이나 문학에 의해 표상으로서 강화된다는 점은 분명하다. 하지만 그것은 단지 표상에 의해 존재하는 것이 아니며 표상을 비판한다고 해소될 수 있는 것도 아니다. 마르크스는 종교를 계몽적으로 비판한 지식인들에 맞서 종교를 필요로 하는 '현실'이 있다는 점, 그것을 해소하지 않는 이상 종교를 해소하는 일은 불가능하다고 썼다. 마찬가지로 지식인들이 아무리 경멸하고 업신여길지라도 네이션은 그것을 필요로 하는 '현실'이 있다고 말하지 않으면 안 된다. 그리고 그것은 화폐에 의한 상품교환과는 다른 교환, 즉 호수적인 교환관계에 근거하고 있다. 따라서 화폐와 마찬가지로 네이션은 단순한 환상이 아니라 초월론적인 가상이라고 해도 좋을 것이다.

베네딕트 앤더슨은 네이션=스테이트란 본래 이질적인 네이션과 스테이트가 '결혼'한 것이라고 말한다.[272*] 이는 중요한 지적이지만 마찬가지로 그 전에 근본적으로 이질적인 둘 간의 '결혼'이 있었음을 잊어선 안 된다. 국가와 자본의 '결혼'이 그것이다. 국가, 자본, 네이션은 봉건시대에는 명료하게 구별되고 있었다. 즉 봉건국가(영주, 왕, 황제), 도

제4장 트랜스크리티컬한 대항운동

시, 그리고 농업공동체 간의 구별이 그것이다. 그것들은 서로 다른 '교환'의 원리에 근거하고 있었다. 이미 서술한 것처럼 첫째로 국가는 수탈과 재분배로서의 교환 원리에 근거한다. 둘째로 그런 국가기구에 의해 지배됨으로써 서로 고립된 농업공동체들은 내부에서는 자율적이었고 상호부조적·호수적 교환을 원리로 삼고 있었다. 셋째로 그런 공동체와 공동체 '사이'에 시장, 즉 도시가 성립한다. 그것은 상호합의에 의한 화폐교환이다. 봉건적 체제를 붕괴시킨 것은 바로 그런 자본주의적 시장경제의 침투다. 한편 그것은 이미 서술한 것처럼 절대주의적 왕권국가를 낳는다. 그런 국가는 상인계급과 결탁하고 다수의 봉건국가(귀족)를 쓰러뜨림으로써 폭력을 독점하고 봉건적 지배(경제 외적인 지배)를 폐기한다. 이것이 바로 국가와 자본 간의 '결혼'이다.

여기서 봉건지대地代는 국가세금이 되고 관료와 상비군은 국가적 장치가 된다. 절대주의 왕권하에서 이전까지 다양한 부족이나 신분에 속하던 사람들이 모두 왕의 신민이 됨으로써 이후 국민적 동일성의 기반을 구축한다. 상인자본(부르주아지)은 이런 절대주의적 왕권국가 안에서 성장하고, 또 통일적인 시장 형성을 위해 국민의 동일성을 형성했다고 말할 수 있다. 하지만 그것만으로 내셔널리즘의 감정적 기반은 구축될 수는 없다. 네이션의 기반에는 시장경제의 침투와 도시적 계몽주의와 더불어 해체되던 농업공동체가 있다. 이전까지 자율적이고 자급자족적이던 각각의 농업공동체는 화폐경제의 침투와 함께 해체됨과 동시에 공동성(상호부조나 호수제)을 네이션(민족) 안에서 상상적으로 회복한다.

앤더슨은 개체의 죽음에 의미를 부여하는 종교가 쇠퇴한 이후 네이션이 그 역할을 대신했다고 지적하는데, 이 경우 종교가 구체적으로 농업공동체로서 존속했다는 점이 중요하다. 종교의 쇠퇴는 공동체의 쇠퇴와 같은 것을 가리킨다. 왜냐하면 종교는 '프로테스탄티즘' 같은 근대종교의 형태로는 쇠퇴하지 않고 오히려 발전했기 때문이다. 네이션은 지성적인(홉스적인) 국가와 달리 농업공동체에 근거한 상호부조적 '감정'에 기반해 있다. 그리고 네이션은 농업공동체가 그러하듯 다른 네이션에 대해 배타적이다. 그런데 이렇게 말하는 것은 내셔널리즘을 그저 감정의 관점에서 설명하는 것이 아니라 교환관계로 설명하는 것이다. 예컨대 니체는 독일어로 죄(Schuld)의식은 경제적인 부채(Schuld)에서 유래한다고 말한다. 이 경우 부채란 증여에 대해 짊어지게 되는 부담감이다. 바꿔 말해 이런 종류의 감정의 근저에는 교환관계가 숨겨져 있다.

물론 국가와 네이션이 진정으로 '결혼'하는 것은 부르주아 혁명에서다. 바꿔 말하자면 부르주아 혁명에서 자본, 국가, 네이션은 서로 분절되지 않는 것으로서 통합된다. 그러므로 근대국가는 자본=네이션=스테이트(capitalist-nation-state)로 명명되어야 한다.[273*] 그것들은 서로를 보완하고 보강하게 되어 있다. 예컨대 개인의 자유로운 경제적 행위가 경제적 불평등과 계급대립으로 귀결된다면, 그것을 국민(네이션)의 상호부조적 감정을 통해 해소하고 국가를 통해 규제하고 부를 재분배하는 식이다. 이 경우 자본주의만을 타

제4장 트랜스크리티컬한 대항운동

도하고자 하면 국가적 관리를 강화하거나 네이션의 감정에 발이 걸리게 된다. 그렇기에 자본=네이션=스테이트를 넘어서는 일은 쉽지가 않다.

예컨대 프랑스혁명에서는 '자유 · 평등 · 우애'라는 슬로건이 제창되었다. 이 경우 '평등'은 '자유'로서의 평등에 그치지 않는다. 실제로 1791년에 국민공회는 평등을 부의 평등으로 해석하고 그런 평등을 추구했다. 이는 1793년 '테르미도르 반동'274에 의해 끝났지만, 국가에 의한 부의 재분배라는 생각은 남았다. 이후 그런 생각은 생시몽주의로서 지배적인 것이 된다. 한편 '우애'는 프랑스혁명에서 민족이나 언어를 넘어선 '시민'의 연대를 의미했지만, 나폴레옹의 단계에서 그것은 프랑스 국민이라는 의미로 바뀌어 있었다. 이렇게 '자유 · 평등 · 우애'의 이념은 자본=네이션=스테이트로 변화되었던 것이다. 이것을 삼위일체의 체계로 이론적으로 파악한 이가 독일의 철학자 헤겔이다. 그는 한편으로 '욕망의 체계'로서의 시민사회의 '자유'를 긍정하면서도 그것이 초래하는 부의 불평등을 시정하는 것이 이성적인 국가=관료라고 생각했다. 또 그는 '자유'와 '평등'의 모순을 넘어서는 것으로서의 '우애'를 네이션에서 발견하고 있다. 그러므로 자본=네이션=스테이트의 삼위일체성을 가장 훌륭하게 보여주고 있는 것이 헤겔의 『법권리의 철학』이다. 이 책에서 자유주의도 내셔널리즘도 복지국가론도 슈미트적 주권자론도 도출할 수 있으며, 나아가 그것들에 대한 비판까지도 도출할 수 있다. 따라서 자본제=네이션=스테이트를 지양하는 열쇠를 발견하기 위해서는 헤겔

의 『법권리의 철학』과 다시 대결할 필요가 있다.[275*]

마르크스의 작업은 『법권리의 철학』에 대한 비판에서 시작되었다. 하지만 그것은 초기의 단계에서 끝난 것이 아니다. 어떤 의미에서 그 비판은 『자본론』에서 비로소 달성됐다고 해야 한다. 실제로 『자본론』에서 마르크스는 예전에 부정한 헤겔의 변증법적 서술을 통해 자본제 경제의 전체상을 명확히 하고자 했다. 그러나 국가나 네이션에 관한 고찰은 『자본론』에 없다. 우리가 해야 할 일은 마르크스의 초기로 돌아가는 게 아니라 『자본론』의 시점에서 『법권리의 철학』을 다시 고찰하는 것이다. 즉 이미 시사한 것처럼 자본만이 아니라 국가나 네이션을 '경제적'인 구조, 바꿔 말해 교환형태들 간의 연관으로 다시 파악하는 것이다. 이때 삼위일체적 매듭로부터의 출구가 발견된다.

그런데 헤겔이 『법권리의 철학』에서 쓴 것은 이미 만들어진 자본제=네이션=스테이트의 상호연관을 변증법적으로 파악한 것이었지 그것들이 현실에서 어떻게 형성되었는지를 파악한 것은 아니었다. 그것은 어디에서 형성되었을까. 헤겔은 영국을 모델로 삼아 생각했다. 따라서 『법권리의 철학』은 오히려 독일의 당시 상황에 대한 비판일 수도 있다. 책의 내용이 영국이나 네덜란드, 프랑스 같은 선진국을 제외한 다른 지역에서 오히려 미래에 실현되어야 할 것으로 설정된 점에 주의해야 한다. 오늘날까지 그것을 실현되어야 할 과제로 설정하는 국가들과 민족들이 있다. 바꿔 말하자면 자본제=네이션=스테이트의 형성이란 결코 쉬운 것이 아닌 것이다.

제4장 트랜스크리티컬한 대항운동

그람시는 혁명운동을 기동전, 진지전, 지하전이라는 전쟁 형태의 비유로 이야기했다. 기동전이란 정치적 국가와 직접적으로 싸워 권력을 장악하는 것이고, 진지전이란 정치적 국가의 통합장치 배후에 있는 시민사회의 헤게모니적 지배장치와 싸우는 것이다. 그는 러시아혁명에서 통용된 것이 시민사회가 성숙한 서구에서는 통용될 수 없다는 것을 다음과 같이 지적하고 있다. "동방에서는 국가가 전부이며 시민사회는 원생적原生的이고 젤라틴 같은 형상을 가졌다. 서방에서는 국가와 시민사회 사이에 적정한 관계가 존재하고, 국가가 흔들리면 시민사회의 튼튼한 구조가 즉각 모습을 드러낸다. 국가는 제1선 참호에 불과하며 그 뒤에는 강력한 요새와 포대가 있다."(「진지전과 기동전: 트로츠키론」, 『신新군주론』) 그런데 이런 시민사회의 성숙이란 오히려 자본제=네이션=스테이트가 확립되어 있는가 아닌가의 관점에서 보아야 한다. 이탈리아에서 그람시가 지도한 레닌주의적 공장점거 투쟁이 파시스트에 의해 분쇄된 것은 파시스트가 내셔널리즘에 호소했기 때문이다. 한편 러시아에서는 국가, 자본, 네이션이 통합되어 있지 않았다. 즉 러시아에서 전쟁은 황제를 위한 것이지 네이션을 위한 것이 아니었으므로 오히려 사회주의혁명이 내셔널리즘을 환기시킬 수 있었던 것이다. 또 많은 '사회주의' 국가의 경우 혁명은 민족독립해방운동과 같은 것이었다. 그런 국가에서 국가기구나 자본은 식민지 세력과 결탁해 있었는데, 내셔널리즘을 환기시킨 것은 사회주의자들이었다. 하지만 그런 '성공' 사례들은 자본제=네이션=스테이트의 삼위일체가 확립된 이후 삼위일체에 어떻게 대항할 수 있는지를 가르쳐주지 못한다.

자본주의의 글로벌화에서 국민국가가 소멸될 것이라는 전망이 자주 이야기된다. 해외무역을 통해 상호의존적인 관계망이 발달했기 때문에, 더 이상 일국의 경제정책이 이전만큼 유효하게 기능하지 않는 것은 확실하다. 하지만 그로 인해 스테이트나 네이션이 소멸하지는 않는다. 예를 들어 자본주의의 글로벌리제이션(신자유주의)으로 각국의 경제가 압박을 받으면 국가에 의한 보호(재분배)를 요구하고, 또 내셔널한 문화적 동일성이나 지역경제의 보호로 향한다. 자본에의 대항이 국가와 네이션(공동체)에의 대항이어야 하는 이유가 여기에 있다. 자본제=네이션=스테이트는 삼위일체이기 때문에 강력하다. 이 중에 어떤 것을 부정하더라도 결국 이 매듭으로 회수될 수밖에 없다. 이것은 그것들이 단순한 환상이 아니라 각기 서로 다른 '교환'원리에 뿌리를 두고 있기 때문이다. 자본제 경제에 대해 생각할 때, 우리는 그것과는 다른 원리에 서있는 네이션이나 스테이트를 고려해야 한다. 바꿔 말해 자본에의 대항은 네이션=스테이트에의 대항이 되어야 한다. 그런 의미에서 사회민주주의는 자본주의 경제를 넘어서는 것이 아니라 오히려 자본제=네이션=스테이트가 살아남기 위한 최후의 형태다.

자본제 화폐경제는 자율적인 힘을 가지고 있다. 하지만 아무리 생산 전체를 뒤덮더라도 항상 부분적이며 기생적일 수밖에 없다. 그것은 스스로가 만들어낼 수 없는 것, 임의로 처리할 수 없는 '외부'를 가지고 있기 때문이다. 즉 토지(넓

제4장 트랜스크리티컬한 대항운동

은 의미에서 자연환경)와 노동력상품의 담당자인 인간이 그것이다. 그리고 그런 외부야말로 국가와 네이션이 관여하는 지점이다.276* 자본제 시장경제는 인간과 자연의 '재생산'과 관련하여 네이션=스테이트의 개입을 필요불가결한 것으로 여긴다. 우노 고조는 노동력상품을 자본 자신이 만들어낼 수 없다는 점에서 자본제 경제의 '한계'를 발견했다. 노동력상품은 단순한 상품이 아니다. 필요하다고 해서 증대시킬 수도 없고 불필요하다고 해서 폐기할 수도 없다. 노동력상품의 부족은 임금을 높여 이윤율을 저하시킨다. 하지만 그런 상태는 공황·경기순환을 불가피하게 하는 것일 뿐, 자본주의 경제를 정지시키는 것은 아니다. 자본은 노동력의 과부족을 '산업예비군'으로 처리하고 있다. 국내의 농업이나 중소기업 또는 개발도상국이 예비(reserve) 역할을 하고 있다. 선진국의 자본은 임금이 높아지면 해외에서 노동자를 불러오거나 해외로 생산기지를 옮긴다. 물론 이로 인해 내셔널리즘의 반발이 일어날지라도 자본주의를 정지시키는 것은 아니다.

환경문제에 관해서도 같은 것을 말할 수 있다. 최근 100년 동안 자본제 생산은 인류가 장기간에 걸쳐 형성하고 유지해온 농업적 자연환경의 재생산(리사이클) 시스템을 해체하고 말았다. 그 결과 환경오염이 글로벌한 규모로 생겨났다. 하지만 그런 사정을 테크놀로지나 근대적 '세계관'의 문제로 보는 것은 일면적인 파악일 수밖에 없다. 그런 식으로 보는 사람들은 마르크스를 근대주의자라며 부정한다. 그러나 『자본론』의 마르크스는 역사를 인간과 자연의 관계, 넓은 의미의 '환경'라는 관점에서 보는 시야를 보유하고 있었다. "자본주의적 생산은 그것으로 거대 중심지로 집적되는 도시인구를 점점 더 우세하게 만듦과 동시에 한편으로 사회의 역사적 동력을 집적하지만, 다른 한편으로 인간과 토지 사이의 대사代謝를, 그러니까 인간이 먹고 입는 것의 형태로 소비하는 토양성분이 토지로 복귀되는 일을, 따라서 영속적인 토지 비옥도의 영구적인 자연조건을 교란한다. 그런 교란은 도시 노동자의 육체적인 건강과 농촌 노동자의 정신생활을 동시에 파괴한다."(『자본론』 제1권 4편 13장 10절)[277]

그러나 『자본론』에서 중요한 것은 공업과 농업의 구별이 아니라 '자본주의적 생산양식'과 생산일반의 구별, 또는 '가치'에 의해 조직된 세계와 그렇지 않은 세계의 구별이다. 상품화와 공업화는 연결되어 있긴 하지만 서로 별개의 사항이다. 환경오염와 관련하여 자연을 제패한다는 이제까지의 사고방식을 바꾸고 '자연과의 공생'을 이루어가야 한다고 말하는 사람들이 있다. 그때 전前자본주의적 생산양식의 사회(농업공동체)가 바람직한 모델로서 평가된다. 하지만 그것은 선진산업국에 속한 인간의 낭만파적인 몽상에 불과하다. 현실에서 환경오염 피해는 '자연과의 공생'을 이루고 있던 개발도상국에서 가장 잔혹하게 드러나고 있기 때문이다.

환경문제는 그 자체로 산업자본주의를 억지하는 힘이 될 수 없다. 현실에서 환경오염을 억지하기 위해서 무엇보다 효과적인 방법은 폐기물 처리비용을—예컨대 탄소세라

제4장 트랜스크리티컬한 대항운동

는 형태로—생산비용에 넣어버리는 것이다. 그것은 이제까지 자유재自由財로 간주던 것을 상품으로 보는 것이다. 예컨대 애덤 스미스 이래 공기나 물은 사용가치를 가지기는 해도 교환가치는 없는 것의 대표적인 사례로 여겨져 왔지만, 이제 그것들이 상품생산의 대상이 되어가고 있다. 즉 환경문제는 상품경제와 사유화의 한층 더한 심화로 귀결된다. 그 결과 환경위기와 식량위기는 새로운 제국주의적 국가 간의 대립을 초래할 것이다. 자본과 국가는 주변의 시선에 아랑곳없이 존속을 꾀하고 국민들은 그 안으로 말려들어갈 것이다. 그리고 그것은 '공공적 합의'에 의해 행해질 것이다. 제1차 대전 시기 제2인터내셔널에 속한 각국의 사회민주주의자가 참전을 지지한 것처럼 말이다. 환경오염이 초래할 비참은 확실히 우리들 앞에 육박해 있다. 그것은 산업자본이 초래한 것이고 그것을 억제하지 않는 이상 파국은 불가피하다. 하지만 그런 사정에 대한 대항이 곤란한 이유는 우리가 자본=네이션=스테이트 안에 있기 때문이다. 그런 회로 바깥으로 나가는 방법이 없는 한, 우리에게 희망은 없다. 그리고 그 출구는 여전히 어소시에이션에만 있다.

2 가능한 코뮤니즘

그렇기에 중요해지는 것이 네 번째 교환의 타입, 즉 어소시에이션이다. 프루동에 의해 명확해진 이 어소시에이션(연합)의 원리는 다른 세 가지 교환과는 근본적으로 다르다. 그것은 윤리적-경제적 관계의 형태다. 앞서 서술한 것처럼 마르크스도 1860년대에 코뮤니즘을 '어소시에이션의 어소시에이션'이 자본·국가·공동체를 대신하는 것에서 발견하고 있었다. 하지만 그런 생각이 급속히 사라져 간 이유는 단지 파리코뮌의 좌절 때문도, 하물며 마르크스가 바쿠닌파를 제1인터내셔널에서 내쫓았기 때문도 아니다. 그것은 1860년대에 독일·미국·프랑스 등지에서 진행된 중공업 발전의 결과이다. 마르크스는 1860년대에 쓰고 있던 『자본론』 제3권에서 주식회사와 나란히 경합하는 것으로 생산협동조합을 생각하고 있었지만 얼마 지나지 않아 급격히 퇴색되었다. 하지만 그것은 생산협동조합이 단지 주식회사에 패배했기 때문이 아니다. 영국의 소규모 주식회사도 중공업화의 단계에서 국가적 거대자본에 근거한 독일과의 경쟁에서 침몰하고 말았기 때문이다. 중공업화 이전 단계로 기본적으로 섬유산업이 중심일 때의 생산협동조합은 주식회사에 대항하면서 어느 정도 버틸 수 있었다. 동일한 사정을 바쿠닌이 의존한 스위스 시계 직인들의 어소시에이션에 관해서도 말할 수 있다. 그것은 급성장해온 독일·미국의 기계적 생산 앞에서 부득이하게 몰락할 수밖에 없었다.

이후 엥겔스나 독일 사회민주당은 자본의 거대화를 오히려 역설적으로 환영하고, 그것을 국유화하면 곧 사회주의와 같은 것이라고 생각했기에 생산협동조합을 가볍게 보기 시작했다. 하지만 그런 상황은 산업자본주의에서 변경될 수 없는 불가역적 진행이 아니다. 예컨대 1990년대 이후 세계자본주의에서 '세계상품'이 내구소비재에서 정보산

제4장 트랜스크리티컬한 대항운동

업으로 이행하고, 그에 이어서 국가적인 코퍼러티즘에 의존한 거대기업을 해체시키면서 국제적 자본에 의한 독점·과점의 확대가 진행되고 있고, 다른 한편으로는 벤처기업들에서 보이는 중소기업 네트워크가 매우 활발해졌다. 게다가 이런 융성은 본래 생산협동조합으로서 조직될 수 있는 것으로, 그런 의미에서 현재는 마르크스가 영국에서 생산협동조합을 고찰한 시기와 유사해졌다고 해도 좋다. 따라서 우리는 『자본론』을 중공업 이전, 국가자본주의 이전의 고전으로서가 아니라, 거꾸로 신자유주의(글로벌한 자본주의) 시대에 다시 살아난 텍스트로 읽어야 한다.

1848년 이후 가두에서 행해지던 대중의 봉기-혁명 같은 운동은 유럽 대륙에서도 과거의 것이 되었다.[278]* 영국에서는 한층 더 그러했다. 차티스트 운동[279]은 1848년에 정점을 맞이했다. 1850년대에는 어느 정도 보통선거가 실현되었고 노동조합은 노동귀족이라는 말이 생겨날 정도로 정착되었다. 지금 『자본론』을 읽는다면, 우리는 여기서 화려하고도 낭만적인 혁명의 예견이 아니라 노동운동까지도 집어삼켜버리는 자본제 경제에서 그것에 대항할 수 있는 논리를 여기서 마르크스가 발견하고자 했음을 보아야 한다. 특히 주의해야 할 것은 통상 마르크스의 '발견'으로 여겨지는 잉여가치설이 리카도 좌파의 것이라는 점, 마르크스의 고전경제학 비판은 그런 잉여가치설에 대한 비판을 함의하는 것이라는 점이다. 19세기 전반부에 차티스트 운동을 폭발적으로 초래하고 나아가 이후 체제 내적인 노동조합주의를 초래한 것은 생산과정의 중시, 그리고 그 과정에서 잉

443

여가치의 착취를 발견하는 이론이었다. 영국 자본의 잉여가치는 아일랜드나 인도 등의 해외 식민지에서도 얻고 있었기에 잉여가치를 생산과정에서만 발견하는 것은 기만적이다. 노동조합의 투쟁은 암묵적으로 해외식민지로부터의 잉여가치를 분배하라는 요구가 된다. 바꿔 말해 영국이라는 한 나라 안의 자본과 노동은 이해관계를 공유하게 된다. 이는 이후 크든 작든 다른 선진 자본주의국가에서도 생겨난 현상이다. 예컨대 19세기 말 베른슈타인은 '사회민주주의적' 관점에서 독일제국의 식민지주의를 긍정하고 있다.

이러한 노동운동의 보수화에 맞서 노동운동을 혁명적인 것으로 삼고자 하는 시도가 반복되었다. 하지만 그것은 변함없이 자본축적의 비밀을 생산과정에서만 발견하는 이론에 근거하고 있다. 이리하여 노동자의 의식을 '외부 주입'에 의해 변혁시키는 일이 기획되거나 공장점거와 총파업이 자본제 경제의 숨통을 끊는 것으로 여겨졌다. 기본적으로 그런 방식들은 실패하고 있다. 왜냐하면 노동자를 생산지점에서 주체일 수 있게 하는 것은 기본적으로 어려운 일이기 때문이다. 실제로 총파업이 가능해지는 때는 그것을 통해 국가와 자본을 타도하기 이전에 전쟁의 패배 같은 것의 결과로서 국가와 자본이 이미 일시적으로 마비상태에 빠져 있을 때뿐이다. 노동운동의 혁명화가 실패한 다른 한 이유는 자본이 고전파-신고전파적인 사고를 벗어났다는 점에 있다. 예컨대 케인즈는 유효수요를 만들어냄으로써 만성적 불황(자본주의의 위기)을 극복할 수 있다고 생각했다. 이는 단지 국가의 중상주의적 개입이 아니라 사회적 총자본이 국가라는 형태로 등장했음을 의미한다. 마르크스가 지적한 것처럼 자본가는 자신의 노동자에게는 가급적 임금을 지불하고 싶어 하지 않지만 자기 이외의 다른 자본가들은 그들의 노동자에게 많이 지불하길 원한다. 다른 자본의 노동자가 소비자로서 나타나기 때문에 그렇다. 하지만 모든 자본가가 그렇게 되면 불황이 이어지고 실업자가 범람하여 자본주의 체제가 위기에 처한다. 이 지점에서 총자본은 개별 자본의 그런 태도를 역전시킨 것이다. 대량생산, 고임금, 대량소비라는 포디즘이 그것이다. 그리고 그런 사정이 '소비사회'를 만들어냈다. 거기서 기존의 노동운동은 자본주의 시스템으로 편성되며, 탄압받는 대신 오히려 장려된다. 또 노동자가 어느 정도 경영에 참가하는 일조차 장려된다. 이러한 체제에서 노동자의 경제적 투쟁은 소비의 증대와 그것에 이어지는 자본의 축적으로서 자본제 경제의 '호好순환'을 지탱하는 것처럼 보인다. 하지만 그것은 애초에 불가능하다.

만년의 엥겔스는 독일 사회민주당의 합법화와 약진 이후에 의회주의적인 혁명이 가능하다고 생각하게 되었다. 카우츠키는 베른슈타인을 '수정주의'로 부르면서 비난했지만, 베른슈타인이 엥겔스의 저작권 상속인이라는 점을 보면 엥겔스 안에 이미 그런 수정주의적 사고가 있었다고 말할 수 없는 것도 아니다. 베른슈타인은 어찌되었든 적어도 카우츠키가 후기 엥겔스의 노선을 계승했다는 점은 분명하다. 그러나 선진국에서 국가에 의한 잉여가치의 재분배는 암묵적으로 내셔널리즘을 강화한다. 왜냐하면 앞서 서술한 것처럼 잉여가치는 국내만이 아니라 국외로부터도 얻어지는 것이고, 그것의 재분배와 관련하여 자본과 임금노동자는 공통의 이해와 관심을 가지기 때문이다. 제1차 대전에서 각국의 사회민주주의자나 노동자는 전쟁 지지로 돌아서게 되고 제2인터내셔널은 와해되고 만다. 따라서 레닌이 카우츠키를 '배교자'라고 비판한 것은 옳다. 하지만 레닌이 형성한 제3인터내셔널(코뮌테른)도 얼마 지나지 않아 소련이라는 국가의 이익에 종속되고 말았다. 이는 마르크스주의자가 '민족' 문제를 가볍게 보았기 때문은 아니다. '국가'라는 문제를 가볍게 보았기 때문이다. 애초부터 생산과정에서만 착취를 발견하고 이를 국가권력을 통해 해소하고자 했을 때, 그것은 자국의 이익을 추구하는 내셔널리즘을 초래하지 않을 수 없었다.

20세기 말 베른슈타인의 사고방식이 승리했음은 명확하다. 그러나 베른슈타인은 그것을 19세기 후반 영국에서의 사회 경험 및 사회주의 운동의 경험에서 배웠다. 1850년대 이후 영국에서 노동자 계급은 일정한 풍요로움과 소비생활을 향유하기 시작했다. 따라서 존 스튜어트 밀 같은 사회민주주의자가 오히려 힘을 갖게 됐던 것이다. 마르크스가 『자본론』을 쓴 것은 그런 상황에서였다. 오늘날 예전에 마르크스주의자였던 이들 중 일부는 "마르크스에서 밀로 돌아가라"고 말하고 있는데, 그들은 밀의 생각이 지배적이던 시대에 마르크스가 『자본론』을 썼다는 점에 대해서는 생각하지 않는다. 더 이상 '주인과 노예'의 변증법을 통해 생각하는 것은 불가능하다. 다시 말해 자본제의 임금노동

제4장 트랜스크리티컬한 대항운동

을 노예나 농노의 노동이 변형된 것으로 보면서 그런 사정이 실제의 노동을 담당하는 '노예'의 승리로 끝난다고 하는 '변증법'은 통하지 않는다. 마르크스는 자본제 경제와 그것의 지양이라는 문제를 그때까지와는 근본적으로 다른 관점에서 생각하고자 했다.

『자본론』의 서문에 명시되어 있듯이 마르크스는 자본가와 임금노동자를 자본(화폐)과 노동력(상품)이라는 경제적 카테고리의 '담당자'로서만 발견한다. 대체로 마르크스주의자는 『자본론』에 거듭 언급되어 있음에도 불구하고 실제로는 이 지점에 대해 불만을 품는다. 여기서 주체적인 실천의 계기를 발견하는 것이 곤란하기 때문이다. 하지만 그것은 『자본론』의 결함이 아니다. 이 저작은 자본제 경제를 '자연사적인 입장' 즉 '이론적인' 관점에서 본 것이다. 여기에 주체의 차원이 나오지 않는 것은 자명하다. 따라서 우노 고조가 『자본론』에서 말할 수 있는 것은 공황의 필연성이지 혁명의 필연성이 아니라고, 혁명이란 '실천적' 문제라고 생각한 것은 옳다. 하지만 그 '실천적'인 것이란 오히려 칸트적인 의미에서 생각되어야 한다. 즉 자본의 운동에 대항하는 운동은 '도덕적'인 것이다. 자본의 운동이 초래하는 착취, 소외, 불평등, 환경파괴, 여성차별 등에 맞선 대항운동은 '도덕적'이다. 한편 마르크스는 『자본론』에서 개개인의 '책임'을 괄호에 넣고 있지만 그것은 도덕적인 차원을 부정하는 것이 아니다. 사회주의가 도덕적인 것을 계기로 삼았고 마르크스 자신도 명확히 그러했다.[280*] 하지만 마르크스는 '경제적 카테고리'를 무시하면서 고려되는 도덕적 운동이란 좌절할 수밖에 없다는 점을 지적한 것이다. 경제적 카테고리란 물론 화폐와 상품, 혹은 생산물을 화폐나 상품이게 하는 가치형태를 말한다.

다시금 말하건대 『자본론』에서는 주체가 등장할 수 없다. 여기서 주체는 관계의 장에 의해 규정되고 있다. 그러나 자본가는 '자본'이라는 장에 서 있는 이상 능동적이다. 이는 화폐 즉 '구매하는 입장'(등가형태)이 갖는 능동성이다. 한편 노동력상품을 판매하는 인간은 수동적일 수밖에 없다. 그러나 그곳에는 노동자가 유일 주체로서 나타나는 구조론적 장이 있다. 그것은 자본제 생산에 의한 생산물이 판매되는 장, 즉 '소비'의 장이다. 그것은 노동자가 화폐를 가지고 '구매하는 입장'에 설 수 있는 유일한 장이다. "자본과 지배(예속)관계의 구별은 바로 노동자가 소비자 및 교환가치의 정립자로서 자본과 상대하고, 화폐소지자의 형태, 화폐의 형태로 유통의 단순한 기점―유통의 무한히 많은 기점들 중 하나―이 된다는 것이기 때문에 여기서는 노동자의 노동자로서의 규정성이 사라지고 있다."(『마르크스 자본론 초고집』 제2권, 1858년 1월) 자본에게 소비는 잉여가치가 최종적으로 실현되는 장이며 자본 자신이 소비자의 의지에 종속되는 유일한 장이다.

신고전파 경제학자는 소비자를 경제의 주체 중 하나로 간주하고 있다. 하지만 효용을 최대한으로 실현하고자 하는 자로서 상정되는 그 주체는 결코 주체적이지 않다. 그것은 '시장경제'의 '수요'라는 요소 이외에 다른 그 무엇도 아니며 소비나 차이화를 향한 욕망에 내몰리고 있는 수동적 존재에 불과하다. 또 '소비자'에는 자본가도 독립생산자도 모두 포함되므로 그것은 자본-임금노동이라는 '관계'를 소거한다. 소비자로서의 주체성은 자본-임금노동의 관계로부터 분절되고 있을 때는 그저 추상적인 주체일 수밖에 없다. 따라서 마르크스주의자에게 '소비'라는 장은 이차적이고 기만적인 것으로 보였다. '소비사회'에 대한 많은 비판적 고찰에도 실은 그런 생각이 숨겨져 있다. 그러나 산업자본을 존속시키는 잉여가치는 원리적으로 노동자 총체가 만든 물건을 그들 자신이 다시 구매하는 데서만 얻어질 수 있다. 생산과정이 어떠하든 유통과정에서만 잉여가치는 실현될 수 있는 것이다. 그곳은 자본이 판매자로서 '목숨을 건 도약'을 하지 않으면 안 되는 장이다.

판매와 구매, 혹은 생산과 소비는 화폐경제에서 분리되어 있다. 이 분리가 노동자와 소비자를 서로 떼어놓고 마치 기업과 소비자가 경제주체인 것처럼 보이게 한다. 또 그것은 노동운동과 소비자운동을 분리시키고 있다. 노동운동이 앙상한 뼈대만 남게 됨과 동시에 소비자운동은 다양한 형태로 고조되어 왔다. 그것은 환경보호, 페미니즘, 마이너리티 등의 운동을 포함하고 있다. 일반적으로 그것들은 '시민운동'이라는 형태를 취하며 노동운동과의 연결을 갖지 않거나 그런 연결에 부정적이다. 그러나 실제로 소비자운동은 입장을 바꾼 노동자의 운동이며 또 그럴 때만 중요하다. 거꾸로 노동운동은 소비자의 운동일 때만 국지적인 한계를 넘어설 수 있다. 노동력의 재생산으로서 소비과정은 육아·오락·지역활동을 포함하여 광범위하게 미치고 있기 때문이다. 그리고 현재의 마르크스주의자는 재생산 과정을 중시하는 사고를 그람시의 선구적인 고찰에서 얻고 있다. 그러나 내가 유통과정을 중요하게 보는 것은 그들과는 다른 의미에서다. 그람시는 공장점거 투쟁에 실패하고 감옥에 갇혀있을 때, 투쟁의 실패 원인이 노동력 재생산 과정에서의 자본과 국가의 지배에 있다고 생각했고, 따라서 가정·학교·교회 같은 문화적 헤게모니와의 투쟁을 중요하게 보았다. 이는 마르크스주의가 '문화론적 전회'(프레드릭 제임슨)를 이루는 계기가 된다. 하지만 그런 생각은 근본적으로 생산과정을 중심으로 삼은 것이며 문화적·이데올로기적 장치를 비판함으로써 노동자를 '물상화'로부터 자각시키려는 것이다. 따라서 재생산과정의 중시는 생산과정의 중시를 연장시킨 것이라 할 수 있다.[281*]

그러나 내가 생각하기에 노동력의 재생산 과정은 자본이 자신의 운동을 완결하기 위하여 통과해야만 하는 유통과정과 다르지 않은 것이다. 분명 『자본론』에서는 노동자의 소비가 노동력의 재생산을 위한 수동적 과정이며 자본운동의 단순한 여건에 불과한 것처럼 간주되고 있다. 그러나 마르크스는 『자본론』에서 가치 혹은 잉여가치가 유통과정에서만 최종적으로 실현된다는 점을 강조하고 있다. 따라서 노동자가 주체될 수 있는 계기는 유통과정이라는 장에만 존재한다. 『자본론』을 고전파로부터 구별하는 것은 사용가치의 중시, 그리고 유통과정의 중시였다. 그것이 가치형태론에서 드러난다. 그럼에도 고전파의 사고는 마르크스주의자들에 강하게 남아 있다. 물론 그것은 마르크스주

제4장 트랜스크리티컬한 대항운동

의자에게만 해당되는 것이 아니다. 아나키스트(아나르코 생디칼리스트)도 마찬가지였다. 즉 그들은 모두 마르크스가 고전경제학을 비판한 의미, 요컨대 『자본론』의 의미를 이해하지 못하고 있다.

생산과정에서 프롤레타리아트가 자립한 주체가 된다는 마르크스주의의 통념을 부정한 것은 안토니오 네그리다. 그는 『자본론』에서 『요강』으로 돌아가서 프롤레타리아트 주체성의 계기를 발견하고자 했다. 내 방식으로 말하자면 그것은 유통과정에서 노동자가 '구매하는 입장'에 선다는 것이다. 이는 노동자가 소비자로서 주체가 된다는 말이다. 생산과 소비의 '분리'는 자본을 성립시키지만 자본의 운동을 정지시키는 계기가 되기도 한다. 그러나 내가 보기에 네그리는 『자본론』을 잘못 읽고 있다. 그 역시 잉여가치가 생산과정에만 있다는 통념을 따르고 있기 때문이다. "잉여가치의 이론은 경제이론에 착취라는 사실을 도입함으로써 유통에 관한 마르크스적 이론에 계급투쟁을 도입한다."(*Marx beyond Marx*, Autonomedia, 1989. 일역본 『마르크스를 넘어선 마르크스』)[282] 우리는 오히려 『자본론』의 가치형태에서 '계급투쟁'의 계기를 발견하지 않으면 안 된다.

생산과정을 중요하게 보는 사람들은 생산과정에서의 투쟁이 자본의 축적운동을 종식시킨다고 생각했다. 그러나 자본제 경제에서 생산과정은 자본에 팔린 노동력상품(임금노동자)이 구체적으로 노동하는 장이다. 그 과정에서의 투쟁은 기본적으로 교환계약의 조건을 바꾸는 투쟁이라 할 수 있다. 마르크스가 말하듯 노동조합의 운동은 경제적 투쟁에 머문다. 노동조합의 운동은 근본적으로 경제적 투쟁일 수밖에 없는 것이며, 또 그렇기 때문에 존재가치가 폄하되어서는 안 된다. 그것은 임금, 노동일의 단축, 노동조건을 개선하는 데에 공헌하여 왔다. 이제 그것은 자본제 경제의 여건이다. 그렇기에 케인즈는 호들갑스레 '노동임금의 하방下方 경직성'이라는 '법칙'을 강조한 것이다. 그러나 잉여가치=자본의 축적은 생산과정만이 아니라 유통(소비)과정에서 비로소 실현된다. 따라서 유통과정에서야말로 자본에 맞서는 노동자 대항운동의 거점이 발견될 수 있다.

잉여가치는 생산과정만으로는 실현되지 않는다는 점에 덧붙여, 다음과 같은 것을 지적해 두지 않으면 안 된다. 그것은 잉여가치가 '사회적' 총자본으로서만 실현될 수 있다는 점이다. 이는 잉여가치가 글로벌하게만 실현되는 이상, 그것을 없애는 운동이란 트랜스내셔널하지 않으면 안 된다는 것을 의미한다. 개별적인 기업이나 개별적인 일국 내의 총자본에 대한 투쟁은 그저 자본제 경제의 일환에 불과하게 된다. 노동자는 기업이나 국가 사이에서 그것들에 의해 서로 분리되고 있다. 그것들의 이해관계는 개별자본의 이해관계와 분리될 수 없을 뿐만 아니라, 여러 국가들의 이해관계와도 분리될 수 없다. 선진국의 노동자나 농민은 분명 착취당하고 있지만, 동시에 그들은 국가(총자본)에 의해 다양하게 재분배를 받고 있는데, 그들은 이런 재분배를 통해 타국의 노동자·농민을 '착취'하고 있는 것이다. 생산과정을 고집하면 노동자의 운동은 국가에 의해 분리되고, 더 강력한 국가권력을 통한 통제를 지향하는 것으로 끝날 수밖

제4장 트랜스크리티컬한 대항운동

에 없게 된다. 그러나 자본의 운동이 글로벌하게 '사회적 관계들'을 조직할 때 그것을 따르면서도 그것을 역전시키는 계기는 그 자체에, 즉 유통과정에 포함되어 있다.

『자본론』에서 노동자가 주체적으로 되는 계기는 상품-화폐라는 카테고리에서며, 노동자가 위치한 포지션이 변경될 때 발견된다. 즉 자본이 결코 처리할 수 없는 '타자'로서의 노동자가 소비자로서 나타나는 것이다. 그렇기에 자본에 맞선 대항운동은 트랜스내셔널한 소비자=노동자의 운동으로 행해질 수밖에 없다. 예컨대 환경문제나 마이너리티 문제를 포함하여 소비자의 운동은 '도덕적'이다. 하지만 그것이 일정한 성공을 거둔 것은 불매운동이 자본에게는 두려운 것이기 때문이다. 바꿔 말해 도덕적인 운동이 성공한 것은 단순히 도덕성의 힘에 의해서가 아니라 그것이 상품과 화폐라는 비대칭적 관계 자체에 의해 뒷받침되고 있었기 때문이다. 자본의 운동에 대항하기 위해서는 노동운동과 소비자운동 간의 결합이 모색되어야 한다. 나아가 그것은 현존하는 단순한 정치적 연대와는 달리 그 자체로 새로운 형태의 운동이지 않으면 안 된다.

고전파 경제학자를 계승한 마르크스주의자는 생산지점의 노동운동을 우선시하고 그 이외의 것을 부차적·종속적인 것으로 간주했다. 이는 다음과 같은 점을 동시에 의미한다. 생산과정중심주의에는 남성중심주의가 포함되어 있다. 사실상 노동운동은 남성이 소비자운동은 여성이 중심이 되어왔지만, 그런 사정은 산업자본주의와 근대국가가 강제한 남녀의 분업에 근거하고 있는 것이다. 고전파 경제학의 생산과정중심주의는 '가치생산적' 노동의 중시이므로, 그것은 가사노동 등의 '생산'을 비생산적인 것으로 간주하게 된다. 이는 산업자본주의와 더불어 시작된 차별이며 그것이 젠더화된 것이다. 따라서 그것에 맞서 대항하지 못하는 '남성적=혁명적' 운동은 국가와 자본에 맞서는 진정한 대항운동일 수 없다.

한편 선진자본주의국가에서는 그런 노동운동과 권력지향에 대한 반발에서 '시민운동'이 중심이 되고 있다. 거기서는 여성이나 다양한 마이너리티의 문제, 그리고 환경문제가 추구되고 있는데, 어떤 의미에서 그것은 유통과정 중심의 운동이라고 해도 좋다. 일반적으로 소비자운동은 신고전파의 '소비자주권'―흔히 '소비자는 왕이다'라고 하는―의 이론에 근거하고 있다. 그것은 자본제 경제를 기업이 소비자의 수요를 어떻게 만족시키는가라는 관점에서 보는 '시장경제'의 이론이다. 그런데 소비자란 도대체 어떤 존재일까. 소비자는 노동자 이외에 다른 것이 아니다. 시민=소비자로부터 출발하는 것은 생산관계를 제거하는 것이자 해외노동자와의 '관계'를 제거하는 것이다. 사람들이 생산과정과 유통과정으로 분리되어 있다면, 자본의 축적운동과 자본주의적 생산관계에 저항하는 일은 불가능하다. 따라서 자본과 국가에 맞서는 대항운동은 단순한 노동자운동이나 소비자의 운동이 아니라 트랜스내셔널한 '소비자로서의 노동자'의 운동이어야 한다.

예전에 개발도상국은 '제3세계'로 불렸다. 이는 냉전시대의 세계정치-경제 시스템에 근거한 것이었다. 그 배경에는 개발도상국을 점차 세계시장에서 이탈시켜 사회주의 진영으로 편입시킬 수 있으면 세계자본주의는 붕괴된다는 마르크스주의자의 전략이 있었고, 또한 그런 시도를 억제하려는 선진자본주의국가의 전략이 있었다. 1989년에 그런 마르크스주의자의 전략은 붕괴했다. 그리하여 자본주의의 글로벌화가 일어났다. 이미 개발도상국에는 그 나라들을 '제3세계'로 통합할 수 있는 이념이 없었으며, 또 실제로 각각의 경제발전 단계에서 여러 갈래로 나누어지고 있었다. 그러나 절반이 넘는 개발도상국은 압도적인 국제자본과 그것에 종속된 자본 및 토지소유 아래에서 전통적인 제1차 산업의 붕괴를 맞이할 수밖에 없었고 극단적인 궁핍화를 강제당하고 있다. 이런 상태는 자본주의적인 세계시장을 통해 산출된 것이며 이후에도 재생산될 것이다. 그런데 이제 세계시장에서 스스로를 격리시키고 국가주의적으로 경제를 발전시킬 가능성이란 더 이상 없다. 그렇다면 이제 대항할 방법이 없는 것일까? 한 가지 방법을 잠시 뒤에 서술하겠지만 대체통화(alternative currency)에 근거한 유통 및 금융시스템을 구축하고 그 아래에서 생산-소비협동조합을 조직해나가는 것, 그리고 그것을 선진국의 생산-소비협동조합과 연결해 가는 것이다. 이는 비자본주의적인 교역이고 국가를 매개로 하지 않는 네트워크에 의한 교역이다. 선진자본주의국가의 자본주의=네이션=스테이트에 맞서는 대항운동은 일국의 범위에 한정되지 않는다. 그것은 개발도상국을 무시하고서는 성립될 수 없다. 실제로 지구온난화를 필두로 하는 환경의 악화가 진행되고 있는 지금, 그것이 글로벌한 운동이어야 한다는 점은 명백하다.

현재 노동운동은 쇠퇴하고 있고 소비자운동이 중심이 되고 있다. 이런 변환은 언뜻 '코페르니쿠스적 전회'처럼 보인다. 그러나 앞에서(1부 1장)에서 서술한 것처럼 지동설은 고대 그리스 시대부터 있었다. 코페르니쿠스적 전회는 그것을 다시 제창한 점에 있는 것이 아니다. 코페르니쿠스가 가져온 것은 그때까지 프톨레마이오스 이래의 천동설에 수반되는 천체회전운동의 어긋남이라는 문제가 태양 주위를 지구가 회전한다고 볼 경우 해소된다는 점이었다. 이는 지구나 태양을 경험적으로 관찰된 것과 별개로 어떤 관계구조의 항으로서 파악하는 것이었다. 이런 사정은 지동설에 의한 역전 이상으로 중요한 사안이다. 이와 동일한 지점을 '소비자로서의 노동자' 운동과 관련하여 말할 수 있다. 소비자나 보이콧 운동은 이전부터 있었다. 하지만 그런 운동이 중요한 의미를 띠게 되는 것은 자본의 운동($G-W-G'$)이나 자본의 메타몰포시스(변태)를 가치형태의 장소변환(트랜스포지션)으로 인지할 때다. 이런 이론적 성찰이 없다면, 소비자운동이나 시민운동은 기껏해야 사회민주주의로 수렴될 수밖에 없다.

따라서 '소비자로서의 노동자' 운동이 중요한 것은 단지 노동운동이 쇠퇴했기 때문이 아니다. 이미 서술한 것처럼 자본에 의한 잉여가치의 착취는 블랙박스에 있으며 그것을 명시하는 일은 불가능하다. 그렇다면 자본에 맞서는 대항도 블랙박스에서 이루어지지 않으면 안 된다. 이 원리는 현재나 미래와 관련해서만이 아니라 과거와 관련해서도 타당

제4장 트랜스크리티컬한 대항운동

하다. 19세기 말 베른슈타인이나 카우츠키의 의회주의에 맞서 로자 룩셈부르크나 레닌이 노동자의 정치적 총파업(general strike)을 중심으로 삼은 전술을 주장했다. 아나르코 생디칼리스트도 마찬가지다. 하지만 그것들은 모두 제국주의 전쟁을 억지하는 일조차도 이루지 못했다. 하지만 '만약'이라는 것이 허락된다면, 그때 정치적 총파업과 봉기 대신에 노동자가 늘 그러한 것처럼 통상적으로 일하면서 자본제 생산물―그것이 어느 나라의 상품이든지―의 구매를 거부하는 운동을 했다면 어땠을까. 그렇게 이른바 제너럴 보이콧이 제2인터내셔널하의 각국에서 행해졌다면 자본이나 국가는 어떻게 할 방법이 달리 없었을 것이다. 겨우 10퍼센트의 보이콧도 자본에게는 치명적이다. 자본이나 국가는 노동자의 총파업이나 무장봉기를 억압할 수는 있지만, 결코 불매不賣-불매不買 운동을 억압할 수는 없다. 이는 바로 '비폭력적' 대항이다. 이를 위해서는 '희생을 두려워하지 않는 강고한 계급의식' 따위는 필요 없다. 애초부터 타인에게 희생을 요구하는 정치조직은 그 자체가 (국가적) 권력이다. 요컨대 1848년 이후의 사회주의운동을 총괄할 때, 우리는 그 운동의 오류가 자본제 경제와 국가에 대한 몰이해에 있었다고 결론지을 수 있다. 그런 경험을 딛고 일어선 후에야 새로운 트랜스내셔널한 어소시에이셔니스트의 운동이 가능해질 것이다.

자본의 자기증식 운동은 어떤 위기가 수반되더라도 자동적으로 멈추는 일은 없다. 그 운동을 멈추는 것은 윤리적인 개입뿐이다. 하지만 그것은 단순히 윤리를 설파하는 것이 아니다. 윤리적 주체가 성립할 수 있는 장에서만 그런 개입이 가능하다. 그리고 그 개입은 국가에 의한 규제를 요구하는 것일 수 없다. 그렇다면 어디서 어떤 개입이 가능할까. 반복하지만 자본의 운동 G—W—G´에서 자본이 마주치는 두 가지 위기적 계기가 있다. 그것은 노동력상품을 구매하는 것과 노동자에게 생산물을 판매하는 것이다. 혹시 그 가운데 어느 하나라도 실패한다면 자본은 잉여가치를 획득할 수 없다. 바꿔 말해 그때 자본은 자본일 수 없게 된다. 여기서 노동자는 자본에 대항할 수 있다. 하나는 안토니오 네그리가 말하듯이 "일하지 말라"는 것이다. 물론 그것은 "노동력을 팔지 말라(자본제 아래에서 임금노동을 하지 말라)"는 것이 아니면 의미가 없다. 다른 하나는 "자본제의 생산물을 사지 말라"는 것이다. 이 둘은 노동자가 '주체'가 될 수 있는 장에서 이루어진다. 하지만 노동자=소비자에게 '일하지 않는 것'과 '구매하지 않는 것'을 가능하게 만들기 위해서는 일하고 구매하는 일이 동시에 가능한 조직이 있어야 한다. 그것이 바로 생산-소비협동조합이다. 이 '자유롭고 평등한 생산자들의 어소시에이션'(마르크스)에는 임금노동(노동력상품)이 없다. 거꾸로 말하면 노동력상품의 지양은 생산-소비협동조합에 의해서만 가능하다.

하지만 마르크스가 지적한 것처럼 협동조합은 자본제 경제 속에서는 경쟁에 노출되어 해체되거나 주식회사로 변화되고 만다. 때문에 라살처럼 국가에 의한 협동조합의 보호가 주장되었던 것이다. 물론 마르크스는 그런 생각(고타강령)에 반대했다. 그러나 마르크스는 협동조합을 어떻게

제4장 트랜스크리티컬한 대항운동

확대시킬지에 대해서는 아무런 이야기도 하지 않는다. 내 생각에 협동조합의 어소시에이션을 확대시키기 위해서는 자본으로 바뀌지 않는 대체통화, 그리고 그것에 근거한 지불결제 시스템이나 금융조달 시스템이 불가결하다. 마르크스는 프루동의 대체통화를 비판했기에 마르크스주의자들은 대체통화에 대해 생각한 일이 없다. 마르크스 자신은 『고타강령 비판』에서 협동조합에 의해 조직된 사회에는 화폐가 필요 없다고 생각하는 듯하다. 그는 '자본주의사회로부터 방금 막 생겨난 공산주의사회'에 관해 다음과 같이 쓰고 있다.

> 생산수단들의 공유에 근거하고 있는 협동조합적 사회의 내부에서 생산자들은 그들의 생산물을 교환하지 않는다. 마찬가지로 그런 협동조합적 사회에서는 생산물에 투여된 노동이 그 생산물의 가치로서, 즉 그 생산물이 가진 하나의 물상적物象的 속성으로 나타나는 일도 없다. 왜냐하면 협동조합적 사회에서는 자본주의사회와는 반대로 개인적 노동은 더 이상 간접적이지 않고 직접적으로 총노동의 여러 구성부분으로 존재하기 때문이다. (…) 이런저런 노동을 제공했다는 증서를 사회에서 받고서는, 그 증서로 소비수단의 사회적인 저장고에서 증서에 기재된 것과 정확히 상응하는 양의 노동이 투여된 소비수단을 끌어낼 따름이다. 개개의 생산자는 그렇게 특정 형태로 사회에 내주었던 것과 동일한 노동량을 다른 형태로 되찾

는 것이다. (『고타강령 비판』)283

여기서 언급되고 있는 '노동증서'는 오언이나 프루동의 노동화폐와는 다르다. 마르크스는 협동조합적인 사회에서는 공장에서 행해지는 분업과 마찬가지로 조직되기 때문에 시장에서처럼 미지의 타자와 '교환'하지는 않는다고 생각한 듯하다. 이 지점에서 보면 레닌이 사회를 하나의 공장처럼 만드는 것이 사회주의라고 생각하게 된 것도 무리는 아니다. 그러나 협동조합적 어소시에이션이 자본이나 국가에 의해 통제되고 제어되는 조직과 결정적으로 다른 것은 협동조합적 어소시에이션에서는 각각의 어소시에이션이 서로 협동하면서도 독립해 있다는 점이다. 즉 그것들은 결코 '하나의 공장'이 되지 않는다. 그러므로 자본제에서 협동조합을 육성하고 자본제 기업을 협동조합적인 조직으로 바꿔가기 위해서는 어떤 대체화폐가 불가결하다. 그리고 협동조합적인 사회가 형성된 이후에도 그런 대체화폐는 불가결하다.

그런 대체화폐에 관하여 생각하기 위해 우리는 마르크스가 가치형태론에서 제시한 화폐의 독자적 위상을 살펴봐야 한다. 화폐는 그저 가치를 표시하는 것이 아니라 화폐에 근거한 교환을 통해 모든 생산물의 가치관계를 조정한다. 따라서 화폐는 상품 전체의 관계체계가 갖는 체계성으로서, 즉 초월론적 통각X로서 존재한다. 화폐는 가상이지만, 말하자면 초월론적인 가상이다. 화폐는 부정될지라도 다른 형태로 반드시 남는 것이다. 시장경제에서는 화폐가 실체화

제4장 트랜스크리티컬한 대항운동

되고 만다. 즉 화폐의 페티시즘이, 그리고 화폐의 자기증식으로서의 자본의 운동이 생겨난다. 아니 그렇다기보다 부르주아 경제학자는 시장경제가 자본운동의 소산이라는 점을 은폐하고 그 위에서 시장경제의 우월성을 논하고 있다. 그럼에도 자본으로 변화된다는 이유로 화폐에 의한 시장경제를 폐지해버리면 모든 것을 잃어버리고 만다. 반대로 시장경제를 인정하면서 그것을 국가에 의해 억제해 나가자는 사회민주주의에는 자본과 국가를 지양한다는 전망 따위는 전혀 존재하지 않는다. 그들은 화폐를 '중립화'하지만 화폐를 지양하는 일에 대해서는 결코 생각하지 않다.

『자본론』의 인식에서 생겨난 것은 다음과 같은 안티노미다. "화폐란 없어선 안 되는 것이다"와 "화폐란 있어선 안 되는 것이다." 화폐를 '지양'한다는 것은, 말하자면 이 두 가지 요구를 모두 만족시키는 화폐를 만들어낸다는 의미다. 이에 관해 마르크스는 아무 것도 쓰지 않았다. 분명 그는 프루동의 노동화폐나 교환은행을 비판했다. 하지만 그 이유는 프루동이 노동가치설에 근거하여 노동시간을 화폐로 삼고자 했기 때문이다. 여기에 프루동의 근본적인 무지가 있다. 노동가치는 화폐에 의한 교환을 통해 사후적으로 사회적인 규제 속에 있게 된다. 즉 가치체계로서의 사회적 노동시간은 화폐를 통해 형성되는 것이기에 노동시간이 화폐를 대신하는 일은 있을 수 없다. 따라서 노동화폐는 암묵적으로 시장가격에 의거하며, 만약 그것을 인위적으로 규제하고자 하면 시장가격과의 차액분만큼 화폐와 교환되고 만다. 하지만 그런 곤란 때문에 대체화폐가 전부 배척되어

버리는 일은 없다. 『자본론』의 고찰에 입각하여 우리는 자본으로 변화되지 않는 화폐를 생각할 수 있다. "화폐가 있어서는 안 된다"와 "화폐가 없어서는 안 된다"는 안티노미를 염두에 두고 보면, 내게 가장 흥미롭게 생각되는 것은 마이클 린턴이 1982년에 고안한 LETS(Local Exchange Trading System, 지역교환거래 제도)다.[284]*

이렇게 비자본제적인 생산-소비협동조합이나 대체화폐의 존재가 자본제 경제 안쪽에서의 투쟁―노동력을 팔지 않고 자본제 생산물을 사지 않는 운동―을 뒷받침한다. 동시에 그것은 자본제 기업을 생산협동조합으로 재편성해가는 일을 촉진할 것이다. 자본과 국가에 대한 그와 같은 내재적이고도 초출적超出的인 대항운동은 유통과정, 즉 노동자가 소비자로서 나타나는 장(포지션)에서 가능하다. 바로 여기에만 개개인이 '주체'가 되는 계기가 있기 때문이다. 어소시에이션은 어디까지나 개개인의 주체성에 근거하지만, 그것은 그와 같은 유통과정을 축으로 삼지 않으면 불가능하다.

자본주의적 시장경제의 사멸은 시장경제의 사멸이 아니다. 정치적 국가의 사멸은 '무정부적' 상태를 뜻하는 것이 아니다. 이와 관련하여 흥미로운 것은 칼 슈미트의 의견이다. 국가나 정치적인 차원의 자립성을 강조한 그는 국제적인 연합이 국가를 해소시키는 일은 결코 없다고 말한다. 그것은 일국 혹은 몇몇 나라의 패권적 지배로 귀결될 뿐이다. 나치에 적극적으로 참가하면서 나치의 초국가적인 인종이론에 반대하여 실각했을 정도로 국가주의자였던 이 정치사

제4장 트랜스크리티컬한 대항운동

상가는, 그럼에도 국가의 사멸에 대해 다음과 같은 고찰을 남기고 있다. "'세계국가'가 지구 및 인류 전체를 포괄할 경우, 그것은 정치적 단위가 아니며 통례적으로 그저 국가라고 불릴 따름이다. (…) 그런 정치적 단위가 그 범위를 넘어 문화적인 것이든 세계관적인 것이든 다른 무엇이든 간에 어떤 '고차적' 단위, 즉 어디까지나 비정치적인 단위로 형성하고자 할 경우, 그것은 윤리와 경제라는 양극 사이에서 중립점을 찾는 생산-소비협동조합일 것이다. 이는 국가와도 왕국과도, 공화국과도 군주정과도, 귀족정과도 민주정과도, 보호와도 복종과도 아무 관계가 없는데, 무릇 소비-생산협동조합은 일체의 정치적 성격을 떨쳐버린 것이 된다."(『정치적인 것의 개념』)[285] 바꿔 말해 슈미트도 생산-소비협동조합의 어소시에이션 이외에 국가를 지양하는 길은 없다고 말하는 것이다. 이 경우 국가는 남지만 더 이상 정치적인 것은 아니다. 이에 더해 우리는 다음과 같이 말해도 좋겠다. 자본제 시장경제의 폐기에 의해 시장경제나 화폐가 폐기되는 것은 아니라고, 소비-생산협동조합의 글로벌한 네트워크는 자급자족적인 공동체로의 회귀가 아니라 열린 시장경제라고, 그것은 현재 사람들이 생각하고 있는 (자본주의적) 시장경제와 비슷해 보여도 더 이상 같지 않을 것이라고 말이다.

자본=네이션=스테이트에 대한 위와 같은 대항운동은 '비폭력적'이다. 일반적으로 흔히 의회주의는 군사적 봉기와는 달리 '비폭력적'이라고들 말한다. 그러나 의회주의도 국가권력을 지향하는 것이다. 막스 베버는 다음과 같이 말하고 있다. "국가란 어떤 일정한 영역 내부에서 (…) 정당한 물리적 폭력행사의 독점을 (실효적으로) 요구하는 인간공동체다."(『직업으로서의 정치』)[286] 강제가 아니라 동의에 의거해도 권력의 행사는 폭력에 근거하고 있다. 따라서 베버는 정치에 관계된 자는 "모든 폭력에 숨어있는 악마의 힘과 관계를 맺고 있다"라고 말한다. 이런 의미에서 사회민주주의는 less violent(덜 폭력적)하긴 하지만 non-violent(비폭력적)하지는 않다. 사회민주주의가 지향하는 것은 의회제의 다수결 원리로 장악한 국가권력을 통해 자본에서 세금을 걷고 노동자가 수탈당한 것을 노동자에게 재분배하는 것이다. 이를 극단적인 자유주의자 하이에크와 같은 관점에서 본다면, 베른슈타인과 레닌의 차이는 겉보기만큼 크지 않은 것이 된다. 둘 모두가 국가권력에 호소하기 때문에 '폭력적'이다. 한쪽은 소프트한 국가주의이고 다른 한쪽은 하드한 국가주의이며 임금노동의 폐기를 지향하지 않는다는 의미에서 자본주의적이다. 그런 맥락 속에서 자본주의=네이션=스테이트는 살아남고 있는 것이며, 오히려 사회민주주의야말로 그것들이 살아남기 위한 최후의 형태다.

우리가 말하는 '비폭력'이란 예컨대 마하트마 간디에게서 보이는 것이다. 하지만 그것을 이른바 '시민적 불복종'으로 환원해서는 안 된다. 예컨대 영국으로부터의 독립운동을 지도한 간디의 '비폭력주의'는 잘 알려져 있지만, 그가 시도한 영국제품 불매운동 외에 생산-소비협동조합을 육성하고자 한 대항운동 방식에 대해서는 거의 알려져 있지 않다.[287]* 그런 방식이 없으면 보이콧은 그람시가 말하는

제4장 트랜스크리티컬한 대항운동

'진지전'이 될 수 없다. 또 그런 비자본주의적 협동조합을 향한 지향이 없으면, 그저 자국의 자본을 방위하는 내셔널리즘 운동이 될 수밖에 없다.

칼 폴라니는 자본주의(시장경제)를 암에 비유했다. 자본주의라는 암은 농업적 공동체나 봉건적 국가 '사이'에서 시작되었고, 이윽고 내부로 침입하여 그것들을 자신에게 맞게 다시 만들어냈지만 여전히 기생적인 존재라고 말할 수 있다. 그런 의미에서 노동자=소비자의 트랜스내셔널한 네트워크는 자본과 국가라는 암에서 생겨난 대항암에 비유될 수 있을 것이다. 자본을 없애기 위해서는 자본을 가능하게 하는 조건을 없애야 한다. 유통의 장을 거점으로 삼은 내재적이고도 초출적인 대항운동은 완전히 합법적이고 비폭력적이며, 그렇기에 어떤 자본=네이션=스테이트도 건드릴 수가 없다. 그런 사정에서 『자본론』은 이론적 근거를 부여하고 있다. 그것은 가치형태에서 비대칭적 관계(상품과 화폐)가 자본을 낳지만, 동시에 그것을 종식시키는 '트랜스포지셔널'한 모멘트가 있다는 것이다. 그리고 이 지점을 활용하는 일이야말로 자본주의에 대한 트랜스크리틱이다.

끝으로 우리가 질문해야 하는 것은 그와 같은 대항운동이 대항암적인 것이 되기 위해서는 어떤 조건을 구비해야 하는가이다. 국가권력을 타도한다는, 혹은 그것을 탈취한다는 생각은 언제나 그런 대항운동을 '국가'와 닮도록 만든다. 즉 중앙집권적인 트리형의 조직으로 만든다. 볼셰비즘만이 아니라 바쿠닌주의도 그러하다. 하지만 그것은 국가에 의해 탄압받거나 승리할지라도 그 자체가 국가가 됨으로써 국가가 살아남도록 한다. 이와 달리 일부의 아나키스트가 바라듯이 국가를 파괴하고 혼란 속으로 밀어 넣는다면, 국가는 거꾸로 더 강력한 형태로 소생하게 될 것이다. 화폐와 마찬가지로 국가도 쉽게 폐기할 수 있는 것이 아니다. 다른 한편 의회를 통해 국가권력에 참여하면서 사회를 변화시켜간다는 사회민주주의적 전술은 국가가 환영하는 일이다. 그것은 현대국가 시스템의 일환에 불과하다. 그런 것들과는 달리 국가를 '지양'하는 운동이란 자본이나 국가나 네이션의 교환원리와는 다른 것으로서의 어소시에이션을, 그리고 '어소시에이션의 어소시에이션'을 서서히 만들어내는 일이다. 이럴 경우 그 운동이란 그것이 달성해야 할 것을 자신에게서 실현하지 않으면 안 된다. 왜냐하면 어소시에이션이란 국가권력을 잡은 뒤에 실현되는 것이 아니라 그 자체로 국가를 대신하는 것이어야 하기 때문이다.

국가를 '지양'한다는 것은 어떤 국가(사회적 국가)를 형성하는 일이다. 그런 의미에서 위와 같은 대항운동은 한쪽 측면에서는 국가와 닮지 않으면 안 된다. 달리 말해 그것은 '중심'을 가지지 않으면 안 된다. 중심이 없으면 '어소시에이션의 어소시에이션'이 될 수 없으며, 기껏해야 자본제=네이션=스테이트의 국한된 자리에서 반항하는 작은 운동이나 미적인 운동이 될 수밖에 없다. 1990년대 소련 붕괴 이후 그런 경향이 현저해졌다. 1968년 이후, 이제까지 집권적인 당의 지배를 받은 혁명운동이 세계적으로 바뀌게 되었다. 여기서 나온 것이 에스닉, 여성, 레즈비언·게이 등의 마이너리티 운동, 소비자운동, 환경운동처럼 노동운동을 축으로 삼은 집권적 운동이 그동안 부차적인 것으로 간주해온 여러 운동들이다. 월러스틴은 그것들을 반反시스템 운동이라고 불렀다. 들뢰즈-가타리를 따라 '분자적(molecular)'이라고 불러도 좋은 것들이다(이에 반해 집권적인 운동조직은 몰적molar이다). 그런 운동들은 더 이상 예전의 이름으로 불리진 않지만 기본적으로 아나키즘의 부활인데, 과거의 아나키즘이 가진 문제도 가지고 있다. 즉 그것들은 '중심화'를 극도로 두려워하므로 분산화하고 분열하지만, 결국엔 사회민주주의적 정당으로 수렴되고 만다. 프레드릭 제임슨은 1980년대 초반에 이미 그런 사정을 지적하고 있다. 그는 분자적인 운동의 의의를 인정하면서도 미국의 문맥에서 그것과는 반대의 요소가 필요하다고 말한다.

> 여기서 논쟁 자체의 사회적 해석을 대질시켜보는 것도 꼭 쓸데없는 일은 아닐 것이다. 즉 논쟁을 프랑스와 미국이라는 구조적으로 다른 국가적 컨텍스트에서 좌익세력이 직면한 다른 상황을 가리키는 상징적 지표로 생각하자는 말이다. 전체화에 대한 프랑스에서의 비판은 '분자적인', 그러니까 당의 지도를 거부하는 국소적이고 비전체적인 정치활동에 대한 호소와 제휴하고 있다. 그렇게 계급과 당이 맺는 전통적인 관계형태는 기각되는데, 그 지점에 반영되고 있는 것은 프랑스에서의 (제도에 찬성하는 쪽과 제도에 반대하는 쪽 모두를 지배하고 있는) 중앙집권화의 역사적 중압이며 나아가 일단 '반反구조적'이라고 명명

할 수 있을 운동의 뒤늦은 등장이고, 그것과 하나의 축을 이룬 낡은 세포가족장치의 파탄과 서브그룹 및 대항적인 '라이프 스타일'의 증가다. 이와는 달리 미국에서는 프랑스의 대항세력이 목표로 삼았던 사회적 단편화가 이미 상당 부분까지 진전되어 있기 때문에, 거꾸로 좌익이나 '반체제적' 힘들이 하나로 합쳐져 장기적이고 효과적인 투쟁으로 전개되는 일이 어렵게 되어 있다. 민족그룹, 이웃조직운동, 페미니즘, 다양한 '대항문화적' 운동, 즉 대안적인 생활양식을 추구하는 그룹, 일반조합원에 의한 반대투쟁, 학생운동, 싱글이슈운동 등 미국에서는 다양한 운동들이 이론 측면에서 다른 것과의 일치점을 찾을 수 없기에 어떤 실천적인 정치의 기반에 입각하여 서로 협조하는 일이 불가능한 요소나 전략을 마구잡이로 내놓고 있을 뿐이라는 인상을 주었다. 그런 까닭에 오늘날 미국의 좌익이 발전할 수 있다면 그때 특권화되어야 할 형식은 '정치적 연대'여야 한다. 이런 정치적 자세가 이론적 측면의 전체화 개념을 실천의 장으로 온전히 치환한 것이라면, 실제로는 '전체성' 개념을 공격하는 일이 미국이라는 틀 안에서 이 나라에서 진정한 좌익을 탄생시키는 유일하고도 현실적인 조건을 와해·각하시키는 것이 된다. 따라서 이론적 투쟁을 그것이 발생한 근저에 있는 국가적 상황—여기서는 프랑스—과는 다른 상황으로 이입시키고 번역하는 일은 커다란 문제를 수반한다. 본래의 의미내용이 이입과 번역에 의해 깡그리 변해버리기 때문인데, 예컨대 프랑스에서는 지역의 자립을 지향하는 운동, 여성해방운동, 이웃 조직운동 등이 다양한 형태로 태어나고 있는 상황이지만, 여기서는 미국과 달리 포괄적인 것을 중시하며 이른바 '몰적인 것이 된 분자'를 중시하는 전통적 좌익대중정당이 그런 운동들을 억압하거나 그런 운동들의 싹을 꺾어버린다고 간주되고 있다. (『정치적 무의식』)

이는 실로 루카치의 '전체성' 이론과는 달리 기본적으로 트랜스크리티컬한 인식이다. 그런데 제임슨이 미국에 대해 서술한 현상은 이미 미국만의 고유한 것이 아니다. 그것은 1990년 이후 세계적인 현상이 되어 있기 때문이다. 선진자본주의국가에서 반시스템 운동은 계속되고 있지만 '전체화' 즉 중심화나 대표제를 두려워하기 때문에 다양한 운동은 서로 고립되고 내부적으로 분열되고 있다. 그 이유는 분명하다. 예컨대 여성, 동성애자, 에스닉 마이너리티 등의 운동은 제각기 하나의 주제 아래 모여 있다. 그것들은 예전의 생산관계나 계급관계를 우위에 놓는 운동에 대해 그런 것들로 환원될 수 없는 차원을 내세웠다. 그러나 개개인은 어디까지나 다양한 사회적 관계의 차원에서 살아가고 있으므로, 그 관계들을 생산관계나 계급관계로의 환원을 통해 성립한 운동에 의해 내버려졌던 것들이 여러 개인을 통해 다른 형태로 회귀하지 않을 수 없다. 다시 말해 한 차원의 동일성을 기반으로 삼은 운동이 그것을 괄호에 넣어버린 다른 차원의 차이 회귀에 의해 내부적 대립상태로 내몰리는 것이다.[288*] 또 앞서 서술한 것처럼 많은 지역에서 소비자운동은 노동운동과 대립하고 있다. 그리고 그것들 간에 대립하고 고립된 분자적인 운동을 통합하는 것은 결국 사회민주주의적인 정당이다. 이리하여 중심화를 거부하고 대표되는 것을 거부한 운동은 국가권력의 일환인 정당에 의해 '대표'되거나, 아니면 지역적인 반항에 머물 수밖에 없게 된다. 바꿔 말하자면 그런 운동은 자본=네이션=스테이트로 회수되어버리거나 그것들을 그대로 방치하는 일이 된다.

대항운동이 출발하는 것은 여러 개인들에서다. 그러나 추상적인 개인들이 아니라 사회적 관계들에 놓인 개인들이다. 개인들은 젠더나 섹슈얼리티, 에스닉, 계급, 지역, 기타 다양한 관심의 차원에서 살아간다. 그렇기에 대항운동은 각각의 차원이 가지는 독립성을 인정하면서, 따라서 그런 차원들에 개인들이 다중적으로 소속되어 있음을 인정하면서 다양한 차원을 종합하는 세미라티스(semilattice)형 시스템으로서 조직되지 않으면 안 된다.[289*] '어소시에이션의 어소시에이션'은 트리형 조직에서는 불가능하다. 하지만 그것은 '중심'을 가지지 않으면 서로 고립되고 이산·대립하는 것이 될 수밖에 없다. 그 경우에 중심이란 그저 초월론적 통각X로서 있을 뿐인데, 실체적인 중심이 권위적으로 물상화되는 일이 시스템 차원에서 회피되고 있다면 '중심화'를 두려할 필요는 조금도 없다. 구체적으로 말해 그것은 각 차원의 대표로 구성된 중앙평의회에 의해 종합된다. 이 경우 그들 대표의 선출에서는 선거만이 아니라 추첨이 도입되어

제4장 트랜스크리티컬한 대항운동

야 한다. 그럼으로써 중심이 있는 동시에 중심이 없는 조직이 가능해진다. 자본과 국가에 대항하는 운동이 그것들을 넘어서는 원리를 스스로 실현하지 못할 때, 그런 운동이 장래에 자본과 국가를 지양할 수 없음은 명백하다.[290]*

마지막으로 반복하지만, 자본과 국가에 대한 내재적인 투쟁과 초출적인 투쟁은 유통과정, 즉 소비자=노동자의 장에서만 연결된다. 왜냐하면 바로 그곳에 개개인이 '주체'가 될 수 있는 계기가 있기 때문이다. 그리고 어소시에이션이란 어디까지나 그런 개개인의 주체성에 근거한 것이다. 하지만 위에 언급한 세미라티스형 조직에서는 그런 개인들의 의지를 넘어서는, 그리고 그 개인들의 조건을 결정하는 여러 차원의 사회적 관계들이 결코 제거되지 않는다.

미주

서문

1 트랜스코딩. 호환되지 않거나 기억 공간의 잔여가 남아 있지 않은 데이터 체계, 혹은 고정되거나 폐쇄회로화된 데이터가 재가동될 수 있게 하는 포맷으로의 변환.
2 이하 본문에서 4회 더 반복되는 이 한 대목의 국역본 문장을 인용해 놓는다: "네가 너 자신의 인격에서나 다른 모든 사람의 인격에서 인간(성)을 항상 동시에 목적으로 대하고, 결코 한낱 수단으로 대하지 않도록, 그렇게 행위하라."(임마누엘 칸트, 『윤리형이상학 정초』, 백종현 옮김, 아카넷, 2005, 148쪽)
3 임마누엘 칸트, 「A판(1판) 서문」, 『순수이성비판』 1권, 백종현 옮김, 아카넷, 2006, 166쪽.
4 아렌트의 『칸트 정치철학 강의』는 1970년 가을 뉴스쿨에서의 강의 원고가 1982년 유고집으로 출간된 것임(김선욱 옮김, 푸른숲, 2002). 리오타르의 저작은, 일역본 『열광: 칸트의 역사비판』, 나카지마 모리오 옮김, 1990(원문 초판은 1986년).
5 임마누엘 칸트, 「2판 서문」, 『순수이성비판』 1권, 191쪽: '신앙'과 '지식'은 모두 고딕체로 강조되어 있음.
6 마르크스·엥겔스, 『독일 이데올로기』 1권, 이병창 옮김, 먼빛으로, 2019, 78쪽: "공산주의는 우리에게 창조될 수 있는 **상태**가 아니며 실재를 규제하는 **이상**이 아니다. 우리는 공산주의를 현재의 상태를 제거하는 실질적인 운동이라고 부른다. 이 운동의 조건은 현재 존재하고 있는 전제들에서 나온다."
7 이 대목은 칸트를 통해 마르크스가 읽혀지는 '트랜스코딩'의 시작점으로서 새겨둘 만하다. 『순수이성 비판』의 주요 용어로서 '이성

의 구성적konstitutiv 원리'와 '규제적regulativ[규정/조정하는] 원리'는 인간 이성의 작용 방향을 표시하는 짝 개념이다. 현실의 대상에 대한 개념적 구성 또는 통일적인 파악을 가능하게 해주는 것이 이성의 '구성적' 힘이다. 그런 실제적 인식력을 이끄는 것과는 달리 이성의 '규제적[조정적]' 원리는, 예컨대 '신', '영혼불멸', '인류의 진보' 같은 개념이 그럴 수 있는 것처럼 실제성(의 증명) 여부를 떠나 인간의 인식작용을 이끄는 이념적인 목표로서 제시되고 가동된다(칸트에게 구성적 원리는 '순수이성'의 격률로, 규제적[조정적] 원리는 '실천이성'의 격률로 자리매김되어 있다). 그런 구성적 원리와 규제적[조정적] 원리를 혼동하거나 그 둘을 (의도적으로) 착종시키는 데에서, 곧이어 본문에 나오게 될 용어로 말하자면 '이성의 월권행위'에 의해서 인식은 오도되며 폭력은 정초된다. 'regulativ'을 '통제·정비·정돈하는'의 뜻으로 옮긴 "통정적統整的"이라는 일본어 역어는, 이하 한국에서 통용되는 '규제적'이라는 역어로 바꿔 표기한다.

8 칼 마르크스, 「헤겔 법철학 비판 서문」, 『헤겔 법철학 비판』, 강유원 옮김, 이론과 실천, 2011, 20쪽. 국역본에는 '무조건의 명령'이 '**정언 명령**'으로 옮겨져 있음.

서론: 트랜스크리틱이란 무엇인가

9 임마누엘 칸트, 「형이상학의 꿈으로 해명한 영을 보는 사람의 꿈」, 임승필 옮김, 『비판기 이전 저작』 III (1763~1777), 김상봉 외 옮김, 한길사, 2021, 233~234쪽.

10 칼 마르크스, 「헤겔 법철학 비판 서문」, 7쪽.

11 『자본론』에서의 첫 인용이며, 뒤에 한 번 더 반복하여 인용될 이 대목의 국역본 문장은 다음과 같다. 칼 마르크스, 『자본』 I-1, 강신준 옮김, 길, 2008, 133쪽: "상품은 언뜻 보면 자명하고 평범한 물건으로 보인다. 그러나 상품을 분석해보면 그것이 형이상학적인 교

활함과 신학적 변덕으로 가득 찬 매우 기묘한 물건임을 알게 된다."
12 「마태복음」 6장 20절.
13 G=Geld(화폐), W=Ware(상품), '[⊿G]=잉여가치.
14 이하 본문에서 거듭 참조되는 우노 고조는 마르크스(주의) 경제학자, 도쿄대 사회과학연구소 교수·소장.『자본론』에 입각한 경제연구를 원리론, 단계론, 현상분석으로 나눠 구성하고, '이데올로기 아닌 과학'으로서의 경제학을 추구했으며, '우노학파'라는 이름으로 영향력을 가졌음.『가치론』(1947),『공황론』(1953[박사논문]),『마르크스경제학 원리론의 연구』(1959),『사회과학으로서의 경제학』(1969) 등등을 저술했고, 〈우노 고조 저작집〉(전11권, 1973~74)이 생전에 출간되었음.
15 칼 마르크스,『자본』I-1, 153쪽.
16 村八分. 마을·공동체의 규범을 어긴 사람과 그의 가족을 마을 사람들의 협의결정에 따라 마을·공동체로부터 분리·배제시킴.
17 베네딕트 앤더슨은 미국의 비교정치학자. 동남아시아, 특히 인도네시아의 정치를 중심에 두었다. 본문에서 언급되는 것은, 즉시 떠오르듯, 앤더슨의 대표작『상상의 공동체: 내셔널리즘의 기원과 확산에 관한 성찰』(1983)이다. 이외에『혁명의 시간 속 자바Java: 점거와 저항, 1944~1946』(1972),『언어와 권력: 인도네시아 정치문화 탐사』(1990),『비교의 유령: 내셔널리즘, 동남아시아, 세계』(1998) 등의 저작이 있다.
18 이후 거듭 제시될 '보나파르티즘'을 마르크스의 다음과 같은 문장들로 미리 표시해 놓는다: "보나파르트는 자신이 처한 상황의 모순된 요구에 의해 내몰리는 동시에, 끊임없이 놀라운 일을 연출해 내면서 마술사처럼 나폴레옹의 대리자로서 자신에게 대중의 눈길을 고정시켜야 했고, 따라서 매일 소규모의 정변을 실행에 옮기지 않을 수 없었다. 그리하여 그는 부르주아 경제 전체를 혼란에 빠뜨리고, 1848년의 혁명에서는 불가침의 영역으로 보였던 모든 것을 침해하며, 어떤 사람에게는 혁명을 참도록 만들고 또 다른 사람에게는 혁명을 소망하게 하였고, 질서의 이름으로 실질적인 무정부 상

태를 초래하였다. 동시에 그는 모든 국가 기구로부터 후광을 벗겨내어 그것을 세속화하고 불쾌하면서도 우스꽝스러운 것으로 만든다."(칼 마르크스, 「루이 보나파르트의 브뤼메르 18일」, 『프랑스 혁명사 3부작』, 임지현 · 이종훈 옮김, 소나무, 1991, 277쪽)
19 칼 마르크스, 「프랑스 내전」, 『프랑스 혁명사 3부작』, 348쪽. 영어판의 'united co-operative societies'를 국역본은 "단결된 사회들"로 옮기는 바람에 '협동조합들의 전체Gesamtheit der Genossenschaften'라는 마르크스의 원뜻이 죽었다. 그 원뜻에 가라타니의 인용구 '연합한 협동조합조직단체들'과 비교할 수 있을 것이다.
20 칼 마르크스, 「고타강령 초안 비판」, 이수흔 옮김, 『칼 맑스 · 프리드리히 엥겔스 저작 선집』 4권, 박종철 출판사, 1995, 384쪽.
21 칼 마르크스, 『자본』 I-1, 47쪽. 이 한 대목은 이하 2회 더 인용됨.
22 anarcho-syndicaliste. 아나키(무지배)적 노동조합주의. 의회를 통한 개혁 및 집권 같은 정치운동이 아니라 이른바 '원외 투쟁'에 집중하는 노동조합들의 자주관리적 연합[신디케이트]주의. 그것의 체계적 정립을 시도했던 이는, 타협적-정치적 총파업과 신화적-프롤레타리아 총파업의 구별, 무력과 폭력의 구별로 유명한 조르주 소렐이다.

제1부 칸트

23 임마누엘 칸트, 『순수이성비판』 2권, 백종현 옮김, 아카넷, 2006, 695~696쪽. 대괄호 속에 삽입해 놓은 것은 국역본의 구문들이다.
24 토머스 쿤, 『코페르니쿠스 혁명: 행성 천문학과 서구 사상의 발전』, 정동욱 옮김, 지만지, 2016, 9쪽.
25 임마누엘 칸트, 『학문으로 등장할 수 있는 미래의 모든 형이상학을 위한 서설 / 자연과학의 형이상학적 기초원리』, 김재호 옮김, 한길사, 2018, 27쪽.
26 임마누엘 칸트, 『판단력비판』, 백종현 옮김, 아케넷, 2009, 205쪽.

가라타니가 대괄호에 삽입한 '아프리오리[a priori]'는 '경험적인 것에 앞선[先驗的]'이라는 뜻.
27 임마누엘 칸트, 『판단력비판』, 209쪽.
28 임마누엘 칸트, 『판단력비판』, 340쪽.
29 자유에 따른 인과성이라는 테제와 자연원인적/필연적 인과성이라는 안티테제 간의 충돌, 그 테제와 안티테제가 동시에 참이라는 해결책을 가리킴. 제3안티노미에 대한 칸트의 문장은 다음과 같다. "정립: 자연의 법칙에 따르는 인과성은 그것으로부터 세계의 현상들이 모두 도출될 수 있는 유일한 것이 아니다. 현상들을 설명하기 위해서는 자유에 의한 인과성 역시도 받아들여야 한다. / 반정립: 자유는 없다. 세계의 모든 것은 오로지 자연법칙들에 따라서 발생한다."(임마누엘 칸트, 『순수이성비판』 2권, 656쪽) 이 제3안티노미는 조금 뒤 1부 3장에서 직접 인용되고 있다. 나머지 세 안티노미는 다음과 같다. 제1안티노미. "정립: 세계는 시간상 시초를 가지고 있으며, 공간적으로도 한계로 둘러싸여 있다. / 반정립: 세계는 시초나 공간상의 한계를 갖지 않으며, 오히려 시간적으로나 공간적으로나 무한하다."(640쪽) 제2안티노미. "정립: 세계 내의 모든 합성된 실체는 단순한 부분들로 이루어져 있고, 어디에서나 단순한 것이거나 이것으로 합성된 것만이 실존한다. / 반정립: 세계 내의 어떤 합성된 사물도 단순한 부분들로 이루어져 있지 않고, 세계 내 어디에서도 단순한 것은 실존하지 않는다"(648쪽) 제4안티노미. "정립: 세계에는 그것의 부분으로서든 그것의 원인으로서든 단적으로 필연적인 존재자인 어떤 것이 있다. / 반정립: 단적으로 필연적인 존재자는 세계 안에든 세계 밖에든 어디에도 그것의 원인으로서 실존하지 않는다."(664쪽) 제1안티노미와 제2안티노미는 조금 뒤 저자의 원주 4번에서 언급됨.
30 임마누엘 칸트, 「형이상학의 꿈으로 해명한 영을 보는 사람의 꿈」, 232쪽.
31 임마누엘 칸트, 「형이상학의 꿈으로 해명한 영을 보는 사람의 꿈」, 232쪽. 원래의 맥락을 인용해 놓는다: "사실 나는 위에서 그와 같은 환영의 광기를 논박하지 않았고, 오히려 그 광기를 상상된 영적

공동체의 원인은 아니지만 그 공동체의 자연적 결과로서 영적 공동체와 연결했다. 하지만 도대체 심오한 철학과 조화될 수 없는 어리석음에는 어떤 것이 있단 말인가? 따라서 만약 독자가 영을 보는 사람을 다른 세계에 반쯤 거주하는 자로 보는 대신 병원에 입원할 후보자로 간단히 물리침으로써 더 이상의 모든 연구에서 벗어난다면, 나는 독자를 전혀 책망하지 않는다."

32 임마누엘 칸트, 「A판(1판) 서문」, 『순수이성비판』 1권, 166쪽.

33 임마누엘 칸트, 「A판(1판) 서문」, 『순수이성비판』 1권, 167쪽.

34* (원주 1) 『시령자의 꿈』을 통해 『순수이성비판』을 읽는 일과 관련하여 나는 사카베 메구미의 저작 『이성의 불안』(1976년)에서 큰 시사를 얻었다. 하지만 사카베는 『시령자의 꿈』에 있던 결정불가능한 자기비평성이 『순수이성비판』에서 사라졌다고 말하는 데 반해, 나는 그런 자기비평성이 칸트의 '초월론적' 방법에서 살아있다고 본다.

35 임마누엘 칸트, 「형이상학의 꿈으로 해명한 영을 보는 사람의 꿈」, 233~234쪽.

36* (원주 2) 『순수이성비판』 간행 직전인 1781년 5월 11일 이후 마르쿠스 헤르츠에게 보낸 편지들에서 칸트는 '다른 플랜'을 생각하는 중이라고 고백한다. 그것은 안티노미론을 책의 서두에 놓는 것이 독자들이 물자체와 관련하여 그 근원을 생각할 수 있도록 하는 데에 더 적당하며, 그렇게 하는 것이 자기 책에 대중성을 부여할 것이라는 내용이었다. 『순수이성비판』에서 물자체는 처음부터 존재론적으로 전제되어 있는 것처럼 서술되어 있지만, 실은 안티노미론(변증론)에 의한 회의적 맥락에서 나와야 한다. 이 점은 초월론적 주관과 관련해서도 똑같이 해당된다.

37* (원주 3) 반복하건대 물자체에는 어떤 신비적인 의미도 없다. 칸트는 다음과 같이 경고하고 있다. "관념론의 주장은 일반적으로 다음과 같다. 사고하는 존재자 이외에는 그 어떤 것도 존재하지 않는다, 우리가 직관에서 지각한다고 믿고 있는 다른 모든 사물은 바로 그 사고하는 존재자 안에 있는 표상에 불과하다, 그리고 그런 표상들에는 사고하는 존재자 바깥에 있는 그 어떤 대상도 실제로 대응

하고 있지 않다. 이런 관념론의 일반적 주장에 맞서 나는 이렇게 주장한다. 사물物은 우리들 바깥에 있는 대상인 동시에 우리 감각기관의 대상으로서 우리들에게 주어지고 있다. 그러나 우리는 물자체가 무엇인지 아무것도 알지 못하며, 단지 물자체의 나타남이라는 현상이 어떤 것인지를 아는 것에 불과하다. 바꿔 말하자면, 사물이 우리의 감각기관을 촉발하여 우리 안에서 생겨나게 하는 표상이 무엇인지를 알 뿐이다. 그러므로 나도 우리들 바깥에 사물이 있음을 승인한다."(『프롤레고메나』, 66쪽]) 즉 칸트는 세계도 타아他我도 우리가 만들어낸 것이 아니라 우리와 관계없이 존재하면서 생성되고 있음을, 바꿔 말해 우리가 '세계 내 존재'라는 점을 인정하고 있다. 그가 물자체를 말하는 이유는 주관의 수동성을 강조하기 위해서다.

38* (원주 4) 이와사키 다케오는 칸트가 변증론에서 제시한 제1안티노미와 제2안티노미가 실제로는 안티노미를 이루고 있는 것이 아니라고 말한다. 왜냐하면 둘 모두에서 안티테제 즉 지성의 입장이나 경험론이 옳기 때문이다. 이어 그는 다음과 같이 쓴다. "칸트 자신은 이율배반의 의의가 현상으로서의 대상과 관련하여 무제약자를 구하려 할 때 이성의 입장과 지성의 입장이 상반됨으로 인해 생겨난다고 생각했다. 그런데 실제로는 거기서 이율배반이 생겨나는 것은 결코 아니다. 현상으로서의 대상과 관련해서는 지성의 입장이 옳다는 점은 당연하기 때문이다. 이율배반은 그저 자연인과율의 카테고리를 자아 즉 주체에 대해 적용하고자 하는 것에서 생겨난다. '선험적 오류추리'에서는 자아에 대해 실체의 카테고리를 적용하고자 할 때 어떤 오류에 빠지는지가 제시되었다. 그리고 그것에 의해 실체로서 파악되지 않는 자아의 존재가 자각된 것이다. 그렇다면 그 자아의 움직임은 인과율의 카테고리에 의해 생각될 수 있을까. 이것이 이율배반의 문제였다. 칸트가 거론하는 네 개의 이율배반 가운데 참된 이율배반이 제3안티노미뿐인 것도 그런 이유에서다."(『칸트 '순수이성비판'의 연구』, 1965년) 그의 생각에 나는 기본적으로 동의한다. 칸트가 '초월론적 오류추리'라고 말한 것은 존재자로서는 무無이지만 움직임으로서는 존재하는 무언가(X)를 존

재자로 다루는 것이다. 그러나 거기서 생겨나는 가상이 스스로의 가상성을 드러내는 것은 "주체는 존재한다"와 "주체는 존재하지 않는다" 간의 안티노미에 의해서다. 따라서 칸트 자신이 '초월론적 오류추리'라고 부르고 있음에도 나는 그것을 변증법적인 문제로 다룬다.

39 임마누엘 칸트, 『순수이성비판』 2권, 950쪽. 번역의 차이를 위해 인용해 놓는다[문장은 약간 손질했다]: "많은 경우에 우리는 그에 대한 충분한 근거들을 갖는다고 잘못 생각하여, 사유 속에서는 기획해 볼 수 있고 또 상상해 볼 수 있기에 한낱 이론적인 판단들에서도 **실천적 판단들과의 유비**가 있는바, 그런 것들에 대한 견해에도 **믿음**이라는 말이 걸맞고 그러므로 우리는 그것을 **교설적 믿음**이라고 부를 수 있다. 만약 어떤 경험을 통해서든 결정이 가능하다고 한다면, 나는 실로 내가 가진 모든 것을, 우리가 보고 있는 유성들 가운데 적어도 어느 하나에는 거주자가 있다는 데에 내기를 걸고 싶다. 그래서 나는 다른 세계들에도 주민이 있다는 것이 한낱 의견이 아니라 굳은 믿음이라고 말한다(이 믿음이 옳다는 것에 나는 이미 생의 많은 이익들을 걸 터이다)."

40 임마누엘 칸트, 『학문으로 등장할 수 있는 미래의 모든 형이상학을 위한 서설』, 41~42쪽.

41 임마누엘 칸트, 「살아 있는 힘의 참된 측정에 관한 사상과 라이프니츠와 다른 역학자들이 이 논쟁에 사용한 증명에 관한 평가, 그리고 물체의 힘 일반에 관한 몇몇 선행하는 고찰」, 김상현 옮김, 『비판기 이전 저작』 I (1749~1755), 이남원 외 옮김, 한길사, 2021, 46쪽.

42 排中律. 제3의 '중간'적 명제를 '배제'시키는 원리/법칙. 예컨대 '소크라테스는 죽거나 죽지 않거나, 그 둘 중 하나이다.'

43* (원주 5) *Architecture As Metaphor*, MIT Press, 1995(『은유로서의 건축』, 講談社, 1983년[가라타니 고진, 『은유로서의 건축: 언어, 수, 화폐』, 김재희 옮김, 한나래, 1998]).

44* (원주 6) 나는 『탐구 I』(1989)과 *Architecture As Metaphor*에서 괴델의 방법이 디컨스트럭션 일반과 연결된다는 점, 그리고 비트겐슈타인은 그런 사정과 유사하지만 미묘하게 다르며 근본적으로 다

른 방향을 제시하고 있다는 점을 지적했다.

45 루트비히 비트겐슈타인, 『철학적 탐구』, 이승종 옮김, 아카넷, 2016, 109쪽.

46 플라톤, 『프로타고라스, 라케스, 메논』, 박종현 옮김, 서광사, 2010, 336쪽.

47 루트비히 비트겐슈타인, 『철학적 탐구』, 37~38쪽.

48* (원주 7) 이와 관련해 나는 『은유로서의 건축』에서 상세히 서술했다.

49 플라톤, 『프로타고라스, 라케스, 메논』, 322~323쪽.

50 클라인 4원군元群[Kleinsche Vierergruppe]. 독일 수학자 팰릭스 클라인의 1884년도 저작에서 다룬 원소의 수가 가장 적은 비순환군이자 변환가능군.

51 르네 데카르트, 『방법서설』, 이현복 옮김, 문예출판사, 2022, 35~36쪽.

52 르네 데카르트, 『방법서설』, 50쪽.

53* (원주 8) 비트겐슈타인은 이렇게 쓰고 있다. "논리학은 학설이 아니라 세계의 거울상像이다. 논리는 초월론적이다."(『논리-철학 논고』 6, 13[『논리-철학 논고』 국역본 53쪽: "논리학은 교설이 아니라 세계의 거울상이다. / 논리학은 선험적(transcendental)이다."]) 이 경우 일반적으로 '초월론적'이란 '아프리오리'와 같은 의미로 간주된다. 그러나 비트겐슈타인은 우리가 세계 안에 있다는 점에서 출발하면서 그 세계를 파악하는 언어적 형식을 '초월론적'으로 음미하는 것을 '논리학'이라고 명명했다.

54 르네 데카르트, 『방법서설』, 28~29쪽.

55 레비스트로스, 『슬픈 열대』, 박옥줄 옮김, 한길사, 1998, 32쪽.

56 르네 데카르트, 『제일철학에 관한 성찰』, 이현복 옮김, 문예출판사, 2021, 50쪽.

57 르네 데카르트, 『방법서설』, 54~55쪽.

58 에드문트 후설, 『데카르트적 성찰』, 이종훈 옮김, 한길사, 2016, 43쪽.

59 에드문트 후설, 『데카르트적 성찰』, 91쪽.

60 에드문트 후설, 『데카르트적 성찰』, 161쪽.

61 에드문트 후설, 『유럽학문의 위기와 선험적 현상학』, 이종훈 옮김, 한길사, 1997, 305쪽.

62 에드문트 후설, 『데카르트적 성찰』, 162쪽.

63 에드문트 후설, 『데카르트적 성찰』, 162쪽.

64 르네 데카르트, 『방법서설』, 57쪽.

65 데이비드 흄, 『오성에 관하여: 인간 본성에 관한 논고 1』, 이준호 옮김, 서광사, 1994, 271쪽.

66 데이비드 흄, 『오성에 관하여』, 271~272쪽.

67 임마누엘 칸트, 「2판 서문」, 『순수이성비판』 1권, 168~169쪽.

68 임마누엘 칸트, 『판단력비판』, 615쪽.

69 국역본에선 대응되는 문장을 찾지 못했다. 관련 문장들은 다음과 같다: "이렇게 **데카르트**에게서는 세계내부적인 존재자에 이르는 가능한 접근통로에 대한 논의가 특정 존재이념의 지배 아래에 놓이게 되는데, […] 그것은 세계내부적인 존재자의 존재를 극단적으로 규정하고 그 존재자를 세계 자체와 동일시하게 하는 동기가 될 뿐만 아니라, 현존재의 행동관계를 존재론적으로 합당하게 시야에 끌고 오는 일도 방해한다. 그로써 심지어 모든 감각적인 인지와 지성에 적합한 인지의 기초지어진 성격을 보고 그것들이 세계-내-존재의 한 가지 가능성임을 볼 수 있는 길이 완전히 차단된다."(마르틴 하이데거, 『존재와 시간』, 이기상 옮김, 까치, 1998, 139쪽. 하이데거의 데카르트 비판은 『존재와 시간』의 1부 1편 3장의 19절~21절에 집중되어 있음.)

70 마르틴 하이데거, 『형이상학 입문』, 박휘근 옮김, 문예출판사, 1995, 162쪽.

71 임마누엘 칸트, 「계몽이란 무엇인가에 대한 답변」, 『칸트의 역사철학』, 이한구 편역, 서광사, 1992, 15~16쪽. 당대의 영향관계 속에서 이 글의 위치를 알 수 있게 하는 것으로는, 임마누엘 칸트 외, 『계몽이란 무엇인가』, 임홍배 옮김, 길, 2020.

72 질 들뢰즈, 『차이와 반복』, 김상환 옮김, 민음사, 2004, 35쪽(29쪽:

"반복이 실존한다면, 그 반복은 일반성에 대립하는 어떤 독특성, 특수성에 대립하는 어떤 순간성, 항구성에 대립하는 어떤 영원성 등을 동시에 표현한다. 어떤 관점에서 보더라도 반복이란 결국 위반이다. 반복은 법칙에 물음을 던진다.")

73 게오르그 빌헬름 프리드리히 헤겔, 『대논리학』 3권, 임석진 옮김, 자유아카데미, 2022, 75~76쪽.

74 빌헬름 폰 훔볼트, 『언어의 민족적 특성에 대하여』[안정오 옮김, 고려대학교출판문화원, 2017]; 요한 고트프리트 폰 헤르더, 『언어의 기원에 대하여』[조경식 옮김, 한길사, 2003].

75 이른바 '반혁명 국가철학의 결단주의자'로서 드 메스트르가 말하는 '몽테스키외'와 '페르시아인'은 몽테스키외의 1721년도 서간체 소설(인 동시에 '정치적 연대기이자 여행기이고 사회비평서')『어느 페르시아인의 편지』[이자호 옮김, 문학과지성사, 2022]와 관련이 있다.

76* (원주 9) 칸트는 헤르더의 저작을 평하면서 다음과 같이 말한다. "이 시도는 대담하다면 대담한 것이지만, 우리 이성의 탐구심에서 볼 때는 자연스런 것으로, 그 실행이 완전히 성공하지 못할지라도 부끄러워할 일이 아니다. 그렇기에 다음과 같이 말하는 것이 바람직할 것이다. 우선 이 재주가 많은 저자는 자기 책을 계속 이어감에 있어 눈앞에서 확고한 토대를 발견할 경우, 자신의 활발한 천재에 약간의 강제를 가해야 할 것이다. 다음으로 철학의 신중함은 새싹의 번성을 위해 있다기보다는 가지치기를 위해 있기에 철학은 이 저자를 암시가 아니라 규정적 개념을 통해, 억측된 법칙이 아니라 관찰된 법칙을 통해, 그리고 형이상학에 따른 것이든 감정에 따른 것이든 비약하는 구상력을 매개가 아니라 기획에선 광범위할지라도 실행에선 신중한 이성을 통해 그의 사업을 완성으로 이끌도록 해야 한다."(「요한 고트프리트 헤르더의 『인류의 역사철학적 고찰』에 관한 논평」, 〈전집〉 제13권[「헤르더의 인류 역사의 철학에 대한 이념」, 『칸트의 역사철학』, 59쪽]) 칸트가 헤르더에게서 '형이상학'이나 '이성의 월권'을 보고 있는 것은 이런 조심스런 비판에서도 명확하다.

또 피히테에 관해서는 다음과 같이 쓰고 있다. "피히테 씨의 『일반지식학』[『전체 지식학의 기초』]을 어떻게 생각하십니까. 그 책은 한참 이전에 그가 제게 증정한 것인데, 방대하기도 했거니와 제 작업에 지장을 줄 것이라 생각했기에 통독하길 피하고 있었습니다. 하지만 이번에 『일반학술신문』에 실린 비평을 통해 비로소 그 책을 알게 되었습니다. 현재 그 책을 집어들 여유는 없지만, 피히테 씨에 대한 그 비평(이것을 쓴 비평가는 다분히 호의적인 눈으로 평가하고 있습니다)은 제게 요괴와 같은 것으로 보입니다. 즉 사람들이 붙잡았다고 생각했는데 실제로는 아무 대상도 손에 쥔 것이 없는, 결국 자기 자신을 붙잡고자 하는 자신의 손만을 볼 수 있는 그런 것이었습니다. 단순한 자기의식, 게다가 소재를 갖지 않은 사유형식만의 자기의식, 따라서 그것을 반성할지라도 그 반성이 향하는 데가 실제로는 존재하지 않는 자기의식, 그런 반성은 논리학까지도 넘어선다고 하는 그런 자기의식은 독자들에게 기이한 인상을 줍니다. 이미 지식학(Wissenschaftslehre)이라는 책의 제목을 볼 때—체계적으로 도출된 그 어떤 학설(Lehre)도 곧 학(Wissenschaft)이기 때문에—무언가를 수확할 수 있을 것이라는 기대는 거의 일어나지 않습니다."(「요한 하인리히 티프트룽크에게 보낸 편지」, 1798년 4월 5일, 〈전집〉 제18권) 그렇기에 피히테의 '자기'—이 단어는 독일 관념론에서 '정신'이나 '인간'으로 바뀌게 된다—를 두고 '유령'이라고 말했던 최초의 인물은 칸트인 것이다.

77* (원주 10) 엥겔스는 슈티르너의 독일적 관념성을 비판하면서 다음과 같이 말한다. "이 이기주의는 한순간도 그 일면성에 머물 수 없으므로 즉각 공산주의로 전환되지 않으면 안 될 정도로, 바로 그 정도로 (…) 자각적인 것이네." "그러나 원리로서 진실한 점은 우리도 받아들이지 않으면 안 되네. 그리고 원리로서 분명 진실인 것은 우리가 하나의 사물을 위하여 무언가를 할 수 있기 이전에 우선 그 사물을 우리 자신의 이기적인 사물로 삼지 않으면 안 된다는 것, 즉 그런 의미에서 우리는 혹시 있을지도 모를 물질상의 기대는 제쳐두더라도 역시 이기주의에 의거하여 공산주의자인 것이며 이기주의에 의거하여 단순한 개인이 아닌 **인간**이 되고자 한다는 것이네. 다

른 방식으로 말하자면, 슈티르너가 포이어바흐의 '인간'에 대해 그러니까 적어도 『그리스도교의 본질』에 제시된 '인간'에 대해 비난한 것은 옳다는 말이지. 포이어바흐의 '인간'은 신에서 파생되어 그렇게 신에서 '인간'으로 도달한 것이고, 따라서 그때의 '인간'이란 물론 여전히 추상이라는 신학적 후광으로 장식되어 있네. '인간'에 도달하는 진실한 길이란 그런 장식과는 정반대의 길이지. 우리는 자아에서, 경험적이며 살아있는 개인에서 출발하여 슈티르너처럼 서성거리지 말고 그로부터 우리를 '인간'으로까지 고양시켜야 한다네. 경험적인 인간에 기초하지 않는 '인간'은 언제나 유령이야. 요컨대 우리의 사상이나 작업에서 우리가 말하는 '인간'이 진실한 것이기 위해 우리는 경험론과 유물론에서 출발하지 않으면 안 되네. 우리는 개별에서 일반을 도출하지 않으면 안 되기에 일반 자체에서 일반을 도출하거나 헤겔류처럼 허공에서 도출해서는 안 되네."(「마르크스에게 보낸 편지」, 1844년 11월 19일, 오카자키 지로 옮김, 〈전집〉 제27권) 그러나 엥겔스의 이 편지는 슈티르너가 제기한 문제를 충분히 파악했다고 말할 수 없다. 이 문제에 관해서는 이 책 제2부 5장을 참조.

78 칼 마르크스, 『자본』 I-1, 136~137쪽.

79 게오르그 빌헬름 프리드리히 헤겔, 『정신현상학』 1권, 임석진 옮김, 한길사, 2005, 139~140쪽.

80 게오르그 빌헬름 프리드리히 헤겔, 『정신현상학』 1, 146~147쪽.

81* (원주 11) 아렌트는 칸트의 『판단력비판』에서 공공적 합의라는 정치적 과정을 보려고 했다. 그러나 칸트는 '공통감각'에 만족한 것이 아니다. 그것은 기껏해야 지역적·역사적인 것이다. 취미판단은 어디까지나 그 이상의 '보편성'을 요구한다. 공공적 합의(공통감각)는 그런 보편성(퍼블릭성)을 잃으면, 그저 사적인 것이 될 수밖에 없다. 하버마스는 칸트의 이성을 대화적인 이성(공동주관성)으로 재편성하고자 했다. 하지만 그렇게 하면 칸트가 물자체를 도입한 중요한 의미를 잃고 만다. 공동주관성은 어디까지나 주관성이지 그것을 넘어서는 것이 아니다. 그것은 타자의 타자성을 배제하는 것으로 귀결된다. 이런 사정은 구체적인 국면에서 분명해질 것이다. 아

렌트나 하버마스 같은 사람들이 '공공적 합의'라고 부르는 것이란 실제로는 공동체, 즉 공통감각을 가진 사람들 간의 합의에 불과하다. 따라서 예컨대 하버마스는 공공적 합의란 비서양에서는 타당하지 않다는 말도 한다. 그는 코소보 공습에 독일이 참여하는 일을 두고 '공공적 합의'에 따른 것이라며 지지했다. 그런데 그것은 국제연합의 동의조차 없던 유럽의 합의에 불과했다. 유럽공동체가 기존의 국민국가적 틀을 넘어서 있다고 할지라도 외부에 대해서는 그 자체로 하나의 거대국가(super-state)에 지나지 않는다. 이런 것이 퍼블릭하다고 간주되고 있는 것이다. 이 책의 다음 챕터(제1부 3장 4절)에서 나는 칸트가 말하는 타자가 합의 따위는 불가능한 미래나 과거의 타자를 포함하고 있음을 지적했다.

82 솔 크립키, 『이름과 필연』, 정대현·김영주 옮김, 서광사, 1986, 29쪽.

83 솔 크립키, 『이름과 필연』, 137쪽.

84* (원주 12) 예컨대 클레멘트 그린버그는 모더니즘을 정의할 때 자신이 최초의 모더니스트로 부른 칸트로 소행하여 생각한다(「모더니즘의 회화」, 『비평공간』 임시증간호 「모더니즘의 하드코어」, 1995년).

85* (원주 13) 「미학의 효용」(〈정본 가라타니 고진집集〉 제4권[『네이션과 미학』, 조영일 옮김, b, 2009])에서 서술한 것처럼, 어떤 사항에 대한 우리의 반응에서 간과하지 말아야 할 것은 '이익(interest)'이라는 관점이다. 허쉬만은 18세기에 이익이라는 관점이 정념보다 우월한 것으로서 출현했다고 말한다(『정념의 정치경제학』[앨버트 O. 허시먼, 『정념과 이해관계: 자본주의의 승리 이전에 등장한 자본주의에 대한 정치적 논변들』, 노정태 옮김, 후마니타스, 2020]) 그로 인해 17세기까지 왕성하게 논의된 '정념론'이 사라지고 말았다. 물론 이것은 상업적인 시민사회의 산물이다. 상품경제는 모든 사용가치의 차이를 괄호에 넣고 그것을 교환가치로 환원시킨다. 미학에서 말해지는 몰관심(disinterested)이란 그런 의미에서 몰沒이익적인 것이다. 하지만 그것은 예술적 가치가 상품적 가치로 바뀌는 것을 방해하지 않는다. 실제로 많은 사람들이 예술작품에 경의를 표하는 것은 단지 가격이 비싸기 때문이다. 칸트는 공리주의에 대한 비판에서 행복을 감정으로 이해하고 있는데, 사실 그것은 이익이

다. 행복주의(공리주의)는 도덕을 이익으로 환원하는 것이다. 공리주의에 근거한 현대의 윤리학은 기본적으로 경제학(신고전파)적이다. '최대 다수의 최대 행복'(벤담)을 어떻게 하면 이룰 수 있는지가 문제이기 때문이다. 그러나 칸트의 행복주의 비판은 감정보다는 이익을 괄호에 넣고 도덕을 본다는 것을 의미한다.

86* (원주 14) 러시아의 형식주의자가 '낯설게 하기ostranenie' 또는 '이화異化'라고 부르는 것은 익숙한 사물을 괄호에 넣는 것을 말한다. 하지만 그것은 예술에 국한되지 않는다.

87 임마누엘 칸트, 『순수이성비판』 2권, 656쪽.

88 임마누엘 칸트, 『실천이성비판』, 백종현 옮김, 아카넷, 2002, 82쪽.

89 임마누엘 칸트, 『순수이성비판』 2권, 740~741쪽.

90* (원주 15) 헤겔 이래로 칸트의 윤리학을 주관적인 것으로 간주하는 비판이 널리 퍼져 있다. 예컨대 막스 베버도 그 중 한 사람이다. 그는 책임윤리와 심정윤리를 구별한다(『직업으로서의 정치』). 심정윤리란 자신이 정의라고 생각하면 그것으로 충분하며 결과가 좋게 나오지 않으면 타인이나 상황 탓으로 돌리는 태도이고, 책임윤리란 결과를 자신의 책임으로 받아들이는 태도다. 베버는 칸트의 윤리학을 심정윤리로 간주하고 있지만, 그것은 천박한 통념에 기반하고 있다. 칸트가 말하는 것은 누군가 스스로를 도덕적이라고 생각할지라도 그것이 현실에서 곧바로 도덕적임을 의미하지 않는다는 것이었다. 머릿속의 100달러가 현실의 100달러이지 않은 것처럼 말이다. 칸트는 결과를 타인이나 상황 탓으로 돌리지 않고 받아들이는 것에서 도덕성을 발견하고 있다.

91 칼 마르크스, 『자본』 I-1, 47쪽.

92* (원주 16) 『자본론』에서는 자본주의의 '경제적·사회적 구성'의 구조를 바꾸는 주체성이 등장하지 않는 것처럼 보인다. 그러나 본서 2부에서 서술하겠지만 마르크스는 자본과 임금노동, 바꿔 말해 화폐나 상품이라는 위치상의(positional) 관계 자체에서 그것이 반전될 수 있는 계기를 발견하고 있다.

93* (원주 17) 구조주의가 주체나 책임에서 벗어나려는 사람들에 의해 환영받은 점을 간과해서는 안 된다. 그리고 그들이 모두 사르트

르에 대해 적대적이었음에 주목해야 한다. 그들은 사르트르를 케케묵은 부르주아적 휴머니스트로 만들고자 했다. 그러나 전쟁 이전의 『존재와 무』[1943. 정소성 옮김, 동서문화사, 2009]에서 인간의 모든 행위는 좌절로 끝난다고 주장한 사르트르가 전후에 '휴머니즘'을 주장하거나 '윤리학'을 쓰고자 한 것은 나치 점령하의 체험 때문이었다. 전후 사람들은 노골적인 나치 협력을 규탄함과 동시에 레지스탕스의 신화를 믿고자 했다. 하지만 사르트르는 공산당 말고 레지스탕스 같은 것은 없었다는 점, 그 자신도 레지스탕스라고 불리는 데에 어울리는 어떤 일도 하지 않았다는 점을 자인했다. 나아가 그는 공산당까지 포함하여 프랑스 지식인들이 무시한 전쟁 이전과 전후의 식민지주의라는 과거를 진지하게 거론하였다. 이런 역사적 문맥에서 볼 때, 주체성을 부정하는 반反사르트르적 구조주의는 프랑스에서 과거에 대한 책임의식을 불식시키는 역할을 수행했고, 그 결과 프랑스의 '자유와 인권'이라는 전통을 자랑하는 자기기만적이며 범용한 '신新철학자'들이 등장했다.

94 임마누엘 칸트, 『실천이성비판』, 98쪽.

95 프리드리히 니체, 『권력에의 의지』, 강수남 옮김, 청하, 1988, 592쪽.

96 테오도르 아도르노, 『부정변증법』, 홍승용 옮김, 한길사, 2001, 364쪽.

97* (원주 18) 예컨대 프로이트는 부모로부터 응석받이로 자란 아이가 매우 강한 초자아, 엄격한 양심을 가지게 되는 사례를 접했을 때, 죽음욕동을 일차적인 것으로 상정함으로써 의문을 풀고자 했다. 즉 프로이트는 양심을 형성하는 것은 준엄한 우월적 타자(외부)가 아니라 공격욕동의 단념—그 심리적 에너지가 초자아에게 인계되어 자아에게 되돌려진다—이라고 생각했다. 동시에 그는 그것이 기존의 생각과 모순되지 않음을 주장한다. "그 두 가지 사고방식 중 어느 것이 옳은 것일까. 발생사적으로 생각하여 매우 완벽하다고 생각한 첫 번째 사고방식인가, 아니면 이론적으로 잘 정돈된 두 번째 사고방식인가. 직접적 관찰의 결과에서도 두 가지 사고방식 모두가 타당하다는 점은 명백하다. 이 둘은 서로 모순되기는커녕 어느 지점에서는 서로 일치하기까지 한다. 왜냐하면 유아의 복수적 공격욕동은 유아가 부모에게서 예상하는 징벌적 공격욕동의 양에

의해서도 좌우될 것이기 때문이다. 그런데 실제로는 유아에 형성된 초자아의 준엄함은 유아 자신이 경험한 보살핌의 준엄함을 반영하고 있는 것이 결코 아니다. 유아와 부모 사이에 직접적 관계가 없는 것처럼 매우 응석받이로 자라난 유아가 매우 준엄한 양심의 소유자가 되는 경우도 있다. 그러나 유아와 부모 사이에 관계가 없다는 점을 과장하는 것도 잘못이다. 엄격한 교육이 유아의 초자아 형성에 큰 영향을 미치는 것은 충분히 이해될 수 있는 일이다."(『문화에의 불만』, 하마카와 사카에 옮김, 〈저작집〉 제3권[지크문트 프로이트, 『문명 속의 불만』, 김석희 옮김, 열린책들, 2020, 323~324쪽]) 따라서 프로이트에게 초자아는 양의적이다. 하지만 어디까지나 『쾌락원칙의 피안』 이후에 생겨난 것은 정신분석적 틀의 변화만이 아니라 문화론적 틀의 변화로 이 두 변화는 분리될 수 없다. 그런 사정은 '문화'가 외재적이고 사회적인 속박이라는 낭만파적 통념을 역전시키는 것이며, 이 역전은 죽음욕동을 가정하지 않고서는 있을 수 없다. 이와 관련하여 나는 「죽음과 내셔널리즘」(〈정본 가라타니 고진집〉 제4권)에서 상세히 서술했다.

98 테오도르 아도르노, 『부정변증법』, 469쪽.

99* (원주 19) 야스퍼스는 전쟁이 끝나자마자 열린 강연(『죄책론』)에서 전쟁책임을 두고 형사적 책임, 정치적 책임, 도덕적 책임, 형이상학적 책임이라는 네 종류로 나누었다. 첫째로 '형사상의 죄'란 전쟁범죄, 곧 국제법 위반을 뜻한다. 이는 뉘른베르크 재판에서 판결이 이루어졌다. 둘째로 '정치상의 죄'란 '국민' 일반과 관계된 것이다. "근대국가에선 누구나가 정치적으로 행동한다. 적어도 선거 시기 투표나 기권을 통해 정치적으로 행동하고 있다. 정치적으로 문제가 되는 책임의 본질적 의미에서 생각하건대, 그런 책임을 회피하는 것은 어느 누구에게도 허락되지 않는다. 정치에 관여한 인간은 이후 형세가 나빠지면 정당한 근거를 들어 자기를 변호하는 게 다반사지만, 정치적 행동에서는 그와 같은 변호는 통하지 않는다."(〈야스퍼스 선집〉 제10권[카를 야스퍼스, 『죄의 문제: 시민의 정치적 책임』, 이재승 옮김, 앨피, 2014, 132쪽]). 즉 파시즘을 지지한 사람만이 아니라 그것을 부정한 사람에게도 정치적 책임이 있다. "'재앙을

간파하기도 했고 예언도 했으며 경고도 했다'고 말하지만, 그런 말에서 행동이 생겨나지 않았다면, 게다가 그런 행동이 성공하지 못했다면 정치적으로 그런 것은 통할 수 없다."[같은 책, 132쪽] 셋째로 '도덕상의 죄'란 오히려 법률적으로는 무죄일지라도 도덕적으로는 책임이 있는 경우를 말한다. 예컨대 자신은 도울 수가 있었는데 도와주지를 못하고, 반대해야 했을 때에 반대하지 못했을 때가 그러하다. 물론 자신이 도와주거나 반대했을 때 살해당할 수 있었기에 죄가 있다고 할 수는 없다. 그러나 도덕적으로는 책임이 있는데, 왜냐하면 해야 할 일(당위)을 다하지 않았기 때문이다. 마지막은 '형이상의 죄'로 야스퍼스는 아도르노의 말과 같은 것을 서술하고 있다. 예컨대 유대인으로서 강제수용소에서 살아 돌아온 사람들은 어떤 죄책감을 품게 되었다. 그들은 자신이 살아남았다는 이유로 죽은 유대인에 대해 마치 자신이 그들을 죽인 것과 같은 죄의 감정을 가진다. 이런 생각은 대부분 이유가 될 수 없기에 형이상의 죄라고 말할 수 있다. 야스퍼스의 이 강연은 거의 알려져 있지 않지만, 전후 독일의 전쟁책임에 대한 처리방식을 규정한 것이다. 이 네 가지 구별은 항상 혼동되기 때문에 필수불가결하다. 하지만 이 지점에 몇 가지 문제가 있다. 야스퍼스는 나치즘을 마치 정신적인 과오이기에 철학적으로 깊이 반성하면 정리될 수 있는 것으로 생각한다. 여기에는 나치즘을 초래한 사회적·경제적·정치적 원인들에 대한 물음이 누락되어 있다. 야스퍼스는 칸트가 말하는 도덕성을 '도덕상의 죄' 레벨에 놓고 '형이상의 죄'를 좀 더 고매한 것으로 간주했다. 그러나 칸트가 말하는 도덕성은 근본적으로 메타피지컬한 것이다. 동시에 그것은 '책임'에서 벗어나 '자연'(인과성)을 철저히 탐구해야 한다는 생각과 모순되지 않는다.

100* (원주 20) 데리다가 그것을 말한 것은 폴 드 만의 나치 협력에 대한 '책임'을 묻는 사람들에 대해서였다. 'Like the Sound of the Sea Deep within a Shell: Paul de Man's War', in *Responses: On Paul de Man's Wartime Journalism*, edited by Werner Hamacher, Tom Keenan, Neil Hertz, University of Nebraska Press, 1989(「조개껍질 깊숙이 잠긴 파도소리처럼」, 『현대사상』 임시증간호, 〈총특

집 파시즘〉 1989년 4월).

101 쇠얀 키에르케고어, 『사랑의 역사[役事]』, 임춘갑 옮김, 치우, 2011, 632쪽.

102 임마누엘 칸트, 「추측해 본 인류 역사의 기원」, 『칸트의 역사철학』, 94쪽.

103* (원주 21) 칸트는 흄과 라이프니츠 사이만이 아니라 에피쿠로스적인 우연성과 아리스토텔레스적인 목적론 사이에서도 생각했다. "우리는 그 경우에 작용하는 다양한 원인의 집합을 에피쿠로스풍의 생각에 따라, 그러니까 여러 국가들은 물질의 미진微塵과 같이, 다시 말해 원자와 동일하게 우연적인 충돌을 통해 온갖 형태를 취하지만 그 형태들은 다시금 새로운 충돌에 의해 파괴되며 그런 과정이 몇 번이고 반복된 끝에 언젠가는 그 형상을 오래도록 보존할 수 있는 형태를 획득하게 된다는 식으로(이는 도저히 일어날 수 없을 것 같은 요행이다) 생각해도 좋은 것일까."(「세계시민적 견지에서 구상해 본 일반사」, 『계몽이란 무엇인가』[「세계 시민적 관점에서 본 보편사의 이념」, 『칸트의 역사철학』, 35쪽]) 한편 칸트는 에피쿠로스적인 견지에 입각해 역사를 목적론적으로 보는 일을 거부하는 동시에 생명(유기체)에 관한 목적론적 견지를 탐색하는 일이 규제적 이념(초월론적 가상)으로만 허용된다고 생각했다.

104 임마누엘 칸트, 「세계 시민적 관점에서 본 보편사의 이념」, 28쪽.

105* (원주 22) Herman Cohen, *Einleitung mit kritischem Nachtrag zur neunten Auflage der Geschichte des Materialis-mus von Friedrich Albert Lange*, S. 112ff. Ethik des reinen Willens[1904], S. 217ff.

106* (원주 23) 현재의 윤리학에서 우세한 것은 칸트가 부정한 공리주의다. 공리주의는 선善을 이익으로 계산할 수 있는 것처럼 간주한다. 그러므로 윤리학은 경제학으로 환원된다. 물론 그것은 자본주의 경제를 긍정하는 입장의 사고라 할 수 있다. 이와 달리 칸트로 돌아가 생각한 존 롤스는 '사회적 정의'를 주장했다. 하지만 그것은 결국 누진과세에 근거한 부의 재분배를 통해 사회적 불평등을 해소하는 것으로, 기껏해야 복지국가나 사회민주주의의 원리를 제공

할 뿐이다. 이는 공리주의를 넘어선 것이 아니다. 거기에는 '타자를 수단으로서만이 아니라 동시에 목적으로서 다루는' 사회로의 지향이 결여되어 있다. 하지만 1980년대에 들어서 롤스가 '칸트적 구성주의'를 주장하기 시작했을 때 어떤 결정적인 변화가 일어났다는 생각이 든다(『정의론』, 프랑스어판 서문). 롤스는 자본주의를 전제로 삼은 사회민주주의적인 부의 재분배라는 사고방식을 부정하면서 그와 같은 부의 재분배가 불가결한 부의 편중상태를 초래한 시스템 자체를 변화시켜야 한다고 생각했다. 즉 '재산소유의 민주제'를 '자본주의에 대한 대체 방안'으로 설파하기 시작했다. 그는 그것을 '리버럴한 사회주의'라고 부른다. 하지만 그것은 프루동이나 마르크스가 생각하고 있던 코뮤니즘(어소시에이션)과 그리 다른 것이 아니다. 물론 롤스가 말하는 것은 추상적인 의견에 불과하며 구체적으로는 아무것도 제시하지 않는다. 하지만 그가 그런 식으로 생각하게 되었다는 점은, 윤리를 선악이나 행복·이익와 같은 것이 아니라 '자유'에서 발견한 칸트로 돌아가 사고한 이상 불가피하게 코뮤니즘(어소시에이션)에 도달할 수밖에 없었다는 사실을 보여주는 현대의 한 가지 사례라고 할 수 있다.

107* (원주 24) 그렇지만 그것이 국제연합을 가볍게 본다는 것을 의미하지 않는다. "자연은—처음에는 불완전한 시도에 그칠지라도 끝내 여러 국가들을 강요하여—국가의 황폐나 전복 또는 국력의 전반적인 소모까지 거듭 경험한 이후라 할지라도 미개인의 무법률상태를 벗어나 국제연합이 결성되게 만든다."(「세계시민적 견지에서 구상해 본 일반사」 제7명제[「세계시민적 관점에서 본 보편사의 이념」, 34쪽]) 실제로 두 번에 걸친 20세기의 세계전쟁이라는 참화가 국제연맹이나 국제연합을 결성시켰다. 사람들은 칸트의 이념이 거기에 투영되어 있음을 본다. 그것은 특별히 잘못은 아니다. 그러나 현재의 국제연합이 칸트의 '세계공화국의 이념'에서 매우 멀리 떨어져 있음을 잊어서는 안 된다. 이 문제에 관해서는 나의 논문 「죽음과 내셔널리즘」(〈정본 가라타니 고진집〉 제4권)을 참조하기 바란다.

108 임마누엘 칸트, 「세계시민적 관점에서 본 보편사의 이념」, 38쪽.

109 임마누엘 칸트, 「세계시민적 관점에서 본 보편사의 이념」, 40쪽.

110 칼 마르크스, 「헤겔 법철학 비판 서문」, 20쪽. 가라타니가 앞서 인용했던 것과는 약간 다름.

제2부 마르크스

111 르네 데카르트, 『방법서설』, 53쪽.
112 임마누엘 칸트, 『실용적 관점에서 본 인간학』, 홍우람·이진오 옮김, 한길사, 2021, 21쪽의 각주.
113* (원주 25) 이후 알튀세르는 「존 루이스에 대한 회답」(『역사·계급·인간』, 사카가미 타카시, 니시카와 나가오 편집/번역) 및 「자기비판의 기초」(『자기비판』, 니시카와 나가오 옮김)에서 그 자신은 마르크스의 '인식론적 단절'이 단 한 번으로 국한된다고 말할 생각은 없었지만, 그렇게 읽힌다고 해도 어쩔 수 없는 경향이 있었음을 인정하고 있다.
114 칼 마르크스, 「헤겔 법철학 비판 서문」, 7~8쪽.
115 칼 마르크스, 「헤겔 법철학 비판 서문」, 9쪽.
116* (원주 26) 여기서 마르크스가 드러낸 양의성은 이후 마르크스주의자 가운데 유물론자(materialist)와 형식주의자(formalist) 간의 대립으로 드러난다. 형식주의자는 현상을 구성하는 '능동적 측면'에 주목한다. 이 점에서 그들은 관념론자라는 오해를 받기도 하지만, 그들은 그 '능동적 측면'의 소재(material)인 언어적 형식을 내걸었다. 이 역시도 일종의 유물론이다. 이 점을 가볍게 보면 마르크스주의란 경험론이 될 뿐이다. 한편 형식주의자가 경험의 내용을 부여하는 외부성을 배척할 때 그것은 관념론이 되고 만다. 이는 1970년대의 텍스트론자들에게서 일어난 일이다. 하지만 그런 문제는 '칸트적 전회'에 이미 나타났다고 할 수 있다. 칸트는 합리론을 두고 경험이 결여된 사고라고 비판했을 뿐만 아니라 경험론을 두고 그것이 확실한 출발점으로 삼는 감각 데이터가 이미 일정한 형식에 의해 구성되어 있음을 비판했다. 이 경우 칸트가 감성형식이나 지

성범주의 선행성을 강조했을 때, 언어적 물질성(materiality)을 말하고 있었다고 봐도 좋다. 하지만 그는 동시에 우리가 어떻게 생각하든 물物(자체)이 있다고 생각했다. 따라서 레닌은『유물론과 경험비판론』[1909. 박정호 옮김, 돌베개, 1992]에서 마흐주의자나 신칸트파가 형식의 능동성을 중시함으로써 물物이 있다는 사실 자체를 배척했다고 비판하면서 칸트 쪽이 오히려 유물론적이었다고 서술한 것이다. 그럼에도 마르크스가『자본론』에서 고전경제학에 항상 은폐되어 있는 상징적 형식―가치형태―의 물질성을 중요하게 보았던 것에 반해, 레닌은 포멀리스트적인 물질성을 무시하고 유물론을 소박한 경험론에 가까운 것으로 간주하고 말았다.

이 지점에서 최근 칸트를 조금도 언급하지 않고 행해진 '칸트적 전회', 또는 마르크스를 조금도 언급하지 않고 행해진 '마르크스적 전회'의 눈부신 사례로 주디스 버틀러의『신체야말로 문제다』(Bodies That Matter, Routledge, 1993)를 꼽고 싶다. 그녀는 이전 저작『젠더 트러블』에서 섹스/젠더의 구별과 관련하여 문화적·사회적 카테고리로서의 젠더를 중시했다. 이는 생물학적으로 보였던 성별을 의심할 때 불가결한 과정이었다. 하지만 그것은 거꾸로 관념으로 인도된다. "만약 젠더가 성性의 사회적 구축물이라면, 그리고 그런 구축에 의해서만 '성'에 가까워질 수 있다면, '성'은 젠더에 흡수되고 말 뿐만 아니라 직접적으로 접근할 수 없는 전前언어적인 장에서 레트로엑티브하게[소급적으로] 설정되는 어떤 허구와도 같은 것, 아마도 판타지와 같은 것이 되는 듯 보인다."(Bodies That Matter) 하지만 sex(body)에는 사회적 카테고리를 바꾸는 것만으로 어떻게 할 도리가 없는 것이 있다. 버틀러는 그런 언어론적 관념론에서 '유물론'으로 전회한다. 바꿔 말해 sex(body)를 gender(category)가 흡수할 수 없는 '외부'(outside)로서 다시 도입한다. 물론 그때 그녀는 그저 생물학적인 신체(감각)로 돌아간 것이 아니며 그런 외부도 신체(감성형식)에 의해 구성되는 것―그렇지만 그것은 사회적 카테고리에 따라서는 소여성[주어지는 것]으로 드러난다―임을 발견한다. 바꿔 말하자면, 버틀러는 이제까지의 관념론적 사고와 경험론적 사고 둘 모두를 비판하는 입장을 제기한 것으로 이것을 두고 '유

미주

물론'이라고 부르고 있다. 중요한 점은 그와 같은 '유물론'이 이동으로서의 '비판' 없이는 불가능하다는 사실이다.
117 칼 마르크스, 「포이어바흐에 관한 테제」, 최인호 옮김, 『칼 마르크스, 프리드리히 엥겔스 저작선집』 1권, 박종철출판사, 1990, 185쪽.
118 마르크스·엥겔스, 『독일 이데올로기 I』, 214쪽.
119* (원주 27) 히로마쓰 와타루 편집, 『독일 이데올로기』, 1974년.
120* (원주 28) 마르크스와 엥겔스는 이렇게 쓰고 있다. "우리가 출발하는 여러 전제들이란 결코 마구잡이식이 아닐뿐더러 교조적인 것도 아니다. 그것은 공상 속에서만 무시될 수 있는 현실적인 여러 전제들이다. 그것은 현실적인 여러 개인들이고 그들의 행위와 그들의 물질적 생활조건들—기존에 있는 것이든 그들 자신의 행위에 의해 새로 산출된 것이든—이다. 그런 까닭에 그 조건들은 순수하게 경험적인 방법으로 확인할 수 있는 것이다. 물론 모든 인간의 역사에서 최초의 전제는 살아있는 인간적 개체들의 존재다. 그러므로 처음으로 확인해야 할 사태란 개인들의 신체적 조직과 그것에 의해 주어지는 그들과 자연의 관계다. 여기서 우리가 인간 육체의 특성이나 인간이 직면한 자연의 조건들에 대해, 즉 지질학적·산수지山水誌적·풍토적이거나 그 이외의 다른 관계들에 물론 발을 들여놓을 수는 없다. 모든 역사서술은 자연적 기초들과 역사과정에서의 인간 행위를 통한 기초들의 변형에서 출발하지 않으면 안 된다."[『독일 이데올로기 I』, 58쪽] 역사적 유물론자는 그렇게 '순수하게 경험적인 방법'으로 확인할 수 있는 것을 확인하지 않은 채 '교조'적으로 역사를 구성해왔다. 앞의 문장들에서 마르크스와 엥겔스가 '발을 들여놓을 수 없다'고 한 기초적 영역에서 출발하여 역사서술을 시도한 것은 아날학파였다. 마르크스주의자가 아날학파를 거부할 이유는 없다. 하지만 그렇다고 이 학파를 마르크스를 넘어선 기획으로 봐야 하는 것도 아니다. 이런 기획은 어떤 의미에서 '역사적 유물론'을 철저하게 만든 것이기 때문이다. 그것은 마르크스가 『자본론』에서 끈질기게 탐구한 것과 관계가 없다.
121 애덤 스미스, 『도덕감정론』, 박세일 옮김, 비봉출판사, 2009, 660쪽.
122 마르크스·엥겔스, 『독일 이데올로기 I』, 57쪽.

123 칼 마르크스 · 프리드리히 엥겔스, 『신성가족』, 편집부 옮김, 이웃, 1990, 224쪽.

124 마르크스 · 엥겔스, 『독일 이데올로기』 1권, 140쪽.

125 칼 마르크스, 「루이 보나파르트의 브뤼메르 18일」, 162~163쪽.

126* (원주 29) 켈젠은 이렇게 쓰고 있다. "사람들은 마치 의회주의에서도 민주주의적 자유의 이념이, 그리고 그 이념**만이** 일관되게 표현될 수 있는 것 같은 외관을 환기시키기를 원한다. 이 목적을 위하여 **대표라는 의제**擬制가 도움이 된다. 그것은 의회만이 국민의 **대표자**이며 국민은 자신의 의지를 의회에서만, 의회에 의해서만 발표할 수 있다는 사상이다. 그렇지만 실상은 그와 반대로 의회주의의 원리는 모든 헌법에서 예외 없이 의원이 유권자에게 **어떤 구속적 지령**도 받을 필요가 없으며, 기능의 차원에서 **국민으로부터 법률상 독립**되어 있다는 규정과 결합되어 있다. 일반적으로 근대 의회는 국민에 대한 의회의 독립선언을 통해 비로소 성립하는 것이기에, 주지하다시피 명령적 위임(Imperative Mandate, 선거인단의 지시)에 구속되어 그것에 책임을 지던 과거의 신분대표 집회와는 명확히 분리된다."(『데모크라시의 본질과 가치』[한스 켈젠, 『민주주의 본질과 가치』, 한태연 · 김남진 옮김, 법문사, 1961, 44~45쪽])

127 칼 마르크스, 「루이 보나파르트의 브뤼메르 18일」, 197쪽.

128 칼 마르크스, 「루이 보나파르트의 브뤼메르 18일」, 247쪽.

129 칼 마르크스, 「루이 보나파르트의 브뤼메르 18일」, 59쪽: "나는 어떻게 프랑스에서 **계급투쟁**이 우스꽝스런 보통 사람으로 하여금 영웅으로 행세할 수 있게 했던 환경과 정세를 만들어냈는지를 보여주고자 한다."

130 칼 마르크스, 「루이 보나파르트의 브뤼메르 18일」, 161쪽.

131* (원주 30) 히로마쓰 와타루는 『마르크스주의의 이로理路』 및 『엥겔스론』 등에서 역사적 유물론의 형성과 관련하여 '제1바이올린'을 켰던 이는 엥겔스였다고 강조한다. 나는 이 의견에 동의하지만, 그 동의는 히로마쓰의 주장과는 반대로 엥겔스의 중요성을 말하기 위한 것이 아니라 마르크스의 본령이 그런 역사적 유물론에 있지 않음을 말하기 위한 것이다. 『브뤼메르 18일』과 거의 동일한 시기

에 작성된 엥겔스의 『독일농민전쟁』에는 그가 말하는 '역사의 법칙'이 제시되어 있다. 그런데 이 책이 『브뤼메르 18일』과 비교가 불가능한 이유는 엥겔스가 마르크스의 문학적 '천재'를 가지지 못했다는 데에 있는 것이 아니라 표상시스템에 관한 인식을 결여하고 있었다는 데에 있다.

132 칼 마르크스, 「루이 보나파르트의 브뤼메르 18일」, 267쪽.

133* (원주 31) 나는 1930년대에 자본주의의 전반적 위기에서 생겨난 정치적 형태를 보나파르티즘이라는 관점에서 봐야한다고 생각한다. 그것은 독일, 이탈리아, 일본의 현상에 머무는 게 아니다. 예컨대 아메리카의 루스벨트 대통령은 정당의 의미가 사라져버릴 정도로 자본가만이 아니라 노동자로부터 남부 농민과 마이너리티에 이르기까지 모든 계급의 지지를 얻었다. 그와 같은 존재는 아메리카의 대통령들 가운데 처음이자 아마도 마지막일 것이다. 그는 국내에서 '뉴딜'을 행했을 뿐만 아니라 아메리카를 고립주의에서 적극적인 제국주의적 세계정책으로, 따라서 전쟁 참여 쪽으로 전환시켰다.

134 지크문트 프로이트, 『새로운 정신분석 강의』, 홍혜경·임홍빈 옮김, 열린책들, 2020, 20~21쪽.

135 칼 슈미트, 『현대 의회주의의 정신사적 상황』, 나종석 옮김, 2012, 길, 36쪽; 37쪽.

136 장-자크 루소, 『사회계약론』, 김영욱 옮김, 후마니타스, 2018, 35쪽; 36쪽: "주권은 일반의지의 행사일 뿐이기에 결코 양도될 수 없으며, 주권자는 집합적 존재일 뿐이기에 오직 그 자신에 의해서만 대표될 수 있다. 힘을 이전하는 것은 가능하지만, 의지는 그렇지 않다." "인민이 무턱대고 복종하기로 약속한다면 이 행위만으로 인민은 해산되며 인민의 자격을 잃는다. 주인이 존재하는 순간 더 이상 주권자는 없으며, 그 즉시 정치체는 파괴된다."

137* (원주 32) 하이데거의 다음과 같은 연설을 보자. "독일의 교직원 여러분, 독일 민족공동체의 동포 여러분. 지금 독일민족은 수상에게 한 표를 던지도록 호소 받고 있습니다. 단 수상은 민족에게서 무언가를 받으려는 것이 아닙니다. 오히려 수상은 민족 전체가 본래의 존재양태로 있고자 하는가 그렇지 않은가라는 지고의 결단을

여러분 각각이 내릴 수 있는 직접적 기회를 민족에게 주고 있습니다. 그러므로 민족이 내일 선택하려는 것은 바로 자기 자신의 미래입니다."(「아돌프 히틀러와 국가사회주의체제를 지지하는 연설」 1933년, 이시미츠 야스오 옮김, 『현대사상』 1989년 7월호)

138 칼 마르크스, 「루이 보나파르트의 브뤼메르 18일」, 265쪽.

139 칼 마르크스, 「루이 보나파르트의 브뤼메르 18일」, 266쪽.

140 데이비드 리카도, 『정치경제학과 과세의 원리에 대하여』, 권기철 옮김, 책세상, 2019, 61쪽.

141 칼 마르크스, 『자본』 I-1, 212~213쪽.

142* (원주 33) 공황은 17~18세기의 네덜란드나 영국에서 종종 발생하고 있다. 그 가운데서도 유명한 것은 1634~1637년 네덜란드의 여러 도시들에서 일어났던 튤립 공황이다. 물론 그것은 투기의 결과로서의 금융공황이다. 하지만 그렇다고 해서 그 공황을 표층적·우발적이라고 말할 수는 없다. 1819년 이후 산업자본에서의 주기적인 공황도 일단 금융공황으로 나타났고 우발적인 것으로 간주되었다. 신용과 투기는 산업자본주의에서 그저 부차적인 것이 아니다. 나아가 더 주목해야 할 것은 17세기 네덜란드나 영국의 공황이 이미 '세계공황'이었다는 점이다.

143 칼 마르크스, 『자본』 II, 강신준 옮김, 길, 2010, 75쪽. 대괄호 속의 문장은 엥겔스가 삽입한 것임. 뒤에 통째로 1회, 부분적으로 2회 더 인용되는 이 한 대목의 국역본 문장은 다음과 같다: "이 정식은 화폐가 여기에서 화폐로 지출되는 것이 아니라 선대先貸될 뿐이라는 사실, 즉 그것이 단지 자본의 화폐형태일 뿐이라는 사실을 나타낸다. 또한 그것은 이 운동의 결정적인 자기목적이 사용가치가 아니라 교환가치라는 것을 나타낸다. 가치의 화폐형상이 독립적인 가치의 현상형태라는 바로 그 이유 때문에, 그 시발점과 종점이 화폐인 유통형태 $G\cdots\cdots G'$은 자본주의적 생산의 추진 동기를 가장 생생하게 표현한다. 생산과정은 돈벌이를 위해서 불가피한 필요악으로 나타난다{그러므로 자본주의적 생산양식 하에 있는 모든 나라는 주기적으로 생산과정의 매개 없이 부를 늘리고자 하는 망상에 사로잡히게 된다}."

미주

144 칼 마르크스, 『정치경제학 비판을 위하여』, 김호균 옮김, 중원문화, 2007, 153~154쪽.

145 1821년 출간. 앞서 언급된 『법의 철학』은 이와나미판 일역본의 제목임. 이하 본문과 원주에서는 『법권리의 철학』(부제는 '자연법적 권리 및 국가학의 기본스케치', 미우라 카즈오 외 옮김)만 언급·인용됨.

146* (원주 34) 마르크스는 『자본론』의 서두에서 자본제 경제의 사회적 부는 '방대한 상품의 집적'으로 나타난다고 썼다. 하지만 이 상품에는 자본(주식)도 포함된다. 즉 그와 같은 시원으로서의 상품은 단순한 물건이 아니라 자본 자체를 포함하지 않으면 안 된다. 계급에서 끝나는 현존하는 『자본론』의 구성은 그런 점에서 수미일관적이지 않다. 스즈키 고이치로는 『경제학원리론』(전2권, 1960~1962년)에서 『자본론』을 논리적으로 재구성하면서 상품이 주식자본(자본상품)에 이르러 자기회귀적인 발전을 이룬다는 점을 보여주었다.

147 칼 마르크스, 『데모크리토스와 에피쿠로스 자연철학의 차이』, 고병권 옮김, 그린비, 2010, 32쪽.

148 칼 마르크스, 『자본』 I-1, 44쪽.

149 칼 마르크스, 「모젤 통신원 아무개에 대한 변호」, 『마르크스의 초기 저작: 비판과 언론』, 전태국 외 옮김, 열음사, 1996, 284쪽.

150 칼 마르크스, 「고타강령 초안 비판」, 384쪽.

151 칼 마르크스, 「프랑스 내전」, 348쪽.

152 관건이 되는 협동조합을 주식회사와 비견하는 맥락에서 인용된 이 문장의 원래 맥락을 보강해 놓는다: "그 자체 사회적 생산양식에 기초해 있으면서 생산수단과 노동력의 사회적 집적을 전제로 하는 자본이, 여기 주식회사에서는 직접적으로 사적 자본과 대립하는 사회적 자본(직접적으로 결합된 개인들의 자본)의 형태를 취하고, 그런 자본의 기업들은 사회적 기업으로서 사적 기업과 대립하여 나타난다. 그것은 곧 자본주의적 생산양식 그 자체 내부에서 사적 소유로서의 자본을 지양하는 것이다."(칼 마르크스, 『자본』 III-1, 강신준 옮김, 길, 2010, 585~586쪽)

153 칼 마르크스, 『자본』 I-2, 강신준 옮김, 길, 2008, 1022쪽. 이 대목과 관련된 마르크스의 문장은 다음과 같다: "그렇게 자본주의적 사적 소유의 조종이 울린다."(1022쪽)

154 피에르 조제프 프루동, 『소유란 무엇인가』, 이용재 옮김, 아카넷, 2015, 414쪽.

155 막스 슈티르너, 『유일자와 그의 소유』, 박종성 옮김, 부북스, 2023, 77쪽.

156 막스 슈티르너, 『유일자와 그의 소유』, 76쪽.

157 막스 슈티르너, 『유일자와 그의 소유』, 257쪽.

158* (원주 35) 이 지점에서 오해를 사는 것은 슈티르너가 유일자의 사례로서 라파엘로와 같은 예술가의 이름을 거론했기 때문이다. 예컨대 마르크스는 『독일 이데올로기』에서 라파엘로의 작업이 타자의 선행 작업과 사회적 분업 없이는 불가능했다는 사실을 지적하고 있다. 이는 오늘날식으로 말하자면 저자는 죽었고 창작이란 '인용의 직물織物'에 불과하다는 지적과 같다. 그럼에도 우리가 어떤 작품을 두고 저자의 이름으로 부를 수밖에 없는 이유는 그 작품이 '저자'의 '소유'이기 때문이 아니다. 어떤 작품이 다양한 인용의 직물이라고 할지라도 그것들이 실제로 특정한 짜임새를 이루고 있다는 사실의 일회적 존재방식은 고유명으로 부르지 않고서는 달리 제시될 수 없기 때문이다. 내가 이 책에서 논하고 있는 '마르크스'도 물론 그와 같은 고유명으로서 존재한다. 실제로 마르크스의 작업은 선행 저작들이나 그와 동시대의 저작들 없이는 있을 수 없는 것이었는데, 이것이 마르크스의 '유일성'을 지우는 것은 아니다.

159 막스 슈티르너, 『유일자와 그의 소유』, 56~57쪽.

160* (원주 36) 프루동의 사회주의는 윤리-경제적이었다. 그는 다음과 같이 말한다. "백만 개의 법률들 말고 단 하나의 법률만으로 충분하다. 그런데 이 하나의 법률이란 어떤 것일까? **타인이 당신에게 하지 않았으면 하는 일은 당신도 타인에게 행하지 말라.** 타인이 당신에게 해주었으면 하는 일이라면 당신도 타인에게 행하라. 이것이 바로 그 법률이며 예언자이다. 분명 그것은 이제 법률이 아니며 정의의 기본적 방식, 모든 행동의 준칙이다."(『19세기 혁명의 일반이

념』, 〈세계의 명저〉 제42권, 와타나베 가즈 옮김) 그러나 이 '준칙'이란 칸트가 말한 도덕법칙과 다른 것이 아니다. 프루동은 그것을 추상적으로 말하지 않고 교환 자체가 윤리적일 수 있을 어소시에이션을 구상한 것이다. 물론 칸트도 도덕법칙을 실현할 수 있을 경제 시스템을 생각하고 있었다. 그렇게 본다면 슈티르너의 프루동 비판은 그 '윤리'라는 차원을 보다 철저히 하고자 한 것이고, 마르크스의 프루동 비판은 그 '경제'를 보다 철저히 하고자 한 것이라고 말할 수 있다. 하지만 그런 사정들은 서로 분리될 수 없다. 이런 의미에서 사회주의의 문제를 칸트로 거슬러 올라가 생각할 필요가 있는 것이다.

161* (원주 37) 슈티르너가 말하는 유일성(Eigenlichkeit)은 키르케고르라면 단독성(Einzelheit)이라고 부를 것이다. 슈티르너는 에고이스트만이 연합을 형성할 수 있다고 생각했다. 그것은 키르케고르가 단독자만이 진실로 그리스도교도일 수 있다고 말한 것과 같다. 키르케고르는 현실에 존재하는 그리스도교회에는 그리스도교가 존재하지 않는다고 말한다. 그에게 그리스도교는 무엇보다도 '윤리b'에 존재하는데, 그것은 그리스도교회의 '윤리a'와 다른 것이다(『철학적 단편』). 따라서 슈티르너의 그리스도교에 대한 공격과 키르케고르의 교회에 대한 옹호의 차이보다 그들이 말하는 바의 동일성에 주목해야 한다. 키르케고르는 『이것이냐 저것이냐』를 1843년에 출판했다. 슈티르너와의 동시대성은 명확하다. 그들은 따로 헤겔 철학의 개-유個-類의 회로를 벗어나고자 했다. 한편 헤겔 좌파는 헤겔의 관념론을 비판했지만 결국엔 헤겔적 사고에 머물렀다. 우리는 마르크스에게서 유물론적이면서 개-유의 회로에서 탈출을 감행하는 자를 발견해야 한다.

162 막스 슈티르너, 『유일자와 그의 소유』, 485쪽: "그대는 연합 속으로 그대의 모든 힘, 그대의 능력을 가져와 **자신을 가치 있게 만든다**. 그러나 사회에서 그대는 그대의 노동력 덕택에 **고용된다**. 그래서 연합에서 그대는 자기답게 살고, 사회에서는 인간답게, 그러니까 독실하게 '신의 신체를 이루는 일원'으로 살아간다. 그대는 사회에 그대가 갖고 있는 것을 빚지고 있고 사회에 의무가 있으며 '사회적

의무'에 정신을 빼앗겨 있다."
163 마르크스·엥겔스, 『독일 이데올로기 I』, 김대웅 옮김, 두레, 1989, 58쪽: "우리가 출발점으로 삼는 전제는 자의적인 전제도 아니고 도그마도 아니다. 그것은 오직 상상 속에서만 도외시될 수 있는 현실적인 전제이다. 그것은 현실적 개인들 및 그들의 행위이며, 그리고 이미 존재하는 것과 그들 자신의 행위를 통해 산출된 것을 비롯한 그들의 물질적인 생활 조건들이다."
164* (원주 38) 슈티르너는 "나는 무無[Nichts] 위에다가 나의 일들을 붙박아 놓았다[stellen]"라는 말로 『유일자와 그 소유』를 마무리하고 있다. 이는 아르놀트 루게의 "나는 모든 것들을 역사 위에다가 놓는다"(『서간집』)라는 말을 비튼 것이다. 슈티르너의 말은 역사적 관계들에 의해 규정되는 '나'가 아니라 그런 관계들을 결여한, 따라서 '무無'인 '나'의 실존에서 출발함을 가리킨다. [역자: 관련 한 대목을 인용해 놓는다: "나는 내 힘의 소유자이다, 그것도 내가 나 자신을 **유일한 나**로 알고 있을 때 그러하다. **유일한 나** 속에서 소유자 자신은 자신이 태어난 창조가 깃든 무無로 되돌아간다. 그것이 신이든 **인간**이든 내 위에 있는 더 높은 모든 본질은 나의 유일성이라는 의식을 약하게 한다."(막스 슈티르너, 『유일자와 그의 소유』, 565쪽)」
165* (원주 39) 안토니오 네그리와 펠릭스 가타리는 "코뮤니즘이란 단독성[singularity]의 해방이다"라고 말한다(*Communists Like Us*, Autonomedia, 1990). 이는 슈티르너와 마르크스의 관점을 대립시키지 않고 코뮤니즘이라는 전망에서 이 둘을 종합한 것이다.
166 칼 마르크스, 『철학의 곤궁』, 이승무 옮김, 지만지, 2018, 33~34쪽.
167* (원주 40) 바쿠닌의 비밀결사론에서 네차예프 같은 인물이 나타났다고 해도 이상하지 않다. 네차예프는 예컨대 다음과 같이 썼다. "한 사람 한 사람의 동지 주위에는 제2의, 제3의 혁명가가 몇 사람 더 있어야 한다. 이들 혁명가는 혁명에 완전히 몸을 맡기지 않은 사람들이다. 혁명가는 사람들을 자신의 관리하에 있는 공통의 혁명적 자본 중 일부로 간주해야 한다. 그는 자기가 가진 자본의 몫을 언제나 최대의 이익이 도출될 수 있도록 경제적으로 사용해야 한다."(『혁명가의 교리문답』) 네차예프는 이런 원칙에 따라 러시아에서 비밀

결사를 결성하고 내부에서 동지를 살해했다. 이 사건이 세상에 알려진 뒤, 바쿠닌은 네차예프의 사고방식을 근본적으로 부정하는 편지를 쓰고 있다. 그런데 바쿠닌의 뜻에 반하는 것이었지만 네차예프 사건이 바쿠닌의 조직론 자체에서 발생했다는 것을 부정할 수는 없다. 예컨대 레닌의 전위당 이론에서 필연적으로 스탈린주의가 발생했다고 보면 말이다. 바쿠닌을 포함하여 1840년대 러시아의 사회주의운동은 포이어바흐의 영향에서 시작되었다. 청년 도스토옙스키도 그에 관여한 탓에 시베리아 유형에 처해졌다. 이후 그가 네차예프 사건에 촉발되어 『악령』을 썼음은 물론인데, 혁명정치를 향한 그의 통찰은 마르크스주의자가 아니라 아나키스트의 운동에서 유래한다는 점에 주의해야 한다. 그런 사정이 20세기 마르크스주의자의 운동에도 타당하다면, 그것은 마르크스주의자만이 아니라 아나키즘에도 공통된 문제였다는 점을 의미한다. 아나키스트는 '이성'의 지배를 부정한다. 그러나 '이성'에 의해서만이 '이성' 비판이 행해질 수 있다는 패러독스를 잊어서는 안 된다. 예컨대 베르그송의 '지성' 비판도 이성에 의한 이성 비판을 보여주는 한 가지 형태다. 이런 패러독스가 망각되면 직관이나 생명의 우위가 단적으로 주장된다. 그런데 그것은 사실 다른 형태를 취한 '이성의 월권'이다. 예컨대 소렐은 베르그송에 근거하여 국가권력을 force, 노동자 총파업을 violence라고 부른다[『폭력에 대한 성찰』(1908), 이용재 옮김, 나남, 2007]. 소렐은 전자가 억압적인 지성이며 후자는 생생의 약동이라고 말한다. 하지만 그의 이론이 결실을 맺은 것은 오히려 무솔리니의 파시즘에서였는데 이는 우연이 아니다.

168* (원주 41) 아나키스트는 지식인에 의한 지도를 싫어하며 '당黨'을 거부한다. 특히 아나르코 생디칼리스트는 자신들의 운동이 노동자 자신의 운동이라는 점에 자부심을 느끼고 있었다. 그러나 노동자라 할지라도 실제로는 지식인이며 '당'이라고 할 수 있는데, 트로츠키는 그것이 가진 자기기만을 지적한다. "프랑스 생디칼리즘은 (…) 과거는 물론 현재도 조직과 이론의 수준에서 당과 동일한 것이었다. 그런 까닭에 프랑스 생디칼리즘은 자신의 고전적인 시기(1905~1907)에 '집합적 프롤레타리아트'의 이론이 아니라 '능동적 소수

파'의 이론에 이르렀다. 사상의 통일을 통해 결합된 능동적 소수파가 대체 당이 아니라면 무엇이겠는가. 다른 한편으로 노동조합 대중조직이라는 것이 계급의식이나 능동적 소수파를 포함하지 않는다면 그저 순수하게 형식적이며 무의미한 조직이 될 수밖에 없지 않겠는가."(「노동조합과 공산주의」, 『노동조합론』[레온 트로츠키, 『노동조합투쟁론』, 서상규 옮김, 풀무질, 2002. 정확히 대응되는 문장은 찾을 수 없다. 중심 논리와 키워드는 이 국역본의 2부 「공산주의와 조합주의」(1923~1931)에서 반복된다: 역자]) 물론 이런 지적은 트로츠키나 레닌이 말하는 집권적 '당'이 정당하다는 것을 의미하지 않는다. 의심스러운 것은 집권적인 당을 거절할 것인가 수용할 것인가 하는 양자택일의 선택지밖에 없다고 보는 사고방식이다. 그것은 관료제 전부를 거절할 것인가 전면적으로 수용할 것인가라는 선택지밖에 없다고 보는 사고방식과 같다. 우리가 생각할 지점은 지식인의 지도, 대표제, 관료제를 불가피한 것으로 인정한 상태에서 그것의 위계적 고착화를 저지할 수 있는 시스템을 발견하는 것이다.

169* (원주 42) 엥겔스는 마르크스에게 있던 어소시에이셔니즘의 요소를 말소시키고 말았다. 이는 의도적인 것이다. 마르크스의 『고타강령 비판』, 나아가 러시아 나로드니키 활동가 자술리치에게 보낸 편지 등에는 그가 어소시에이션(생산-소비협동조합)을 얼마나 중요하게 보고 있었는지가 명확히 제시되어 있다. 그런데 마르크스 사후 엥겔스는 이런 문헌을 역사적 상황이 변했기에 이제 타당하지 않다는 단서를 달아 발표했다. 또 엥겔스는 마르크스가 프루동파나 러시아의 나로드니키(아나키스트)를 평가한 것을 두고 그저 전술적인 동기에서 기인한 것에 지나지 않다는 것을 넌지시 암시하고 있다. 요컨대 엥겔스는 마르크스에게 있던 어소시에이셔니즘을 숨기지는 않았지만, 그런 만큼 보다 교묘하게 은폐한 것이다.

예컨대 엥겔스는 1891년 독일에서 출판된 『프랑스 내전』 서문에서 이렇게 쓰고 있다. "코뮌의 의원들은 다수파 즉 국민군 중앙위원회에서도 역시 우위를 잡고 있던 블랑키스트와 소수파 즉 프루동 사회주의학파의 문하생들을 중심으로 이루어진 국제노동자협회로 분열되어 있었다. 당시 블랑키스트는 대다수가 혁명적·프롤레타리아적 본능에 의거한 사회주의자에 불과했다. 독일의 과학적 사회주의를 알고 있던 바이양 덕분에 몇몇 소수만이 좀 더 분명한 원칙적 이해에 도달해 있었을 뿐이다."(『프랑스 내전』에 붙인 「엥겔스의 서문」[칼 마르크스, 「프랑스 내전」, 292~293쪽]) 그러나 마르크스의 사위였던 샤를 롱게가 지적하고 있듯이, 엥겔스의 문장은 속이 뻔히 보이는 역사적 사실에 대한 왜곡이다. 예컨대 바이양은 당시에 프루동파의 일원이었다(롱게, 「엥겔스 서문의 몇몇 지점들에 대해」). 엥겔스는 파리코뮌에서 프루동파가 얼마나 소수파였는지를 강조한다. 프루동파가 '소수파'였다는 점은 명확하다. 왜냐하면 그들은 '소수파'라는 이름을 내걸고 블랑키파나 자코뱅파로 이루어진 '다수파'의 집권적 지배 시도에 저항했기 때문이다. 하지만 '소수파'란 '국제노동자협회'(제1인터내셔널)의 멤버이며, 마르크스도 협회의 한 사람으로서 『프랑스 내전』에 수록된 논문들을 바로 이 협회를 위해 썼다. 파리코뮌에서 프루동파가 힘이 약했다는 말은 마르크스를 포함한 제1인터내셔널의 힘이 약했다는 말이기도 하다.

엥겔스는 코뮌이 중앙은행을 방치한 것을 비판한다. 실제로 국가의 통화를 방치하면 자본주의는 존속할 것이다. 그러나 엥겔스가 말하는 '국유화'로는 역으로 국가가 강력해질 뿐이다. 샤를 롱게에 의하면 샤를 베슬레 등은 "코뮌의 승리 이후 프루동주의적인 방식을 통해 주주도 없고 재고금在庫金도 필요 없는 국립은행(la Banque nationale)을 조직하는 일, 발행은행권에 대한 보증으로서 유가증권만을 활용하는 일"에 대해 생각하고 있었다. 물론 이것이 자본제 국가의 통화를 대신하는 통화나 신용시스템이 될 수 있을지에 관해서는 검토의 여지가 있다. 하지만 자본제를 지양하는 것으로서의 어소시에이션은 통화나 신용시스템을 포함해야 한다. 이 점에 관해서는 마지막 장에서 논한다.

170* (원주 43) 이와 관련된 고찰은 다바타 미노루의 『마르크스와 어소시에이션』(1994년)에 힘입은 것이다. 마르크스의 원문과 엥겔스에 의한 고쳐쓰기의 번역문도 각기 다바타의 책 127쪽과 129쪽에서 인용한 것이다. 인용문 속의 '〖 〗'는 번역자(다바타)에 의한 보충

이고 '[ ]'은 인용자(가라타니)에 의한 것이다. 히로니시 모토노부는 마르크스의 구별, 즉 노동자가 자발적으로 협동하는 경우에는 assoziieren(associate)이라고 부르고 자본가가 노동자를 고용하여 협동시키는 경우에는 kombi nieren(combine)이라고 부르면서 의식적으로 구별하고 있다는 점, 마르크스의 그런 구별에도 불구하고 기존의 일본어 번역은 구별 없이 자의적으로 번역되어 왔다는 점을 지적한다(『자본론의 오역』) 하지만 그것이 독일어의 이해력과는 관계가 없다는 것은 엥겔스나 독일의 마르크스주의자들을 보면 명백하다.

171 칼 마르크스, 『자본』 III, 339쪽: "전반적 과잉생산이 아니라 상이한 생산부문 내에서 불균형이 나타날 뿐이라고 이야기하는 것은 자본주의적 생산 내부에서 개별 생산부문들의 균형이 불균형으로부터의 연속적인 과정으로 나타난다고 이야기하는 것이나 마찬가지이다. 왜냐하면 여기에서 총생산의 관련 구조는, 생산 당사자들이 공동의 이성으로 파악할 수 있고 따라서 그들이 생산과정을 통제해나갈 수 있는 법칙이 아니라, 그들에게는 보이지 않는 맹목적인 법칙으로 부과되기 때문이다." 이 국역본 문장에서는 '어소시에이티드한 지성'이라는 맥락이 살아 있지 않다. 해당 대목은 제3권 3편 15장 4절이 아니라 3절(「인구과잉에 수반되는 자본과잉」)인데, 엥겔스가 개입한 흔적이 전혀 없게끔 처리되어 있다. 이와는 달리 4절에는 엥겔스의 개입이 엥겔스 자신의 문장과 각주로 표시되어 있다: "{이 부분에 괄호를 친 이유는 이것을 초고 원본의 메모로부터 정리하긴 했지만, 내가 원본에 있던 자료에 몇 가지 설명을 붙였기 때문이다.}"(356쪽)

172 칼 마르크스, 「프랑스 내전」, 347쪽.

173* (원주 44) 오늘날 볼셰비즘과 아나키즘의 대립은 정치적이라기보다는 오히려 철학적으로 표현되고 있다. 예컨대 들뢰즈가 말하는 것은 아나키즘으로 읽을 수 있다. 그는 한편으로 흄이나 베르그송을 칭송하면서 다른 한편으로 스피노자, 나아가 라이프니츠까지 칭송한다. 즉 양편 모두를 긍정함으로써 그것들을 암암리에 비판한다. 그런 의미에서 그가 하고 있는 일은 칸트=마르크스적인 트랜스

크리틱이라고 해도 좋다. 실제로 그는 『니체와 철학』에서 니체의 작업을 칸트의 3대 비판서의 속편으로 간주하고 있으며 『안티 오이디푸스』에서는 마르크스나 프로이트의 작업을 '초월론적 비판'으로 간주하고 있다. 그러나 일반적으로 들뢰즈는 미학적인 아나키스트들의 애완물이 되어 있다. 그들은 들뢰즈가 죽기 2년 전의 인터뷰(「상기하는 일」[1993], 『비평공간』 II-9)에서 "나는 완전히 마르크스주의자다"라고 이야기한 것은 완전히 무시하고 있다. 그렇게 다수의 들뢰즈주의자들은 베르그송주의로까지 퇴행한다.

174* (원주 45) 벤자민 바버는 『강한 데모크라시』에서 제비뽑기를 포함하여 참여적 민주주의를 가능하게 만드는 시스템을 제안하고 있다. 단 그가 말하는 '강한 민주주의'에는 프루동이 말한 '산업적 민주주의', 즉 기업에서 행해지는 참여적 민주주의는 포함되어 있지 않다. 프루동의 그런 생각이 포함되어 있지 않다면 바버의 민주주의란 결국 '약한 민주주의'가 될 수밖에 없다(Benjamin Barber, *Strong Democracy: Participatory Politics for a New Age*, University of California Press, 1984).

175 칼 마르크스, 『자본』 III-2, 강신준 옮김, 길, 2010, 831쪽.

176 칼 마르크스, 『자본』 II, 75쪽.

177 칼 마르크스, 『자본』 I-1, 133쪽.

178* (원주 46) 예컨대 그것은 성서에서 화폐경제가 부정되는 가운데 메타포로 곳곳에서 활용되고 있다. 이는 헤라클레이토스 이래의 그리스 철학자들에게서도 마찬가지다. 그들은 화폐의 '신학·형이상학적' 성질에 직면한 것이다. 이와 관련해서는 마크 셸이 『문학의 경제』에서 깊은 성찰을 보여준다(Marc Shell, *The Economy of Literature*, Johns Hopkins University Press, 1978).

179* (원주 47) 키르케고르는 이렇게 말한다. "그리스도교 세계는 자신도 모르게 그리스도교를 말살하고 말았다. 그런 까닭에 지금 필요한 것은 그리스도교 세계에 그리스도교를 다시 도입하는 것이다."(『그리스도교의 수련』, 〈저작집〉 제17권) 경제학자는 화폐를 그저 상품의 가치를 표현하는 수단으로 간주한다. 실제로는 사람들이 그것을 획득하고자 '목숨을 건 도약'을 반복하고 있음에도 말이

다. 키르케고르의 말을 비틀어 다음과 같이 말하게 되면 마르크스가 고전경제학에 대해 시도하고자 한 것이 무엇인지가 드러난다. "경제학은 자신도 모르게 화폐를 말살하고 말았다. 그런 까닭에 지금 필요한 것은 경제학에 화폐를 다시 도입하는 것이다." 그것은 상품—화폐(판매)의 과정에 있는 위기나 지양될 수 없는 비대칭적 관계를 발견하는 일이라 할 수 있다.

180 칼 마르크스, 『자본』 I-1, 151쪽.

181 칼 마르크스, 『자본』 I-1, 174쪽: '목숨을 건 도약.'

182 칼 마르크스, 『자본』 I-1, 95쪽.

183 칼 마르크스, 『정치경제학 비판을 위하여』, 20~21쪽.

184 칼 마르크스, 『자본』 I-1, 137쪽.

185 칼 마르크스, 『자본』 I-1, 144쪽의 각주.

186* (원주 48) 마르크스는 고전경제학자들이 중금주의나 중상주의에 반하여 생산을 중시한 점을 높이 평가하고 있다. 하지만 생산물을 상품이나 화폐이게 하는 '가치형태'를 보지 못했다. 바꿔 말해 고전파는 생산물과 상품을 구별하지 못했다. 이는 생산물이 설사 교환되지 않을지라도 노동으로 만들어졌다는 것만으로도 가치를 가지며 그것이 화폐로 표시된다는 생각이다. 중상주의를 처음 부정한 이가 중농주의자인 프랑수아 케네(『생산표(Tableau économique)』였다는 점에 주목해야 한다. 그는 이윤의 원천을 토지의 자연력에서 찾았다. 바꿔 말하자면 가치형태가 형성하는 세계의 자율성을 부정하고 부의 원천을 자연의 생산력(자연의 증여)에서 찾은 것이다. 고전파는 그런 케네의 노선을 따르면서 자연의 생산력을 인간의 분업에 의한 생산력으로 대체하였다. 이 대체에는 가치를 형성할 수 있는 것은 오직 인간의 노동력뿐이라는 생각이 들어 있다. 마르크스는 『고타강령 비판』에서 그런 고전파-라살적인 생각을 비판하면서 인간만이 생산하는 것이 아니라 자연도 생산한다는 점을 강조하고 있다. 그가 그렇게 말한 것은 단순히 지주계급에 대한 라살의 암묵적 옹호를 비판하려던 것이 아니었다. 그의 말은 『자본론』을 관통하는 중요한 인식이다. "생산과정에서 인간이 할 수 있는 것은 오직 자연 자체의 방식을 따르는 것뿐이다. 즉 단지 소재의 형태를 변경

하는 것 말고는 다른 방도가 없다. 나아가 제작함으로써 형태를 변경시키는 노동 자체와 관련해서도 인간은 끊임없이 자연력의 도움을 빌리고 있다. 따라서 노동이라는 것은 노동이 생산하는 사용가치의, 즉 노동으로 생산되는 소재적인 부富의 유일한 원천이 아니다. 윌리엄 페티가 말한 것처럼, 노동은 소재적인 부의 아버지이고 토지는 그 어머니다."(『자본론』 제1권 1편 1장 2절[칼 마르크스, 『자본』 I-1, 98쪽]) 이는 노동력과 토지라는 요소가 자본이 의거하지만 자본 스스로는 만들어낼 수 없는 것이라는 문제와 연관된다. 하지만 역시 중요한 점은 인간에 의한 생산이든 자연에 의한 생산이든 그것들이 가치형태에 의해 조직된다는 것이다. 중농주의자도 고전경제학자도 그런 차원을 무시하고 말았다. 그들은 가치의 생산과 물건의 생산을 동일시했다. 이는 자본제 경제와 공업 문명을 동일시하는 생각이 된다. 이 지점에서 산업자본주의가 초래하는 문제를 단지 근대 공업·테크놀로지의 문제로 바라보는 시점이 생겨난다. 고전경제학자가 노동을 중시한 것은 분명 획기적인 일이었다. 하지만 그것은 '교환'의 곤란함으로 초래되는 화폐와 신용의 세계라는 차원을 가볍게 여기도록 만들었을 뿐이 아니라, 사회적인 교환을 투명하게 볼 수 있다는 착각을 하도록 만들었다. 그것은 화폐를 통해 실현되는 사회적인 분업과 공장에서의 분업을 동일시했다. 이것은 사회 전체를 하나의 공장처럼 계획적으로 통제하고 제어하는 '사회주의'(국가주의)로 귀결된다. 이런 사회주의가 부분적이고 일시적으로만 잘 운용되었다는 것은 분명하다. 많은 경우 이것의 실패는 무엇보다 농업문제에서 현저하게 드러난다. 농업이란 거의 절반이 '자연에 의한 생산'에 근거하고 있기 때문이다. 하지만 사회주의의 실패 원인은 교환에 부수되는 본질적 곤란함을 얕본 것에 있다. 그리고 중요한 것은 자연발생적인·무정부적인 것을 의식적으로 컨트롤하려는 엥겔스 이후의 주류 마르크스주의의 생각이 고전경제학의 사고방식에서 파생되었다는 사실이다. 그들은 교환이 왜 화폐 없이는 불가능한가 하는 문제를 마르크스처럼 심각하게 생각하지 않았던 것이다.

집권적 계획경제론자는 단지 고전파의 연장선으로 출현하는 것은 아니다. 고전파의 노동가치설을 비웃은 신고전파의 연장선으로도 출현한다는 점에 주의해야 한다. 예컨대 시장사회주의를 주장했던 오스카르 랑게는 계획경제를 통해 자원의 합리적인 분배가 가능하다는 점을 제시하고자 했다. 그의 이론은 레옹 발라스의 일반균형론에 근거하고 있는데, 일반균형론이 진정으로 실현되는 것은 오히려 사회주의경제라는 것이었다. 랑게가 생각하기에 중앙계획당국이 일반균형론의 중개인 역할을 맡아 행하는 것으로, 이는 컴퓨터의 발전을 통해 좀 더 실현 가능한 것이 된다. 소련 붕괴 이후의 시장사회주의자들도 기본적으로는 그렇게 생각하고 있었다. 하지만 그러한 계획은 그 전체가 투명할 정도로 닫힌 공간에서만 가능하다. 마르크스는 화폐가 공동체와 공동체 사이의 교역에서 시작되었다는 점을 강조한다. 하나의 '공동체' 내부에서는 애초에 화폐가 불필요하다. 따라서 하나의 공동체나 국가에서 화폐를 폐기하는 일은 오히려 쉽다. 하지만 그것은 화폐의 '지양'이 아니다. 화폐가 국소적으로 폐기될지라도 화폐는 공동체 외부와의 교역에서 요구되며, 결국에는 내부에서도 암묵적으로 가치척도로서 기능한다.

187 칼 마르크스, 『자본』 I-1, 113쪽.

188 칼 마르크스, 『자본』 I-1, 105쪽.

189 칼 마르크스, 『자본』 I-1, 105쪽.

190 칼 마르크스, 『자본』 I-1, 159쪽.

191 정확히 대응하진 않지만 관련 내용이 다음과 같이 써져 있다: "온갖 다양한 사용가치 또는 상품체들에는 똑같이 온갖 다양한 유용노동이 나타나 있는데, 이들은 사회적 분업을 통해서 속(屬) · 종(種) · 과(科) · 아종(亞種) · 변종(變種)들로 분류된다. 이러한 사회적 분업은 상품생산의 필요조건이다. 그러나 거꾸로 상품생산이 사회적 분업의 필요조건인 것은 아니다."(칼 마르크스, 『자본』 I-1, 96쪽)

192* (원주 49) 고전파는 재화(나 그것의 생산)와 상품(이나 그것의 생산)을 구별하지 않는다. 이 둘을 구별하지 않는다는 말은 자본주의적 상품경제에 의해 조직된 생산과 그렇지 않은 사회적 생산을 구별하지 않는다는 것이다. 다른 관점에서 말하자면, 고전파는 모든 생산이 언젠가는 자본제 생산이 된다는 것을 가정하고 있었다.

물론 그런 가정은 잘못이다. 자본제적 상품경제는 세계적인 분업체계를 형성할지라도 결국 생산 전체를 뒤덮을 수 있는 것이 아니다. 그것은 그저 비자본적인 생산이나 비상품생산에도 자본제적인 생산의 '의제擬制'를 부여할 따름이다. 예컨대 마르크스는 다음과 같이 말하고 있다. "독립적 소농小農은 자신을 노동자로 충당하는 자신의 고용자(자본가)로 간주되며 자신을 자신의 차지借地농업자로 충당하는 자신의 토지소유자로 간주된다. 그는 임금노동자로서의 자신에게는 노동임금을 지불하고 자본가로서의 자신에게는 이윤을 청구하며 토지소유자로서의 자신에게는 지대를 지불한다."(『자본론』 제3권)

193 애덤 스미스, 『국부론』 上, 김수행 옮김, 비봉출판사, 2007, 17쪽.

194 칼 마르크스, 『자본』 I-1, 153쪽.

195 potlatch. 미국 북서 해안지역 인디언들의 겨울축제 속에서 행해진 선물 수수. 그 속에서의 증여-답례는 권력과 부의 크기가 판가름 나는 경합적 장이다(받은 자의 답례가 불가능할 때, 준 자는 받은 자의 상위에 있게 됨).

196 칼 마르크스, 『자본』 I-1, 149쪽.

197* (원주 50) 자본제 경제를 그 이전의 원리로 초극하는 일은 불가능하다. 얼핏 보아 시장경제의 원리에 이의를 제기하는 것처럼 보일 때도 자본제 경제의 어떤 단계적 국면을 이데올로기적으로 지원하고 있을 뿐이다. 예컨대 바타유는 전후 아메리카에 의한 해외 원조(마셜 플랜)를 '탕진'으로 보았다. 그가 말하는 '일반경제학'은 미개사회를 설명하기 위한 것이라기보다는 사실상 국가에 의한 케인즈주의적 경제 개입에 근거를 제공하기 위해 고안된 것이다. 한편 미개사회의 '증여' 시스템에 대해 획기적인 고찰을 한 인류학자 마르셀 모스는, 다른 한편으로 그곳에서 협동조합사회의 원리를 도출하고자 했다. 이와 관련해서는 제2부 4장 '트랜스크리티컬한 대항운동'에서 서술한다.

198* (원주 51) 마르크스가 자본가를 '자본'의 인격적 담당자로 본 점은 주식회사가 일반화된 시기에 더 중요성을 가진다. 이 시기 자본과 경영, 자본가(주주株主)와 경영자의 분리가 일어난다. 그 결과 경

영자는 스스로를 그저 복잡한 업무를 수행하는 노동자로 간주하게 된다. 하지만 '주관적'으로 어떻게 생각하든 그들은 자본의 자기증식을 위해 활동하지 않으면 안 되며 그렇게 하지 않을 때에는 해고될 것이다. 이것은 '주관적'으로는 이윤이나 착취를 부정하고 있는 '사회주의 국가'의 당黨 관료와 관련해서 딱 들어맞는다.

199 칼 마르크스, 『자본』 I-1, 47쪽.

200 칼 마르크스, 『정치경제학 비판을 위하여』, 21~22쪽.

201 칼 마르크스, 『자본』 I-1, 192쪽.

202 '질권'은 채권자가 채권의 담보로서 채무자나 제3자로부터 받은 것을 점유하면서 향후 변제가 이뤄지지 않을 경우에 그것으로 우선적으로 변제받을 수 있게 하는 권리.

203 칼 마르크스, 『자본』 I-1, 207쪽.

204 칼 마르크스, 『자본』 I-1, 233~234쪽.

205 칼 마르크스, 『정치경제학 비판을 위하여』, 147쪽. "[…] 상품은 즉자대자적으로 그 어떤 종교적, 정치적, 민족적, 언어적 제약에도 초연하다."

206 칼 마르크스, 「헤겔 법철학 비판 서문」, 7쪽.

207 칼 마르크스, 「헤겔 법철학 비판 서문」, 8쪽.

208* (원주 52) 장-조셉 구는 앙드레 지드의 『위폐범들』을 사례로 금본위제와 문학의 리얼리즘을 대응시키면서 금본위제의 붕괴와 리얼리즘의 해체를 연관시키고 있다(『언어의 조폐공들』). 그러나 프랑스나 영국에서 태환제兌換制 정지는 제1차 대전의 결과로, 이 나라들이 가진 국제적 헤게모니의 몰락이기도 하다. 따라서 그것은 '아버지'의 몰락으로 표상된다. 국제 결제에서는 금=화폐가 필요했으며, 실제로 이 시기에 아메리카=달러가 금과 교환가능한 태환성을 가진 기축통화가 되었다. 즉 금본위제는 끝나지 않았다. 그것이 끝난 것은 달러의 태환제가 정지된 1972년 이후이다. 장-조셉 구는 지드의 『위폐범들』을 언어(통화)가 지시대상이나 관념으로부터 자립하는 세계를 포착한 작품으로 선구적이었다고 말한다. 그러나 지드만이 아니라 이 시기 하이모더니즘은 케인즈주의적인 통화관

리가 국제 결제에서 암묵적으로 금본위제에 의거하고 있었던 것처럼 기본적으로 모던의 권역 내에 있었다. 그것과의 유추에서 말하자면, 아메리카가 달러의 금태환제를 정지한 1970년대에 '포스트모던'이라고 해야 할 사태가 각 영역에서 시작되었다. 여기서 생겨난 관점은 다음과 같다. 화폐의 유통은 금과 같은 것의 뒷받침 때문이 아니라 그저 화폐가 유통된다고 생각하기 때문이라는 식의 관점이다. 그리고 그런 관점에 의해 금화폐가 오리지널한 것이며 신용화폐는 그로부터 파생된 것이라는 사고는 부정된다. 그들은 오리지널 자체가 카피라고 말한다. 즉 포스트모더니즘이다. 그러나 실제로는 달러의 금태환이 정지된 이후 아메리카는 준비금을 축적하여 그것이 아메리카의 신용제도를 뒷받침할 수 있도록 했다. 그 때문에 오히려 금태환이 정지된 것이다. 따라서 금본위제를 모던으로 간주한다면 현행 시스템은 모던을 벗어나는 것이 아니다. 요컨대 자본제 경제를 넘어서지 못하는 것이 진정으로 포스트모던일 수는 없는 것이다.

209 칼 마르크스, 『경제학-철학 수고』, 강유원 옮김, 이론과실천, 2006, 178쪽.
210 임마누엘 칸트, 『판단력비판』, 282쪽.
211 임마누엘 칸트, 『실용적 관점에서 본 인간학』, 78쪽. "[…] 향유가 항상 더 증대하리라는 전망을 지니기 위한 세련된 에피쿠로스적 목적에서 그렇게 하라. 이렇게 당신의 생활 감정이 보유한 금액을 아낄 수 있다면, 비록 삶의 마지막에 대개 그 보유금 사용을 포기해야 한다고 하더라도, 당신은 향유를 **미룸**으로써 실제로는 더 풍요로워질 것이다. 향유를 당신 스스로 통제한다는 의식은, 모든 이상적인 것과 마찬가지로, 자신이 소모되고 그래서 전체 양이 감소함으로써 동시에 감각능력을 만족시키는 모든 것보다 더 유익하고 더 포용력이 크다."
212 임마누엘 칸트, 『윤리형이상학』, 백종현 옮김, 아카넷, 2012, 230쪽; 231~232쪽. 인용된 두 대목 가운데 앞의 것을 다시 표시해 놓는다: "무릇 화폐라고 일컬어져야 하는 물건은 그것을 만들어 내거나 다른 사람의 손에서 얻어내기 위해서는, 그를 통해 (자연생산물

또는 인공생산물) 물품이 취득되었을 것임에 틀림없는 근로와, 그리고 그것과 교환되는 근로에 버금가는 만큼의 근로의 대가를 치렀어야 하는 것이다."

213 마르크스·엥겔스,『독일 이데올로기』1권, 78쪽.

214 칼 마르크스,『자본』I-1, 214쪽.

215 칼 마르크스,『자본』III-1, 526~527쪽.

216 1844년 은행 칙허법(Bank Charter Act 1844). 당시 로버트 필 내각에서 성립한 법률. 가라타니의 원문에는 "1848년"으로 되어 있으나 '1844년'으로 수정함.

217 칼 마르크스,『자본』III-1, 212~213쪽.

218* (원주 53) 마르크스는 신용제도에 관하여 이렇게 쓰고 있다. "자본주의적 생산의 대립적인 성격에 근거하여 행해지는 자본의 가치증식은 현실의 자유로운 발전을 특정한 지점까지만 허용하기에 실제로는 생산에 내재적 속박과 제한을 가하지만, 그런 속박과 제한은 신용제도에 의해 끊임없이 깨지게 된다. 그러므로 신용제도는 생산력의 물질적 발전과 세계시장의 형성을 촉진시키며 새로운 생산형태의 물질적 기반을 일정 정도 높이까지 끌어올리는 것은 자본주의적 생산양식의 역사적 사명이다. 이와 동시에 신용은 이런 모순의 폭력적인 폭발 즉 공황을 촉진시킴으로써 생산양식을 해체시키는 요소들을 촉진시킨다."(『자본론』제3권 5편 27장[칼 마르크스,『자본』III-1, 591~592쪽])

219* (원주 54)『자본론』에는 성서로부터의 인용이 많은데, 어떤 의미에서 마르크스는 산업자본을 '신약'으로, 상인자본이나 대부자본을 '구약'으로 보고 있다 하겠다. '신약'은 '구약'의 실현이라는 측면에서 '구약'을 불가결한 것으로 삼고 있음에도 '구약'을 부정해야 한다. 고전경제학이 이전 시대의 중상주의 경제학에 대해 취한 태도도 마찬가지다.

220* (원주 55) 마르크스는『요강』에서 행한 자본제 경제의 고찰에서 '자본제 생산에 선행하는 여러 형태들'에 대해 생각했다. 하지만 그것은 '세계사'를 설명하기 위한 것이 아니라 자본제 생산의 역사적 특이성을 이해하기 위한 것이었다. 따라서 미개한 공동체로부터

의 발전단계와 관련하여 일정한 순서나 코스를 필연적인 것으로 상정하는 것은 불가능하며, 마르크스가 그런 일을 의도한 것도 아니다. 거기에 있는 어떤 다양성이란 여러 요소들의 조합이 지닌 베리에이션이지 필연적인 것이 아니다. 그렇기에 막심 로댕송은 이런 다양성을 일반적으로 '전前자본주의적 착취시스템'으로 부를 것을 주장한다(『이슬람과 자본주의』). 앞서 제2부 2장 3절['자본의 욕동']에서 서술한 것처럼 전자본주의적 시스템은 강탈(재분배)과 증여의 호수성에 근거하고 있다. 하지만 자본제 사회에서 그것들은 그저 폐지되는 것이 아니라 근대국가라는 형식으로 변형된다. '전자본주의적 착취시스템'에 대한 고찰이 필요한 것은 그것이 그저 과거의 일이 아니라 현재에도 변형되어 존재한다는 관점을 따를 때다. [본문에 인용된, "인간의 해부는 원숭이를 해부하기 위한 열쇠이다"는 칼 마르크스, 「정치경제학 비판 서설」, 『정치경제학 비판을 위하여』, 227쪽.]

221* (원주 56) 물상화론은 (생산과정을 중시함으로써) 암묵적으로 모든 사회적·경제적 관계를 전망하는 시점을 전제하고 있다. 그러므로 물상화론의 사고방식은 실천의 차원에서 자신의 의도를 거슬러 중앙집권적 권력통제로 귀결된다.

222 칼 마르크스, 『자본』 I-1, 242쪽.

223 칼 마르크스, 『자본』 III-1, 323~324쪽.

224 칼 마르크스, 『자본』 I-1, 249~250쪽.

225 칼 마르크스, 『자본』 I-1, 485쪽.

226 칼 마르크스, 『자본』 III-1, 433쪽: "고대 상업국가들은 마치 에피쿠로스학파에서 이야기하는 우주의 중간층에서 사는 신들처럼, 혹은 폴란드 사회의 숨구멍 속에서 사는 유태인들처럼 존재한다."

227* (원주 57) 마르크스는 어떤 의미에서 리카도의 노동가치설을 리카도 이상으로 관철시키고자 했다고 해도 좋다. 왜냐하면 예컨대 리카도는 형편이 나빠지면 노동가치설을 일부 수정하고는 표준적인 자본구성과 회전기간을 가진 부문을 제외하고는 가치가 투하노동만으로 결정되지 않는다고 생각했기 때문이다. 그러나 이미 베일리에 의한 리카도 비판에 관하여 서술한 것처럼, 마르크스는 개개

의 상품에 가치가 내재한다는 생각을 부정했다. 각 상품의 가치는 상품들의 관계가 하나의 체계를 이룰 때만 주어진다. 따라서 가치의 실체가 노동시간이라고 할지라도 이미 그것은 화폐와의 교환에 의해 조정된 이후의 것이다. 바꿔 말해 그것은 '사회적 노동시간'이나 '추상적 노동시간'이다. 즉 마르크스가 말하는 '사회적 노동시간'은 개개의 상품생산에 요구되는 실제 노동시간이 아니라 생산물이 화폐와의 교환을 통해 '사회적으로' 규제된 이후에 발견되는 노동시간이다. 단순한 상품교환이든 자본제 생산의 상품교환이든 결국 노동시간을 양적으로 측정할 수는 없다. 우리가 아는 것은 가격일 뿐이다. 그러나 자본이 노동의 생산성을 올리는 일에 필사적이라는 점, 그것이 바로 필요노동시간의 단축이라는 점, 또 그 차이가 세계 각국의 가치체계를 계층적으로 규정하고 있다는 점은 의심의 여지가 없다.

더 나아가 덧붙이자면, 마르크스는 『자본론』에서 편의상 '단순노동'을 상정한다고 말하는데, 이 경우 '단순'이라는 말은 노동의 성질에서 기인하는 것이 아니다. 사용가치로서의 노동의 다양성과 복잡성은 양적으로 측정할 수 없다. 그것이 양적인 것이 되는 이유는 이미 상품교환에 의해, 바꿔 말해 임금의 양으로서 사회화되어 있기 때문이다. 따라서 지적인 노동도 단순노동과 양적으로 비교될 수가 있다. 여러 상품의 생산들에 요구되는 노동시간이 그것들을 등치시키는 것이 아니라 그것들의 등치가 그것들의 생산에 요구된 사회적 노동시간을 규정한다. 이 경우 노동의 질적인 차이는 문제되지 않는다. 주요한 노동형태가 제2차 산업(제조업)에서 제3차 산업(서비스업)으로 이행했다고 할지라도 이제까지의 설명을 수정할 필요는 없다.

우노 고조는 마르크스가 가치형태론의 단계에서 가치의 실체로서 노동시간을 제출한 것은 잘못이라고, 그것은 산업자본주의적인 생산과정의 단계—여기서는 노동력이 상품이 되며, 기계적 생산으로 '노동시간'이 어느 정도 객관화된다—에 해당하는 것이라고 주장한다. 이는 '노동가치'가 산업자본주의적 경제의 특유한 점이라는 것을 의미한다. 바꿔 말하자면 그것은 비자본제적인 경제에 적용되거나 나아가 자본주의를 넘어서는 경제와 관련하여 적용되어야 하는 것이 아니다. 이 점에서 오언이나 프루동의 노동화폐는 암묵적으로 자본주의적 시장경제에 의거하고 있다. 자본제 경제를 지양하는 일은 노동가치를 지양하는 것이다. 마르크스가 생각하기에 코뮤니즘이란 '각자가 자신의 노동에 맞게 받는' 식의 사회가 아니라 '각자가 자신의 능력에 맞게 일하고 필요에 따라 받는' 식의 사회다. 바꿔 말해 그것은 노동에 의한 가치규정(가치법칙) 자체의 폐기다. 마르크스가 자본제 경제와 관련하여 노동가치설을 인정하는 것은 그것을 강제하고 있는 경제시스템을 폐기하기 위해서다. 하지만 노동가치설을 부인하는 이데올로그야말로 자본주의의 영속을 바라고 있다. 노동가치를 진정으로 부정하기 위해서는 완전히 다른 교환형태와 통화가 필수 불가결하다. 이에 관해서는 마지막 장에서 서술한다.

228 칼 맑스, 『정치경제학 비판 요강』 I, 김호균 옮김, 백의, 2000, 144쪽.

229* (원주 58) 소쉬르는 언어의 가치에 관해 다음과 같이 쓰고 있다. "우리는 이 물음에 답하기 위해 먼저 언어의 바깥에서도 모든 가치는 역설적인 원리에 지배되고 있는 것처럼 보인다는 점을 증명하자고 한다. 그것들은 반드시 다음과 같은 것들로 이루어진다: 1) 그 가치의 결정을 필요로 하는 것과 교환될 수 있는 비슷하지 않은 한 가지. 2) 그 가치가 당면한 문제인 것과 비교될 수 있는 비슷한 몇 가지. 어떤 가치가 존재하기 위해서는 이 두 가지 요인이 필요하다. 5프랑 주화가 그에 값하는 것을 결정하는 데에는 다음과 같은 것이 수반됨을 알아야 한다: 1) 5프랑 주화가 어떤 다른 것, 예컨대 일정량의 빵과 교환될 수 있다는 것. 2) 그것은 동일한 체계에 속하는 하나의 유사한 가치, 예컨대 1프랑 주화나 다른 체계에 속하는 다른 화폐(1달러)와 비교될 수 있다는 것. 마찬가지로 낱말도 유사하지 않은 것, 즉 관념과 교환될 수가 있으며 나아가 동일한 성질을 띤 것, 즉 다른 낱말과 비교될 수가 있다. 그런 까닭에 낱말의 가치는 그것이 어떤 개념과 '교환'될 수 있다는 점만으로는, 바꿔 말해 어떤 의의를 갖는다는 점을 인증했다는 것만으로 결정될 수 없다."(『일반언어학 강의』 제2편 4장[최승언 옮김, 민음사, 2006, 138

쪽]) 소쉬르의 언어학은 단일시스템의 언어학이 아니다. 그것은 근본적으로 다른 언어와의 교환(번역)을 전제하고 있다.

230 칼 마르크스, 『자본』 I-1, 184쪽.

231 칼 마르크스, 『자본』 I-1, 137쪽.

232* (원주 59) 발레리는 『자본론』에 관해 이렇게 쓰고 있다. "나이 들어 다시 읽었다네, 『자본론』을 말이야! (읽은 분량은 약간이지만.) 나는 그것을 읽은 몇 안 되는 사람들 중 하나야. 장 조레스[당시 대표적인 사회주의자] 본인은 이것을 읽지 않은 것처럼 보이네, (…) 『자본론』이라는 두꺼운 책(book)에는 매우 주목할 만 것들이 쓰여 있네. 단 그것을 발견하기만 한다면 말이지. 이 책은 상당한 자부심의 산물이야. 종종 엄밀성이 떨어지거나 무익하고 쓸데없이 현학적인 데가 있어도 몇몇 분석에는 경탄을 금하지 않을 수 없네. 내가 하고 싶은 말은 마르크스가 사물을 파악하는 방식이 내가 자주 사용하는 방식과 유사하다는 점인데, 그의 언어는 종종 나의 언어로 번역 가능하다네. 대상의 차이는 중요치 않아. 결국 대상은 동일하니 말이야!"(「1918년 5월 11일자 지드에게 보낸 편지」, A. Gide - P. Valery, *Correspondence 1890~1942*, Gallimard, 1955, pp. 472~3)

233* (원주 60) 리카도로부터 잉여가치론을 처음으로 도출한 사람은 C. W. 딜크이며, 출처는 그의 팸플릿 『국민적 곤란들의 원인 및 구제』이다(Charles Wentworth Dilke, *The Source and Remedy of the National Difficulties, Deduced from Principles of Political Economy, in a Letter to Lord John Russell*, London 1821). 더불어 토머스 호즈킨의 『노동옹호론』이 출판되었다(*Labour defended against the claims of capital: or, The unproductiveness of capital proved with reference to the present combinations amongst journeyment*, by a Labourer, 1825). 리카도의 『경제학 및 과세의 원리』 초판이 나왔던 것이 1817년이므로, 그들의 텍스트는 매우 빠른 반응이었다고 말할 수 있다. 그들의 이론은 1820년대 이후 영국 노동운동의 근거가 되었다. 잉여가치=착취의 원리가 마르크스의 '발견'이 아니라는 점은 분명하며, 그런 사정을 마르크스 스스로가 공정하게 인정한다. 예컨대 그는 딜크의 팸플릿에 관해 다음과 같이 평가한다. "거

의 알려져 있지 않은 이 팸플릿(약 40쪽 분량)은 (…) 리카도를 한 걸음 넘어서는 본질적인 진보를 포함하고 있다. 그것은 잉여가치나 리카도가 명명한 '잉여'(또는 종종 '잉여생산물')을, 또는 이 팸플릿의 필자가 명명한 '이자'를 직접 '잉여노동'으로서 제시하고 있다. 즉 노동자가 자신의 노동능력이 가진 가치를 보전하는 차원의, 또는 자기 임금의 등가를 생산하는 노동량을 넘어서 무상으로 행하는 노동으로 제시하고 있다. 가치를 노동에 귀결시키는 것이 중요한 것처럼 잉여생산물에서 나타나는 잉여가치를 잉여노동으로 제시한 것이 중요하다. 이는 사실상 애덤 스미스에 의해 이미 서술되고 있으며, 리카도의 전회에 주요한 한 가지 계기를 이루고 있다. 그러나 이것은 어디서도 절대적인 형태로 표명되지 않았거니와 확정되지도 않았다."(『잉여가치학설사』,〈마르크스 · 엥겔스 전집〉제26권 3분책)[『잉여가치학설사』, 편집부 옮김, 아침, 1989].

234* (원주 61) 오키시오 노부오는 1960년 전후에 "이윤율이 플러스 正라면 반드시 잉여노동이 행해지고 있다"는 명제를 두고, 생산가격을 전제하든 보다 일반적인 가격을 전제하든 논증될 수 있음을 보여주었다(『마르크스 경제학: 가치와 가격의 이론』, 1977).

235 칼 마르크스, 『자본』 I-1, 259쪽. 국역본은 독일어 어근의 유사성을 표시하지 못하고 있음. 다음 한 대목을 덧붙여 놓는다: "그러므로 노동자는 늘 자본가에게 노동력의 사용가치를 미리 꾸어주는 셈이다. 노동자는 노동력의 가격에 대해 지불을 받기 전에 그것을 구매자로 하여금 소비하게 하며, 따라서 노동자는 자본가에게 항상 신용대부를 해주는 셈이다."

236* (원주 62) 기술혁신은 분명 자본의 상대적 잉여가치 실현이라는 동기가 부여되고 있다. 그러나 다음과 같은 점을 잊어서는 안 된다. 기술혁신이 자본에 의해 행해지는 까닭에 아무리 훌륭한 과학기술의 발견도 채택이 대폭 늦어질 경우가 있다. 과학기술이 이윤을 낳지 않거나 기득권을 해치게 될 때 자본은 그것을 채택하지 않는다. 최근의 사례로는 1970년대의 '석유 위기' 국면에서 자동차 연료를 가솔린에서 태양전지로 교체하는 일이 검토되어 관련된 기술의 발전이 기대되었음에도 불구하고 국제적인 석유자본의 반대로 봉쇄

되었다. 그 결과 지구온난화가 위기적인 상태까지 진행되었다. 또 기술혁신의 상당수는 본질적으로 불필요하고 유해한 것(군사기술이 대표적이다)을 위해 이루어지고 필요한 것을 위해 이루어지고 있지 않다.

237 칼 마르크스, 『자본』 III-1, 41~42쪽.

238 칼 마르크스, 『자본』 III-1, 61쪽.

239 칼 마르크스, 『자본』 III-1, 199쪽: "그리하여 우리는 앞에서 시간적으로 선후관계에 있는 동일 자본에게서 나타났던 변동들이, 이제는 시간적으로 동시에 존재하는 서로 다른 생산부문들에서 자본들 간의 차이로 나타나는 것을 보게 된다."

240 칼 마르크스, 『자본』 III-1, 74쪽.

241 칼 마르크스, 『자본』 III-1, 68쪽: "자본이 생산과정과 유통과정을 거치는 자신의 운동을 통해서 새로운 가치를 창출해낸다고 하는 바로 그런 생각이 의식을 지배하게 된다. 자본이 새로운 가치를 창출해내는 그 과정은 이제 신비화되어 버리고, 마치 그것이 자본 자신에게서 비롯되는 어떤 성질 때문인 것처럼 보이게 된다."

242* (원주 63) 마르크스는 '사회적 자본, 다시 말해 개별자본들이 그 단편을 이루고 있는 것에 불과한 총자본'(『자본론』 제2권 3편 20장 1절[칼 마르크스, 『자본』 II, 487쪽])이라고 말한다. 이 지점에서 나는 '총자본'을 국가적 총자본과 세계적 총자본으로 구별해서 생각할 필요가 있다고 본다. 세계적 총자본은 국가적 총자본이 개별자본에 대해 취하는 태도를 국가적 총자본에 대해 취한다. 제2차 대전 이후 아메리카의 해외원조(마셜 플랜)나 국제통화기금(IMF) 등의 설립이 그 예다.

243 칼 마르크스, 『자본』 III-1, 107~108쪽.

244* (원주 64) 노동 강화의 대표적 사례로 아메리카에서 시작된 테일러주의, 그것에 근거한 포드주의를 들 수 있다. 그것은 작업의 세분화와 생산의 자동화(어셈블리 생산)를 통해 노동의 숙련성을 박탈한 극한적 '노동의 소외'를 초래한다. 이에 반해 일본의 도요타 방식에서는 수요변동에 즉각적으로 대응하기 위해 다품종 생산에 맞추어진 체제와 다양한 직능공이 육성된다. 최근 레귤라시옹 학파

[조절이론 학파]는 도요타주의를 포스트 포드주의로 평가한다. 하지만 실제로 그것은 노동자의 '자주성'을 활용하는 좀 더 교묘한 포드주의에 불과하다. 도요타주의가 성공한 것은 오히려 계열의 하청 중소기업을 쥐어짜고 착취함으로써 가능했다. 이런 기계적 생산의 노동강화라는 형태를 통해 자본주의의 역사적 '단계'를 규정하는 것은 일면적이다. 그런 관점은 '절대적 잉여가치'를 중심으로 생각하는 경향의 연장에 불과하다.

245* (원주 65) 우노 고조의 『경제원론』(〈우노 고조 저작집〉 제1권·2권), 『공황론』(〈우노 고조 저작집〉 제5권)을 참조.

246* (원주 66) 마르크스가 『자본론』을 쓰던 시대에는 약 10년의 주기로 세계공황이 일어났었는데, 이 주기성(주글라 파동)은 면공업을 중심으로 한 자본제 생산의 기술혁신(자본의 유기적 구성의 고도화)에만 고유하게 나타나는 것이다. 이 시기 기계의 수명은 10년 정도밖에 되지 않았다. 마르크스가 말하듯 기계는 '도덕적으로 마멸된' 것이다(『자본론』 제3권 1편 6장). 그러나 엥겔스가 『자본론』 제3권 5편 30장에 붙인 각주에서 지적하듯 1870년대부터 대불황은 이전까지의 주기적 공황과는 다른 것이었다. 이 문제에 대한 해답이 콘드라티예프의 '장기파동'론이다. 그러나 장기파동이 공황을 동반하느냐 아니냐는 국제적 신용체계의 문제다.

247 칼 마르크스, 『자본』 II, 74쪽.

248 칼 마르크스, 『자본』 II, 74쪽.

249* (원주 67) 예컨대 시장경제의 조정기능을 찬미하던 사람들은 오늘날 그 기능이 잘 수행되지 않는 이유를 일부 투기집단에서 찾는다. 투기자란 상품으로서의 자본이나 화폐―주식시장과 환거래시장―의 가치체계 간의 차이에서 잉여가치를 얻는 상인자본이라고 할 수 있다. 제조업은 건전하지만 투기는 불건전하다는 생각은 산업자본주의=고전경제학의 이데올로기에 불과하다. 산업자본주의는 차이화에서 잉여가치를 얻는다는 자신의 상인자본적 본성을 상인자본에 전가함으로써 은폐한다. 제2차 대전 이전에 그것은 반유대주의와 관련하여 이야기되었다. 마르크스는 이에 대해 다음과 같이 말한다. "자본주의적 생산양식하에 있는 모든 국민은 생산과

정이라는 매개 없이 돈벌이를 하려는 망상에 주기적으로 사로잡히는 것이다."(『자본론』 제2권 1편 1장 4절[칼 마르크스, 『자본』 II, 75쪽])

250 칼 마르크스, 『자본』 I, 225쪽.

251* (원주 68) 아리스토텔레스는 공동체(코스모스) 바깥을 무제한적인 카오스로 생각했다. 그것은 중세 유럽에서 지배적인 생각이었는데, 아리스토텔레스를 알지 못하는 각지의 공동체에서도 마찬가지였다. 이를 근본적으로 전복시켰던 이는 화형에 처해진 조르다노 브루노였다. 그는 코페르니쿠스의 지동설을 넘어 태양조차도 중심일 수 없는 무한한 우주를 생각했고 "세계와 우주는 다르다"라고 말한다. "왜냐하면 우주를 하나된 무한으로 부르는 것은 아무래도 세계와 우주라는 두 개의 단어를 구별하지 않을 수 없기 때문이다."(『무한, 우주 및 여러 세계들에 관하여』) 그가 생각하기에 우주는 하나며 '여러 세계들을 포함한 무한의 보편공간'이다. 츠베탕 토도로프는 브루노의 생각이 신대륙 발견에 의해 세계가 닫힌 것에서 연원한다고 말한다(『타자의 기호학』). 즉 무제한적인 외부가 사라졌을 때 비로소 '무한'이 사고된 것이다. 그러나 우리가 해석하기에 여기서 브루노가 말하는 '세계'란 공동체적이며 '우주'는 사회적이다. 그런 의미에서 브루노는 우주의 관념을 '여러 세계들을 포함한 무한의 보편공간' 즉 세계시장에서 획득했다고 말할 수 있다.

252* (원주 69) '일본자본주의논쟁'은 '봉건논쟁'으로도 불린다. 단순하게 말하자면, 공산당(강좌파講座派)은 코뮌테른의 프로그램에 근거하여 일본사회에 존재하는 후진성의 이유를 봉건적 지주의 지배가 강하게 잔존하고 있기 때문으로 보고, 그것을 대표하는 천황제의 타도(부르주아 혁명)를 가장 중요한 의미를 가진 것으로 보았던 데에 반해, 노농당(노농파勞農派)은 그러한 '봉건적 잔재'가 자본제 상품경제에서 역으로 생겨난 것으로 보고, 취약한 상태로나마 성립한 입헌군주제와 보통선거 제도하의 사회민주주의적 혁명을 주장했다. 따라서 오랜 시기에 걸친 둘의 논쟁에는 정치적 프로그램의 대립이 강하게 반영되어 있다. 그럼에도 이 논쟁은 합법적으로 행해졌기에 공산당의 붕괴 이후에도 다수의 학자·지식인이 참여했

다. 그 영향은 정치학뿐만 아니라 문학비평에도 미쳤다. 그리고 이것을 빼놓고서 근대일본의 지적인 문제를 이야기할 수 없다. 이에 관한 영어 문헌으로서는 다음의 저작이 있다. Germaine A. Hoston, *Marxism and the Crisis of Development in Prewar Japan*, Princeton University Press, 1987.

253* (원주 70) 우노 고조,「자본주의의 성립과 농촌 분해의 과정」(『중앙공론』 1939년 1월호, 〈우노 고조 저작집〉 제8권).

254 칼 마르크스, 『자본』 II, 582쪽.

255* (원주 71) 18세기 초엽 이후 인도의 면포는 영국의 중상주의적 보호정책 때문에 수입이 제한되고 있었다. 영국 면제품은 2.5%의 수입세만 지불하는 것으로 인도에 유입될 수 있었지만, 인도 제품은 1812년 시점에 모슬린에 27%, 캘리코에 17%의 수입세율이 매겨져 있었다. 이 두 세율이 1832년에 10%로 내린 것은 이 시점에서는 인도 면공업이 붕괴되어 영국의 입장에서는 더 이상 고율의 보호관세가 필요하지 않았기 때문이다(쓰노야마 사카에,「영국 면공업의 발전과 세계자본주의의 성립」, 가와노 겐지, 이이누마 지로 공편,『세계자본주의의 형성』, 1967).

256* (원주 72) 1960년대 초기에 이와타 히로시는『자본론』의 대상이 세계자본주의였다는 점, 단 영국의 일국경제에 그것이 내재화된 것이라는 사실을 명확히 밝혔다(『세계자본주의』, 1964).

257 칼 마르크스,『자본』 II, 582쪽.

258 칼 마르크스,『자본』 III, 315~317쪽.

259 에티엔 발리바르·이매뉴얼 월러스틴,『인종, 국민, 계급: 모호한 정체성들』, 김상운 옮김, 두번째테제, 2022, 224쪽.

260 칼 마르크스,『자본』 II, 75쪽.

261 칼 마르크스,『자본』 II, 72쪽.

262 발터 벤야민,「파리: 19세기의 수도」(1939년 개요),『아케이드 프로젝트』, 조형준 옮김, 새물결, 2005, 130쪽.

263* (원주 73) 국민국가의 이데올로그는 마치 국민이나 국토가 먼저 있고, 이후 봉건제에서 절대주의를 거쳐 국민국가가 된 것처럼 생

각한다. 하지만 그들은 '기원'을 망각하고 있다. 실제로는 절대주의적 왕권 시기에 '국민'이나 '국토'가 신하나 영토로 획정되었다. 봉건제 사회에서 여러 부족들이나 민족들로 나누어져 있던 사람들을 모두 신민臣民으로서 하나의 '국민'으로 변용시킨 것은 절대주의 왕권이었다. 따라서 근대의 네이션은 역사적 기원과 관련하여 애초에 '국민' 같은 것이 없던 왕조 시대의 역사를 마치 자신들의 것처럼 상상한다. 그러나 내셔널리즘이 집요한 힘을 갖는 것은 단지 표상의 힘에 의해서가 아니다. 이에 대해서는 『네이션과 미학』(〈정본 가라타니 고진집〉 제4권, 2004년)을 참조했으면 한다.

264 칼 마르크스, 『자본』 I-1, 202쪽.

265 칼 마르크스, 『자본』 I-1, 129쪽.

266 게오르그 빌헬름 프리드리히 헤겔, 『법철학』, 서정혁 옮김, 지만지, 2020, 540쪽.

267 게오르그 빌헬름 프리드리히 헤겔, 『법철학』, 542~543쪽.

268 게오르그 빌헬름 프리드리히 헤겔, 『법철학』, 559쪽: "통치에 참여하지 않는 시민 사회의 구성원들을 고려하면서, 보편적인 사안들에 관해 그들이 함께 알고 함께 협의하며 함께 결정하는 과정에서 **형식적인** 자유의 계기가 그의 권리로서 획득되게 한다는 점에 이 신분 의회의 뚜렷한 규정이 있다. 그래서 우선 **보편적** 지知의 계기는 신분 의회의 교섭 과정을 **공개**함으로써 지의 확장을 이루어낸다."

269 게오르그 빌헬름 프리드리히 헤겔, 『법철학』, 559~560쪽.

270 게오르그 빌헬름 프리드리히 헤겔, 『법철학』, 502~503쪽.

271* (원주 74) 원주 55에서 서술한 것처럼 마르크스는 『요강』에서 '자본제 생산에 선행하는 여러 형태들'을 논하고, 그것을 다음과 같이 구분했다. 원시적 씨족사회, 동양적 전제국가(아시아적 생산양식), 고전고대적 노예사회, 서양적 봉건제. 그러나 이를 헤겔의 세계사처럼 일정한 역사적 발전단계로 간주해야만 하는 것은 아니다. 다케우치 요시로는 이런 구분의 다양성이 정복민족과 비정복민족의 생산양식이 가지는 차이에 의해 생겨난다고 생각하며 다음 세 가지로 나누고 있다(『국가와 문명』, 1975년)

미주

　A. 피정복민의 씨족사회에는 손을 대지 않고 공동체 소유의 토지를 고스란히 국가 소유로 바꾸고 거기에 직업상의 상이함이 있으면 부족마다 그것을 카스트로 고착화함으로써 왕국이 씨족 전체와 부족 전체를 넘어서는 상위의 통일자가 되어 공동체의 구성원들을 지배하는 경우. 이것이 '전반적 예종제'다.

　B. 피정복민의 여러 개인들을 해당 씨족사회로부터 분리시켜 노예화한 경우. 이것이 고전고대형의 노예사회다. (그리스·로마)

　C. 정복민족은 군사적으로 지배하면서 내정은 정복당한 농경민족에게 맡겨 생산물을 정기적으로 수탈하는, 그리고 그 반대급부로 외부의 적으로부터 그들을 보호해 주는 일종의 농노제나 봉건제, 조형祖型=봉건제나 공납제가 형성되는 경우. (서구와 일본)

　위의 구분 중 A는 아시아적인 것으로 불리지만, 세계사적으로 보면 이것은 오히려 표준적인 것이기에 '아시아적인'이라는 지역명으로 호명되어야 하는 것이 아니다. 또한 일본의 경우 『자본론』에서 마르크스가 말하는 것처럼 봉건제가 성립했다고 할지라도 '아시아적인' 전반적 예종제의 유제遺制가 잔존하고 있다. 천황제가 그것이다. 그런 점에서 일본의 '자본주의논쟁'이나 '봉건논쟁'은 '봉건유제'라는 애매한 개념에 근거하고 있었던 까닭에 이렇다 할 성과 없이 끝나고 말았다.

272* (원주 75) 베네딕트 엔더슨의 「만들어진 '국민언어'」(『문학계』 2000년 10월호)를 참조. 더불어 이 논문에서 엔더슨은 인도네시아를 사례로 들어 네이션으로서의 동일성을 환기·형성시킨 것은 바로 국가이며, 그 과정은 네덜란드의 식민지주의적 국가기구에서 시작된다고 말한다. 이는 절대주의적 국가기구가 네이션에 선행한다는 사실을 보편적으로 보여준다. 서구의 절대주의 국가는 15~16세기에 출현했는데 과거의 형태라고 할 수 없다. 그것이 달성한 역할이 다른 지역들에서는 훨씬 뒤에, 또는 오늘날에도 다른 형태로 반복되고 있기 때문이다. 예컨대 그런 관점에서 개발도상국형 독재 정치체제를 다시 살필 수 있다. 여러 부족들이나 민족들과 종파들이 착종된 지역에서 중앙집권적인 국가체제가 형성될 때에는 그것이 왕제王制든 사회주의체제든 절대주의적인 형태를 취한다. 그들

이 '생각하고 있는 것'과 '실제로 행하고 있는 것'은 다르다. 말이 나온 김에 덧붙이자면, 부르주아 혁명의 담당자가 반드시 실제 부르주아지인 것은 아니다. 마르크스가 말한 것처럼 부르주아 사상가와 부르주아는 다르다. 예컨대 일본의 메이지유신(1868년)이 하급무사나 지식인에 의해 행해졌기 때문에 부르주아 혁명으로 볼 수 없다고 말하는 마르크스주의자가 많았다. 그러나 영국이나 프랑스에서도 혁명의 실제 담당자는 지식인이나 토지소유자, 독립생산자 등이었다. 담당자가 누구이든 자본제 경제의 여러 조건들을 실현시킨다면 부르주아 혁명이라고 말할 수 있다.

273* (원주 76) 자본=네이션=스테이트라는 삼위일체는 서로 보완하는 세 개의 교환형태에 근거한다. 코퍼러티즘, 복지국가, 사회민주주의 같은 것들은 오히려 이러한 삼위일체의 완성형태이지 그것을 지양하는 것이 아니다. 자본주의 경제의 글로벌화는 이 삼위일체를 해체하지 않는다. 예컨대 유럽 내부(EU)에서 네이션=스테이트의 틀이 극복되었다고 해도 그것은 외부에 대하여 거대한 슈퍼 스테이트로 나타날 뿐이다.

274 '테르미도르'는 프랑스 혁명력 11월(뜨거운 달[熱報])의 이름. 혁명의 보호를 내걸고 나선 (공안위원회 핵심) 로베스피에르 자코뱅당의 공포정치La Terreur에서 시작해 그의 단두대에 그 자신의 목이 잘리는 1794년 7월 24일까지의 상황을 가리킴.

275* (원주 77) 밥 제솝은 1970년대 이후의 마르크스주의자들과 관련하여 그들이 국가를 단순한 경제적 계급구조의 반영이 아니라 스스로 자율성을 갖는 것으로 볼 수 있게 되었다는 점과 그런 국가를 통해 시민사회의 이해관계가 레귤레이션된다는 것을 볼 수 있게 되었다는 지적한다(Bob Jessop, *State Theory*, Pennsylvania State University Press, 1990[『전략관계적 국가이론』, 유범상·김문귀 옮김, 한울, 2000]). 이는 헤겔이 강조한 것과 다르지 않다. 따라서 우리는 헤겔의 『법권리의 철학』과 다시 대결할 필요가 있다. 그렇지 않으면 위와 같은 관점은 결국 사회민주주의적 레귤레이션으로 귀결되며 자본제=네이션=스테이트를 지양할 수 있는 길을 제시하지 못한다.

276* (원주 78) 토지와 인간의 재생산이란, 말하자면 '자연의 생산'이며 자연에 의한 '증여'다. 반자본주의적 내셔널리스트가 '피와 대지'를 강조하는 것은 이유가 없지 않다. 피와 대지는 자연에 의해 증여된 것이기 때문이다. '있다'를 '그것이 준다(es gibt)'라는 독일어 표현에서 보는 하이데거의 존재론은 프랑수아 케네 이래의 농본주의적 사고와 연결되어 있다. 그러나 하이데거는 결코 '숲의 철인哲人'이 아니다. 그가 '국가사회주의노동자당'을 지지한 것은 그 당이 산업자본이 가져온 노동자 문제를 해결할 수 있다고 생각했기 때문이다. 나치의 생물학적 인종이론을 부정한 하이데거의 반유대주의는 반反상인자본주의(반국제금융자본주의)이기에 그의 생각은 오히려 고전파의 이론으로 귀결된다고 말할 수 있다. 단 그것은 '생산'을 기축에 두고 그것을 '자연의 생산'과 융합함으로써 실현하고자 한 것이다. 파시즘은 자본주의를 유지한 채로 노동에서 '소외된' 노동자들에게 충분한 여가를 주고 자연환경에 의한 '본래성'의 회복을 시도하는 대항혁명운동이다. 그것은 전쟁과 필연적으로 결부되어 있는 것이 아니다. 따라서 파시즘이 역사적으로 취득한 특질을 제거하면 그렇게 의식되고 있지는 않지만 오늘날에도 파시즘은 여전히 유력하다 하겠다. 이런 사정은 일부의 생태주의자(ecologist)에게도 해당되는 말이다.

277 칼 마르크스, 『자본』 I-1, 672쪽.

278* (원주 79) 청교도 혁명 이래 부르주아 혁명은 항상 폭력혁명이었다. 사회주의 혁명이 폭력적이었다면, 그것은 부르주아 혁명(봉건적 유제의 일소一掃)과 국민국가의 형성이 그때까지 이루어지지 않았기 때문이다. 그러므로 지금도 폭력혁명이 필요한 곳이 많이 있는데, 이것을 부르주아 국가의 이데올로그가 비난하는 것은 부당하며 잘못된 것이다. 그들은 자신들의 과거를 망각하고 있는 것이다. 하지만 부르주아 국가(자본과 국가)를 '지양'하는 것―단지 '규제'하는 것이 아니라―은 더 이상 폭력혁명일 수 없다. 그런 의미에서 나는 이런 운동을 혁명운동이라기보다는 대항운동으로 부르고 싶다.

279 1830년대 후반부터 시작된 영국 노동자 계급의 보통선거권 획득을 위한 운동. '차티스트'라는 이름은 운동의 핵심을 담은 요구서

「인민의 헌장People's Charter」에서 유래한 것임.

280* (원주 80) 사회주의는 그저 도덕적인 것에서만이 아니라 미적인 태도에서도 시작된다. 이 점은 이미 자본제 생산에서 노동의 기쁨이 사라진 것을 규탄한 존 러스킨에게서 볼 수 있다. 윌리엄 모리스는 이러한 미학적 측면에서 마르크스주의에 접근했고, 코뮤니즘을 노동이 예술일 수 있는 유토피아로 간주했다. 하지만 여기서 '예술'을 좁은 의미로 생각해서는 안 된다. 어떤 노동도 '관심'을 괄호에 넣고 이루어지면 그것은 이미 놀이이며 예술활동과 비슷해진다. 마르크스는 다음과 같이 쓰고 있다. "공산주의 사회에서는 개개인은 고정된 활동범위를 가지고 있지 않으며, 좋아하는 분야에서 자신의 실력을 갈고닦을 수 있는데, 여기서는 사회가 생산 전반을 통제하고 있다. 그렇기 때문에 마음 가는 대로 오늘은 이것을 내일은 저것을 하며, 아침에는 사냥을 낮에는 고기잡이를 저녁에는 가축을 돌보며 저녁 식사 뒤에는 비평을 할 수 있게 되는데, 이런 과정에서 꼭 사냥꾼이나 어부나 목장일꾼이나 비평가가 되지 않아도 좋은 것이다."(『독일 이데올로기』[『독일 이데올로기 I』, 박재희 옮김, 청년사, 1988, 64쪽]) 이것을 꼭 비현실적인 이야기라고 말할 수는 없다. 예컨대 자원봉사자들은 경제적 교환가치의 관점이나 정신노동과 육체노동이라는 기존의 가치서열로 보면 급이 낮고 더럽다고 생각하는 일들을 기쁜 마음으로 받아들인다. 왜냐하면 그런 일을 직업으로 삼고 있지 않기 때문이다. 이는 노동을 고통스럽게 만드는 이유가 노동의 성질이 아니라 노동을 그저 교환가치에 대한 '관심'에 종속시키는 경제에 있음을 증명한다.

281* (원주 81) 하지만 여기서 그람시에 관하여 한 마디 할 필요가 있다. 그람시는 '기동전'에서 '진지전'으로의 이행이 이미 19세기 후반에 있었다고 지적한다. "유럽에서는 1848년 이래 생겨나 일부 사람들은 이해했지만 주세페 마치니나 그 일파는 이해하지 못한 바로 그것, 즉 '기동전'에서 '진지전'으로, 라는 정치투쟁의 이행이라는 문제—이 이행은 1871년 이래 다른 경우에도 생겨나고 있다—를 고찰해야 한다는 점은 명확하다."(「수동적 혁명의 개념」, 『신新군주론』) 하지만 이 '진지전'이 단순히 문화적 헤게모니 투쟁을 의

미할 리 없다. 이 지점에서 흥미로운 것은 그람시가 마하트마 간디의 소극적 투쟁을 높게 평가하면서 그것을 '진지전'으로 부르고 있다는 점이다. "간디의 소극적 저항이란 어떤 시점時點에서는 기동전이 되고 어떤 시점에서는 지하전이 되기도 하는 진지전이다. 보이콧은 진지전[guerra di posizione]이고, 파업은 기동전[guerra di movimento]이며, 무기와 전투원의 내밀한 준비는 지하전[guerra sotterranea]이다."(그람시, 「정치투쟁과 군사투쟁」, 『신군주론』[해당 대목을 국역본에서는 찾을 수 없다. 「정치투쟁과 군사전쟁」은 다음 국역본에 수록되어 있다. 『옥중 수고』 1권, 이상훈 옮김, 거름, 1999: 역자]) 내가 이해하기에 1848년 혁명 이후 '기동전'에서 '진지전'으로의 이행이 있었다는 그람시의 지적을 겹쳐서 보면, 『자본론』이 쓰인 19세기 후반에 노동자계급의 투쟁은 이미 보이콧 즉 유통과정 중심으로 이행하고 있었다는 것, 그럼에도 많은 사람들이 그것을 이해하지 못했다는 것을 시사한다. 기동전에서 진지전으로의 이행은 다른 어느 곳보다도 영국에서 리카도 좌파에 근거한 차티스트 운동이 끝난 시점에 두드러지게 나타나고 있다. 이 점에서 나의 시도는 이를테면 '진지전'을 위한 논리를 제공하는 『자본론』 읽기라고 말할 수 있다.

282 관련된 문장을 인용해 놓는다: "**잉여가치론은 결과적으로는 직접적으로 착취이론이다.** […] 이러한 창조력이 여기서 착취와 맺는 연계는 잉여가치론 내에서 그 소재(사용가치)에 대한 혁명적 주체라는 재규정을 제시한다. […] 여기서 우리는 다시금 유통 영역으로 내려가서 『그룬트뤼세』의 두 번째 커다란 문제 영역, 즉 유통 속에서의 착취, 사회에 대한 착취론으로 보이는 이윤론을 획득하게 된 벼랑 끝에, 잉여가치 규정의 막바지에 이르러 있다."(안토니오 네그리, 『맑스를 넘어선 맑스』, 윤수종 옮김, 새길, 1994, 165쪽; 173쪽; 177쪽)

283 칼 마르크스, 「고타강령 초안 비판」, 375~376쪽.

284* (원주 82) 프루동이 제안한 무상신용과 교환은행 이래로 대체화폐와 관련된 시도는 많이 있었다. 그것은 사회주의자에 의한 것만이 아니다. 예컨대 1930년대 대불황에서 다양한 지역통화가 시

도되었는데, 대표적인 것으로 게젤이 구상했던 스탬프화폐(마이너스 이자의 화폐)가 있다[질비오 게젤, 『자유토지와 자유화폐로 만드는 자연스러운 경제질서』, 질비오게젤연구모임 옮김, 클, 2021]. 그러나 "화폐가 있어서는 안 된다"와 "화폐가 없어서는 안 된다"라는 안티노미를 염두에 놓고 볼 때 가장 흥미로운 것은 마이클 린턴의 LETS로, 그것은 참가자가 자신의 구좌에 자신이 제공할 수 있는 재화나 서비스를 목록에 올리고 자발적으로 교환하는, 그리고 그 결과가 구좌에 기록되는 다각적 결제시스템이다. LETS의 통화는 중앙은행에서 발행되는 현금과는 달리 재화나 서비스를 제공받게 되는 사람이 매회 새롭게 발행하도록 되어 있다. 그리고 모든 참가자의 흑자와 적자를 합계하면 제로가 되도록 설계되어 있다. 이 시스템은 이후 기술적으로 보다 발전시켜야 할 여지가 있지만, 기본적 컨셉트에 화폐의 안티노미를 해결하는 열쇠가 포함되어 있다.

LETS의 특징은 공동체의 호수제 교환 및 자본주의적 상품경제와 비교하면 명확해진다. LETS는 한편으로는 공동체의 호수제와 비슷하지만, 서로 알지 못하는 사람들 사이에서 광범위하게 교환되는 까닭에 시장적인 성격을 띤다는 점에서 다르다. 다른 한편으로 자본제 시장경제와도 다르게 LETS의 화폐는 자본으로 바뀌지 않는다. 무이자이기 때문에 그런 것은 아니다. 전체로서 제로섬 원리(집계적 수입지출 상쇄 원리)에 근거하고 있기 때문이다. 교환이 활발하게 이루어지고 있지만 결과적으로 화폐는 존재하지 않게 되는 것이다. 따라서 여기서는 "화폐가 존재한다"와 동시에 "화폐는 존재하지 않는다"라는 안티노미가 해결되고 있다. 마르크스의 가치형태론으로 말하자면, LETS의 통화는 일반적 등가물로 모든 재화와 서비스를 관계 맺도록 할 뿐 그 자신이 자립하지 않는다. 즉 화폐의 페티시즘이 생겨나지 않는다. '교환가능성'으로서의 화폐를 모아두는 일은 아무 의미도 없으며 적자가 늘어나는 것에 겁먹을 필요도 없다. LETS의 통화를 통해 재화나 서비스의 가치관계 체계가 완성되지만 그것들이 '통약가능한' 것이 되지는 않는다. 그러므로 그것들에 '공통된 본질'로서의 노동가치는 사후적으로 성립하지 않는다.

이것은 『고타강령 비판』의 코뮤니즘을 생각할 때 시사적이다.

마르크스에 따르면 '자본제 사회에서 방금 막 태어난 코뮤니즘'의 단계에서는 말하자면 '각자가 노동에 따라 받는데' 데에 반해, 성숙한 코뮤니즘의 단계에서는 '각자가 능력에 따라 일하고 필요에 따라 받게' 된다. 일반적으로 마르크스주의는 초기의 과도기적 단계를 사회주의로 여기고 생산력이 발전하면 코뮤니즘에 도달한다고 생각한다. 그러나 네그리는 그런 생각에 반대한다(*Communists Like Us*, Autonomedia, 1990의 「서문」). 사회주의란 자본주의의 한 형태이기에 거기서 코뮤니즘으로 이행하는 일은 결코 없다는 것이다. 나는 그 생각에 동의한다. 애초부터 사회주의가 아니라 코뮤니즘을 지향해야 한다. 하지만 전망에 관한 네그리의 이야기는 불명확하다. 내 생각에 열쇠는 LETS에서 발견된다. 그것은 노동가치 자체를 폐기하는 것이며, 그렇게 '각자가 필요에 따라 받게' 되는 것이다. LETS와 같은 경제시스템을 기반으로 할 때만 코뮤니즘에 대한 전망이 열린다.

또 중요한 것은 LETS가 프루동이 말하는 '연합의 원리'와 합치된다는 점이다. 그것은 단순히 경제적인 것이 아니라 윤리적인 어소시에이션이다. 공동체의 호수제가 공동체로의 귀속을 강제하고, 시장경제가 화폐의 공동체(국가)에의 참여를 강제하는 데에 반해, LETS의 사회계약은 프루동이 말한 '연합'과 같은 것이다. 즉 여러 개인들은 언제라도 LETS를 그만둘 수가 있으며 복수의 LETS에 소속될 수도 있다. 국가에 의한 단일한 통화와 달리 LETS는 복수적이며 다종다양체로 존재한다. 보다 중요한 한 가지는 여러 지역통화들과는 달리 LETS에서는 각자가 (단지 구좌에 기록될 뿐이지만) 통화를 발행할 권리를 갖는다는 점이다. 국가주권을 구성하는 것 중 하나가 화폐발행권이라면, LETS는 입에 발린 인민주권이 아니라 모두가 진정으로 주권자일 수 있게 한다. 그리고 그런 사정은 LETS가 단순한 지역화폐가 아니라는 것, 또는 단지 경제적인 문제가 아니라는 것을 의미한다.

그러함에도 LETS는 커다란 곤란함에 직면하고 있다. 그것은 작은 공동체의 범위를 벗어날 수 없다. LETS가 현재의 화폐경제에 대항할 정도의 규모로 유통되는 것은 기대할 수 없다. 기껏해야 자본제 경제에 대해 보완적인 역할을 하는 데에 그칠 것이다. 새로운 대체화폐에 필요한 것은 대체화폐가 자본으로 바뀌지 않는 시스템을 만드는 것은 물론이고, 그것이 널리 유통될 수 있는 근거를 가지는 일이다. 따라서 나는 현행화폐와 링크되면서 오히려 그것에 기생하는 형태로 서서히 현행화폐를 침식하는 식의 대체화폐를 생각하고 있다. 이것이 암癌으로서의 자본제 경제에 대한 대항암과도 같은 대항운동에 어울린다고 생각한다.

285 칼 슈미트,『정치적인 것의 개념』, 정태호 외 옮김, 살림, 2021, 76쪽.

286 막스 베버,『소명으로서의 정치』, 박상훈 옮김, 후마니타스, 2011, 110쪽.

287* (원주 83) 개별자본에게 불매운동만큼 두려운 것은 없다. 1950년대 후반부터 시작된 아메리카 흑인 공민권 운동은 앨라배마주 몽고메리에서 일어난 차별적 시영市營버스에 대한 보이콧운동에서 시작되었다. 이것을 지도한 마틴 루터 킹 주니어는 간디에게서 '비폭력적' 저항정신을 배웠다고 이야기되는데, 그것이 불매운동(보이콧)으로서 이루어진 점에 주목해야 한다. 그런데 오히려 간디를 모르면서 그가 한 일을 실행하려고 한 이는 만년의 말콤 X다. 그는 흑인에 의한 생산-소비협동조합을 조직하고자 했다. 그것은 암묵적으로 자본제 경제에 대한 보이콧운동이었다. 아마 그 결과 그는 살해당했을 것이다. 이후 아메리카 흑인은 사회복지에 의해 보호받게 되지만, 그것은 결코 그들을 자립시키는 것이 아니다. 국가에 의한 부의 재분배를 요구하는 사회민주주의적 운동이 아니라 스스로 생산-소비협동조합을 만들어내는 운동이 불가결하다.

288* (원주 84) 아나르코 생디칼리스트는 지식인에 의한 대표를 부정하고 노동자 자신에 의한 운동을 주장했다. 노동자 자신이 노동자를 대표해야 한다는 것이다. '대표'를 거부하는 것은 노동자 이외의 운동을 거부하는 것이 된다. 하지만 그들 자신은 어디까지나 소수파며, 말하자면 총체로서의 노동자 계급을 '대표'하고 있다. 동일한 것을 마이너리티 운동에 대해서도 말할 수 있다. 마이너리티의 해방은 마이너리티 자신에 의해 이루어져야 한다는 일면 올바른 인식은 그렇지 않은 협력자를 배제하는 결과를 낳기 쉽다. 그러므로 운

동 자체가 닫히고 만다. 실제로 개인들은 다양한 차원에서 살아가고 있기 때문에 어느 한 차원에서는 마이너리티일지라도 다른 차원에서는 그렇지 않다. 이것이 마이너리티 운동을 더욱 분열시킨다.

289* (원주 85) 이 세미라티스적인 구조에 관해서는 『은유로서의 건축』(〈정본 가라타니 고진집〉 제2권) 또는 Kojin Karatani, *Architecture as Metaphor*를 참조했으면 한다.

290* (원주 86) 앞서 서술한 것처럼, 생산-소비협동조합의 어소시에이션에서 관료제가 발생하지 않는다고 말할 수는 없다(이 책 2부 1장 5절 참조). 왜냐하면 어소시에이션에도 능력의 차이에 수반되는 하이어라키나 대표제의 고착화가 생겨나기 때문이다. 이를 방지하기 위해서는 선거+추첨제가 채택되어야 한다.

정본판 후기

 2001년 여름, 나는 아사다 아키라나 나이토 유지와 더불어 생산협동조합으로 시작한 비평공간사批評空間社에서 『트랜스크리틱』을 출판했다. 그러나 나이토 씨의 뜻하지 않은 죽음으로 우리의 기획은 전부 중지될 수밖에 없었다. 이렇게 다시 출판하면서 나는 이 책을 고故 나이토 유지에게 바치고자 한다.

 2003년 이 책의 영어판을 MIT프레스에서 낼 때 이미 상당한 가필을 했는데, 이번에 다시 간행하면서 다시금 개고했다. 그렇기에 이 책을 '정본'으로 삼는다.

2004년 2월 뉴욕에서
가라타니 고진

이와나미 현대문고판 후기

 이 책의 최초 판본은 2001년에 간행되었다. 이후 약 10년이 지났다. 이 책의 근간이 된 연재 에세이(탐구Ⅲ)를 잡지 『군조群像』에 쓰기 시작한 것은 1992년이었다. 내게 그 일은 어제처럼 느껴지는데, 이 책을 처음 손에 든 독자들에게는 먼 옛날로 보일 것이다. 따라서 「서문」에서도 썼지만, 이 책을 구상한 시기를 새삼스레 다시 회고해 보고 싶다.

 『트랜스크리틱: 칸트와 마르크스』는 '마르크스를 칸트로부터 읽고 칸트를 마르크스로부터 읽는' 작업이다. 하지만 두 사람을 나열하여 비교하는 것이 아니다. 그들 사이에는 헤겔이라는 철학자가 있었다. 마르크스를 칸트로부터 읽고 칸트를 마르크스로부터 읽는 일은 오히려 헤겔을 앞뒤에 있는 두 사상가로부터 읽는다는 것이다. 즉 그런 읽기는 헤겔 비판을 새롭게 시도한다는 것을 의미한다. 내가 그렇게 할 필요를 통절히 느낀 때는 동유럽의 혁명에서 시작하여 소비에트연방의 해체까지 이르렀던 1990년경이었다.

 그 무렵 아메리카의 국무성 직원이자 새로운 헤겔주의자 프랜시스 후쿠야마가 주장한 '역사의 종언'이라는 말이 유행하고 있었다. 그것은 1989년도의 동유럽 혁명이 자유·민주주의의 승리라는 것, 그 승리란 최종적이라는 것,

이후에 더 이상의 근본적 혁명은 없다는 것을 고지하는 말이었다. 그런 말을 비웃는 사람들은 적지 않았다. 확실히 그 말을 아메리카의 궁극적 승리로 본다면 그것은 어처구니없는 일이다. 사실 아메리카의 뉴리버럴리즘은 일단 승리를 거둔 것처럼 보였지만 머지않아 파탄을 맞이했다. 그 결과 각국이 취한 것은 사회민주주의적인 정책들이었다. 그것은 자본주의적 시장경제를 인정하고 그 시장경제가 초래하는 여러 모순들을 민주적 절차 안에서 국가에 의한 규제와 재분배를 통해 해결할 수 있는 체제야말로 최종적인 것이라는 입장이다. 나는 그런 체제를 '자본=네이션=스테이트'라고 부른다.

하지만 그것은 후쿠야마가 말했던 '역사의 종언'을 넘어선 것이 아니다. '역사의 종언'은 오히려 현재에 이르러 심화되고 있는데, 그런 사정에 대한 자각이 없다. 바꿔 말해 자본=네이션=스테이트의 회로 안에 갇혀있다는 자각 없이 그 안에서 빙글빙글 돌고 있을 뿐임에도 역사적으로 전진하고 있다는 착각을 하고 있다.

내 생각에 자본·네이션·국가를 상호 연관적 체계로서 파악한 이는 『법의 철학』을 쓰고 있는 헤겔이다. 또 이 세 가지 연관은 프랑스혁명에서 제창되었던 자유·평등·우애를 통합한 것이기도 하다. 헤겔은 감성적 단계로서 시민사회나 시장경제에서 '자유'를 발견해낸다. 뒤이어 그런 시장경제가 초래한 부의 불평등이나 모순들을 시정하여 '평등'을 실현하는 오성적 단계로서의 국가=관료를 발견한다. 마지막으로 이성적 단계로서 네이션에서 '우애'를 발견

이와나미 현대문고판 후기

해낸다. 헤겔은 그 어떤 계기도 배척하는 일 없이 자본=네이션=국가를 삼위일체적인 체계로서 변증법적으로 파악한 것이다.

헤겔은 영국을 모델로 삼아 근대국가를 생각하고 있었다. 따라서 그런 근대국가에 이르기까지 혁명은 앞으로도 각지에서 일어날 것이지만, 삼위일체적 체계가 성립한 후 본질적인 변화란 불가능하며, 그렇기에 역사는 거기서 끝난다는 것이 헤겔의 생각이었다. 물론 헤겔 이후에도 역사는 있었다. 그러나 본질적인 변화는 존재하지 않았다고 말할 수밖에 없다. 『법의 철학』은 오늘날도 여전히 유효하다. 여기서 혹시라도 역사는 끝나지 않는다고 말할 것이라면, 이런저런 사건들이 있다는 말만이 아니라 자본=네이션=스테이트를 넘어서는 일이 가능하다는 것을 제시하지 않으면 안 된다.

내가 이 책에서 시도한 것은 그런 헤겔을 향한 비판이다. 물론 나는 정면에서 헤겔을 다루지는 않았다. 그렇게 하는 대신에 칸트와 마르크스를 논했다. 칸트를 마르크스로부터 읽는 것은 칸트를 헤겔에 의해 극복된 인물로서가 아니라 헤겔이 극복할 수 없는 사람으로서 읽는 일이다. 마르크스를 칸트로부터 읽는 것은 칸트가 가지고 있었지만 헤겔에 의해 부정되어버린 여러 과제들의 실현을 마르크스에게서 읽는 일이다.

그런데 내가 헤겔을 다시 인식한 것은 『트랜스크리틱』을 일본에서 출판하고 직후 일어난 사건, 즉 2001년도의 9·11, 그리고 이라크전쟁에서다. 이 시기 아메리카의 네오콘은 유럽이 지지한 국제연합을 칸트주의적 몽상이라고 비웃었다. 그들은 후쿠야마와는 다른 유형의 헤겔주의자였다. 헤겔은 칸트가 말하는 국가연합에는 연합에 대한 위반을 군사적으로 제재할 실력을 가진 국가가 없기에 비현실적이라고 쓴 사람이다. 그 지점에서 나는 다시금 칸트에 대해 특히 '영원한 평화'라는 문제에 대해 생각하게 되었다.

이 책에서 나는 국가란 단순한 상부구조가 아니라 자율성을 가진 주체(에이전트)라는 점에 대해 썼다. 그것은 무엇보다도 국가가 다른 국가에 대해 존재한다는 점에서 비롯된다. 따라서 다른 국가가 있는 이상, 국가를 그 내부만으로 지양하는 일은 불가능하다. 그렇기에 일국만의 혁명은 있을 수 없다. 마르크스도 바쿠닌도 사회주의혁명은 '세계동시혁명'으로만 가능하다고 생각했다. 하지만 이 책을 썼을 때 나는 그 문제를 그리 심각하게 생각하고 있지 않았다. 각국의 대항운동들이 어딘가에서 자연스레 연결되리라고 생각했다. 그런데 2001년 이후의 사태가 보여준 것은 아무 일도 하지 않을 때 각국의 대항운동은 자본과 국가에 의해 분리되고 말 것이라는 사실이었다.

그런데 일국만으로는 성립되지 않는 것이 사회주의혁명만은 아니다. 루소적인 시민혁명도 그러하다. 예컨대 프랑스혁명은 바로 외국의 간섭과 침입에 노출되었다. 그런 사정이 프랑스 내부에 공포정치를 초래했고, 그것이 다른 한편으로 혁명방위전쟁에서 (나폴레옹에 의한) 정복전쟁으로 발전했다. 그 과정에서 칸트는 『영원한 평화를 위하여』(1795년)를 발표했는데, 이보다 훨씬 앞서 루소적인 시민혁명은

이와나미 현대문고판 후기

방해를 받았기에 그런 방해를 막기 위한 국가연합의 필요성에 대해 생각하고 있었다. 즉 '영원한 평화'를 위한 구상은 단순한 평화론이 아니라, 말하자면 '세계동시혁명'론으로 구상된 것이다. 바로 그렇기에 헤겔은 칸트에 반대했고 나폴레옹전쟁을 통해 유럽 각지에서 생겨났던 자본=네이션=국가야말로 최종적인 사회형태로 생각한 것이다.

나는 이 책에서 교환양식으로 사회구성체의 역사를 보는 관점, 나아가 자본=네이션=스테이트를 넘어서는 시점을 제출했다. 하지만 이것이 아직 맹아적이라는 것을 인정한다. 이후의 내 작업은 그것을 좀 더 상세하게 인류사 전체에서 해명하는 일이었다. 그 때문에 10년 정도의 시간이 필요했다. 그것이 『세계사의 구조』(2010년)라는 책이다. 『트랜스크리틱』의 속편으로 읽어주었으면 한다.

2009년 11월 16일 도쿄에서
가라타니 고진

옮긴이 후기

1. 이 책의 목차 및 본문에 알파벳 철자로 네 번 표시되고 있는 단어 "transcritique". 그 낱말의 근저를 표시하는 것, 그 낱말을 살려 쓴 "트랜스크리티컬한 대항운동"의 근거이자 방법을 집약하는 것은 다름 아닌 '시차'와 '이동'이다. 다시 말해, 칸트적 시차Parallaxe의 발견과 지속, 또는 그 시차의 (재)생산을 위한 조건으로서의 이동. 이와 관련해 시초적인 뜻을 품은 문장은 먼저 칸트로부터 인용되고 있다: "이전에 나는 일반적 인간 지성을 단지 내가 가진 지성의 입장에서 고찰했지만, 지금의 나는 자신을 나 자신의 것이 아닌 외적인 이성의 위치에서 고찰하며, 스스로의 판단을 가장 은밀한 동기와 함께 타인의 시점에서 고찰한다. 이런 두 방향의 고찰을 비교하는 것은 분명 **강한 시차**를 생겨나게 하는데, 이는 여러 개념들이 **광학적 기만**을 피할 수 있게 하며, 개념들을 인간성의 인식능력과 관계하는 올바른 위치에 놓는 유일한 수단이기도 하다."(「형이상학의 꿈 […] 시령자의 꿈」[이 한 대목은 칸트의 저작들 중에서 가장 먼저 인용되어 있다]) 이

인용문의 핵심어들을 반복하고 있는 가라타니의 문장은 다음과 같다. "『순수이성비판』은 『시령자의 꿈』처럼 자기비평적으로 쓰여 있지 않다. 그러나 '강한 시차'가 사라진 것은 아니다. 그것은 **안티노미(이율배반)**라는 형태로 나타난다. 이는 테제와 안티테제 모두가 '광학적 기만'에 불과하다는 점을 노출시킨다." 나의 시점과 타인의 시점, 또는 테제와 안티테제의 거짓 적대적이며 공모·공범적인 이원二元 중 그 어느 쪽으로도 귀결되지 않는 사이-차이, 바로 그 사이를 향하여 이동·횡단하면서 그런 이원적 관계를 어긋내는 시차-차열差裂. 그런 이원성의 바깥을 표시하는 다른 이름이 타자(X), 즉 타자의 도입이며 타자의 틈입이다. 바로 그 사이-바깥-타자에 뿌리박을 때 도래하고 시도되는 위기/비판으로서의 크리틱, 그 "'초월론적인 비판'이란 어떤 안정된 제3자의 입장이 아니다. 그것은 트랜스버셜한(횡단적인), 또는 트랜스포지셔널한(전위적인) **이동 없이는 불가능**"하며, 그 점에서 가라타니는 "칸트와 마르크스의 트랜스센덴탈[transcendental]하거나 트랜스포지셔널[transpositional]한 비판을 '트랜스크리틱'이라고 명명"했다. 접두사 '트랜스'들을 필두로 엮여지는 이동의 의미망이 마르크스의 당대 독일 이데올로기에 대한 비판과 교직될 때를 두고 가라타니는 다음과 같이 쓴다. "마르크스에게 이런 인식은 자신이 독일의 담론 바깥으로 나간 후에야 비로소 획득할 수 있었던, 어떤 충격을 동반한 각성의 체험이었다. 그것은 자신의 시점에서 본 것도 아니며 타인의 시점에서 본 것도 아닌, 그것들 간의 차이(시차)에서 드러나는 '현실'과 직면하는 일이었

옮긴이 후기

다." 그런 한에서 "중요한 것은 마르크스의 비판이 항상 '이동'과 그 결과인 '강한 시차'에서 생겨나고 있다는 점"인바, 영국으로 넘어갔던 마르크스로 하여금 독일에서 일단락 지었던 자본주의·경제학 비판을 넘어 『자본론』을 향해 몰두해 가도록 이끌었던 것은 "영국의 고전경제학적 담론으로는 단순한 사고나 잘못으로만 파악된 사건, 즉 경제공황이 부여한 '강한 시차'"였다. 이 시차는 다름 아닌 안티노미(이율배반)에 대한 강조로 달리 표시될 수 있다. 『자본론』의 마르크스가 고전경제학적 생산과정 우위론에 반대하여 유통과정을 중시했던 지점이 그것이다. "그는 칸트적인 말투로 다음과 같은 안티노미를 지적했다. 잉여가치는 생산과정 자체에서는 나오지 않으며 유통과정 자체에서도 나오지 않는다. 그리고 그는 말한다, '여기가 로도스섬이다, 여기서 뛰어라.'" 마르크스의 문장으로는 다음과 같이 된다: "따라서 자본은 유통에서 생겨날 수 없는 것이지만 유통을 떠나서도 생겨날 수 없는 것이다. 자본은 유통에서 생겨나야만 하는 동시에 유통에서 생겨나서는 안 된다. […] 애벌레 상태의 자본가가 애벌레로부터 나비로 성장하는 것은 유통부문 속에서의 일이어야 하는 동시에 유통부문 속에서 그리되어선 안 되는 일이다. 이것이 문제의 조건이다. 자, 여기가 로도스다, 여기서 뛰어라!"(『자본론』) 『이솝 우화』 속의 로도스섬은 주장·논리·방법·실천이 참인지 거짓인지 실제적인지 기만적인지가 판가름 나는 현장을 비유하는바, 유통과정이라는 로도스섬은 다름 아닌 이율배반의 집약상태이자 시차의 발현상태이며, 그런 한에서 마르크스적 비판의 중심장소가 된다. 가라타니에겐 트랜스크리틱이 행해지고 있는 바로 그 유통과정, 그 로도스섬이 비판의 시금석에 문질러져야 할 문제적 시공간으로 설정된다.* G—W—G′이라는 자본의 일반공식 속에서 '팔지 말라'(네그리)와 '사지 말라'(간디)는 어떤 정언명령이 시금석으로서의 트랜스크리티컬한 대항운동이라는 맥락을 갖게 되는 이유가 거기 있다.

2. 가라타니는 '마르크스주의'주의적인 역사적 유물론의 정립이라는 엥겔스의 시점에 마르크스가 "뒤늦게 도달했음에 주목해야 한다"고, "그렇게 늦은 이유는 엥겔스가 빨리 벗어난 '종교 비판' 문제에 아직 깊숙이 관여하고 있었기 때문"이라고, " 오히려 마르크스는 자본과 국가라는 외형을 가진 '종교'에 대한 비판을 집요하게 이어가고 있었던 것"이라고 쓴다. 엥겔스의 시점과 어긋나는 마르크스의 시점時点/視點을 인식할 때, 달리 말해 그 시점 또는 시차時差/視差를 확보할 때 가능해지는 비판의 힘이 다름 아닌 종교로서의 자본/국가를 향하고 있다는 점에 주목하게 된다. 가라

---

* 이 '로도스섬'은 『자본론』에 앞서 「루이 보나파르트의 브뤼메르 18일」에 나온다. 본문에서 거듭 분석됐던 그 정치과정 속에서 로도스섬의 맥락은 다음과 같이 자리매김되어 있다. "프롤레타리아 혁명이 그 적대 세력을 쓰러뜨리는 것은 오직 적으로 하여금 대지에서 새로운 힘을 빨아올려 좀 더 대단한 기세로 프롤레타리아 자신과 맞서게 하기 위해서인 듯하다. 프롤레타리아 혁명은 자기 목표의 무한한 원대함에 놀라 끊임없이 뒤로 주춤하지만, 모든 퇴행적인 변화를 불가능하게 하는 상황이 만들어지는바, 제반 여건 자체가 다음과 같이 부르짖게 된다: 이곳이 로도스섬이다. 여기서 뛰어 보라! 여기에 장미꽃이 있다. 여기서 춤을 추어라!"(칼 마르크스, 『프랑스 혁명사 3부작』, 166쪽)

옮긴이 후기

타니가 『자본론』에서 가장 먼저 인용한 문장들은 다음과 같다: "상품은 언뜻 봐서는 뻔하고도 평범한 물건으로 보인다. 하지만 그것을 분석하면, 지극히 성가신 사물, 형이상학적으로 그럴싸한 논리나 신학적인 편향과 굴절로 가득한 물건이라는 사실을 알게 된다."(『자본론』) 마르크스의 이 한 대목과 그것에 접선하고 있는 가라타니의 다음 문장들은 자본주의에 대한 인식의 한 역사를 가리켜 보이는 이정표로 세워져 있다: "자본주의는 경제적 하부구조 같은 것이 아니다. 그것은 인간의 의지를 넘어 인간을 통제하는, 또는 사람들을 서로 분리시키고 결합하는 어떤 '힘'으로 오히려 종교적인 것이다." 가라타니의 특정 텍스트들을 읽으면서 촉수를 세우고 촉발의 계기를 찾게 되는 지점, 내게도 그것은 가라타니의 교환양식론, 특히 'D', 그 D와 신(Deus)적인 것으로 교직되는 힘의 의미망/연계망이었다. 말하자면, 두 개의 D. 내게 이 책 『트랜스크리틱』은 그런 D 또는 'D(X)'가 구조적인 형식으로서 발원하는 구체적 현장이자 실험실이며, 그 실험의 현장(예컨대 "새로운 어소시에이셔니스트 운동[NAM]")을 거슬러 올라간 시차적 장소에다가 마르크스적 '종교 비판'을 자리매김할 수 있게 하는 텍스트이다. 이런 맥락이 감지되었을 때 번역의 속도와 몰입도는 높아졌었고 번역문에 대한 검토와 퇴고의 속도는 느려졌었다. 그렇게 번역했던 내게는, 아니 말석에서 읽었던 내게도, 그같은 종교로서의 자본/국가 비판은 어떤 '유일한 문제'로서, 다름 아닌 '마르크스 그 가능성의 중심'으로서 발현했던 게 될 터이다.

3. '가라타니 마르크스론'의 상호텍스트적 관계, 그 텍스쳐 혹은 텍스트성에서 시작한다고 할 때 중시되어야 할 것은 「마르크스 그 가능성의 중심」(1974년 연재, 1978년 출판)에 인용되고 있는 마르크스의 문장들 중 60% 이상이 『트랜스크리틱』에 반복되고 있다는 점이며, 그런 반복을 가능케 하는 인식의 태도가 다음과 같은 인용문들에 근거해 있다는 점이다. "인간이 정면으로 맞서는 것은 언제나 자기 자신이 해결할 수 있는 과제일 따름이다."(마르크스); "인간은 식견을 늘린다고 해서 자기 자신의 모습을 발견해 낼 순 없다. 그가 스스로의 모습을 발견하는 것은 그가 제기한 과제 속에서이다."(앙드레 말로); "본질적인 사상가는 한 가지 과제만을 갖는다."(하이데거)* 국역본 『마르크스 그 가능성의 중심』에 실린 「한국어판 서문」(1998년 11월)의 주요 내용은, 1992년부터의 연재 '탐구 III'의 맥락에서 출발해 1998년 여름 「트랜스크리틱 I: 칸트와 마르크스」로 연재 완료된 원고에서 발췌된 것들이다.** 1998년의 시점에서 작성된 가라타니의 회고는 다음과 같다. "『마르크스 그 가능성의 중심』을 썼던 당시에 나는 뭔가 적극적인 전망을 발견할 수 없었고, 또 그것을 쓰는 일도 주저하고 있었다. 현재의 시점에서 나는 구체적으로 어떻게 할 것인가와는 별도로 어떤 이론적인 가능성을 찾고 있다(나는 그것을

---

* 柄谷行人, 『マルクスその可能性の中心』, 講談社学術文庫, 1990, 8頁. 이 세 문장은 이 책 첫머리에 인용된 세 개의 제사(에피그라프)이다.

『트랜스크리틱』에 썼다)."*** 그 '적극적인 전망'이란 이 책 『트랜스크리틱』의 마지막 챕터「트랜스크리컬한 대항운동」을 가리키며 '이론적인 가능성'이란 교환양식론으로 집약되는 것인바, 그런 사정은 『트랜스크리틱』의 「서문」에서 다음과 같이 앞질러 표시되고 있다. "내게 사회민주주의란 당연히 어떤 **적극적 전망**일 수 없었다. 내 안에서 돌연 밝고 환한 빛이 보이기 시작한 것은 20세기 말에 이르렀을 때부터. 그리고 이 책의 맨 끝에 기록한 것처럼 그런 전망이 보인 뒤부터 일본에서 **새로운 어소시에이셔니스트 운동(NAM)**을 시작했다. 물론 글로벌한 세계자본주의의 진행 안에서 '**현상을 지양하는 현실의 운동**'은 세계 각지에서 피할 수 없는 것으로서 생겨나고 있다. 그러나 이론을 가볍게 여겨서는 안 된다. 이론, 아니 이론이라기보다는 트랜스크리티컬한 인식 없이는 과거의 과오를 다른 형태로 반복하게 될 뿐이기 때문에 그렇다." 적극적 전망이라는 것, 그러나 '이 책의 맨 끝에 기록'했다고 쓴 그 전망은 『트랜스크리틱』의 초판에만 언급될 뿐, 정본판에서는 삭제되고 없다. 그렇게 삭제된 것은 본문 마지막 단락의 맨 끝 문장("세미라티스[교

** 최초 단계에서 『트랜스크리틱 II』는 문학비평으로 구성하여 『I』과 짝이 되게 할 예정이었지만 그렇게 되지 않았다[그렇게 하지 않았다]. 그런 I과 II의 상보적/시차적 관계는 『마르크스 그 가능성의 중심』의 이원체제, 즉 마르크스론과 문학비평[다케다 다이준(역사론), 나쓰메 소세키(계급론과 문학론)]의 체제를 따르고 있다. 그 문학비평의 본론으로 출간된 것이 『일본근대문학의 기원』[1980]이고 마르크스론의 본론으로 출간된 것이 『트랜스크리틱』이다.

*** 가라타니 고진, 「한국어판 서문」, 『마르크스 그 가능성의 중심』, 김경원 옮김, 이산, 1999, 15쪽.

차그물망]형 조직에서는 그런 개인들의 의지를 넘어서는, 그리고 그 개인들의 조건을 결정하는 여러 차원의 사회적 관계들이 결코 제거되지 않는다")에 붙어 있던 다음과 같은 각주 한 문장이다: "그 한 가지 사례로 2000년에 일본에서 시작된 New Associationist Movement (NAM)을 들고 싶다."*
삭제된 것은 각주 하나에 그치지 않는다. 2001년 8월 6일 환갑을 맞이한 날에 서명된『트랜스크리틱』초판「후기」의 문장들 역시 이후의 판본들에선 삭제되고 없다. "『트랜스크리틱』은 내게 특별한 저작이다. 이 저작만큼 두껍게 쓴 적이 없고 이 저작만큼 시간을 들여 쓴 적도 없다. 거의 10년 동안 이 책에 몰두해왔다고 해도 과언이 아니겠다. 원고를 고치고 또 고치기를 거듭한 끝에, 나는 40년 전부터[『마르크스 그 가능성의 중심』 이전부터] 생각해왔던 문제들에 결착을 지을 수 있었다. 그리고 어찌해도 발견할 수 없었던 적극적인 전망을 발견해 낼 수가 있었다. 이후 고찰해야 할 사안들이 많을 터임에도, 나는 비로소 나 자신이 납득 가능한 책을 내놓는다는 느낌이다. 게다가 이 책은 내가 친구들과 함께 시작한 생산협동조합 히효쿠칸샤[비평공간사]에서 출판된다. 머지않아 이 책의 영어판이 MIT 프레스에서 출판된다는 점도 덧붙여 놓아야 할 듯하다. 내겐 특별한 의미를 지닌 이 책이 독자 여러분에게도 그러하길 바라고 있다."**『트랜스크리틱』초판과 정본판에 제시되거나 삭제된 NAM, 그것

---

* 柄谷行人,『トランスクリティーク―カントとマルクス』, 批評空間社, 2001, 448頁.

** 柄谷行人,『トランスクリティーク』, 449頁.

옮긴이 후기

과 연계된 적극적 전망은 '친구들'과 함께 꾸렸던 '생산협동조합'의 비평지 『비평공간』을 해산시킨 일과 더불어 오래지 않아 현행적인 것으로서는 닫혀버리고 만다. 이를 다음과 같은 회고 속에서 확인해 놓는다: "나는 『비평공간의 해산』 이전에 NAM 역시도 해산시켰습니다. 그때에도, 내가 창설한 것이지만 이미 다수의 인간이 공동적으로 만든 것이기 때문에 해산시키는 것은 전제적專制的이라고 말하는 사람들이 있었습니다. 그러나 그런 게 아닙니다. 앞으로 형편없이 될 것이라는 점을 알고 있었기 때문입니다. 그 경우 설령 내가 없어도 그것은 나의 책임이 됩니다. 그래서 해산시킬 수밖에 없었던 것입니다. 다시 새롭게 만들면 되는 것이기 때문입니다. […] 그러므로 나는 옛날부터 '혁명적 은퇴'를 권해왔습니다. 그들이 은퇴하면 새로운 길이 열리기 때문에, 그쪽이 혁명적입니다."*

4. 트랜스크리티컬한 대항운동의 규제적 이념과 관련하여, 마르크스와 칸트 사이의 상호교차적 읽기를 보여주는 가라타니의 최근 판본을 인용해 놓는다(그리고 그 문장들

---

* 가라타니 고진, 『정치를 말하다』, 조영일 옮김, b, 2010, 174쪽. 사정이 그러함에도 NAM의 실험, 그 실험의 규제적 이념과 관련하여 『트랜스크리틱』 이후 20년의 시간을 넘어 상통되는 두 권의 저작이 남겨져 있음도 확인해 놓게 된다. 柄谷行人 外, 『NAM: 原理』, 太田出版, 2000; 柄谷行人, 『NAM: ニュー・アソシエイショニスト宣言』, 作品社, 2021. 필요에 따라서는 'M'의 차이, '운동[무브먼트]'과 '선언[매니페스토]'의 시차를 검토해 볼 수도 있을 것이다. 그 두 NAM의 접선에 관해서는, 역자의 미진한 글 「이소노미아의 조건: NAM적인 것의 발현 속에서」[『가능한 인문학』, 조영일 편, 비고, 2021]도 참조될 수 있을 듯하다.

속의 '힘'에 대한 비평을 저 마르크스적 '종교 비판'의 시점에서 시도해 볼 날을 기다리게 된다).『힘과 교환양식』[이와나미서점, 2022] 마지막 챕터「위기에서 D의 도래」가 그것이다: "그렇다면 국가나 자본을 지양하는 것, 즉 교환양식으로 말하면 B나 C를 지양할 수 없는 것일까? 불가능하다. 왜냐하면 지양하는 것 자체가 그것들을 회복시키게 만들기 때문이다. 유일하게 가능한 것은 A에 근거하는 사회를 형성하는 것이다. 하지만 그것은 로컬에 머문다. B나 C에 억눌려 확대될 수 없기 때문이다. 그러므로 그것을 가능하게 하기 위해서는 고차원적인 A의 회복, 즉 D의 힘을 통해서뿐이다. 그런데 D는 A와 달리 인간이 원하거나 기획함으로써 실현되는 것이 아니다. 그것은 말하자면 너머에서 오는 것이다. 이 문제는 특별히 새로운 것이 아니다. 옛날부터 **신학적인 문제, 즉 '종말'이나 '반복'의 문제로서** 이야기되어 온 것과 닮았다. 즉 '종말'이란 A의 반복, 바꿔 말해 A의 고차원적인 회복으로서 D가 도래한다는 것을 의미한다. 마르크스는 이 문제를 신을 끌어들이지 않고 사고하려고 했다. 하지만 그가 처음 그렇게 한 것이 아니다. 마르크스 이전에도 그것을 생각한 사람이 있었다. 칸트다. 그는 사회의 역사를 자연의 '은밀한 계획'으로 보았다. 즉 그곳에서 인간도 신도 아닌 무언가의 작동을 발견했다. 그리고 그것을 자연이라고 불렀다. 하지만 그곳에 수수께끼는 남아있었다. 내가 생각하기에 자연의 '은밀한 계획'이란 교환양식D의 작용을 의미한다. 예를 들어 칸트가『영원한 평화를 위하여』에서 제기한 '세계공화국'의 구상은 인간이 고안한 것에 불과한 것처

옮긴이 후기

럼 보인다. 그런 의미에서 교환양식A와 유사하다. 따라서 무력하다. 그러므로 그가 제안한 국제연합은 두 세기에 걸쳐 항상 경시되어 왔다. 하지만 그것은 사라지지 않고 회귀했다. 앞으로도 다시 회귀할 것이다. 그리고 그때 그것은 A라기보다는 D로서 나타날 것이라고 말할 수 있다. 그러므로 마지막으로 한 마디만 하고 싶다. 앞으로 전쟁과 공황, 즉 B와 C가 필연적으로 초래하는 위기가 여러 번 생길 것이다. 하지만 바로 그렇기 때문에 **A의 고차원적인 회복으로서의 D**가 필연적으로 도래할 것이다."* D의 힘, 그것은 인간의 의지나 기획으로 관철될 수 있는 게 아니라는 것, 너머에서 도래한다는 것. 그런 사정을 가리키는 칸트적 이름이 '자연' 또는 '자연의 은밀한 계획'인바, "그 '자연'은 '신'의 다른 말이 아니다. 그것은 신과는 다른 무언가다. 즉 신이 만든 것이 아니라 인간이 만든 것인데, 그럼에도 불구하고 인간을 넘어선 '힘'으로서 작동한다는 것을 시사하고 있다." 이 한 대목은 『트랜스크리틱』 이후, 또는 포스트 『트랜스크리틱』의 방향설정을 보여주는 다음 문장들과 더불어 『트랜스크리틱』을 다시 한 번 독해하는 일의 가치를 생각해 보게 한다: "칸트는 일찍이 구성적 이념과 규제적 이념을 구별했다. 전자는 인간의 의지에 의한 것, 후자는 인간의 의지를 넘어선 것이다. 만년의 칸트는 규제적 이념이라고 말하지 않고 '자연'이라고 불렀다. 그것은 인간의 의지를 넘어선 무언가이지만 신이 아니다. 그것은 내가 말하는 교환

---

* 가라타니 고진, 『힘과 교환양식』, 조영일 옮김, 비고, 2023, 501쪽.

양식D에 대응한다고 해도 좋다. 나는 일찍이 『트랜스크리틱: 칸트와 마르크스』에서 구성적 이념과 규제적 이념에 대해 상세히 논했는데, 이상과 같은 인식을 가지고 있지는 않았다."*

5. 이렇게 이 책 『트랜스크리틱』의 번역을 마감한다. 번역의 이유는 다른 데 있지 않았다. 역량이 닿는 한도 안에서의 일일 수밖에 없겠지만, 『트랜스크리틱』이라는 텍스트의 활력이 좀 더 증강될 수 있으리라고 여겼기 때문이다. 바라건대, 그런 활력의 이념이 소진되지 않을 텍스트로서 『트랜스크리틱』이 힘의 여러 접선들과 만날 수 있다면 다행이겠다.

2023년 12월
부산에서

* 가라타니 고진, 『힘과 교환양식』, 371쪽.

(부록1) 본서에 등장하는 주요인물과 저작

갈릴레오 갈릴레이 Galileo Galilei, 1564~1642.
게오르크 빌헬름 프리드리히 헤겔 Georg Wilhelm Friedrich Hegel, 1770~1831.『대논리학』1812~1816,『정신현상학』1807,『엔치클로페디』(초판 1817; 3판 1830, 이신철 옮김, 도서출판 b, 2024),『법권리의 철학』1821(원제는『법철학 요강 또는 자연법과 국가학 개요』),『역사철학』1837.
게오르크 칸토어 Georg Ferdinand Ludwig Philipp Cantor, 1845~1918. 러시아 태생 독일 수학자.
게오르크 프리드리히 베른하르트 리만 Georg Friedrich Bernhard Riemann, 1826~1866. 독일의 수학자.
고트프리트 마르틴 Gottfried Martin, 1901~1972.『칸트: 존재론 및 과학론』1951.
고트프리트 빌헬름 폰 라이프니츠 Gottfried Wilhelm von Leibniz 1646~1716.
고틀로프 프레게 Friedrich Ludwig Gottlob Frege, 1848~1925. 독일의 수리논리학자.
노버트 위너 Norbert Wiener, 1894~1964. 사이버네틱스의 창시자.
니콜라스 레셔 Klaus Helmut Rescher, 1928~.『대화의 논리: 변증법 재고』(일어판 1981년).
니콜라우스 코페르니쿠스 Nikolaus Kopernikus, 1473~1543.
니콜라이 이바노비치 로바쳅스키 Nikolai Ivanovich Lobachevskii, 1792~1856. 러시아의 수학자.
니콜라이 콘드라티예프 Nikolai Dmitrievich Kondratiev, 1892~1938. 소련의 경제학자.
니콜로 마키아벨리 Niccolò Machiavelli, 1469~1527.
다비트 힐베르트 David Hilbert, 1862~1943. 독일의 수학자.『기하학 원리』1899.
다바타 미노루 田畑稔, 1942~.『마르크스와 어소시에이션』1994.
다케우치 요시로 竹内芳郎, 1924~2016.『국가와 문명』1975.
데이비드 리카도 David Ricardo, 1772~1823.『경제학 및 과세의 원리』1817.

데이비드 흄 David Hume, 1711~1776. 『인성론』 1738.

라위천 에흐베르튀스 얀 브라우어르 Luitzen Egbertus Jan Brouwer, 1881~1966. 『논리학의 원리에 대한 불신』(동일 제목의 네덜란드어 논문 초판은 1908년).

로렌츠 폰 슈타인 Lorenz von Stein, 1815~1890. 『현대 프랑스의 사회주의와 공산주의』 1842.

로만 야콥슨 Roman Osipovich Jakobson, 1896~1982. 『소리와 의미에 관한 여섯 강의』 1942. 『일반언어학』 1권 1963년; 2권 1973년.

로버트 오언 Robert Owen, 1771~1858.

로자 룩셈부르크 Rosa Luxemburg, 1871~1919.

롤랑 바르트 Roland Gérard Barthes, 1915~1980.

루이 알튀세르 Louis Pierre Althusser, 1918~1990.

루이 옐름슬레우 Louis Hjelmslev, 1899~1965. 1931년 코펜하겐 언어학파 설립자, 언어학자

루이 오귀스트 블랑키 Louis Auguste Blanqui, 1805~1881.

루트비히 비트겐슈타인 Ludwig Josef Johann Wittgenstein, 1889~1951. 『철학적 탐구』 1953, 『수학의 기초』 1939년도 강의의 청강생 노트, 『논리-철학 논고』 1921.

루트비히 포이어바흐, Ludwig Feuerbach, 1804~1872. 『기독교의 본질』 1841.

르네 데카르트 Rene Descartes, 1596~1650. 『방법서설』 1637, 『성찰』 1641.

리처드 로티 Richard McKay Rorty, 1931~2007. 『우연성・아이러니・연대』 1989(김동식・이유선 옮김, 사월의책, 2020).

마루야마 마사오 丸山眞男, 1914~1996.

마르셀 뒤샹 Marcel Duchamp, 1887~1968.

마르틴 하이데거 Martin Heidegger, 1889~1976. 『존재와 시간』 1927, 『형이상학 입문』 1953(1935년도 강의).

마이클 린턴 Michael Mark Lynton, 1960~.

마크 포스터 Mark Poster, 1941~2012. 『정보양식론』 1990(부제는 '포스트구조주의와 사회적 컨텍스트').

마틴 루터 킹 주니어 Martin Luther King Jr., 1929~1968.

마하트마 간디 Mohandas Karamchand Gandhi, 1869~1948.

막스 베버 Max Weber, 1864~1920. 『프로테스탄티즘의 윤리와 자본주의의 정신』 1920, 『직업으로서의 정치』 1919.

막스 슈티르너 Max Stirner, 1806~1856. 『유일자와 그의 소유』 1844.

(부록1) 본서에 등장하는 주요인물과 저작

말콤 X Malcolm X, 1925~1965.

모리시마 미치오 森嶋通夫, 1923~2004. 일본의 경제학자.

모제스 헤스 Moshe Hess, 1812~1875. 독일의 유대인 철학자.

미셸 세르 Michel Serres, 1930~2019. 『구조와 수입: 수학으로부터의 신화』 1961(이 저작은 '헤르메스' 시리즈 1권 『커뮤니케이션』 1968에 수록됨).

미하일 바쿠닌 Mikhail Bakunin, 1814~1876. 『국가와 무정부』 1873.

미하일 바흐친 Mikhail Mikhailovich Bakhtin, 1895~1975. 『도스토옙스키론』 1929(『도스또예프스끼 시학의 문제들』, 김근식 옮김, 중앙대 출판부, 2011).

바뤼흐 스피노자 Baruch Spinoza, 1632~1675. 『데카르트 철학의 원리』 1663 (강영계 옮김, 서광사, 2016).

발터 벤야민 Walter Benjamin, 1892~1940.

버트런드 러셀 Bertrand Arthur William Russell, 1872~1970.

베네딕트 앤더슨 Benedict Richard O'Gorman Anderson, 1936~2015.

베라 자술리치 Vera Ivanovna Zasulich, 1849~1919.

볼테르 Voltaire(본명: François-Marie Arouet), 1694~1778. 『캉디드 혹은 낙관주의』 1759.

볼프강 블랑켄부르크 Wolfgang Blankenburg, 1928~2002. 『자명성의 상실』 1967(부제는 '분열병의 현상학')

블라디미르 일리치 레닌 Vladimir Ilyich Lenin, 1870~1924.

블레즈 파스칼 Blaise Pasca, 1623~1662.

빅토르 위고 Victor-Marie Hugo, 1802~1885.

빌프레도 파레토 Vilfredo Federico Damaso Pareto, 1848~1923. 왈라스를 발전시킨 로잔학파의 창시자. 이탈리아 출신의 정치학자, 사회학자, 경제학자.

빌헬름 라이히 Wilhelm Reich, 1897~1957. 『파시즘의 대중심리』 1933(황선길 옮김, 그린비, 2006)

빌헬름 폰 훔볼트 Friedrich Wilhelm Christian Carl Ferdinand von Humboldt, 1767~1835.

사미르 아민 Samir Amin, 1931~2018.

샤를 루이 몽테스키외 Charles-Louis de Secondat, Baron de La Brède et de Montesquieu, 1689~1755.

세뮤얼 베일리 Samuel Bailey, 1791~1870. 『리카도 가치론의 비판』 1825.

솔 크립키 Saul Aaron Kripke, 1940~2022. 『명명과 필연성』 1980.

쇠렌 키르케고르 Søren Aabye Kierkegaard, 1813~1855. 『죽음에 이르는 병』 1849.

스티븐 툴민 Stephen Edelston Toulmin, 1922~2009. 『비트겐슈타인의 빈』 1973(앨런 제닉과의 공저, 『빈, 비트겐슈타인, 그 세기말의 풍경』, 석기용 옮김, 이제이북스, 2005).

아르놀트 루게 Arnold Ruge, 1802~1880. 독일의 철학자.

아르투어 쇼펜하우어 Arthur Schopenhau, 1788~1860.

아리스토텔레스 Aristoteles, BC 384~BC 322.

아이작 뉴턴 Sir Isaac Newton, 1642~1726.

안 로베르 자크 튀르고 Anne Robert Jacques Turgot, 1727~1781. 프랑스의 정치가, 경제학자.

안토니오 그람시 Antonio Gramsci, 1891~1937. 「진지전과 기동전: 트로츠키론」 1930, 『신군주론』(이 일본어판은 『그람시 선집』, 다이 히사츠구 편역, 1961, 제1권 2부의 제목).

안토니오 네그리 Antonio Negri, 1933~2023.

알랭 핑켈크로트 Alain Finkielkraut, 1949~. 『사고의 패배 혹은 문화의 패러독스』 1987.

알베르트 아인슈타인 Albert Einstein, 1879~1955.

애덤 스미스 Adam Smith, 1723~1790. 『도덕감정론』 1759, 『국부론』 1776(원제는 『국부의 원인과 본성에 관한 연구』).

에두아르트 베른슈타인 Eduard Bernstein, 1850~1932.

에드문트 후설 Edmund Husserl, 1859~1938. 『데카르트적 성찰』 1931, 『유럽 학문들의 위기와 초월론적 현상학』 1937.

에르네스토 라클라우 Ernesto Laclau, 1935~2014.

에른스트 블로흐 Ernst Bloch, 1885~1977. 『마르크스론』 1968.

에른스트 카시러 Ernst Cassirer, 1874~1945.

에밀 뒤르켐 Emile Durkheim, 1858~1917.

에피쿠로스 Epicurus, BC 341~BC 770.

엠마누엘 스웨덴보르그 Emanuel Swedenborg, 1688~1772. 스웨덴의 신비사상가.

오르테가 이 가세트 José Ortega y Gasset, 1883~1955. 『철학의 기원』 1960.

오이겐 폰 뵘바베르크 Eugen von Böhm-Bawerk, 1851~1914. 『마르크스 체계의 종결』 1896.

오키시오 노부오 置塩信雄, 1927~2003. 『마르크스 경제학: 가치와 가격의 이론』 1977.

요시모토 다카아키 吉本隆明, 1924~2012.

(부록1) 본서에 등장하는 주요인물과 저작

요한 게오르크 하만 Johann Georg Hamann, 1730~1788. 쾨니히스베르크 출신의 철학자/시인.

요한 고트프리트 헤르더 Johann Gottfried Herder, 1744~1803.

요한 고틀리프 피히테 Johann Gottlieb Fichte, 1762~1814.

요한 카를 프리드리히 가우스 Johann Carl Friedrich Gauß, 1777~1855.

요한 하인리히 람베르트 Johann Heinrich Lambert, 1728~1777. 칸트의 친구. 스위스-프랑스 박식가.

우노 고조 宇野弘藏, 1897~1977.

윌리엄 셰익스피어 William Shakespeare, 1564~1616.

윌리엄 톰프슨 William Thompson, 1785~1833.

유클리드 Euclid, BC 4세기 중반~BC 3세기 중반. 『원리』(『유클리드 원론』, 박병하 옮김, 아카넷, 2022).

이언 해킹 Ian Hacking, 1936~2023. 『언어는 왜 철학의 문제가 되는가?』 1975.

임마누엘 칸트 Immanuel Kant, 1724~1804. 『순수이성비판』 1781, 『실천이성비판』 1788, 『판단력비판』 1790, 『인간학』 1798, 『활동측량에 관한 고찰』 1747(칸트의 첫 저작), 『계몽이란 무엇인가』 1784, 「추측해 본 인류사의 기원」 1786, 『인륜의 형이상학』 1797.

임마누엘 월러스틴 Immanuel Maurice Wallerstein, 1930~2019. 『역사적 시스템으로서의 자본주의』 1983, 『인종·국민·계급』 1988(에티엔 발리바르와의 공저, 김상운 옮김, 두번째테제, 2022).

자크 데리다 Jacques Derrida, 1930~2004. 『목소리와 현상』 1967(김상록 옮김, 인간사랑, 2006), 『그라마톨로지에 관하여』 1967.

자크 라캉 Jacques Lacan, 1902~1981.

잠바티스타 비코 Giambattista Vico, 1668~1744. 『새로운 학문』 1725(조한욱 옮김, 아카넷, 2019).

장 폴 사르트르 Jean-Paul Sartre, 1905~1980.

장-자크 루소 Jean-Jacques Rousseau, 1712~1778. 『사회계약론』 1762

조르주 바타유 Georges Albert Maurice Victor Bataille, 1897~1962.

조제프 드 메스트르 Joseph de Maistre, 1753~1821.

조지프 슘페터 Joseph Alois Schumpeter, 1883~1950.

존 로크 John Locke, 1632~1704.

존 메이너드 케인스 John Maynard Keynes, 1883~1946.

존 스튜어트 밀 John Stuart Mill, 1806~1873.

죄르지 루카치 Lukács György, 1885~1971. 『미美와 변증법』 1956(원제는 『미학의 범주로서의 특수성』).

지그문트 프로이트 Sigismund Schlomo Freud, 1856~1939. 『정신분석 입문(속편)』 1916~1917, 「마조히즘의 경제적 문제」 1924, 『꿈의 해석』 1900.

질 들뢰즈 Gilles Deleuze, 1925~1995. 「구조주의는 왜 그런 이름으로 불리는가」 1967, 『차이와 반복』 1968, 『니체와 철학』 1962(이경신 옮김, 민음사, 2001).

칼 마르크스 Karl Heinrich Marx, 1818~1883. 『자본론』 1867(1권), 『루이 보나파르트의 브뤼메르 18일』 1852, 『신성가족』 1844(엥겔스와의 공저), 「포이어바흐에 관한 테제」 1845, 『경제학 비판』 1859, 『데모크리토스와 에피쿠로스 자연철학의 차이』 1841, 『경제학-철학 초고』 1844, 『요강』 1857~1858(정치경제학 비판 요강; 『자본론』을 위한 초고. 1857년 7월부터 11개월간 작성됨), 『헤겔 법철학 비판 서설』 1844, 『철학의 빈곤』 1847, 『고타강령 비판』 1875.

칼 슈미트 Carl Schmitt, 1888~1986. 『현대 의회주의의 정신사적 지위』 1923, 『정치신학』 1922(김항 옮김, 그린비, 2010), 『정치적인 것의 개념』 1927/1932.

칼 야스퍼스 Karl Jaspers, 1883~1969. 『죄책론』 1946.

칼 융 Carl Jung, 1875~1961. 『변용의 상징』 1912.

칼 카우츠키 Karl Johann Kautsky, 1854~1938.

칼 폴라니 Karl Polanyi, 1886~1964. 『거대한 전환』 1944(홍기빈 옮김, 길, 2009).

케네스 버크 Kenneth Duva Burke, 1897~1993. 『동기Motives의 문법』 1945.

켄터베리의 안셀름(안셀무스) St. Anselm of Canterbury, 1033~1109.

크누트 빅셀 knut wicksel, 1851~1926. 『국민경제학 강의』 1929(부제는 '일반이론', 이규억 옮김, 한국문화사, 2012).

크리스티안 볼프 Christian Wolff, 1679~1754. 독일의 계몽 철학자.

클라우디오스 프톨레마이오스 Claudius Ptolemy, 83~168.

클로드 레비스트로스 Claude Lévi-Strauss, 1908~2009. 『구조인류학』 1958, 『슬픈 열대』 1955.

탤컷 파슨스 Talcott Parsons, 1902~1979.

테오도어 아도르노 Theodor Ludwig Wiesengrund Adorno, 1903~1969. 『부정변증법』 1966

토머스 쿤 Thomas Samuel Kuhn, 1922~1996. 『코페르니쿠스 혁명』 1957.

토머스 호지스킨 Thomas Hodgskin, 1787~1869.

(부록1) 본서에 등장하는 주요인물과 저작

토머스 홉스 Thomas Hobbes, 1588~1679. 『리바이어던』 1651.

파르메니데스 Parmenides, BC 510~BC 450.

파울 파이어아벤트 Paul Karl Feyerabend, 1924~1994.

페르디난트 라살, Ferdinand Johann Gottlieb Lassalle, 1825~1864.

페르디낭 드 소쉬르 Ferdinand de Saussure, 1857~1913. 『일반언어학 강의』 1916.

페리클레스 Pericles, BC 495~BC 429.

프랜시스 베이컨 Francis Bacon, 1561~1626.

프랜시스 후쿠야마 Francis Yoshihiro Fukuyama, 1952~.

프레드릭 제임슨 Fredric Jameson, 1934~. 『정치적 무의식』 1981(부제는 '사회적으로 상징적인 행위로서의 서사').

프리드리히 니체 Friedrich Wilhelm Nietzsche, 1844~1900. 『도덕의 계보학』 1887, 『선악의 피안』 1887.

프리드리히 빌헬름 요제프 폰 셸링 Friedrich Wilhelm Joseph von Schelling, 1775~1854.

프리드리히 엥겔스 Friedrich Engels, 1820~1895. 『공상에서 과학으로』 1880 (원제는 '공상에서 과학으로의 사회주의의 발전'. 김재기 편역, 『마르크스·엥겔스 저작선』, 거름, 1988).

프리드리히 하이에크 Friedrich Hayek, 1899~1992.

플라톤 Plato, BC 427~BC 347.

피에로 스라파 Piero Sraffa, 1898~1983.

피에르-조제프 프루동 Pierre-Joseph Proudhon, 1809~1865. 『소유란 무엇인가』 1840, 『연합의 원리』 1863, 『빈곤의 철학』 1846(『경제적 모순들의 체계 혹은 곤궁의 철학』, 이승무 옮김, 지만지, 2018).

하마다 요시후미 浜田義文, 1922~2004. 『칸트 윤리학의 성립』 1981.

하인리히 리케르트 Heinrich John Rickert, 1863~1936. 신(新)칸트주의 서남독일학파의 대표자.

한스 바이힝거 Hans Vaihiger, 1852~1933. 독일 철학자.

한스 켈젠 Hans Kelsen, 1881~1973. 『민주주의 본질과 가치』 1920(한태연·김남진 옮김, 법문사, 1961).

헤라클레이토스 Heraclitus of Ephesus, BC 535~BC 475.

헤르만 코헨 Hermann Cohen, 1842~1918. 독일의 유대인 철학자.

헨리 홈 Henry Home, 1696~1782. 『비평의 원리』 1762.

히로마쓰 와타루 廣松涉, 1933~1994.

(부록2) 본서에 인용된 일본어 저작물

イマヌエル・カント, 『純粋理性批判』(上・中・下) 篠田英雄訳, 岩波文庫, 1961.

イマヌエル・カント, 『判断力批判』(上・下) 篠田英雄訳, 岩波文庫, 1964.

イマヌエル・カント, 『実践理性批判』(上・下) 波多野精一他訳, 岩波文庫, 1989.

イマヌエル・カント, 『人間学』, 坂田徳男訳, 岩波文庫, 1952.

イマヌエル・カント, 『形而上学の夢によって解明されたる視霊者の夢』, 川戸好武訳, 〈カント全集〉第三巻, 理想社, 1965~1977.

イマヌエル・カント, 『活力測定考』, 亀井裕訳, 〈カント全集〉第一七巻.

イマヌエル・カント, 『人倫の形而上学』, 吉澤傳三郎・尾田幸雄訳, 〈カント全集〉第一一巻.

イマヌエル・カント, 「ヨハン・ゴットフリート・ヘルダー『人類の歴史哲学考』についての論評」, 小倉志祥訳, 〈カント全集〉, 第一三巻.

イマヌエル・カント, 「シャルロッテ・フォン・クノーブロッホ宛書簡」, 門脇卓爾訳, 〈カント全集〉第一七巻.

イマヌエル・カント, 『プロレゴメナ』, 篠田英雄訳, 岩波文庫, 1977.

イマヌエル・カント, 『啓蒙とは何か』, 篠田英雄訳, 岩波文庫, 1974.

G・W・F・ヘーゲル, 『法権利の哲学: あるいは自然的法権利および国家学の基本』, 三浦和男他訳, 未知谷, 1991.

G・W・F・ヘーゲル, 『精神現象学』, 樫山欽四郎訳, 平凡社ライブラリ, 2000.

G・W・F・ヘーゲル, 『エンチクロペディー』, 樫山欽四郎・塩屋竹男・川原栄峰訳, 河出書房新社, 1987.

カール・マルクス, 『資本論』, 向坂逸郎訳, 岩波文庫, 1967.

カール・マルクス, 『資本論』, 鈴木鴻一郎他訳, 〈世界の名著〉54, 中央公論新社, 1973~1974.

カール・マルクス, 『経済学批判要綱 (草案)』全5巻, 高木幸二郎監訳, 大月書店, 1958~1965.

カール・マルクス, 『マルクス資本論草稿集 1857~58年の経済学草稿』, 資本論草稿翻訳委員会訳, 大月書店, 1分冊(1981); 2分冊(1993).

カール・マルクス, 『経済学・哲学草稿』, 城塚登・田中吉六訳, 岩波文庫, 1964.

カール・マルクス, 「モーゼル通信員の弁護」, 崎山耕作訳, 〈マルクス・エンゲルス全集〉第一巻, 1959.

カール・マルクス, 『ヘーゲル法哲学批判序説』, 花田圭介訳, 〈マルクス・エンゲルス全集〉第一巻.

カール・マルクス, 『哲学の貧困』, 平田清明訳, 〈マルクス・エンゲルス全集〉, 第四巻, 1960.

カール・マルクス, 「個々の問題についての暫定中央評議会代議員への指示」, 〈マルクス・エンゲ

ルス全集〉,第一六, 1966.

カール・マルクス,『ゴータ綱領草案批判』, 山辺健太郎訳,〈マルクス・エンゲルス全集〉第一九巻, 1968.

カール・マルクス,「一八五八年五月三一日ラサール宛書簡」,〈マルクス・エンゲルス全集〉第二九巻, 1972.

カール・マルクス,『フランスの内乱』, 木下半治訳, 岩波文庫, 1952.

カール・マルクス,『ゴータ綱領批判』, 望月清司訳, 岩波文庫, 1975.

カール・マルクス,『経済学批判』, 武田隆夫他訳, 岩波文庫, 1956.

カール・マルクス,『ルイ・ボナパルトのブリュメール十八日』, 伊藤新一・北条元一訳, 岩波文庫, 1954.

カール・マルクス,『剰余価値学説史』,〈マルクス・エンゲルス全集〉第二六巻, 1969.

カール・マルクス, フリードリヒ・エンゲルス,『聖家族』, 石堂清倫訳,〈マルクス・エンゲルス全集〉第二巻, 1960.

カール・マルクス, フリードリヒ・エンゲルス,『ドイツ・イデオロギ』, 花崎皋平訳, 合同出版, 1966.

カール・マルクス, フリードリヒ・エンゲルス,『ドイツ・イデオロギ』, 廣松渉編, 河出書房新社, 1974.

ピエール・ジョゼフ・プルードン,『連合の原理』,, 長谷川進・江口幹訳,『プルードン III』(アナキズム叢書), 三一書房, 1971.

ピエール・ジョゼフ・プルードン,『所有とは何か』, 長谷川進・江口幹訳,『プルードン III』(アナキズム叢書), 三一書房, 1971.

ピエール・ジョゼフ・プルードン,『一九世紀における革命の一般理念』,〈世界の名著〉42, 渡辺一訳, 中央公論新社, 1967.

マックス・シュティルナー,『唯一者とその所有』, 片岡啓治訳, 現代思潮社, 1967.

ミハイル・バクーニン,『国家と無政府』, 石堂清倫訳. 三一書房, 1970.

アダム・スミス,『道徳感情論』, 水田洋訳, 岩波文庫, 2003.

アダム・スミス,『国富論』全三巻, 大河内一男監訳, 中央公論社, 1978.

デヴィッド・リカード,『済学および課税の原理』, 羽鳥卓也・吉沢芳樹訳, 河出書房新社, 1964.

フェルディナン・ド・ソシュール,『一般言語学講義』, 小林英夫訳, 岩波書店, 1972.

ジョルダーノ・ブルーノ,『無限, 宇宙および諸世界について』, 清水純一訳, 岩波文庫, 1982.

トーマス・クーン,『コペルニクス革命』, 常石敬一訳, 講談社学術文庫, 1989.

カール・グスタフ・ユング,『変容の象徴』, 野村美紀子訳, 筑摩書房, 1992.

ユークリッド,『ユークリッド原論』, 中村幸四郎・寺阪英孝・伊東俊太郎・池田美恵訳, 共立出版, 1971.

ゴットフリート・マルチン,『カント: 存在論および科学論』, 門脇卓爾訳, 岩波書店, 1962.

ルートヴィヒ・ウィトゲンシュタイン,『数学の基礎』, 中村秀吉・藤田晋吾訳,〈ウィトゲンシュタイ

(부록2) 본서에 인용된 일본어 저작물

ン全集〉第七巻, 大修館書店, 1976.

ルートヴィヒ・ウィトゲンシュタイン, 『哲学探究』, 藤本隆志訳, 〈ウィトゲンシュタイン全集〉第八巻, 大修館書店, 1976.

ルートヴィヒ・ウィトゲンシュタイン, 『論理哲学論考』, 藤本隆志・坂井秀寿訳, 法政大学出版局, 1968.

プラトン, 『メノン』, 藤沢令夫訳, 岩波文庫, 1994.

ミハイル・バフチン, 『ドストエフスキーの詩学』, 望月哲男・鈴木淳一訳, ちくま学芸文庫, 1995.

ルネ・デカルト, 『方法序説』, 野田又夫訳, 中公文庫, 1989.

ルネ・デカルト, 『省察』, 桝田啓三郎訳, 角川文庫, 1966.

エトムント・フッサール, 『デカルト的省察』, 船橋弘訳, 〈世界の名著〉62, 中央公論新社, 1980.

エトムント・フッサール, 『ヨーロッパ諸学の危機と超越論的現象学』, 細谷恒夫・木田元訳, 中央公論社, 1995.

ジャック・デリダ, 『声と現象』, 高橋允昭訳, 理想社, 1970.

デイヴィッド・ヒューム, 『人性論』, 土岐邦夫訳, 〈世界の名著〉32, 中央公論新社, 1980.

オルテガ・イ・ガセット, 『哲学の起源』, 佐々木孝訳, 法政大学出版局, 1986.

ジル・ドゥルーズ, 『差異と反復』, 財津理訳, 河出書房新社, 1992.

ジェルジュ・ルカーチ, 『美と弁証法』, 良知力他訳, 法政大学出版局, 1970.

アラン・フィンケルクロート, 『思考の敗北あるいは文化のパラドクス』, 西谷修訳, 河出書房新社, 1988.

リチャード・ローティ, 『偶然性・アイロニー・連帯』, 齋藤純一・山岡龍一訳, 岩波書店, 2000.

イアン・ハッキング, 『言語はなぜ哲学の問題になるのか』, 伊藤邦武訳, 勁草書房, 1989.

ソール・クリプキ, 『名指しと必然性: 様相の形而上学と心身問題』, 八木沢敬・野家啓一訳, 産業図書, 1985.

フリードリヒ・ニーチェ, 『権力への意志』, 原佑訳, 〈ニーチェ全集〉第一二巻, 理想社, 1962.

テオドール・アドルノ, 『否定弁証法』, 木田元他訳, 作品社, 1996.

ロマーン・ヤーコブソン, 『ソシュール一般言語学』, 川本茂雄他訳, みすず書房, 1973.

セーレン・キェルケゴール, 『愛のわざ』, 武藤一雄・芦津丈夫訳, 〈キルケゴール著作集〉第一六巻, 白水社, 1964.

ジャン=ジャック・ルソー, 『社会契約論』, 桑原武夫・前川貞次郎訳, 岩波文庫, 1954.

マックス・ヴェーバー, 『職業としての政治』, 脇圭平訳, 岩波文庫, 1980.

カール・シュミット, 『政治的なものの概念』, 田中浩・原田武雄訳, 未來社, 1970.

ハンス・ケルゼン, 『デモクラシーの本質と価値』, 西島芳二訳, 岩波文庫, 1948.

マルティン・ハイデッガー, 「アドルフ・ヒトラーと国家社会主義体制を支持する演説」(1933), 石光泰夫訳, 『現代思想』 1989年七月号.

ヴァルター・ベンヤミン, 「ボードレール」, 川村二郎訳, 〈ベンヤミン著作集〉第五巻, 晶文社, 1975.

エルンスト・ブロッホ,『マルクス論』,船戸満之・野村美紀子訳,作品社,1998.

ヴィルヘルム・ライヒ,『ファシズムの大衆心理』,平田武靖訳,せりか書房,1986.

カール・ヤスパース,『罪責論』,橋本文夫訳,理想社,1982.

ジョン・ロールズ,『正義論』,紀伊國屋書店,矢島鈞次監訳,1979.

ルイ・アルチュセール,「ジョン・ルイスへの回答」,『歴史・階級・人間』,阪上孝・西川長夫編訳,福村出版,1974.

ジュデイス・バトラー,『ジェンダー・トラブル』,竹村和子訳,青土社,1999.

レオン・トロツキー,『労働組合論』,浦田伸一編訳,三一書房,1971.

アントニオ・グラムシ,『新君主論』,藤沢道郎訳,『グラムシ選集』第四巻,合同出版社,1963.

アントニオ・ネグリ,『マルクスを超えるマルクス:『経済学批判要綱』研究』,清水和巳他訳,作品社,2003.

イマニュエル・ウォーラーステイン,エティエンヌ・バリバール,『人種・国民・階級』,若森章孝他訳,大村書店,1997.

フレドリック・ジェイムスン,『政治的無意識:社会的象徴行為としての物語』,大橋洋一他訳,平凡社,1989.

ポール・ヴァレリー,「芸術についての考察」,清水徹訳,〈ヴァレリー全集〉第五巻,筑摩書房,1973.

ジークムント・フロイト,『精神分析入門』(続),〈フロイト著作集〉第一巻,高橋義孝訳,人文書院,1971.

坂部恵,『理性の不安』,勁草書房,1967.

宇野弘蔵,『経済原論』,〈宇野弘蔵著作集〉第一/二巻,岩波書店,1973.

宇野弘蔵,『恐慌論』〈宇野弘蔵著作集〉第五巻,1973.

置塩信雄,『マルクス経済学:価値と価格の理論』,筑摩書房,1977.

田畑稔,『マルクスとアソシエーション』,新泉社,1994.

廣西元信,『資本論の誤訳』,こぶし文庫,2002.

浜田義文,『カント倫理学の成立』,勁草書房,1981.

柄谷行人,『探究Ⅰ』,講談社,1986.

柄谷行人,「美学の効用」,「死とナショナリズム」,「ネーションと美学」,〈定本 柄谷行人集〉第四巻,岩波書店,2004.

(해제) 풋워크의 사상

조영일

1

가라타니 고진에게 『트랜스크리틱』은 여러 의미에서 기념비적인 책이다. 하지만 한국에서는 불운한 책이다. 유명세만큼 제대로 평가된 적이 없었기 때문이다. 이는 그의 주된 독자가 문학종사자들이었던 것과 무관하지 않다. 그런데 가만히 생각해 보면 일본인 문학평론가가 한국에서 관심을 받은 것 자체가 이례적인 일로, 그것이 가능했던 것은 일차적으로는 한일작가회의를 통한 문학가들 간의 교류였지만, 그가 널리 알려진 계기는 무엇보다도 『일본근대문학의 기원』을 둘러싼 표절논란이었다고 말할 수 있다.

매우 이른 시기에 소개된 『은유로서의 건축』(영어판으로부터의 중역)이나 『마르크스, 그 가능성의 중심』과 같은 책들이 합당한 관심을 받지 못한 것도 이런 맥락에서 이해할 수 있다. 한국에서 그가 받은 질문은 주로 다음과 같은 것이었다. "한국문학에 대해 어떻게 생각하는가?" "무라카미 하루키에 대해 어떻게 생각하는가?" 그때마다 그는 우리를 안심시키는 답변(일본문학은 죽었지만, 한국문학은 살아있다)을 해서 환영을 받았다. 그 덕분일까 그는 오랫동안 루카치와 벤야민 등을 제치고 한국의 문학연구자들이 가장 많이 인용하는 외국인 저자가 되었다.* 서구권 이론가를 압도적으로 선호하는 풍토에서 매우 이례적인 일이었다. 이는 이전에도 없었고 아마 앞으로도 없을 것이다.

하지만 한국문학계와 교류를 시작한 1992년 당시, 그는 아이러니하게도 **문학에 관심이 없었다**. 대신에 다른 작업에 온전히 몰두해 있었는데, 이후 그것은 『트랜스크리틱』(2001)으로 마무리된다. 이 책의 원형은 1993년에서 1996년까지 『군조群像』에 연재한 『탐구Ⅲ』(총24회)로, 연재 도중 갑자기 원고를 모두 파기한다. 그리고 2년 후 같은 지면에 새로운 연재를 시작하는데(1998~1999년), 이것을 대폭 수정한 것이 바로 우리가 아는 『트랜스크리틱』이다. 즉 흥미롭게도 이 책의 성립과정은 정확히 그가 한국과 활발히 교류하던 시기와 나란히 한다.**

『트랜스크리틱』의 첫 번째 한국어판은 약간 늦은 2005년 말에 나왔다.*** 하지만 아쉽게도 이듬해 번역된 『근대

---

* 황호덕, 「외부로부터의 격발들」, 『상허학보』(35집), 2012 참조.
** 보다 자세한 내용은 졸저 『가라타니 고진과 한국문학』을 참조.
*** 『트랜스크리틱』이 단행본으로 출간되기 전 이미 일부가 소개되어 있긴 했다. 2000년에 열린 서울국제문학포럼에서 『트랜스크리틱』의 서론격인 「트랜스크리틱이란 무엇인가」가 발표되었고, 2001년에 출간된 『윤리21』(사회평론판)에는 『트랜스크틱』의 일부가 부록으로 수록되었다.

(해제) 풋워크의 사상

문학의 종언』에 묻히게 된다. 소위 '근대문학의 종언' 논란이 한국의 문학계와 언론계를 휩쓴 것이다. 이는 21세기에도 그가 문예평론가로 소비되었다는 방증이다.

물론 문학 이외의 측면에서 전혀 논의가 없었던 것은 아니다. 그의 첫 마르크스론이라 말할 수 있는 『마르크스 그 가능성의 중심』은 언론인(이자 경제학자) 정운영에 의해 혹독한 비판을 받았다. 그는 이 책에서 현기증 나는 '유식'과 구제불능의 '무식'을 보았는데, 특히 『자본론』 해석과 관련해서는 혀끝을 찼다.

> 가치분석은 마르크스 경제학의 핵심이며, 가치의 실체를—그 크기와 형태까지—해명한 책이 『자본론』이라고 해도 과언이 아니다. 마르크스는 가치의 본질이 분명히 있다는데, 가라타니는 없는 것이 마르크스에 대한 올바른 해석이라니 참 딱한 노릇이다.

그러면서 만약 학생이 제출한 리포트였다면 F학점을 주었을 것이라며 "본질을 거부하고, 주체를 파괴하며, 중심성을 부정하는 그의 작업이 마르크스를 '우롱하는' 포스트모던 사고와 일맥상통하는 것은 분명하다"고 마무리한다. 이에 대해 『일본근대문학의 기원』의 번역자인 박유하가 직접 반박하는 글을 게재하기도 했다.* 이 짧은 논쟁은 가라타니의 사상적 작업에 대한 한국 지식인들의 인식을 잘 보여

---

* 자세한 내용은 『출판저널』 제262호와 제263호(1999)를 참조.

준다 하겠는데, 참고로 가라타니의 비트겐슈타인에 대한 논의를 몰이해의 예로 비판하는 철학연구자도 있었다.

가라타니 고진의 한국수용과 관련하여 흥미로운 점 중 하나는 문학종사자들의 경우 대체로 우호적이었던 데 반해 서양학문 전공자들은 그와 반대로 매우 비판적이었다는 사실이다. 서양어로 공부하여 한국어로 활용하는 입장에서는 낯선 일본인이, 그것도 비전공자가 서양학문을 함부로 재단하는 것이 심히 못마땅했을 것이다. 그것은 일본어라는 단계를 하나 더 거치는 것이기도 해서 본질과 멀어지거나 왜곡될 위험이 많다고도 여겼을 것이다.

그런데 이런 호불호와 무관하게 『트랜스크리틱』은 어느 쪽으로부터도 진지하게 받아들여지지 않았다. 문학종사자들도 막상 읽어보니 그다지 실용적이지 않다는 판단을 한 것 같다. 사실 문학종사자들의 사상(철학)에 대한 관심이란 사상 자체에 있다기보다 논문이나 비평을 장식할 배경화면으로 쓸 수 있는가 없는가에 달려 있는데, 그런 입장에서 볼 때 이 책은 도통 활용도가 떨어졌던 것이다.

칸트나 마르크스를 연구하는 사람들도 관심을 기울이지 않았다. 암묵적인 무시와 외면이야 서양학문 사이에도 존재하기 때문에 새삼스러운 일은 아니었다. 예컨대 프랑스 현대사상이 유행하던 시기에 독일철학 전공자들은 강 건너 불구경하듯 했다.* 심지어 칸트 전공자는 헤겔을 잘 모르고 헤겔 전공자는 칸트를 잘 모른다. 그리고 이 '잘 모

---

* 참고로 이 시기에 한 프랑스철학 전공자는 프랑스철학은 프랑스어로만 이해가능하다는 주장을 하기도 했다.

(해제) 풋워크의 사상

름'은 학문적 겸손의 표현이기 전에 '전문성'의 증거로 평가받는다.

이런 사정들을 고려했을 때 『트랜스크리틱』은 이미 20년이나 지난 책이지만 우리에게는 여전히 새로운 책이라고 말할 수 있다. 이 책을 시작으로 『세계사의 구조』, 『힘과 교환양식』으로 완성되는 가라타니 고진의 사상체계에 입문하기를 희망하는 사람들에게, 『트랜스크리틱』은 그 입구이기도 하다. 이제 그동안의 불운을 끝내고 제대로 읽힐 시간이 된 것이다.

2

가라타니 고진을 읽을 때 주의할 점이 있다. 이는 저자가 누차 강조하는 것인데도 자주 놓치는 경향이 있다. 그것은 바로 책 제목이 말하고 있는 것이다. 예컨대 그는 마르크스 해석과 관련하여 다음과 같은 점을 강조하고 있다.

중요한 것은 관념론에 대해서는 역사적 수동성을 강조하고, 경험론에 대해서는 현실을 구성하는 카테고리의 자율적인 힘을 강조하는 마르크스의 '비판'이 보여주는 풋워크(footwork)다. 마르크스는 기본적으로 저널리스틱한 비평가다. **스탠스의 기민한 이동을 결여하면, 마르크스에게서 어떤 생각을 가져오더라도 무용하다.** 그의 말은 문맥에 따라 반대가 되는 경우가 많기에 어떤 식으로든 말할 수 있기 때문이다. 마르크스에게서 하나의 원리(독트린)를 찾는 것은 잘못이다. **마르크스의 사상은 끊임없는 이동과 전회 없이는 존재하지 않는다.** (『트랜스크리틱』, 이하 강조는 인용자)

가라타니의 마르크스 해석은 주의·주장을 도출하는 것도 합의된 기존 주장에 참신한 해석을 부가하는 것도 아니다. 그의 주장처럼 마르크스의 텍스트는 문맥에 따라 전혀 다른 식의 읽기가 가능하기에 사실상 어떤 식의 주장도 가능하다. 텍스트 간에 존재하는 표면적 모순이 그것을 허용하기 때문이다. 그런데 이는 마르크스가 한 입으로 두말하기 때문이 아니라 본질적으로 그가 '이동의 사상가'이기 때문이다. 따라서 특정한 해석이나 해석자의 의도를 드러내는 소위 '마르크스의 사상'이란 그저 무용한 '마르크스주의'로 끝날 뿐이다.

따라서 가라타니는 마르크스의 주장 자체가 아니라 그의 풋워크(발놀림, 대응력)를 보아야 한다고 강조한다. 그런데 이는 정확히 가라타니를 읽을 때도 해당된다. 단언컨대 가라타니에게서 어떤 하나의 원리나 주장, 또는 실천상의 해결책을 찾는 것은 무의미하다. 사실 그의 저서에도 모순적인 부분이 적지 않다. 당장 『트랜스크리틱』과 『힘과 교환양식』 사이에서도 그런 부분이 쉽게 발견된다. 그도 그럴 것이 그 역시 끊임없이 이동하는 비평가이기 때문이다.

물론 여기서 '비평가'란 (작품해설을 쓰는) 협의의 비평가와는 무관하다. '트랜스크리틱'에 입각해서 보면, 마르크스는 물론 데카르트도 칸트도 니체도 프로이트도 이동의

(해제) 풋워크의 사상

대가들, 즉 위대한 비평가들이라고 말할 수 있다. 그런데 오늘날 '인문학(의 위기)'을 외치는 사람들은 대부분 이동을 두려워하거나 혐오하는 정주자(나 정주희망자)다.

『트랜스크리틱』의 발간과 더불어 시작한 어소시에이션 운동(NAM) 덕에 가라타니는 새로운 독자를 얻게 되었다. 이들은 사회적 실천으로서의 협동조합이나 시민운동에 관심이 많은 사람들로, 가라타니의 책에서 어떤 실천원리나 대안을 찾기를 희망했다. 그런데 한국에서 이야기되는 협동조합은 기본적으로 가라타니가 생각하는 것과 꽤 거리가 있다.

> 마르크스는 라살의 생각, 즉 국가에 의한 생산협동조합의 보호·육성(고타강령)을 비판했다. "노동자들이 협동조합적 생산을 사회적인 규모로, 처음에는 자국에서 국민적인 규모로 만들고자 하는 것은 오늘날의 생산조건들을 변혁하기 위한 노력인데, 이는 국가의 보조에 의한 협동조합 설립과는 아무런 관련이 없다. 현행 협동조합들에 대해 말하자면, 그것은 정부나 부르주아의 보호 없이 노동자가 자주적으로 만들었을 때 비로소 가치를 가진다." 요컨대 마르크스는 **국가를 통해 협동조합을 육성하는 것이 아니라 협동조합의 어소시에이션이 국가를 대체해야 한다**고 말하는 것이다. 이때 자본과 국가는 지양될 것이다. (『트랜스크리틱』)

한국에서 협동조합은 많은 경우 국가(정부)의 지원을 당연하게 여길 뿐만 아니라 심지어 더 많이 받기 위해 열심인데, 그 때문일까 특정 정치세력과 이해관계를 공유하는 집단으로 변질될 위험을 체질적으로 내포하고 있다. 그런데 이는 마르크스(가라타니)가 말하는 협동조합(어소시에이션)과는 아무런 관계도 없다. 아이러니한 것은 그럼에도 마르크스를 이야기하고 혁명을 운운하는 이들이 상당히 있다는 사실이다. 그런 이들에게 가라타니의 책은 어쩌면 난삽하기 그지없고 이해하기 힘든 책일지도 모른다. 안전함과 단순함을 미덕으로 삼는 사람들에게 기민한 이동만큼 숨이 차는 것도 없을 것이기 때문이다. 그런 의미에서 『트랜스크리틱』은 뛸 준비가 되어 있는 사람들, 즉 아직 발걸음이 가벼운 사람들, 그리고 지적인 살(정주에서 생긴 지방)을 뺄 각오가 된 사람들에게 사유의 매뉴얼을 제공하고 있다.

다만 책의 제목이나 부제 때문에 지레 겁부터 먹는 독자가 있을지 모르겠다. 그런 이들에게는 서문의 한 부분을 들려주고 싶다.

> **나는 일반독자들이 이 책을 이해할 것이라고 믿고 있다.** 실제로 이 책은 (…) 일본의 월간 문예지 『군조』에 쓰기 시작한 연재에세이에 기초한 것으로 소설과 나란히 실린 것이다. 즉 나는 이것을 아카데미즘이라는 폐쇄된 영역에서 쓴 것이 아니다. 오히려 전문가적 지식이 없는 일반인을 향해 썼다.

(해제) 풋워크의 사상

 가라타니는 꽤 오랫동안 대학에 소속되어 있었지만 스스로를 '대학교수'로 생각한 적은 없었다고 한다. 그 때문일까 대학 내 그의 위치는 안정적이지 못했고 업적평가 장치인 학술지에 '논문' 같은 것을 쓴 적도 없다. 그렇다면 그는 그렇게 많은 글들을 도대체 어디에 쓴 것일까? 그것은 바로 문예지다. 놀랍게도 그의 문예비평은 물론 사상서(또는 철학서) 대부분이 소설과 나란히 연재되어 읽혔다. 논문이 같은 전공자를 향한 폐쇄적인 글쓰기라면, 가라타니의 글들은 온전히 일반독자를 향한 글쓰기다. 즉 『트랜스크리틱』은 전문적인 지식이 없는 **바로 여러분을 위한 책**이다. 칸트를 읽지 않았어도 마르크스에 대해 잘 몰라도 상관없다. 어차피 양쪽 모두에 정통한 전공자들도 없다. 그러므로 여러분은 가벼운 **풋워크**로 칸트와 마르크스 사이를 종횡하는 트랜스크리틱을 따라가면 된다. 장담하건대 지금 이 글을 읽는 여러분이라면 충분히 이해할 수 있다.* 이해를 방해하는 것은 부지不知가 아니라 오만과 편견이기 때문이다.

---

* 본서의 편집에서 중점을 둔 것은 본문만으로도 충분히 이해가 되도록 하는 것이었다. 그러므로 일단 이야기의 흐름을 따라 본문을 완독하고 그 후에 미주(원주/역주)를 보길 권한다. 주는 어디까지나 추가설명이기 때문이다. 참고로 교정과정에서 GYH의 도움이 있었음을 덧붙인다.

가라타니 고진(柄谷行人, 1941~)
일본을 대표하는 비평가이자 사상가. 3대 주저 『트랜스크리틱』(2001), 『세계사의 구조』(2010), 『힘과 교환양식』(2022) 이외에 『세계사의 실험』, 『하루키의 풍경』 등의 저작이 있다. 2022년, '철학계의 노벨상'으로 불리는 베르그루엔상을 비서구인으로서는 최초로 받았다.

윤인로(尹仁魯, 1978~)
『신정-정치』, 『묵시적/정치적 단편들』을 썼고, 『국가와 종교』, 『로마 가톨릭교와 정치적 형식』(근간) 등 10여권의 책을 옮겼다.

트랜스크리틱

가라타니 고진

윤인로 옮김

초판 1쇄 펴낸날 2024년 6월 25일

펴낸곳   비고
주   소   경기도 광명시 광오로 17번길 9-1 201호
출판등록   2019년 5월 3일 제2019-000008호

트위터 @vigo_books
이메일 vigobooks@naver.com

ISBN 979-11-972242-9-4 03130

값 32,000원

한국어판 ⓒ비고, 2024, Printed in Korea.